高等职业教育三十年探索与研究

郭 扬 著

北 京
冶 金 工 业 出 版 社
2022

内 容 提 要

本书融汇作者 1992~2021 年在高等职业教育研究领域的相关论述，全书分立论篇、课论篇、史论篇三部分，从不同角度反映了近三十年来我国高等职业教育在改革发展实践中"跨越—转型—提升"的客观历程，也体现出作者对中国特色的高等职业教育从理念到实务等各方面一系列发展规律认识的逐步深化。

本书适合从事职业院校教育与职业培训工作的教师和教育教学机构管理人员、教育行政管理人员和行业企业人力资源开发相关专业人员、高等学校与职业院校的教育科学研究人员等阅读参考。

图书在版编目(CIP)数据

高等职业教育三十年探索与研究／郭扬著．—北京：冶金工业出版社，2021.8（2022.8 重印）

ISBN 978-7-5024-8885-7

Ⅰ．①高…　Ⅱ．①郭…　Ⅲ．①高等职业教育—教育工作—研究—中国　Ⅳ．①G718.5

中国版本图书馆 CIP 数据核字(2021)第 159968 号

高等职业教育三十年探索与研究

出版发行	冶金工业出版社	**电　话**	(010)64027926	
地　址	北京市东城区嵩祝院北巷 39 号	**邮　编**	100009	
网　址	www.mip1953.com	**电子信箱**	service@ mip1953.com	

责任编辑　王　颖　美术编辑　吕欣童　版式设计　郑小利
责任校对　梅雨晴　责任印制　禹　蕊
北京虎彩文化传播有限公司印刷
2021 年 8 月第 1 版，2022 年 8 月第 2 次印刷
710mm×1000mm　1/16；23.25 印张；451 千字；361 页

定价 99.90 元

投稿电话　(010)64027932　投稿信箱　tougao@cnmip.com.cn
营销中心电话　(010)64044283
冶金工业出版社天猫旗舰店　yjgycbs.tmall.com
(本书如有印装质量问题，本社营销中心负责退换)

前　言

　　1992年，我研究生毕业调入上海职业技术教育研究所后接受的第一个重要任务，是执笔撰写"上海高等职业技术教育发展研究"课题总报告；2021年，在我退居二线前以上海市教育科学研究院职业教育与成人教育研究所所长身份主持的最后一项重要工作，是参与执笔"2020年全国高等职业院校适应社会需求能力评估报告"。整整三十年来，我与高等职业教育研究工作结下了不解之缘。

　　从"八五"期间协助首任所长成立强老师主持上海市人民政府教育卫生办公室委托的上海高职发展研究课题，到"九五"期间跟随第二任所长成永林老师参加"上海职教论坛"的高职基本特征专题研究工作，再到"十五""十一五"期间配合第三任所长马树超老师先后完成教育部委托的高职教学质量监控评价和高职现状发展研究项目，一直到"十二五""十三五"期间自己作为第四任所长组织所内骨干力量承担中国高职质量年报研究撰写和国务院教育督导委员会办公室委托的全国中高职院校评估任务，可以说我个人的职教研究生涯始终与我国的高职教育事业发展相伴随，在实践探索中共同成长，互促而行。

　　这三十年来，我国高等职业教育从地方高校的办学改革探索到国家法律地位的正式确立，从跨越世纪之交的大规模扩招到人才培养模式的转型发展，从示范院校引领全面质量提升到现代职教体系中主体地位的确立和巩固，深深扎根于中国大地的高等职业教育事业一步步地走向成熟，高等职业教育研究也一步步地走向深化。而就我本人来说，也由一个初入职业技术教育学领域的年轻科研人员，逐步成长为在全国职教理论界特别是高职研究界具有一定影响力的知名学者，从个人专著《中国高等职业教育史纲》《高职院校课程模式开发基础》到合著的《中国高等职业教育——历史的抉择》《高等职业教育——跨越·转型·提升》等论著和一系列相关论文，再到如今从职教科研机构负责人岗位上退下来时推出的这本《高等职业教育三十年探索与研究》，恰是对个人生涯与事业发展相辅相成的一次系统回顾和总结。

　　本书共分"立论篇""课论篇""史论篇"三个部分，试图从不同的侧面紧密结合高职教育发展实际进行多维度的理论探索，努力反映近三十年来我国高职教育在改革发展实践中"跨越—转型—提升"的客观历程，同时也体现我和我的合作研究者们对中国特色的高等职业教育从理念到实务等各方面一系列发展规律认识的逐步深化。2021年4月，全国职业教育大会的召开和习近平总书记关于职业教育重要指示的发布，进一步明确了加快构建现代职业教育体系以及发挥高职教育主体性作用的战略要求，值此"十四五"开局之年，在职业教育进入新发展阶段、贯彻新发展理念、构建新发展格局的新形势下，衷心希望本书的出版能够为切实有效地推进我国高职教育的高质量发展起到积极的促进作用。

中华职业教育社常务理事　上海市职业教育协会常务副会长
上海市教育科学研究院职业技术教育研究所原所长、研究员

2021年7月30日

目　　录

第三部分　史论篇

第一部分　立论篇

第一章 概念解析：什么是高等职业教育？[1]

现在，发展高等职业教育已经成为当前我国整个教育界的一大热点，出现了各方面争相办学的一股热潮。但问题是有不少办学者，对高等职业教育的性质和特征，以及发展高等职业教育的根本意义，并没有很清楚的认识，所以我们从这股办学热的后面实际看到的是各方面各自不同的出发点：从普通高等院校的角度看，希望通过搞高等职业教育的试点扩大招生规模，多收学费，增加投入，同时解决高校人员的分流等问题；从成人高等院校的角度看，希望通过学校的转轨改办成全日制高校，变职后教育为职前教育以解决日益减少的生源问题；从中等职业技术学校的角度看，希望自己能够升格成为高等院校，并且为中等职业教育的毕业生提供更多的升学机会；从政府的角度看，行政部门领导主要考虑的一是解决"高考落榜生"的升学问题，二是延缓新生劳动力的就业时间以减轻当前就业市场的压力；而从社会的角度看，广大学生和家长主要考虑的是如何增加进入高等教育的机会，满足提高学历层次的愿望。应该说以上这些希望和考虑都是有一定道理的，都反映了某一个侧面的主观的或客观的要求，但是发展高等职业教育更重要的客观要求是来自于经济建设的第一线。上海市教委领导曾召开过两百多个厂长经理的座谈会，上海职业技术教育研究所也曾搞过一千家企业的大型调查，结果都表明当前作为国内经济发达地区的上海急需对高等教育进行结构性的改革，培养更多面向企业实际的高层次职业技术人才，以适应产业结构调整和高新技术发展的现实需要。如果说改革开放初期中等教育的结构改革取得了突破性的成果，那么现在这种教育结构的改革可以说已经历史性地高移到了高等教育的阶段。因此，发展高等职业教育的原动力是经济建设和高新技术发展到一定阶段的必然需求。这是不以任何人的主观意志为转移的，也是早已被许多发达国家的发展过程所证实了的。

但是，当我们进入国际比较领域时，却发现"高等职业教育"这个概念实在是很有些"中国特色"的，因为其他国家是很少有人使用这一名词的，即使

---

[1] 本章内容原为 1992~1993 年参与主持上海市人民政府教育卫生办公室委托项目"上海高等职业技术教育发展研究"（总课题组长：成立强，副组长：成永林、马根荣、郭扬）的概念研究专题报告（子课题组长：郭扬），与沈勤合作以"高等职业技术教育概念探析"为题分别载于《上海职教》1993 年第 12 期和《职教通讯》1997 年第 5~6 期，后又经专门修改以"什么是高等职业教育"为题载于《高中后教育与人力资源开发》1999 年第 2 期。

有也与我们所理解的内涵不尽一致。例如俄罗斯将"职业教育"泛化地理解为除基础教育以外的一切专业教育，这样他们的"高等职业教育"就把所有的高等教育都包括在内，而并非我们所指的与普通高等教育相对的那部分教育；更多的国家则狭义地将"职业教育"理解为是专指培养技术工人一类技能型人才的特定教育类型，培养的是那些不需太多理论知识而主要依靠动作技能和经验技艺在生产、服务第一线从事现场工作的直接操作者，而这部分教育（包括培训）一般并不进入高等教育领域，所以也就不存在什么"高等职业教育"。笔者前些年在德国进修期间，就曾为此遇到比较和交流上的不少麻烦；更有一个国内派出的"高等职业教育"考察培训团在德国转了整整一个月，直至他们取得培训证书准备回国之时，负责组织他们培训并颁发证书的那家德国机构的负责人才刚刚弄明白中国人所指的"高等职业教育"到底是什么。

那么，到底什么是"高等职业教育"？它在整个教育体系中究竟应如何定位？它与普通高等教育的本质区别应如何理解？它的培养目标和发展途径以及招生对象、办学模式、课程计划、教学过程应如何确定？对这凡此等一系列问题的认识也都还很不一致。由此产生的争论对于我们发展高等职业教育的实际工作已产生了不利的影响，迫切需要采用一种能够得到较为普遍公认的标准，来为高等职业教育寻找一个准确的定位。本文试图采用某种公认的标准与理论来严格地界定高等职业教育的概念，然后在揭示其核心内涵的基础上提出一组简明判据，并对若干现行学制进行分析，最后再辨明几个相关的概念。

第一节　在国际教育标准分类中的定位

"高等职业教育"是"高等"与"职业教育"两个概念的复合，复合的结果导致三种理解：第一种将它归入"高等教育"范畴，认为高等职业教育是高等教育中具有较强职业性和应用性的一种特定的教育类型；第二种认为它只是"职业教育"范畴中处于高层次的那一部分，但并不属于高等教育，从而将"高等教育"与"职业教育"视为两个并列的、互不交叠的教育范畴；第三种则把它泛化地理解为，凡是培养处于较高层次的职业技术人才（不管其属何种系列）的教育和培训都属于高等职业教育，例如很多人把培养技术工人系列（技能型人才）中的高级技工培训也看作是高等职业教育，从而将"高等"与"高级"等同起来。

那么，到底应取何种理解呢？根据《教育大辞典》中的有关条目解释：高等职业教育"属于第三级教育层次"❶，而第三级教育"一般认为与'高等教育'

❶ 顾明远. 教育大辞典第 3 卷 ［M］. 上海：上海教育出版社，1991：227.

同义"❶。从总体上看，高等职业教育与普通高等教育一样，应包括学历教育和非学历教育两大部分。由于非学历性的高等职业教育发展客观上受外在的政策性影响相对较小，问题的要害和争论的焦点主要集中在高等职业教育的学历教育部分，为此本文所讨论的"高等职业教育"概念限定在学历教育范围内。

从学术理论研究的角度考虑，要对高等职业教育这一复杂概念进行界定，就需要采用一种相对较为公认的分类标准。很难说这种标准到底是主观的还是客观的，因为这毕竟不同于对待自然科学概念，诸如区分"经典力学"与"量子力学"之类，可以采用比较客观的分类标准。但无论如何，公认的标准至少可以避免一些个人的主观随意性。笔者认为，界定像高等职业教育这样的教育概念，理应优先采用来自教育系统内部公认的分类标准；否则，作为一种新兴的教育类型，由于在教育内部就定位不当，注定要陷入无休止的纷争之中，最终会在相当程度上影响政府的宏观教育决策，影响学校的微观教学实施。

那么，教育内部公认的分类标准是什么呢？人们很自然地会想到联合国教科文组织（United Nations Educational，Scientific and Cultural Organization，UNESCO）制订的"国际教育标准分类"（International Standard Classification of Education，ISCED）。这套主要用于教育统计的分类标准自 1976 年正式公布以来，已得到许多国家的认可和推行。由于各国在普通教育方面的学制大同小异，而在职业教育方面的学制却相差悬殊，因此 ISCED 对于区分职业教育的层次、范围、学制及课程，明确职业教育的地位，便于国际比较和交流尤其显示出其权威性与其独特的价值。这样看来，我们采用 ISCED 先将高等职业教育归类，然后再着手对高等职业教育的概念进行严格界定的思路是可行的。

目前在我国得到较为普遍了解的 ISCED 是 1976 年公布的初版❷，它采用初等教育、中等教育和中学后教育三级分类系统，把从学前教育到研究生教育（其中包括各类职业教育和成人教育）的各级教育分成 8 个教育层次，即第 0 至第 9 层次（其中第 4 和第 8 层次空缺）：ISCED0 为"第一级前教育"，即学前教育阶段；ISCED1 为"第一级教育"，即初等教育阶段；ISCED2 为"第二级教育第一阶段"，即初中教育阶段；ISCED3 为"第二级教育第二阶段"，即高中教育阶段；ISCED5 为"第三级教育第一阶段（授予不等同于大学第一级学位的学历证明）"，即高等教育的专科层次；ISCED6 为"第三级教育第一阶段（授予大学第一级学位或同等学力证明）"，即高等教育的本科层次；ISCED7 为"第三级教育第二阶段（授予大学研究生学历或同等学力证明）"，即高等教育的研究生层次；ISCED9 则为"不限定级别的教育"。如果从这一分类标准的具体内容描述

---

❶ 顾明远．教育大辞典第 3 卷［M］．上海：上海教育出版社，1991：4.
❷ 联合国教科文组织教育统计局．国际教育标准分类［S］．北京：人民教育出版社，1988.

来看，高等职业教育应定位于 ISCED5，属于专科层次的高等教育。

但是，随着近 20 年来世界范围内高新技术的迅猛发展，各类教育尤其是职业教育，在形式和数量上都有了成倍的增长，初版 ISCED 已越来越显得不能满足现实需要。为了适应新的形势，联合国教科文组织最近专门对 ISCED 做了全面的修订。从 1997 年 3 月推出的最新版本《国际教育标准分类（ISCED 1997）》来看，对初版中的三级分类系统作了较大的调整，提出了新的教育层次分类方案❶。根据其中的有关描述，该方案可以用以下这样一个简图来表示（见图 1-1）。

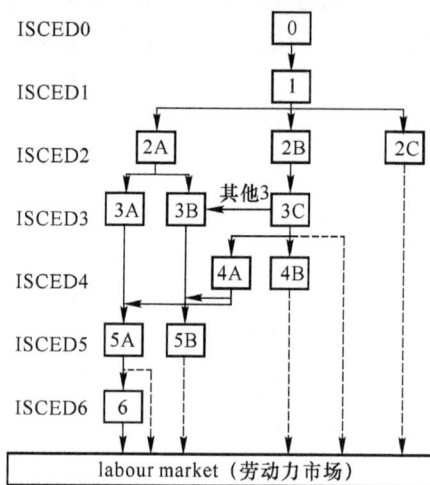

图 1-1 国际教育标准分类（ISCED 1997）示意图

新版 ISCED 将整个教育体系划分为 7 个层次。与初版相比，新版中从 ISCED0 至 ISCED3 这四个层次的划分不变，而增加了 ISCED4 作为"第二级后的非第三级教育"（post-secondary non tertiary education），即高中后的非高等教育阶段；ISCED5 仍为"第三级教育第一阶段"，但"不直接通向高等研究资格证书"（not leading directly to an advanced research qualification），它将初版中分属两个不同层次的大学专科（原 ISCED5）和本科（原 ISCED6）以及"所有博士学位以外的研究课程，例如各种硕士学位"（原 ISCED7 中的博士前课程部分）纳入了同一层次之中；ISCED6 相应地调整为"第三级教育第二阶段"，且"通向高等研究资格证书"（原 ISCED7 中的博士课程部分）；原 ISCED9 这一内涵不够确定的层次则被取消。除此之外，新版 ISCED 还将从属于第二级教育的第 2 和第 3 层次从横向上按其各自不同的课程计划划分为 A、B、C 三种类型；2A、3A 是为升入高一级学校做准备的普通学科型；2C、3C 是为进入劳动力市场做准备的

❶ UNESCO. ISCED 1997 ［S］.151EX/8. Annex Ⅱ, Original English, Paris, March 1997.

直接就业型；2B、3B 则是介于 A、C 两类之间的中间型。在第 4 层次则划分为 A、B 两种类型：4A 为升入第 5 层次做准备；4B 则不考虑升学而是为较高层次的就业做准备。在属于高等教育的第 5 层次同样也划分为 A、B 两类：5A 为"面向理论基础、研究准备、进入需要高精技术专业的课程"（theoretically based/ research preparatory/giving access to professions with high skills requirements programmes），B 类为"实际的、技术的、具体职业的特殊专业课程"（practical/ technical/occupationally specific programmes）。

由于各国之间第三级教育课程的组织结构差异很大，没有一个单一的标准能用来描述 ISCED5A 和 ISCED5B 的分界线，但仍可以通过若干"最低要求"（minimum requirements）来做些大致的区分。一般说来，5A 以完全高中文化程度（3A）为入学条件，其课程计划"具有较强的理论基础"，并可与 ISCED6 相衔接；它传授诸如历史学、哲学、数学等基础科学知识以达到"具有进入高等研究领域的能力"的要求，或者传授诸如医药学、牙医学、建筑学等技术科学知识以达到"能进入一个高精技术要求的专门职业"的要求。至于 5B 的课程计划，实际上是一种"定向于某个特定职业的课程计划"，它"主要设计成获得某一特定职业或职业群（a particular occupation or trade or class of occupations or trades）所需的实际技术和专门技能——对学习完全合格者通常授予进入劳动力市场的有关资格证书"；它"比 5A 的课程更加定向于实际工作，并更加体现职业特殊性，而且不直接通向高等研究课程"，其学制特征一般比 5A 短些，但也并不排斥较长的学程。

由此分析，ISCED5B 与我国当前所强调要积极发展的"高等职业教育"，从层次、类型、目标、课程上看都具有一致性的特征。于是，高等职业教育（5B）作为第三级教育中"更加定向于实际工作，并更加体现职业特殊性"（more practically oriented and occupationally specific）的一种特定类型，与普通高等教育（5A）相对，便有了分类标准上的依据。

从第三级教育的入口来看，3A 与 5A、3B 与 5B 之间都是可以直接衔接的。而从具体的课程内容来看，整个第 3 层次的课程又包括"普通教育"（general education）、"职业前或技术前教育"（pre-vocational or pre-technical education）、"职业或技术教育"（vocational or technical education）三种不同的导向。不通向第 5 层次的 3C 仅限于后两种（我们可将其归纳为"职业导向"的课程），而通向 5B 的 3B 与通向 5A 的 3A 相比也更加强调这种"职业导向"。因为，5B 的入学要求还"需要熟练掌握 ISCED3B 或 4A 中的专门学科领域"（require the mastery of specific subject areas），而这显然只有在侧重职业导向的课程中才能实现（5A 则无此方面的入学要求）。可见，高等职业教育的入口与普通高等教育的入口应当是有所区别的，这主要体现在其不同生源在高中阶段所分别接受的有不同侧重的课程基础上。

至于同属高中阶段教育而作为直接就业型的 3C，也并非只有直接进入劳动力市场这唯一出路，其毕业生还可以通过 4A 的过渡课程升入 5A 或 5B，或者通过 4B 的高级培训类课程再进入劳动力市场。对于这种处于两级教育之间的第 4 层次课程计划，新版 ISCED 将其解释为主要是为已完成第 3 层次教育者对有关知识的"拓宽"（broaden），而一般并非比第 3 层次有更多的"提高"（advanced）。典型的例子是，一部分学生已完成第 3 层次教育但未完成进入第 5 层次的课程，即那些可包括在第二级教育范围内的"预备基础课程或短期职业课程"（pre-degree foundation courses or short vocational programmes），则第 4 层次就可设计成为他们进入第 5 层次做准备的教育类型（4A）。当然，ISCED4 的课程内容也有可能比第二级教育的上限更加专门化和精细化，应用也更复杂，但它还需符合一个"合格完成第 3 层次教育"的标准，即合格完成 3A 或 3B 层次的任何课程，或者 3C 课程的累计教学时间至少为 3 年。不过，"合格完成的 ISCED3 课程也应看作课程持续时间范围。例如，在 ISCED3 的 2 年制课程基础上持续时间满 4 年，虽不作为已合格完成 ISCED3，但通常可认为属于 ISCED4"。这一条对于我国传统的 4 年制中等专业学校改革以及完善中等职业教育与高等职业教育的衔接，可能会有很好的启示作用。

在此需要补充说明的是：新版 ISCED 的出台，主要是为了便于统计和比较研究，原本无意为世界各国设计一个统一的学制模式，我们当然更不能以此作为衡量和评价某个教育体系合理与否的标杆；但它毕竟是建立在对各国经验的调查统计和归纳总结基础之上的，它实际上体现了当今国际教育发展的基本趋势，更为我们理解高等职业教育的基本特征提供了有益的参考。

定位明确后，对"高等职业教育"的理解必然是上述第一种，即高等职业教育属于高等教育范畴，只是其课程计划有特殊性，这正决定了它与普通高等教育在类型上的区别。具体而言，高等职业教育所面向的是某一特定职业或职业群的实际需要，比普通高等教育更定向于实际工作并更体现职业特殊性；但它也同时针对某一特定的学科领域，而不像中等职业教育那样有可能只针对具体的职业岗位。由于其课程的特点是对所学学科的理论性、一般性和科学性原理不太侧重、用时不多，而强调它们在个别职业中的实际应用。由于我国《职业教育法》中所规定的"职业教育"是一个广义的大概念，应将其理解为与目前国际上普遍使用的"技术和职业教育与培训"（Technical and Vocational Education and Training, TVET）这一综合名词同义，并非仅指培养技术工人类人才的狭义"职业教育"（Vocational Education）。这样，我国的高等职业教育当然同时也应属于职业教育范畴，所以上述第二种理解把"高等教育"与"职业教育（广义）"当作两个非相关的并列概念显然不符合中国国情。至于第三种理解的不正确之处，我们将在后面专门论及。

第二节 核心内涵及其理论依据

一、高等职业教育的核心内涵

界定概念的关键在于揭示其内涵。由于教育概念的内涵是极为丰富的，我们这里只揭示其最主要的核心内涵。参照新版 ISCED 中有关 5B 的说明，笔者理解高等职业教育的核心内涵应包括以下四个方面：

（1）教育对象。ISCED5B 的生源是完成 3B 或 4A 课程者。所以进入高等职业教育者，其理论基础并不一定要求达到完全高中毕业，但其高中阶段的课程应侧重职业导向、强调专门学科；纯为就业做准备的中等职业技术学校毕业生要升入高等职业技术院校，则可通过补习过渡课程实现。因此，高等职业教育的教育对象应考虑文化理论基础与职业实践基础两方面的要求。当然，高等职业教育的招收对象面可以扩大到整个高中阶段（第 3 层次教育）各类不同学校的毕业生，即除招 3B 外也可招 3A 和 3C，但重要的是必须首先切实抓好各类不同生源各自的补习阶段（第 4 层次教育），缺啥补啥。

（2）培养目标。主要是使求得者获得某一特定职业或职业群所需的实际能力（包括知识、技能、态度等方面），提供通向某一职业的道路。由于 5B 的课程计划介于普通学科型和直接就业型之间的中间型，所以其培养目标也就相应地介于学科研究型和直接操作型之间的中间技术型。由于培养目标是最重要的核心内涵，因此后面还将具体展开专门做着重分析。

（3）学习年限。5A 的累计教学持续时间从理论上讲至少为相当全日制 3 年，但标准学制是 4 年或更长些；而 5B 至少有相当全日制 2 年的持续时间，但通常为 2~3 年。5B 通常比 5A 短些，但这并不是说 5B 就仅仅局限于短学制，事实上 5B 的学习年限也如 5A 一样有 5 种需要考虑的学制：1）2~3 年；2）3~4 年；3）4~5 年；4）5~6 年；5）6 年以上。如实行学分制则需将时间与强度合计后做出比较。可见，高等职业教育的学习年限应视具体专业要求不等，虽然强调 2~3 年的短周期，但并不仅限于此而也应按专业需要考虑较长的学程。

（4）授予学历。由于新版 ISCED 第 5 层次将原版中的专科、本科及硕士等几个层次合一，故高等职业教育也应同普通高等教育一样根据不同的学习年限而有多个学历层次，至少应包括本科和专科两个层次在内，而不是仅仅局限于单一的专科层次，更不是比普通专科再低一层的补充学制。我国目前的高等职业教育一般仅限于专科学历层次，而对本科层次的高等职业教育发展无论是决策层还是操作层认识都普遍不足，这一问题在明确了高等职业教育的定位与内涵之后应予解决。

在上述四方面的核心内涵中，最关键的应是培养目标。某一类型教育的培养目标必须与社会人才结构体系中的某一系列和层次的人才相对应，也就是说，对应应该是与某一特定的区域相对应，不能与若干间断的、不连续的区域相对应。否则，不仅不符合国际教育标准分类，而且更重要的是难以明确地表述高等职业教育的地位和作用，最终必然导致对高等职业教育概念理解的混乱。由此可见，要想严格界定高等职业教育的概念，除了必须采用一种较为公认的来自教育内部的分类标准外，还必须采用一种较为公认的来自教育外部的人才结构及分类理论，以与高等职业教育的培养目标相互对应。

二、界定高等职业教育概念的理论依据

提起社会人才的分类结构，我们总会想到金字塔形、阶梯形、门字形等多种结构模式。但目前国际上比较能为人们所公认的人才结构及分类理论，是西方国家常用的"职业带"（Occupational Spectrum）理论[1]。这一理论以工业职业领域为例，将各类专业人才的知识和技能结构用一个连续的职业带来表述（见图1-2）。

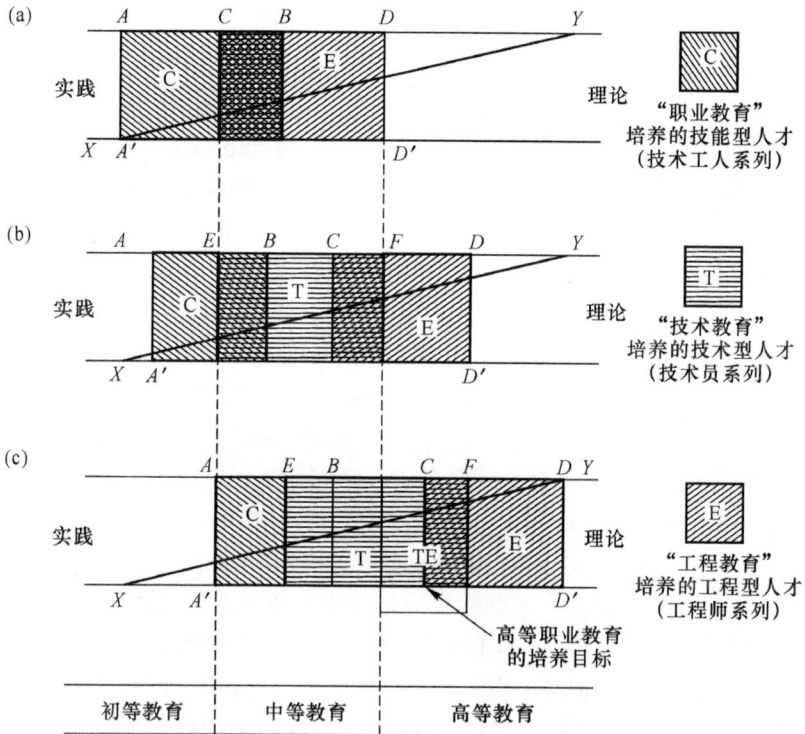

图1-2　"职业带"（Occupational Spectrum）理论示意图

（a）大工业出现初期；（b）20世纪上半期；（c）20世纪下半期

---

❶ 严雪怡. 中专教育概论 [M]. 上海：华东师范大学出版社，1988：13.

如图 1-2 所示，工业领域的专业人才按其各自不同的职业性质、工作对象和管理范围被划分为技术工人（Craftsman 或 Skilled Worker）、技术员（Technician）、工程师（Engineer）三个系列，分别代表技能型人才、技术型人才、工程型人才，分别用 C 系列、T 系列、E 系列表示。图 1-2 中 A~B 为技术工人区域，C~D 为工程师区域，E~F 为技术员区域；斜线 XY 上方代表手工操作和机械操作技能所占比重，下方代表科学理论和工程技术理论知识所占比重。由此说明：对技术工人的要求主要是操作技能，对工程师的要求主要是理论知识，对技术员则在两个方面均有一定的要求。国际上一般将分别培养这些不同系列人才的学制也相应地分为三种类型：培养工程师等工程型人才的称"工程教育"（engineering education），培养技术工人等技能型人才的称"职业教育"（vocational education），培养技术员等技术型人才的则称"技术教育"（technical education）。后两类按联合国教科文组织的建议统称为"技术和职业教育"，同属广义的"职业教育"范畴。

"职业带"理论除了可以解释技术工人、技术员、工程师三个系列人才的地位和特点外，还可以解释社会人才结构随着科技进步与生产技术发展的演变及其与教育的关系。

（1）在工业革命之前的手工业生产阶段，整个职业带上仅有一种专业人才，即作为单一手工业者的 C 类人才，从总体设计到具体施工的所有环节均可由他一个人一手包揽下来。

（2）在大工业出现初期，C 类人才从这种单一的"工匠"发展成为各种各样的"技术工人"，于是正规化的"职业教育"机构开始建立，其任务就是培养这种直接操作机器制造产品的技能型人才。与此同时出现了专门承担设计开发任务的 E 类人才"工程师"，而要成为这种工程型人才则必须受过较高层次的"工程教育"。至此两类人才组成了一个连续的职业带，且二者在职业带上的交界处有部分交叉。

（3）20 世纪上半期，工程师为适应科技发展需要而必须提高理论知识，于是便在职业带上大幅度右移，与技术工人（仅有稍许右移）的交叉消失并拉开距离，由此出现的空隙需要由一种新型的 T 类人才，即技术型人才来填补，这样就产生了技术员这种"中间人才"（middle man）。许多国家为培养此类人才设立了"技术教育"类学校，我国传统的 4 年制中等专业学校即属于此种学制。

（4）到了 20 世纪下半期，由于高新科技的突飞猛进和生产技术体系的不断发展，各类人才也在不断变化着自己的职业位置。由于工程型人才区域继续右移，尽管技能型人才也有少许右移但仍使中间地带越拉越长，要求技术型人才同时具备更多的理论知识和实践技能及其应用能力，这就使许多与技工教育处于同一入学起点的纯"技术教育"难以承担，我国的 4 年制中专也正面临这一问题。

于是，技术型人才区域进一步扩大，并出现了层次上的分化，从而诞生了高级技术员（或称工艺师、技术师、技术工程师等，对此各国称谓有所不同但本质上是一致的）这种新型的高层次技术型人才。因它原属于 T 系列人才范畴，但又与 E 系列有部分交叉，故有人又将其称为 TE 系列人才。

技术员类人才的多层化对于教育来说，也出现了在培养目标上的分化。作为高级技术型人才必须具备较高的理论水平，故其所接受的教育内容已跨入高等教育领域。于是自 20 世纪 60 年代以来，各国高等教育相继在培养目标上分化出专门培养这类人才的学制，例如美国招收 2 年制专科毕业生（技术员）培养"技术师"的学制（1967 年），还有法国培养"高级技术员"的短期技术学院（1966 年）、英国培养"技术工程师"的多科性技术学院（1969 年）、德国培养"应用型工程师"的应用科技大学（1970 年）和职业学院（1974 年）等也都是这样的学制。这种新型学制就是我们所说的"高等职业教育"（实质上是高等"技术教育"），前面图 1-2 中用箭头所示的区域即为其对应的培养目标。高等职业教育的出现顺应了职业教育高移化这一世界性趋势，而随着当今高科技产业的迅猛发展，职业教育高移化的结果必将使高等职业教育在数量上、层次上进一步扩展。如我国台湾地区已有了培养工业类技术型人才的"技术教育"硕士（1979 年）以至博士（1986 年）的学制，至于这种研究生阶段的高等职业教育究竟是与普通高等教育殊途同归还是仍自成系列则还有待继续探讨。

当然，从严格的意义上讲，用一个仅以工业领域专业人才为例的、经过简化了的、平面的职业带，来表述复杂的、多维的社会人才结构是不够精确的，但它毕竟是至今为止可以在较大范围内得到承认且相对完整的理论模式，特别是它能够反映人才结构与教育结构的相互关系，这非常有助于我们进一步揭示高等职业教育的核心内涵。对于其他类别的人才结构虽然不一定都能非常精确地与工业类一一对应，但就总体而言还是可以认为是与之相类似的。例如在医疗卫生系统，医师（相当于工程型人才）必须受过类似"工程教育"的医学高等教育；普通护理人员（属技能型人才）需要受过狭义的"职业教育"，即一般护理技术培训；还有就是大量作为"中间人才"的护士（技术型人才），现有医药卫生类中专教育就属于这种"技术教育"。问题是随着现代医学技术的迅速发展，对这一中间系列中的高层次人才如护理师、高级护士的数量要求大大增加了，而这种高级技术型人才中专层次的教育显然无法满足，这就只有通过高等"技术教育"来培养。实际上国内不少医科大学近年已出现了许多护理专业的专科和本科学制，其高等职业教育的性质是不言而喻的。

在此必须强调指出的是，我们所揭示的高等职业教育的核心内涵在人才结构区域中应该具有唯一对应性。也就是说，高等职业教育的培养目标必然是隶属于某一种系列的人才范畴，并且在这一系列中处于某一特定的层次。我们不能想象高等职业教育可以无视职业带的连续性而对应两个间断的区域，如在培养高级技术型人才的同时又培养高级技能型人才。纵然由于职业教育的高移化，技术工人的文化程度提高而需要接受更多的理论知识教育，但培养高层次技术工人的"职业教育"只能称为高级职业培训或非学历性质的高等职业教育（可定位于新版 ISCED4B），而不宜归入高等职业教育的学历教育（ISCED5B）范畴。在这里，"高级"与"高等"虽然在语义学上同义，但它们在教育领域内的区别却是十分明显的，好比"高级中学"绝不可能因其带有"高级"二字而归入高等教育。

但是，我们说技能型系列人才的培养不属高等职业教育范畴，并不意味着技术工人就不能接受高等职业教育。事实上由于"技术教育"和"职业教育（狭义）"的高度相关性，二者是可以相互沟通与衔接的，在这方面德国的做法可供借鉴。可以说，德国的"技术教育"就是在"职业教育"基础上实施的。"双元制"技工培训是德国职业教育的主体（一级培训），而技术员培训则是作为职业继续教育的学制（二级培训）。他们规定只有受过"双元制"培训并在职业岗位上工作 2 年以上者才有资格进入培养技术员的专科学校。因为根据德国人的观念，要成为一个好的技术员，首先必须是一个具有相当职业实践经验的技术工人。至于德国实施高等技术教育学制的应用科技大学（Fachhochschule），其入学条件更有特点，目前其生源主要由以下两部分所构成：

一是经过"双元制"培训的职业教育毕业生，但他们在入学前还必须先取得专科高中（Fachoberschule）毕业文凭。这种专科高中是一种按专业大类划分的非完全高中学制，是在应用科技大学学制确立的同时建立的 2 年制预科，其入学条件是达到 10 年普通教育程度的完全初中毕业生。对于完成职业培训者来说，已有完全初中学历的可直接进入专科高中 2 年级，没有的则还需先经职业补习学校达到同等学力，故职业培训后进应用科技大学前一般都要先经过 1~2 年的过渡课程，以达到 12 年普通教育程度。

二是完全高中毕业生，尽管他们已达到 13 年普通教育文化程度而可以免试直升普通大学，但如果他们想进应用科技大学，反而还需先到相应的企业中补一段职业实践的经历作为"预实习"（Vorpraxis），其具体时间和要求视不同专业需要而定，一般时间在半年左右。因为德国应用科技大学的入学条件明确规定，入学者除了必须具备"一个足够的普通教育基础"外，还有必须具备"一个足够的专业实践基础"的要求。

这样，就使得"职业教育"与"技术教育"（包括高等"技术教育"）在层次上衔接了起来，这一经验尤其值得我们在发展高等职业教育、建立完善的职业教育体系中很好的重视。

第三节 分析学制与课程的判据

根据以上所揭示的高等职业教育核心内涵，我们可以得出一组用于判别某种教育现象或学制是否属于高等职业教育的简明判据。只有当一组判据所指明的条件全部满足时，作为学历教育的高等职业教育的属性才能成立，否则应另做处理。这组判据由以下四项条件构成：

一、受教育者必须具有高中阶段教育的文化与技术两方面的基础（条件1）

高等职业教育既然定位于新版 ISCED5B，其入学标准就应该是完成第3层次B类课程或者第4层次A类课程，而此类课程正是考虑文化理论与职业实践两方面综合基础的"中间型"高中课程计划，不满足即不利于具备高等职业教育学习理论与实践并重的技术知识及其应用能力的要求。具体而言，高等职业教育的招生对象可以是高中阶段各类学校的毕业生，并同时具备两方面的基础：一是相当高中的文化基础，二是相应职业领域的技术基础。

所以，作为高等职业教育直接生源者，其高中阶段的课程既要保证必备的文化理论基础，又应侧重职业导向、强调技术基础，实施普职渗透课程计划的综合高中毕业生是最为理想的；至于高等职业教育的间接生源，可以是完成就业准备的中等职业教育毕业生和其他完成相当程度的职业培训者，也可以是未经职业技术导向课程的普通高中毕业生，但二者均需通过补习相应的过渡课程来实现：前者主要是基础文化知识，后者主要是基本的专业知识和技能。

二、培养"中间人才"系列中的高层次人才，即高级技术型人才（条件2）

高等职业教育的总体培养目标，应是德智体美等全面发展的，具备某一特定职业或职业群所需综合职业能力的，为生产和管理第一线服务的高层次技术型人才。至于不同职业领域中不同专业的具体培养目标，则应明确其特定的综合职业能力在知识、技能、态度方面所应达到的要求，这直接决定着课程内容和课程标准。这种高级技术型人才的基本特征，可按以下四个方面作简要描述：

（1）专业面向——"基层"。即面向生产和管理第一线，为现场运作提供直接的服务，针对某一特定的职业领域，有时候甚至也可能是具体的职业岗位群。

（2）所处位置——"中间"。即处于工程型人才与技能（操作）型人才之间的中间位置，起到桥梁和中介的作用。

（3）工作性质——"转化"。即把设计、规划、决策转化为现实产品等物质形态，或对社会产生具体作用。

（4）规格要求——"应用"。即理论知识在实践过程中的应用，亦即综合职业能力的具体体现。这里所讲的综合职业能力并非是一般的操作技能和动手能力，对技术型人才而言这主要是一种智力技能和创造能力。

三、学习年限至少是高中后2~3年（条件3）

高等职业教育在理论与实践、知识与技能、经验与态度等各方面，覆盖面广而要求高，没有高中后的2~3年时间不足以实现培养目标，即使在某些方面（如单项技能）实现了也不足以在总体素质和能力上达到高等教育应有的一般水准。至于一些特殊专业也可能学程更长、层次更高。总之，具体的学习年限应视具体专业课程要求的不同而不同。

四、授予高等专科或本科学历证明（条件4）

高等职业教育与普通高等教育一样应有多种学历层次，具体应视不同专业的实际要求与学习年限而定。就目前实际情况看，至少应有专科和本科两个层次。如果我们片面强调短学制而把高等职业教育局限于专科层次的话，往往很难实现其特定的培养目标，满足不了经济建设和技术发展对中间技术型人才日益提高的质量要求。

在以上四项判据中，条件1是基础，条件2是核心，条件3是保证，条件4则是必然结果。根据上述判据，我们试对以下一些现行学制进行分析，看它是否应属于高等职业教育的学历教育。

分析之一：高等专科教育。我国现行的高等专科学制招收普通高中毕业生学习2~3年，毕业后授予大专毕业文凭，这显然符合条件3、4，而是否符合条件1、2则要做具体分析。当它在其生源入学前或入学后的短期内不对其进行任何过渡课程的补习，直接实施以压缩了的普通本科模式课程计划，并将培养目标指向工程型人才，要求在学期间完成"工程师的初步训练"时，其属性显然不是高等职业教育，而应属于普通高等教育（ISCED5A中的"工程教育"）；而当它强调补习以强化职业意识和训练基本技能为主的过渡课程，并将培养目标转向在生产第一线解决实际技术问题的高级技术型人才时，就应属于高等职业教育（ISCED5B，即高中后的"技术教育"），当然其课程计划必须具有注重实践、强调应用的技术与职业教育特性。有的同志说现在企业中有很多助理工程师实际上在干的就是技术员的工作，因此工程师的初步训练同样也能满足技术员的要求，笔者认为这种看法是不够准确的。如前所述，工程师与技术员作为两种不同系列的人才，其知识能力结构不同，所需训练的基本要求和课程特性也必然因此而不同。具体说来，由于技术员系列人才直接为生产运转现场服务，故培养高级技术员的这种高等"技术教育"相对"工程教育"而言，其基础理论课的比重较小且内容浅显实用，专业课中有关设计和研究的内容较少，而工艺、运行、管理、维修、操作等技术性内容较多，实验、实训和实习也占有更大的比例，而且在许多职业领域内可以直接与中等职业教育的有关专业课程对口衔接。本科层次的分析也与此相类似。但实际上，从高等专科教育自身的起源来看，它与高等职业教育可以说"本是同根生"，只是后来因种种原因异化成为普通本科的压缩型而有意或无意地偏离了培养技术型人才的原有轨道；而从高等专科教育当前的改革来看，它与高等职业教育的发展方向则是完全一致的，最近教育部将培养目标已渐趋同于"技术应用性人才"的二者统称为"高职高专教育"而统一归口管理，就反映了"普通专科"正在向"技术教育"转轨回归的大趋势。

分析之二：4年制中专教育。招收初中毕业生学习4年的中等专业教育原是我国培养技术员的成熟学制。有关研究表明，这一学制是在相当于高中文化程度上进行专业教育的，所以满足条件1；由于它实际上已有2年左右高中后意义上的专业教育，所以条件3也可基本满足；至于条件2，多数学校的课程计划已与理论水平逐步提高的技术工人类人才目标日趋相近，而在某些办学水平较高的学校其课程计划则已接近于培养高级技术员人才目标的要求。由于培养目标的这种日趋分化，加上按国家政策规定中专无权授予大专学历（极个别试办5年制高职班的除外），因此这类教育尽管已部分地具有高等职业教育的内涵属性，但在资格上不属于高等职业教育，这也是显而易见的。由此分析，这种学制在高等职业教育出现之后显得极不稳定，所以笔者建议对该学制进行改革，具体根据不同学校的特长分而治之：与技术工人类培养目标相近的，学习年限调整为3年，与职业高中和技工学校统一为培养技能型人才的学制，由此在归属问题上明确定为直接通向劳动力市场的中等职业教育（ISCED3C）；与高级技术员目标相近的，则将学制延长至5年，明确把培养目标指向高一层次的中间技术型人才，通过授予高等技术专科学历将其归入高等职业教育（ISCED5B）；目标较模糊、特点不明显的，干脆改变学校性质，改为中间型的综合高中（ISCED3B），或者改招3C或3A毕业生为其补习升入5B的第4层次过渡课程（ISCED4A）。

分析之三：职业大学和职业技术学院。我国最早打出"高等职业教育"旗号的，是20世纪80年代初在部分中等城市兴起的地方性短期职业大学，他们面向当地经济发展需要进行办学改革的实践为我们今天高等职业教育的进一步发展提供了很好的经验。职业大学一度曾发展至百余所，现经调整仍有80余所。另外，近年来各地又出现了20多所新建或改建的职业技术学院。它们一般都招收普通高中毕业生，也有少量招收中等职业技术学校毕业生及同等学力者，学制至少2~3年，故条件1、3完全满足。由于其课程计划明显不同于普通高校，它强调职业性、实用性和岗位针对性，其培养目标大多实际指向中间人才系列中的高层，故条件2也基本满足（少数放弃职教特点而为普通高专所同化的"挂名职大"当然不在此列）；但问题的复杂性在于，职业大学和职业技术学院有部分专业或工种的培养目标确实指向技术工人系列，即技能操作型人才的高层，这样似因不符合条件 2 而不能归入高等职业教育，不过这还要做具体分析，对此问题的专述详见后面的分析之五。至于条件 4，职业大学和职业技术学院均纳入国家统一招生计划且授予毕业生大专学历，因而归属高等职业教育已毫无异议。

分析之四：一般高级技工培训。一般的高级技工培训以培养掌握高超经验性技艺的操作型人才（7~8 级操作工）为目标，具体定向于那些主要依靠操作技能而不需太多智力技能来完成任务的传统职业岗位。由于其培养目标不满足条件 2，因此不应属于学历性的高等职业教育范畴，只能称之为"高级职业培训"。因它必须建立在中等职业教育（ISCED3C）的基础之上，故其学历只能定位于 ISCED4B，属高中后的非高等教育。值得一提的是，曾经有人尝试用高等专科学制来培养这种传统意义上的高级技工，但实践却证明这样的学历教育虽然可以大大提高学生的理论知识水平（应知），却极少有可能使其经验技艺水平（应会）达到 7~8 级。而那些"只能意会不能言传"的经验在长期实践中的积累乃至形成个人经验体系的过程，恐怕是在学校里运用最先进的现代化教学手段也难以替代的。至于在国际上，我们也没有看到过这种在第三级教育阶段用高等学校来专门培养传统技能型人才的学制。

分析之五：智能型高级操作工教育或培训。智能型高级操作工一般指现代化高科技产业中需要有较高的技术理论知识水平、现场判断能力和应变能力，同时需要较多实际操作经验的特殊职业岗位上的高层次操作人才，如大型现代化轧钢设备的控制操作工、数控机床等柔性制造系统设备的维护操作工、装有现代化的先进导航设备的轮机驾驶操作工等。如果把这些高级操作人才归入技能型人才，即技术工人系列，则因不符合条件 2 而不属高等职业教育，这显然有悖常理（分析之三中引出的复杂问题与此类似，因为技术工人系列中的高层人才中相当一部分具有智能型操作人才的特点）。因为这种人才在理论知识水平方面不亚于甚至超过一般的高级技术员，而在操作技能方面虽不要求传统职业岗位上高级工那样专精的技艺水平但必强于高级技术员。那么当我们将培养高级技术员的教育定为高等职业教育时，难道不应将培养这种人才的教育归入高等职业教育吗？此时我们的判据是否还能成立呢？

笔者认为，判据照样成立，问题的关键是如何看待这种特殊人才。事实上，这种特殊人才已非传统意义上的高级技术工人，而是一种复合型人才，但这种复合又不同于同一类型中的"多能多岗"复合，也不同于同一层次上的"多专业"复合（诸如"技术+管理""销售+维修"之类），而是不同类型和层次上的复合。具体地说，可以看作是高级技术员与操作工的复合，也可说是由高级技术员去从事智能型职业岗位上的操作性工作，这种操作技能并不必达到传统技术等级上的 7~8 级，而对智力技能有着较高的要求。因此，可以说这种人才已经从技能型人才转化成了技术型人才。如果他们所接受的是 2~4 年一贯制教育，取其复合成分中的主成分——高级技术员，理应承认它属于高等职业教育，我们的判据依然适用。但如果仅指在高级技术员基础上进行的旨在培养现场操作技能的短期培训，那么不管这种培训带有多少智能成分，就培训这一阶段而言只能称为高层次的职业继续教育或培训，属非学历性质的高等职业教育。

需要指出的是，现代智能型高级操作人才的出现，并不说明职业带理论已不适用，而只能说明现代企业所需要的技术型人才可以在一个相当宽广的职业区域内活动，他们能够胜任跨系列的职业岗位工作。至于这种高层次复合型人才的命名，是否仍应继续称之为"高级技术工人"并不重要，重要的是必须看到随着他们工作性质的变化而发生的这种自身角色转换，而不是根据过去计划经济体制下的劳动人事制度按"员"和"工"来定岗分类。

第四节　相关概念辨析与基本结论

一、区分几个相关的概念

与"高等职业教育"相关的概念有多个，现择其要者分别辨析如下：

（1）"高等职业教育"与"高中后职业教育"。所谓"高中后职业教育"，顾名思义是在高中教育基础上所进行的职业教育，它只需满足简明判据中的条件 1 即可，故而其外延远远大于"高等职业教育"。它的培养目标可以是技术员、技术工人，也可以是其他各类管理、服务或辅助人员；学制可以视岗位需要从几周、几个月到几年不等；学习结束后可授予学历证明，也可只发职业资格证书、技术等级证书、上岗证书、单科证书或课程证明，也可不发任何证明。由于高中后职业教育的外延较大，我们可以将一些无法归入高等职业教育范畴的一系列的高层次的职业教育或培训（如属于 ISCED4B 的课程）归入高中后职业教育范畴。

（2）"高等职业教育"与"高级职业培训"。要区分这两个概念，首先要区分"职业教育"与"职业培训"。从广义上来讲，职业教育可以包括职业培训；而就狭义而言，二者应是并列的。笔者认为，当我们在宏观层次上探讨诸如人力资源开发之类的问题时，应使用广义；在中观层次上探讨职业教育与基础教育等其他各类教育的关系时，也可使用广义；而在中观或微观层次上探讨学制问题，或者在将各种教育进行分类以严格地界定其概念时，必须使用狭义，因此本文只能取其狭义概念。从这个意义上讲，"高等职业教育"与"高级职业培训"是两个不相容的并列概念，后者不应归入前者范畴。事实上根据我们的简明判据，由于高级职业培训不符合条件 2，一般也不满足条件 3、4，肯定不能视为高等职业教育。当然如果把高等职业教育的范围明确扩大到包括非学历教育在内的话，高级职业培训则可成为其中的重要组成部分。

（3）"高等职业教育"与"高等专业教育"。人们普遍认为，普通高等学校所实施的都是"高等专业教育"，这与"高等职业教育"仅一字之差，二者区别究竟何在呢？就一般意义而言，专业泛指专门人才所从事的特定业务，这样也可以理解为专业就是指社会某一大类职业。但在教育领域内，专业是有其特定含义的，普通高校所设置的"专业"实际上是指某一学科门类或其某一分支，依此实施的专业教育就是按学科类别对学生进行以某门学科为基础的知识和技能训练。这样看来，职业和专业本来就是两种不同属性的分类概念：职业是一种社会岗位分类概念，专业则是一种学科分类的概念，二者的分类标准不同，在使用中就必然会有交叉与重叠。因此我们认为目前在普通高校中实施的那一部分"高等职业教育"可以看作是"高等专业教育"中的一部分，是专指那些与"职业"重合的"专业"教育，但它恐怕还不能涵盖整个"高等职业教育"。由此引申出去，同处于 ISCED 第 5 层次的教育究竟属 A 类还是 B 类，是按不同专业的性质而定，而不是按学校的类别来分的。因此，普通高等院校根据社会需要，充分利用其现有的高等教育资源来积极开发高等职业教育类专业，例如设立二级技术学院或举办高职班等，应是我国高等职业教育发展的基本途径之一；而那些一心追求"正规化"而丢掉了自身职教特色的职业大学和不看市场需求仍在关门照办"本科压缩"模式的高等专科学校，则应尽快改变这种有名无实和定位失当的现象，真正在高等职业教育的发展中起到骨干作用。

（4）"高等职业教育"与"高等职业技术教育"。自改革开放以来，"职业技术教育"一直在我国被作为一个综合性名词来使用，它总体上包括培养技术员类人才的技术教育、培养技术工人类人才的职业教育以及其他各类职业培训在内。但近年来随着我国《职业教育法》的颁布和实施，在国务院及有关行政部门的正式文件中已用"职业教育"取代了"职业技术教育"，这样，用"高等职业教育"取代"高等职业技术教育"也就顺理成章了。当然，必须明确这一广义的"职业教育"概念是我国所特有的，并非国外一般专指培养技术工人系列人才的狭义"职业教育"。因为如前所述，"高等职业教育"是指培养高级技术型（含现代智能型操作）人才的高等"技术教育"，而培养高级技能型（非现代智能型操作）人才的"职业教育"（高级职业培训）不属这一范畴。因此问题的关键并不在于名称的变化，而在于对其内涵一定要有明确的统一认识，否则必然会因理解上的不一致而带来管理上的混乱，不利于建立完善的职业教育体系，更不利于解决人才结构中的薄弱环节。

二、简要的结论及补充意见

综上所述，我们必须采用某种公认的标准和理论严格地界定高等职业教育的概念，以避免使用中的混乱，这对于理顺教育管理体制、促进各类教育发展是十分必要的。需要指出的是，人们往往习惯于孤立地使用"应用型""工艺型""智能型"之类的表述，这些虽然能够揭示高等职业教育的部分内涵，但在理论上似乎还缺乏足够的说服力。至于高等职业教育毕业生的工作职责等问题留给职业分类标准去解决。

事实上，高等职业教育是现代社会高新技术发展的必然产物，而绝非如某些舆论所说是由职教界人士"炒作"出来的。如果说它仅仅作为一个名词的使用当然确有人为的因素在内，但它作为一个实体的客观存在却是不容否认的事实，我们不能因为国际上通常不使用"高等职业教育"这一概念而对这一类型教育的存在视而不见。同时，也正由于高等职业教育是一种新的教育类型，其自身的发展是有一个过程的。若按 20 多年前的初版 ISCED，它只能定位于专科这一层次；现在按新版 ISCED 则理应将其明确定位于 ISCED5B，即新版"国际教育标准分类"中的第三级教育第一阶段——第 5 层次 B 类课程，从学历层次上则可不局限于单一的专科层次。至于其生源入口，应考虑文化理论基础与职业实践基础两方面的要求，而不应是单纯面向那些未经任何职业准备的"高考落榜生"。

应该看到，在德国，与应用技术大学直接衔接的专科高中，是在前者学制确立的同时作为其配套学制统一建立起来的；而我国在发展高等职业教育时却未能像德国那样及时考虑建立相应配套的教育实施机构或制订入口的资格要求和选拔标准，这样 5B 的生源都来自未经第 4 层次补习的 3C 或 3A 毕业生，必然给 5B 自身造成极大的压力。尤其是由于目前各地在试点中比较强调中等与高等职业教育的衔接，而中专、技校、职高三类中等职业技术学校又因具体培养目标的不同而在课程计划上的极大差异使得高等职业教育的生源基础参差不齐，这是一个非常普遍而又突出的现实难题。为此，笔者认为迫切需要在认真研究 3B 或 4A 课程计划的基础上，明确提出统一的高等职业教育入学资格要求和考试标准。这种课程计划的实施可有多种渠道，重要的是要针对现有各类 3C 生源的不同状况为其设计进入 5B 的第 4 层次过渡课程。总之，在高等职业教育的入口阶段就要强调理论与实践要求并重的入学条件，在此基础上再来实施理论与实践要求并重的高等职业教育课程计划，就能有效地保证在高等职业教育的出口阶段达到理论与实践要求并重的培养目标，以适应劳动力市场上所需的理论与实践要求并重的高层次技术型人才规格。

第二章 论坛共识：高等职业教育的基本特征[1]

任何事物之所以存在都由于它内在矛盾的特殊性，即该事物质的规定性。我国高等职业教育之所以有必要存在和发展，同样由于它具有区别于其他高等教育的特征，这种特征是一种客观存在，而且又是社会的实际需求。因此，研究和正确地认识这种特征是发展高等职业教育的基础和关键，本文仅为笔者的一些认识，供与同行学者们研究、讨论。

学校教育的类型取决于所实施的课程（programme）的类型，而不是按学校区分。同一学校可能有不同类型的教育。本文所论高等职业教育是作为一种课程类型进行认识和研究的，以免把现有普通高等学校中现实存在的不同教育类型视为同一教育类型，以便尽可能少受现有各种高等学校之间的利益关系的影响，同时，也便于进行国际比较。

我们研究高等职业教育，需注意两点：（1）各种职业培训（包括高中后职业培训）是职业教育中十分重要的组成部分，在对职业教育作宏观规划时必须对职业学校教育和职业培训全面统筹，无论孰重孰轻，都有违职业教育应有之义，都会脱离社会需要。但根据《职业教育法》第13、14、25条规定，职业学校教育分初、中、高三等，给学业合格者发学历证书；职业培训分初、中、高三级，给学业合格者发培训证书。因此，本文所谓高等职业教育，仅指高等职业学校教育而言，高中后的各种职业培训当另题讨论。（2）按联合国教科文组织的名词解释，培养技能型人才的教育一般称为职业教育，培养技术型人才的教育称为技术教育，综合称为"技术与职业教育"。我国现在通称为"职业教育"，但其内涵仍然包括技术教育和职业教育两类教育，本文所谓"高等职业教育"应理解为"高等技术与职业教育"。

认识高等职业教育特征的前提是，专业教育的类型是由人才类型决定的。第一，人才按其知识与能力结构的类别分不同类型。在大多数情况下，可分为学术型（科学型、理论型）、工程型（设计型、规划型、决策型）、技术型（工艺型、执行型、中间型）和技能型（技艺型、操作型）四类；第二，不同的人才类型之间必然有一个比例关系，这个比例关系的合理程度，即人才结构的合理程

❶ 本章内容为1997~1998年参与"上海职教论坛"活动（主持人：杨金土）并作为主要执笔人之一完成的集体研究论文，与杨金土、孟广平、严雪怡、吕鑫祥、黄克孝、成永林合作以"论高等职业教育的基本特征"为题载于《教育研究》1999年第4期，1999年获中国高等职业技术教育研究会第七次学术年会优秀论文特别奖。

度，决定整个人才群体的工作效率和效益；第三，培养不同的人才类型要有不同的课程体系，它们之间的交叉是肯定的，但区别是明显的，从而实际存在着相应的教育类型；第四，人才级别与教育等级并不存在完全的对应关系，经高等教育培养的人才并不都属于高级人才，有些行业（职业）的高级人才也未必非经高等教育培养。

第一节　培养目标特征

高等职业教育具有多个特征，其中培养目标是具有决定意义的特征，是在一定意义上决定其他特征的基础，其他特征都为培养目标的实现而存在。高等职业教育具体的培养目标比较多样，几乎覆盖社会的各行各业，但就其人才类型而言，主要是技术型人才。

第二次世界大战后，特别是 20 世纪 60 年代以来，技术教育在许多国家已高延至高等教育层次，其主要原因：一是经济和社会生活中科技含量急剧增加，高新技术的广泛应用，以及第三产业的蓬勃发展，从而出现了一系列新的有更高知能要求的职业岗位；二是原有职业岗位的分化与复合，对其中一部分职业岗位的知能要求提高了。因此，60 年代以来，许多国家和地区涌现出多种多样的培养技术型人才的院校，院校的名称和形式虽然各不相同，但培养目标基本相同。随着知识经济的到来，技术型人才的重要性将日益明显，其教育层次要求还将进一步提高。有的国家的某些技能型人才也通过高等教育培养，但在我国目前的情况下，高等职业教育的培养目标主要是技术型人才。

学术型人才的任务是研究和发现客观规律并将其成果表现为科学原理，工程型人才的任务是把科学原理演变成设计、规划、决策。工程型人才所从事的工作中无疑也有技术，但他们的主要任务是搞设计、规划、决策以及新技术的研究与开发，主要任务不是技术应用和现场实施。

技术型人才主要从事技术的应用与运用，他们和技能型人才的任务都是实施已完成的设计、规划和决策并转化成产品，都在生产第一线上工作，都需具备一定的理论技术和经验技术、智力技能和动作技能，区别在于技术型人才以前二者（理论技术和智力技能）为主，技能型人才以后二者为主。今后，技能型人才需要掌握的理论技术和智力技能比重必然增加，然而技术型人才对理论技术和智力技能的要求也在不断变化和提高。新近产生的所谓智能型操作人员，实际上属于技术型人才。但在目前和今后相当长时期内的多数生产和服务领域，这两类人才的区别仍然是明显的。

技术型与学术型人才的区别比较清楚。技术型与工程型、技能型人才之间，因为交叉多，工作联系紧密，容易混淆。许多学者都特别致力于这几类人才特点的研究，研究他们之间的区别。

在美国，工程技术人员系列中，有工程师（Engineer）、技术师（Technologist）和技术员（Technician）。美国普渡大学（Purdue University）W. K. Lebold 教授曾做如下论述："工程师是产品、生产过程或工程系统的开发者或设计者。应用数学和基本理论来解决工程技术问题是他们的典型工作。""技术师是一个典型的工程实践者，他们关心工程原理如何应用于实践，如何组织生产人员从事生产准备工作和现场操作。他们专注于维护和改良生产设备、生产过程、加工方法和加工程序。""技术员经常在工程师和技术师的指导下工作或者贯彻他们的技术方案，他们是实践人员。因而，必须了解工作原理和试验程序、测量工具。他们应有较强的动手能力。"❶

在英国，工程技术人员也分三种：特许工程师（Chartered Engineer），技术工程师（Technician Engineer）和工程技术员（Engineering Technician）。英国工程师委员会（The Engineering Council）著文指出："特许工程师在技术人员群体中提供改革和创造的信息，他们是技术人员群体的领导者。有的要进入最高管理岗位。""技术工程师将特许工程师的意图转化为实际工作。他们是工程技术人员群体活动的计划者，他们常常负责做出每日的工作安排，对日常的技术问题找出切实的解决办法，有的技术工程师要进入管理和监督岗位。""工程技术员在工程技术人员群体中是参加实际工作的，他们对测量仪器工具和设备，掌握详细知识和操作技能，他们对技术工和操作工的工作负有监督责任，并保证工作正常运转。"❷

在法国，工程技术人员也分工程师、高级技术员、技术员，他们的职责与英美两国大致相同。例如与技术工程师相当的高级技术员职责为"将抽象的设计和理论研究具体化，直接协同经济管理和工业尖端力量工作，协助工程师进行研究，计划和生产……"❸

在这些国家，"工程师""特许工程师"为工程型人才；技术工程师、技术师、高级技术员、技术员为技术型人才。他们之间的区别是明确的，但在我国的工程技术人员的职称系列中，没有"技术师"职称（50 年代曾设有"高级技术员"，后来又被取消），而"技术员"则是这一系列中的最低层次，因此要说明这两类人才之间的区别更为困难。应该说，这不能不说是我国职称制度的一个缺陷。

至于在技术型与技能型人才之间，二者也存在交叉和相互接近的趋势，尤其

❶　W K Lebold, D J Lebold. Trands in US Engineering Technology——A Comparative study of Adimission, Curricula and Employment [J]. The International Journal of Appliod Engineering, Nov. 1985.

❷　The Engineering Council. A Closer Look at Engineering [R]. 1986.

❸　国家教委情报研究室，法国短期技术学院 [J]. 教育参考资料，1988（15）.

在高级技工、技师等岗位中更为显著，我们认为对此应做具体分析，在当前，我国认定的高级技能型人才中，有两种情况：一种是他们的劳动组成中的智力成分已占相当大的比重，而动作技能的要求已相对减少，如检测、计量、调度以及一些高技术设备的操作岗位人员，这样的人员实际上应归属于技术型人才；另一种是虽对相关专业理论知识有一定要求，但其劳动组成中的主体仍然是动作技能，这样的人员仍然属于技能型人才。

当前，需由高等教育层次培养的技术型人才所分布的职业技术岗位主要有四类：（1）专业技术岗位，如工艺工程师、施工现场工程师、林业工程师、农艺师、护理师、高科技装备维修人员、数控机床编程与维修人员等。（2）经营管理岗位，如城建项目经理、作业长、车间主任、建设监理等。（3）经营业务岗位，如中、高级的会计、统计、信贷员、出纳员、秘书、导游、市场预测成本核算、广告设计。外汇交易、证券交易、投资咨询等。（4）智能操作岗位，如飞机驾驶员、远洋轮船驾驶人员和轮机操作人员、柔性加工线运行人员、集中控制室运行人员等。

1997 年，联合国教科文组织重新修订了《国际教育分类标准》（ISCED），虽然这个标准不能视为一种典范，它仅是教科文组织便于统计、比较而制定的力图涵盖世界各国教育体系的标准，但是它反映了世界教育体系发展的共同趋势，很有参考价值。这一新标准将整个教育体系划分为七个层次，其中第三层次是高中教育阶段，第五层次为高等教育第一阶段，包括专科、本科以及"所有博士学位以外的研究课程，例如各种硕士学位课程"。第五层次又分 A、B 两类：5A 是"面向理论基础研究准备进入高技术要求的专业课程"；5B 则为"实用的技术的具体职业的课程"，是一种"定向于某个特定职业的课程计划"，它"比 5A 的课程更加定向于实际工作，并更加体现职业特殊性"。根据我国高等职业教育的培养目标主要是技术型人才的特征，应属 5B。

第二节 入学标准特征

高等职业教育多数专业的入学者，应具有高中文化基础（不是我国现行的高考标准，而是作为国民教育基本要求的标准，不同专业会有不同的侧重）和相关专业的知识与技能基础。

为什么要具备高中文化基础？因为按高等职业教育的培养目标，需要具备基于高中文化基础之上的技术知识与技术创新能力，良好的高中文化基础不仅是获得现代技术知识与能力所必需，也是一个可持续发展的、有较强适应性的技术型人才的素质基础。

为什么要具备相应职业领域的技术基础？因为技术型人才所掌握的职业技术

能力，也是一个由简单到复杂、由初级到高级的过程体系，高一级的职业技术能力往往要求建立在低一级能力的基础上，按高等职业教育的培养目标，其入学水平不但有高中文化的基础要求，大多数专业还有一定职业技术能力的要求。而且，"职业意识"，包括必要的行为习惯，是技术型人才的必要素质，需要在一定环境下，有一定的职业性接触才能养成的。因此，只有入学时具有一定基础，才能保证其培养质量。这里所讲的"相应职业领域的技术基础"指的是一定的职业或职业群中带有共性要求的知识、技能、态度等一系列组成最基本的专业技术能力的要素，而并非针对某一具体职业岗位的就业技能或单项能力，更非仅指动作技能。这种技术基础是通过何种途径获得的并不重要，可以是经由中等职业技术学校教育培养的，对非中等职业技术学校毕业生来讲，也可以通过各种培训或实际工作获得，重要的是入学要具备一定的基础，才能达到培养目标。至于某些高等职业教育专业的入学水平不一定要有相应的职业技术基础，数量不占主导地位，又当别论。

为使直接进入高等职业教育的青年学生同时具备以上两个方面的基础，有的国家设立了间接衔接的高中阶段配套学制，例如德国的双元制职业学校毕业生如要升入应用科技大学，则需先进入专科高中（Fachoberschulcn）补习高中课程，取得证书，然后进入应用科技大学。更多的国家和地区则明确将原有培养较低层次技术型人才的学制规定或设计成可与高等职业教育直接衔接，如法国与短期技术学院直接衔接的技术高中，原本就是专门培养技术员的成熟学制，其毕业生已取得技术学业文凭。英国多科性技术学院中培养技术工程师的学制也以招收已取得技术员资格者为主，我国台湾地区培养技术师的两年制本科技术学院则专门招收培养技术员的专科学校毕业生，由此实现不同层次技术型人才的培养相互衔接，确保高等职业教育的应届生源具备文化和技术两方面的基础。

第三节　教与学过程特征

教与学过程服从于培养目标，培养目标集中表现为培养对象的规格，即特定的知识和能力结构。技术型人才的知能结构与工程型人才比较，有以下特征：（1）要有一定的理论基础，但不必达到工程型人才的要求，而是更强调理论的应用。（2）相关的专业知识要更宽广些，因为技术实践问题更为综合，参与因素更为复杂。如工艺工程师除工艺知识外，尚须更多的经济、管理、劳保、文字与语言表达等知识和能力。（3）综合应用理论知识解决实际问题的能力要更强，尤其应具备解决现场突发性问题的应变能力，还应具备一定的操作技能。（4）由于生产现场的劳动常常是协同工作的群体活动，所以处理好人际关系的能力，组织和领导工作群体的能力是这类人才极为重要的素质。

一、教学指导思想

高等职业教育的教学指导思想是使学生获得相应职业领域的能力，教学计划、课程及质量评价标准都以使学生获得能力为导向进行编制，一切教学工作都以使学生获得相应职业领域能力为出发点和终结点。

对以上指导思想需作以下说明：

（1）相应职业领域的能力不仅是操作技能，也不等同心理学上的能力（ability）概念，而是职业能力和其他相关能力的综合概念（competency），包括知识、技能、经验、态度等为完成职业任务、胜任岗位资格所需要的全面素质。❶（2）由于科学技术的迅猛发展，使社会职业岗位的内涵和外延处于不断变动之中，因而这里所说的能力不能仅局限于胜任某一职业岗位具体工作的能力，而是还要使学生获得对职业岗位变动的良好适应性和可持续学习的基础。（3）技术型人才往往是现场工作群体的组织者和领导者，因而他们所应具有的能力构成中，合作、公关、组织、协调、创新及风险承受等所谓"关键能力"或"基础能力"以及良好的品行和职业道德修养具有特殊的重要性。

二、课程内容

技术型人才知能结构的总体特征是理论技术与经验技术相结合，而以理论技术为主，因而高等职业教育的课程内容应使学生掌握理论技术所必需的理论基础以及相应的应用能力。但是，理论技术并不排斥经验技术，而是多以经验技术为基础的。同时，理论技术的应用还会伴随出现新的经验因素。因而高等职业教育的课程内容必须十分重视理论技术与经验技术的结合，实验、实习与实训等实践教学环节比重较大。

分析国内外一些同类教育的课程内容，实践教学环节的学时数与理论教学环节学时数，颇有差别，但大致为 1:1，如法国短期技术学院的实践教学时数占总时数的 1/2；美国密特萨克斯社区学院电气技术专业的实践教学时数占总时数46.7%；新加坡技术学院机械制造专业的教学实践学时数稍超过总学时数的 1/2；北京联合大学计算机应用专业的理论与实践的学时数比例也约为 1:1；沈阳工业高专锻压工艺专业的实践教学时间占全部教学时间的 52%。

相比较之下，培养技能型人才的实践环节学时数占总学时数的比重更大，大都在 1/2 至 2/3 之间。培养工程型人才由于其理论知识要求较高，实践环节的比重要小些；如清华大学工程类专业的理论教学学时数占 80%左右，而实践环节学时数占 20%左右。

---

❶ Andrew Gonczi, International Perspectives on Compentency Based Education ［R］. University of Sidney, 1994.

三、课程结构

在设计高等职业教育课程的过程中，有一对矛盾是必须认真探讨的，那就是针对性与适应性的矛盾。作为导向就业的教育，它必须针对一定的职业范围；作为学校教育，它又必定不同于职业培训，学生须有较强的适应未来发展的能力，对两者都不能片面要求，只能依不同条件作不同的折中选择。但总体上说，随着科学技术的迅速发展，职业岗位及其内涵的变动非常频繁，高等职业教育毕业生不能只适合在一定狭窄的职业领域中工作，他们应该有较强的就业弹性，应该具有可持续学习的基础。

一般说，作为培养技术型人才的高等职业教育课程的职业专门化程度，高于培养工程型人才的课程，低于培养技能型人才的课程。

专业技术知识是直接反映当前职业岗位的工作需求，体现了教学的针对性。专业理论常常是相近专业的共同基础。基础理论是自然与社会的普遍规律，它是专业理论的基础，覆盖面更广，这后两类知识支持着技术型人才的持续发展和适应能力。

根据技术型人才的知能特点，协调基础理论、专业理论和专业技术三类课程的逻辑关系和比例，是优化技术型人才培养过程的一个关键性环节。一般情况下，课程的重点是专业理论，原因有以下几点：（1）专业理论是基础理论沿一定专业方向的综合和发展，是根据专业需要精选和提炼了的基础理论，因而它本身就是针对性要求和适应性要求的统一。（2）专业理论是学习和发展多种同类专业技术的基础。（3）专业理论具有足够的稳定性。

国外的此类教育已有不少这样的实践和经验，德国康斯坦茨应用科技大学1990年机械制造工艺专业的教学计划中的学时数，基础理论课占15%，专业技术课占25%，而专业理论课占35%。

第四节 用人部门参与特征

职业教育与普通教育相比较，其重要特点之一是它的培养过程需要用人部门（单位）的直接参与，建立起办学伙伴关系，才能实现培养目标，并不断提高教育质量和办学效益。这是各级职业教育的共同特征之一，更是高等职业教育的特征之一。

技术型人才应具备的知识与能力，其中有相当部分只能在实际工作场所才能获得，而不是仅靠学校教育能获得的，因为学校教育在多数情况下是模拟性质的。学生在学校学习无论是环境感受还是心理状态都与实际工作现场环境有差距，一些重要意识和良好行为习惯的养成，某些不易言传的经验和应变方法，更只有在现场环境中才能学到。所以，仅靠学校教育，只有书本知识，只在课堂、实验室和校内实训场所，都难以培养合格的技术型人才。

另外，现代科技的发展速度极快，许多新技术是一边应用、一边发展，未必能及时地反映到学校教育中来，往往只有在实地工作地点才能获得最新的实用技术和较强的技术创新能力，而掌握最新实用技术和具备较强的技术创新能力正是高等职业教育毕业生的特色。所以，高等职业学校必须与行业、企业密切地合作，建立办学伙伴关系，使行业、企业直接参与培养过程，以期共同完成培养目标。这样，工业地点已不仅是从事生产活动的场所，同时也是学习的场所；用人单位已不仅是雇主，同时也是办学者。这种把用人部门作为学习场所、办学伙伴的必要性，是技术型人才培养过程的重要而十分突出的特点。培养工程型人才也要一定的社会环境，但一般不要求有如此深度的用人部门参与；培养技能型人才当然也离不开生产和服务现场，但主要是解决技能实训问题，对用人部门的要求也没有那么宽广、复杂。

第五节　培养条件特征

为了保证技术型人才这一特定培养目标的实现，必须要有相应的培养条件作保障。高等职业教育的办学条件，除各类教育都必须具备的物质与非物质条件以及社会参与这一特殊条件外，主要是师资和设备这两方面具有明显特点。

一、师资

由于高等职业教育主要是培养技术型人才，所以其教师除应具备各类教育的教师都要具有的素质外，还应具备技术型人才的各种素质，即使是基础课的教师也需要对技术型人才的培养目标及与本课的关系有明确的认识。所以，与普通高等学校相比较，高等职业学校教师的知能储备要更为全面，应有较高的专业技术应用的实践能力，相关知识面广，"常识"丰富，同时还具有较强的社会活动能力，善于同社会的有关单位及人员交际和合作。

对高等职业学校教师的要求高而广，但在实际中很难要求全体教师都具备所有的要求，因此，队伍构成必然多样化。第一，需要较多地聘用兼职教师。聘用兼职教师的好处：一是有利于解决急需；二是有利于保证较高的专业水平，特别是专业实践能力水平；三是有利于加强学校与社会的联系；四是有利于专业的变换和提高办学效益。第二，某些对动作技能有特殊要求的课程，在任课教师所掌握的一般技能难以满足要求的情况下，可聘任一定的实习指导教师。第三，必须有一批精干的专任教师，深知高等职业教育的目标、特征，熟悉本专业的理论与实践，他们是高等职业学校具有决定性作用的中坚力量。此外，必须有保证专职教师定期到相关企业中更新知识与能力的制度，这不但对专业课教师是必要的，对基础课教师也是必要的。

二、设备

高等职业教育的设备特征集中表现在实习和实训设备方面，主要有如下特点：（1）现场特点。学生的实习场所要尽可能与社会上实际的生产或服务场所一致，由于校内往往不容易完全具备这样的条件，所以必须充分重视校外实习基地的建设。（2）技术应有特点。为了适应技术型人才主要从事技术应用和运作的要求，高等职业教育的实习、实验设备应有利于培养学生的技术应用能力和分析、解决实际问题的能力，其重点不是为了理论验证。（3）综合特点。技术型人才所从事的工作环境往往是多因素综合的，只有在错综复杂的场合才能锻炼学生多方位的思考能力，学会处理各种复杂问题，单一的实习条件难以培养出合格的技术型人才。（4）可供反复训练的特点。因为许多能力的掌握都不是一次完成的，需要反复练习。正因为如此，仿真模拟设备对于培养技术型人才具有特别明显的作用。尤其如电力生产与输送、化工工艺流程等，难以现场观察，又必须反复进行现场工作训练，特别是故障排除训练，如果有了仿真模拟设备，虽然不能完全替代现场实习，却能比较接近于教学目标的实现。

因此，高等职业教育的设备需要适合培养技术型人才的目的，需要有一定的专用设备。

第三章 世纪之交：上海高等职业教育发展调研与思考[1]

大力发展高等职业教育，已成为国家发展高等教育的基本方针。由于高等职业教育是个新生事物，发展也刚刚起步，目前摆在高职教育工作者面前的一个紧迫任务，是要从理论上和实践上把高职教育的一系列问题研究清楚。为了使高等职业教育健康发展，上海市教育委员会于2000年3、4月间委托上海职业技术教育研究所组织课题组，对全市实施高职教育的43所院校进行了一次综合调研，重点考察各院校用于高职教育的办学条件，取得了现场调研的第一手材料和一系列数据，对上海高职教育资源的基本特征和存在的主要问题有了较为全面的认识，并由此引发了促进上海高职教育持续发展的若干有益的思考。

第一节 上海发展高职教育的背景

一、宏观政策的积极变化

高等教育由"适度发展"转向"积极发展"，是上海高等职业技术教育快速发展的重要政策依据。"九五"期间，我国高等教育发展的宏观政策由"适度扩大规模、优化结构、进一步提高质量和效益"，转向"通过各种形式积极发展高等教育""调整现有教育结构体系，扩大规模""大力发展高等职业教育"。这并非只是面对当前生源高峰和就业压力的一种"权宜之计"，而是我国高等教育结构性改革的重大举措。因此，发展高等职业教育，正是中国教育在迈向21世纪的关键时刻，面向国际国内发展形势做出的重大决策，具有深远的历史意义。它标志着我国高等教育和职业技术教育将进入一个新的发展时期，对于全面提高劳动力的素质，推进教育与其他因素间的协调发展和良性循环，实现整个经济和社会的可持续发展具有重大的意义。

（1）全国普通高校招生规模扩大。从1985~1998年，全国普通高等学校本、

---

[1] 本章内容为2000年参与上海市教育委员会委托项目"上海高等职业技术院校办学条件调研评估"（课题组长：马树超，副组长：杨黎明、楼一峰、郑家农、黄克孝）的课题总报告，与马树超、楼一峰合作执笔，见《上海高等职业技术教育发展研究》（上海职业技术教育研究所编著，高等教育出版社2000年版），2001年获第七届上海市教育科学研究成果著作类三等奖。

专科招生人数由 61.9 万人增加至 108.4 万人，累计增长 75%，平均每年增长 4.4%。1999 年，党中央、国务院召开了全国教育工作会议。根据会议精神，进一步扩大了高等教育的招生规模，全国普通高校招生人数近 160 万人，比 1998 年增加 47.4%，增幅之大是多年以来所没有的。据国家有关部门预测，2000 年招生人数将达 200 万人，继续增长 25%左右。

（2）上海高职教育快速发展。与全国高校扩招的形势相应，上海 1999 年普通高校招生 6.3 万人，比 1998 年增长 29.5%。分析上海高校本、专科招生的层次结构可以发现，上海普通高校扩招主要是专科层次的高职教育，而全国则是本、专科扩招基本同步（见表 3-1）。这一现象，反映了上海发展高职教育的要求。

表 3-1　1998~1999 年普通高校本专科招生情况变化　（万人）

招生数	1998 年			1999 年		
	本科	专科	比例	本科	专科	比例
全国	65.31	43.05	1.52：1	93.67	61.17	1.53：1
上海	3.52	1.37	2.58：1	4.20	2.12	1.98：1

上海的高职教育是从 20 世纪 80 年代中期起步的。1985 年，《中共中央关于教育体制改革的决定》中指出，要"发展高等职业技术院校""逐步建立起一个从初级到高级、行业配套、结构合理又能与普通教育相沟通的职业技术教育体系。"自此，上海开始在一所升为技术专科的老中专进行五年一贯制的高职教育试点，同时在 13 所职工大学试办高职班，毕业生受到社会的欢迎。1996 年全国职业教育工作会议后，原国家教委提出发展高职教育的"三改一补"方针，即通过改革职业大学、成人高校和专科学校发展高职教育，并可在国家级重点中专学校办高职班作为补充。同年，全国人大通过并颁布的《中华人民共和国职业教育法》更从法律上确定了高职教育在我国教育体系中的地位。但由于当时高等教育发展政策方面的原因，上海只有一所高等职业技术学校被批准正式设立，另有一所中专学校试办五年制高职班。1999 年，中共中央、国务院《关于深化教育改革全面推进素质教育的决定》提出"大力发展高等职业教育，培养一大批具有必要理论知识和较强实践能力，生产、建设、管理、服务第一线和农村急需的专门人才"，为上海高等职业技术教育快速发展提供了重要的政策依据。1999 年上海高职教育招生 1.05 万人，比 1998 年急增 200%以上，进入了规模发展阶段。

二、经济发展的客观需求

经济发展的客观需求表现在以下几个方面。

（1）面对经济全球化的挑战。中国加入 WTO 进入程序阶段，经济全球化的浪潮将进一步影响中国的经济和社会发展。作为改革开放的前沿区域，上海将首先面对中国加入世贸组织的机遇和挑战。在经济全球化过程中，上海与世界的联系日益增多，最为重要的是强化比较优势，参与国际分工。改革开放以来，我国出口贸易的比较优势逐步转移，80 年代中期开始由资源密集型初级产品为主转向劳动密集型工业制成品为主，进而向工业制成品的深加工方向发展，技术和资本含量较高的机电产品比重不断提高。上海是人均资源极其短缺的城市，但具有劳动密集和技术密集型产业的比较优势。仅从 1999 年的统计数据看：全市工业直接出口创汇达 128 亿美元，占全市外贸出口总额的 70%，机电产品和高新技术产品出口比重从 1998 年的 38% 上升到 44%；全市"三资"工业企业达 4656 家，世界 500 强企业中已有 254 家入驻上海，其中工业性项目约占投资总量的 79%，就是因为看好上海的比较优势；全年外商投资企业出口量超过全市出口总量的 50%，作用日益加大。面对经济全球化的竞争，上海必须加大利用资本和技术密集型产业的比较优势，改造和提高劳动密集型产业，适应全球竞争需要。因此，进一步发展高职教育，提高劳动力的技术素质，将劳动、资本和技术因素加以提高并更好地结合起来，是提高国际竞争力的重要举措。

（2）经济发展与人才结构。20 世纪 90 年代以来，上海工业连续 9 年保持两位数增长率，年均增长 16% 以上。与此同时，上海进一步加大产业结构调整力度，1999 年第二、第三产业的比重分别为 48.4% 和 49.6%，形成了第二、第三产业共同推动经济增长的格局。上海已确定了加快工业新高地建设的策略，三年内科技进步对经济增长贡献率要达到 55%，高科技产业和支柱工业产值占工业总产值的比例达到 70% 以上，新产品开发每年增长 30% 以上。为此，上海决定加快建立 200 家企业技术开发中心，实现 100 个科研院所转制，建立 1000 个科技型小企业。因此上海急需培养一批生产第一线的技术应用型人才，造就一支高素质的能够将高技术转化成为现实生产力的现代职业技术人才队伍。经济发展和全球化向我们提出的挑战，最关键的就是人才的挑战。我国加入 WTO 以后，企业再不能依赖国家政策保护去参与激烈的国际竞争了，于是产品的质量成为核心，而技术则成为关键。长期以来，由于我国科学与技术结合度较低，重科学而轻技术，在人才培养上重学科而轻技能，导致第一线的技术应用型人才严重不足。据《文汇报》报道，在 2000 年上海春季青年人才、劳务招聘会上，大部分用人单位遗憾地表示专业型、技术型人才太难求。首次在人才招聘会上亮相的上海城市规划展示馆共收到应聘表格近 70 份，其中应聘文员、接待的人最多，但是展示馆急需人员的展品维护和保养岗位却只有 1 个人来应聘。据介绍，这个岗位的技术要求较高，熟悉弱电工程的计算机专业人才才能胜任。在一家民营科技企业的招聘摊位前，人事经理无奈地指着桌上一大沓应聘表格说："大部分都是来应聘文秘的，而且基本上都是上海的女大学生。我们需要的电脑平面设计师只有 2 个人来应聘，都是外地大学生。"前来应聘这家小型民营企业的文秘岗位的人中，竟不乏华东师范大学、上海外国语大学、华东理工大学等名牌大学的毕业生。一家艺术工程公司的外地籍老总是来招聘建筑工程师、园艺工程师、美术专业人才和会计的，结果一天下来，50%以上的应聘者都是冲着会计岗位而来，而且学历普遍很高。但是让这位老总满意的美术师和建筑师的候选人却寥寥无几，来应聘园艺师的竟只有一个还在校念书的大学生。有资料表明，在改革开放 20 年来各行各业进口的数控机床中，已有原值超过 100 亿美元的设备闲置，等待更新、改装和维修，其主要原因就是技术应用型人才短缺。按照上海经济发展模式需要的人力结构配备比例，并参照发达国家工业城市人力结构特征推算，上海高级技术应用型人才的缺口达 20 万人之多，而加快高职教育的发展将有效地解决这一矛盾。

三、深化教育改革的内在动力

下面分析深化教育改革的内在动力。

（1）调整教育体系结构。随着高等教育规模扩大，高等教育结构调整成为必然和可能。1985 年，我国政府就提出要逐步建立起一个从初级到高级的职业技术教育体系，此后，国务院《关于大力发展职业技术教育的决定》、国务院"关于《中国教育改革与发展纲要》的实施意见"以及《中华人民共和国职业教育法》等重要文件和法规中，都明确提出要完善包括高职教育在内的职业技术教育体系。但是，由于长期以来我国高校教育资源短缺，高等教育学科本位的单轨体系又使普通专科教育难以在培养技术应用型人才方面办出特色。90 年代以来，上海经济和社会的快速发展，对技术应用型人才的需求明显增大。因此加快发展高职教育，也将有利于高等教育结构的深化改革。

（2）构建教育内部的"立交桥"。长期以来，我国教育"千军万马争过独木桥"的现象越演越烈，严重影响了教育方针与培养目标的实施。为了从根本上解决这一问题，党中央提出要构建与社会主义市场经济体制和教育内在规律相适应的，使不同类型和层次的教育相互沟通、相互衔接的"立交桥"式的教育体制，为各类学校毕业生提供继续学习深造的机会，拓宽人才成长的道路。大力发展高职教育，拓宽了接受高等教育的渠道，使中等职业技术学校毕业生也能够继续升学，对整个教育体制改革产生了深刻的影响，具有划时代的意义。2000 年，上海明确规定了中等职业技术学校毕业生可以报考普通高校、高职生在学期间可以作为插班生转入普通高校本科专业、高职毕业生可以参加"专升本"考试等一系列措施，为高职教育发展造就了良好的环境。

（3）职业技术教育重心上移。由于上海经济与科技的发展，产生了一批知识技能含量较高的职业岗位群。例如与高新技术有关的数据处理与系统分析人员、数控机床操作调试维修人员、信息网络维护人员等，以及第三产业相关的应用型技术人员。这些职业岗位无论是在技术幅度、技术层次还是知识含量要求方面，都出现了高移，中等职业技术学校培养的人才已难以胜任，需要高一层次的职业技术教育来担负起培养人才的责任。

四、人民群众接受高等教育的需要

人民群众接受高等教育的需要表现在以下两个方面。

（1）人民生活水平提高。上海人均 GDP 现已超过 3700 美元，经济实力接近中等发达国家水平。1999 年，城市居民家庭人均年可支配收入 1.1 万元，比上年增长 13.2%。随着人民生活水平提高，人民群众接受高等教育的愿望越来越强烈。但是，由于高等教育发展政策方面的原因，近几年上海教育资源供给与人民需求的不相适应日益明显。我们在扩大高等教育规模时不仅要考虑人民群众的需求，更要考虑经济、技术的发展对社会人力资源结构的需求，还要考虑教育系统内部的改革需要。因此，从上海的实际情况出发，发展高职教育成为一种战略性选择。

（2）缓解就业矛盾。我国的就业问题已经成为跨世纪进程中的一个难点。数据分析表明，我国"十五"期间的就业形势将比"九五"更加严峻。我国在短时间内由计划经济转向市场经济，加上所有制结构调整和产业结构调整，原本就很严重的劳动力过剩问题显得更加严重。为此，上海应当有一个把劳动力积累变成资本的过程，应注意着眼于多发展有利于提高就业能力的教育与培训。而发展高等职业教育对缓解就业矛盾的意义，不仅仅在于推迟就业年龄和储备型就业，更在于提高劳动者的技能素质，提高其适应新职业岗位的技能，是具有战略意义的积极举措。

第二节　上海高职教育发展的现状分析

1999 年，上海市认真贯彻全国第三次教育工作会议精神，大力发展高等职业教育，以适应上海经济和社会发展的迫切要求。于是，一大批普通高等学校和成人高等学校积极响应，克服了教育资源紧缺等诸多困难，为扩大招收高职生创造条件。因此，上海的高职教育办学规模一时间迅速扩大，全市全年 1.05 万人的招生数比上一年猛增了两倍以上。在高职教育快速发展的过程中，必须端正办学思想，改善办学条件，强化办学特色，才能实现培养技术应用型人才的目标，丰富人力资源的结构，推进科技与生产的结合，适应经济和社会发展的要求。因此，当前高职教育不仅要扩大办学规模，更要注重教育质量，确保高职教育的健康发展。上海市教委充分认识到了这一点，为此决定对全市实施高职教育的 43 所院校开展一次综合调查，重点考察各院校用于高职教育的办学条件。通过这次综合调研，我们对整个上海高职教育发展的现状有了较为全面的了解。

一、上海高职教育发展的基本特征

截止到 2000 年 2 月，上海举办高职教育的院校共有 43 所。其中，1999 年已经招生的院校 27 所，高职在校生 1.58 万人；2000 年新举办的院校 16 所，高职教育呈现蓬勃发展的态势。从总体上看，上海高职教育资源发展的主要特征体现在以下几个方面。

（1）基本形成了多渠道、多模式的发展格局。根据教育部 1998 年提出的"三多一改"方针，各省市要结合各地的实际情况多渠道、多规格、多模式地发展高职教育，重点是教学改革，真正办出高职教育的特色。教育部特别要求各地在高职教育的办学模式和运行机制方面要有新的思路、新的探索。为此，上海市确定了高职教育"统筹规划，合理布局，面向基层，办出特色，积极试点，逐步规范"的发展方针，并将其纳入上海国民经济和社会发展规划之中，在办学渠道和模式方面则充分考虑坚持充分利用现有的高等教育资源来发展高职教育的原则。在上海 43 所举办高职教育的院校中，有普通本科高校的二级学院（职业技术学院）17 所、独立设置的成人高校 17 所、独立设置的高等专科学校 5 所、独立设置的职业技术学院 4 所（其中民办职业技术学院 2 所），由此基本形成了多渠道、多模式的高职教育发展格局。上海具有比较丰富的高等教育资源存量，为快速发展高职教育奠定了重要的基础。这种多元化的办学发展格局，有利于上海高教资源的优化配置，有利于进一步运用现代化教育技术与手段。

（2）初步形成了与地方经济发展相适应的高职教育专业结构。职业教育是直接为地方经济建设服务的，因此高职教育的专业点布局应与地方产业结构基本相适应。1999 年，上海全市共有 130 个高职专业点招生，按专业点数统计，5 个属第一产业，占专业点总数的 3.9%；61 个属第二产业，占专业点总数的46.9%；64 个属第三产业，占专业点总数的 49.2%。同年，上海实现国内生产总值 4035 亿元，第一、二、三产业的比重分别为 2%、48.4% 和 49.6%。这样看来，目前上海高职教育的专业点构成，对全市国民经济的产业分布可以做出一个基本的反映。上海作为一个正在向现代化目标高速迈进的特大型城市，其信息产业的迅速崛起是一个重要的标志。与上海信息产业增长率 20.6% 相对应，高职教育的电子信息技术类专业点达 24 个，占 18.5%，显示了上海信息技术应用人才的需求特征，这将有力地支持上海信息产业的发展。调查预测还显示，2000 年全市高职教育专业点总数将增加至 272 个，其中第一产业类占 3%，第二产业类42%，第三产业类提高至 55%。

（3）基本具备了高职教育发展初期的教学设施条件。高职教育为实现培养技术应用型人才的要求，必须配备相应的教学设施，而且集中地表现在实习和实训设备方面。据初步统计，目前全市用于高职教育的教学仪器设备总值近 10 亿元。其中，有 5 所院校用于高职教育的教学仪器设备原值在 4500 万元以上。近年来，各院校通过多种渠道筹集资金，加快改善办学条件。例如：中国海运集团作为上海海运职工大学的主管部门，为学校装备了大型仿真全天候船舶驾驶模拟实验室和以第四代集装箱船为母船的国内领先的船舶轮机模拟实验室，技术达到国际 90 年代后期水平；还建设了国内一流的散装液化汽船操纵模拟实验室。上海冶金高等专科学校筹资 1000 多万元建造电子电工实训基地，并计划再贷款 2000 多万元，建设其他项目的实训基地。上海青年管理干部学院投入近 4000 万元，建造 11460 平方米的教学大楼。华东理工大学在教学用房非常紧张的情况下，拿出一幢 5000 平方米的教学大楼，用于发展高职教育。

（4）初步形成了一支以专任教师为主，专、兼任教师相结合的高职教育师资队伍。与普通高等教育相比较，从事高职教育的师资应具有较高专业技术应用的实践能力。也就是说他们除应具备各类教育的教师都要具备的素质外，还要具备他们所要培养的技术应用型人才的素质。当然这种要求既高又广，是比较理想化的，在实际中很难使全体从事高职教育的教师都达到所有的要求，于是高职教育师资队伍的构成就必然呈现多样化。目前，全市各类高职院校拥有教师三千多人，其中专任教师与兼任教师的结构比为 2.4：1。高职教师总数中，具有高等院校工作经历的比例为 68.7%。在高职教育试点中，不少院校非常重视教师队伍的建设，例如：上海东沪职业技术学院每年选送教师到企业技术岗位挂职锻炼，以提高实践能力；立信会计高等专科学校积极做好优秀青年骨干教师的培养选拔工作，在职务评聘、科研项目申请、进修提高等方面予以优先考虑；上海纺织工业职工大学、上海海港职工大学还积极创造条件，培养"双师型"（既是教师，又是工程师、会计师等）教师。兼职教师队伍的建设也开始受到各院校的普遍重视，例如：上海建设职工大学的兼职教师中，既有本市重点大学教授，也有建委系统中青年专家和企业技术骨干，在教学中发挥了重要的作用。上海电机技术高等专科学校积极吸纳企业中有丰富实践经验、有较强专业技术能力的专家作为兼职教师，参与学校的一系列专业教学工作，并创建和调整了一批特色专业。

（5）高职教育强调综合职业能力培养的特色已经初步显现。在各级政府和有关行业（企业）的支持下，各院校正在努力改变实践环节不够落实和实训基地建设较差的状况。一方面，学校在教学计划中强化实践环节。据对各专业教学计划的调查，有 29 所院校高职专业的实践课课时占教学计划总课时的比例均在 40%以上，占举办高职教育的院校总数的三分之二。上海仪表电子工业职工大学的工业营销专业，在整个教学过程中，一半时间在学校接受理论知识教学，另一半时间以管理员（工长）的身份在企业进行实践培训，并通过市级、国家级相应工种的技术等级考试，使学生既学会应该怎样做，也懂得了为什么要这样做，实现了知识和技能一体化。上海第二工业大学为制定高职教育的教学计划专门做出文件规定，要求各专业从实际出发切实保证实验、实训、实习的教学时数，并提出理工类专业理论与实践教学时数之比为 5：5，非理工类为 6：4。另一方面，学校充分依托行业（企业）和社会资源建立实习实训基地，强化综合职业能力的培养。据调查，有 31 所院校其一半以上专业具有相对稳定的行业和社会实习、实训基地，占举办高职教育院校总数的 72%。同济大学高等技术学院以市场为导向，以产学合作为途径，在校内实训基地建设上，积极探索"教学实验—仿真实训—岗位实务"一条龙的路子，加上校外实习基地，使学生毕业前得到较为充足的岗位训练。上海第二工业大学认真做好行业人才需求调查，与企业共同研究人才培养目标和规格，落实实训基地，开发新的技术项目，加强就业指导。上海电机技术高等专科学校成立了以企业总工程师为主的四个专业教学指导委员会，直接参与学校教学计划的制定和有关教改课程的研究。

（6）本科高校举办二级职业技术学院初步显示了优化配置教育资源的功能。全市 17 所普通本科高校建立职业技术学院，较好地利用了校外教育资源，使高职教育的资源得到必要的补充丰富和优化组合。目前，本科高校二级学院拥有校外办学点 21 个，其中依托中等职业技术学校的有 17 个，其高职专业八成以上与行业（企业）有明确合作关系。这种办学模式的优势已初步体现在以下两个方面：其一，发挥了中等职业技术学校的资源作用。上海的一批名牌中专学校，如上海化学工业学校、上海房地产学校、上海工艺美术学校等，已成为本科高校职业技术学院的办学点。这样既可发挥其依托行业（企业）办学的优势，提高其实验实训实习设施（这些学校近年来经过多次市级重点装备项目投入已达相当规模）的使用效率，还可以借鉴中专学校长期以来培养技术员类人才的成熟经验，探索中职与高职教育衔接的有效模式。其二，促进了社会教育资源的优化组合。本科高校建立二级职业技术学院，也为优化社会教育资源提供了机遇。例如在组建上海外国语大学职业技术学院的过程中，虹口区政府投入了 1.8 亿元资金，不仅对三门路原上海大学文学院校区进行了改建，也对区属中职教育资源进行了优化配置。

（7）独立设置的成人高校成为发展高职教育的重要力量。自改革开放以来，上海独立设置的几十所成人高等学校已积累了相当可观的教育资源，并在举办高职教育方面具有其独特的优势：一是具有比较稳定的师资队伍，专任教师与兼任教师之比为 3.5：1；二是具有较好的实习实训基地，70% 的学校具有行业（企业）合作背景，90% 具有相对稳定的校外实习实训基地；三是具有较高的办学积极性，成人高校都比较重视发展高职教育这一发展机遇，积极创造条件办好高职教育。目前，在全市 39 所独立设置的成人高校中，有 22 所参与普通高职教育，其中 1 所已正式转制为职业技术学院，17 所正在举办高职教育，另有 4 所成为其他院校举办高职教育的办学点。这些学校的高职教师数占全市高职教师总数的

40%，高职专业点占专业点总数的 30%。一些行业在优化教育资源配置的过程中也紧紧抓住了发展高职教育这一机遇，将本系统内的职工大学和党校、中专、技校等所有行业所属学校及培训机构合并组成一个大型的培训中心，实现资源共享、优化组合，利用丰富而灵活的多种形式发展本行业和社会所需各级各类教育与培训，而其中作为主体的正是以其职工大学为龙头开展的高职教育。例如海运集团、海港集团、交运集团等行业系统在这方面都已取得了不少成功的经验。

二、上海高职教育发展中的主要问题

上海高职教育规模的快速增长，为高中阶段各类学校的毕业生创造了更多的升学机会。然而，由于这一发展的超常规性，在办学条件方面出现了一些问题。值得指出的是，这些问题是高职院校快速发展中的问题，应当也必须在发展过程中逐步解决。

（1）对高职教育的认识不足，难以跟上发展需要。部分院校对什么是高职教育，为什么要发展高职教育，怎样发展高职教育等基本问题，认识上还比较模糊，导致实践中存在较多的问题。首先，是举办高职教育的目的出现偏差，部分院校把高职教育作为增加收费和扩大招生的权宜之计，忽视了技术应用型人才的培养目标；其次，是高职教育教学沿用普通高等教育模式，存在脱离社会和生产实践的倾向；最后，是高职专业设置不注重发挥学校已有的学科优势，三产类专业发展过快，影响高职院校特色的形成；此外，高职教育招生规模扩展过急，校外办学点的条件较为简陋，教学、办公及生活设施不足，现代化管理手段缺乏。上述这些现象，制约了高职教育的健康发展，亟待采取有力的措施使得广大从事高职教育实践的人们，尤其是广大办学者和管理者提高认识，尽快跟上实践的步伐。

（2）发展规模超常，办学条件标准不高。按照教育部《高等职业学校设置标准（暂行）》（教发〔2000〕41 号文件，全文见本书附件，以下简称《设置标准》）的要求，我们在调研中采用了 13 个量化指标进行测评。这 13 个指标条目是：主管院（校）长的专业技术职务；主管院（校）长管理高等（职业）教育累计年限；（主管）负责人具有副高级以上专业技术职务的专业个数；具有大学本科以上学历的专任教师人数；副高级专业技术职务以上的专任教师占专任教师的比例；至少配备副高级专业技术职务以上专任教师 2 人的专业数；至少有 2 名有三年以上企业经历的专任教师的专业数；兼职教师占专任教师的比例；生均教学、行政用房建筑面积；校园占地面积；适用的教学仪器设备总值/生均教学仪器设备值；适用图书量/生均图书量；实践教学课时占教学计划总课时的比例。通过测评，发现目前 43 所院校中，各项指标全部达标的院校还不足 5%；达标项目在 9 项以上的也仅为 50%左右。其中，专任教师队伍建设，教学、实验、行政

用房建筑面积，校园占地面积等指标问题较多，达标率不足50%，反映了高职教育的投入水平难以适应规模超常发展的需要。

（3）教师素质还难以保证高职教育的教学质量。调研材料表明，在上海从事高职教育的教师中，具有大学本科及以上学历者占89.3%，仅比全市普通高中高出4个百分点。更为突出的表现是"双师型"教师队伍建设明显落后于高职教育的发展要求，仅有10余所学校初步具备"双师型"教师的标准。为了确保高职教育的质量与特点，《设置标准》规定每个专业必须有2名"双师型"专任教师，必须有2名副高级专业技术职务以上的专任教师。但由于上海的高职教育规模发展过快，多数院校还未达到上述标准，也没有较好地制定师资建设与计划。有的院校对教师培养还停留在单纯提高学历层次上，只是采用传统的师资进修方式。这样看来，没有一支适应高职教育要求的高素质师资队伍，必然会影响高职教育教学质量的提高。

（4）创新不足，教学计划难以体现高职人才培养新模式的要求。各院校高职专业的教学计划和教学大纲从总体上看不够完整，高职教育教学文件的基本建设亟待加紧进行，否则将直接影响到高职教学过程的具体实施。目前，多数教学计划中存在的主要问题是高职教育的特色不明显，难以适应培养技术应用型人才新模式的要求，具体表现有：有10余所院校的实践教学课时占教学计划总课时的比例较低，未达到《设置标准》所规定的40%的要求；部分院校的教学计划基本还是"本科压缩型"，脱离不开原来传统的普通专科教育的影响，未能反映高职教育的特点；较多院校没有考虑根据不同生源制定相应的教学计划，缺乏对中职教育情况的了解，不能很好地统筹安排知识和能力结构的衔接；一些院校的教学计划从内容上看不够完整，而大部分院校未能提供与教学计划配套的实习、实训大纲。

（5）缺乏特色教材，难以适应高职教学内容和课程体系改革。目前，上海高职教育的专业课教材基本上是借用本科教材和自编讲义，自编的特色教材不多（不足10%），有的院校还在借用中专教材上课。从现场调研了解到，已经制定教材编写规划的学校数不足20%，加上经费缺乏，专业课教材建设还明显跟不上高职教育发展和经济建设的要求。教育部在《关于加强高职高专教育人才培养工作的意见》（教高〔2000〕2号文件）中提出：要切实做好高职高专教育教材的建设规划工作，加强文字教材、实物教材、电子网络教材的建设和出版发行工作，经过5年时间的努力编写、出版500种左右高职高专规划教材。但问题是再好的规划也无法解决当前现实教学实施中的困难，更何况高职教育的教材本身也应是一个开放的系统，其开发的每一个步骤与环节都必须重视来自市场和企业的反馈，突出实用性和综合性。这是一个需要长期艰苦努力才能达到的目标，但这一点看来还未引起足够的重视。

（6）实训基地不足，高职实践教学条件缺乏。《设置标准》规定，"每个专业必须拥有相应的基础技能训练、模拟操作的条件和稳定的实习、实践活动基地"。据了解，目前全市高职院校中符合这一标准的学校数不足50%，离实践教学的需要还存在较大的差距，更难以建立相对独立的实践教学体系。例如，每个专业至少应有一个实训场地，这是实施高职教育最起码的条件，但是从调研情况看，三分之二的院校还达不到这一最低要求，而有7所院校竟有一半以上的专业无实训场地。能够完整地提供与各专业相应的实训规划的院校仅有3所，其余的院校均不完整，其中更有19所院校根本没有实训规划。有的院校虽然考虑到了建立与企业合作的实习基地，但匆忙间刚刚联系上马的五六个点也无法满足一下子开设十几个高职专业的需要。教学设备、仪器设施和实验室的配置情况相对好些，但在完整性和先进性方面都能达到高水平的仅有4所；还没有明确的符合各专业设置要求的设备配置计划的院校仍有6所，而在已有了这方面规划的院校中也有6成还不够完整。

第三节　上海高职教育持续发展的基本思路

一、上海高职教育发展可供选择的对策建议

对发展现状有一个清楚的认识，是确定今后持续发展基本思路的必要前提。针对这次对上海举办高职教育院校的调研中发现的主要问题，我们试提出以下进一步发展的对策建议，供教育决策机构和行政管理部门以及各院校参考。

（1）坚持在发展中逐步规范，加强对高职院校办学条件标准的管理。通过多种途径，尤其是充分利用现有的各种高等教育资源来发展高职教育，这是国家的一项既定方针，也是上海发展高职教育的一项基本原则。贯彻这条原则，一方面要根据上海社会经济发展对技术应用型人才的需求，另一方面要按照高职教育的标准，这样才能通过教育结构的合理调整和资源的优化配置来减少教育投资、提高教育教学的效益，事半功倍地发展高职教育事业。目前上海多渠道、多模式地发展高职教育，普通高校、成人高校、高等专科学校、职业技术学院（含民办）同时并举，正是贯彻了这条原则。但是必须指出，无论是哪类高校都必须在正确地理解高职教育的内涵与特征的基础上认真地进行改革和调整，使之办成真正意义上的高职教育。因为培养目标、培养方法、培养条件上的差异，一所好的普通高校也未必能够培养得出合格的高职人才。因此，为了保证上海高职教育的质量，使之稳步、健康地持续发展，面对当前超常规模的发展形势，我们必须坚持在发展中逐步规范，加强对高职院校办学条件标准的管理。具体建议：按照国务院办公厅的有关文件要求，从上海的实际出发，研究制定《上海市高等职业学校设置标准实施意见》，规范高职院校的设置评审工作，根据高职教育的规范严

格审批。加快建立高职院校办学条件调研评估制度，逐步规范各项量化指标及其测评方法，因势利导，促进学校办学条件的改善。对办学条件好、办学能力较强的院校，应适当扩大高职招生规模；对办学条件差的学校，则应限期整改，使高职教育健康发展。

（2）要加快教学基本制度建设，保证教学质量。各行各业对技术应用型人才职能的具体要求都各不相同，高职教育要想设计一个集中统一的教学模式来面对不断发展变化着的市场显然是不可能的。从国外高职教育的成功经验来看，其教学模式和教学管理制度是根据不同地区和行业的客观需要而形成不同类型的，而每种类型都有其适用的范围，不能仅靠一种类型来全面地满足社会需要。因此，我们在实践中也应该鼓励各高职院校发挥主动性和创造性，针对本行业和地区的实际需要来编制教学计划、开发专业课程，进行多种教学模式的研究与实验，以求在市场经济的条件下最大限度地满足社会需要。但是，发挥主动性和创造性，绝不是可以随心所欲地任意编制和开发，否则必将导致高职教育的教学质量和教学效益下降。在当前高职教育规模出现突发性急增的情况下，特别需要强调这一点。从目前上海各高校举办的高职教育的情况看，教学基本制度的建设工作还不够规范、不够完善，教学实施过程中更存在着较大的随意性。调研结果表明，不少院校首先在教学计划的内容上不够完整，更不用说教学大纲、教材和其他配套教学文件的建设了。针对这一现状，我们建议：尽快组织高职教育各大类专业教学指导委员会，负责教学计划、课程设置的指导和审定工作。教育行政部门要加快制订加强高职教育实验、实习、实训基地建设和教师队伍建设等有关文件，指导和规范建设工作。加快教材建设步伐，用2~3年时间推出一批具有高职教育特色的教材，初步形成优化配套的高职教材体系。

（3）要推动高职院校的"双师型"师资队伍建设。作为从事高职教育的教师，应当既能够向学生传授知识，又能够指导学生的职业实践训练。所以与一般普通高校相比较，高职院校教师的知识储备要更为全面，应具有较高专业技术应用的实践能力，有较广的相关知识面和较丰富的实际经验，还有较强的社会活动能力，善于同社会各方面的有关单位和人员进行交际与合作。因此，"双师型"无疑是高职教育师资队伍建设的一个方向。当然培养"双师型"教师也并不是说都要同时具备两个不同系列的职称，而是应同时具备两个方面任职的基本素质。我们认为当前的重点应落实在有计划地对在职的教师进行轮训上，改变以往只讲学历、只讲论文的考核标准，强化教师实践能力的培养。建议：2005年以前完成对高职院校教师全部轮训一遍的工作。对新进入高职院校教师岗位的大学本科毕业生，拟先派到企业实习实训1~2年，提高理论与实践的结合能力。今后还应建立起一个保证专职教师定期到相关企业中更新知识与能力的制度。

（4）要促进企业的实训基地建设。为保证技术应用型人才这一特定培养目标的实现，高职教育必须有相应的设备条件作保障，而这方面条件的特殊要求又集中表现在实习和实训设备上，其中突出的一条就是要求这些设备具有鲜明的现场性特点，也就是说要使学生的实习场所尽可能地与社会上的实际生产场所相一致，让学生在真实的职业环境中从认识实习到顶岗实习。由于学校内往往不容易完全具备这样的条件，所以就必须充分重视校外的企业实训基地的建设。但是，建设实训基地毕竟需要大量的投入，既要模拟实际的职业岗位，又要随着技术的发展不断更新，还要考虑到可供综合运用、反复训练，从而有利于学生综合职业能力的培养。为积极鼓励企业投资合作建设好一批具有以上高职教育特征的实训基地，建议：市政府出台减免税优惠政策，鼓励企业建立高职教育实训基地，使企业能够在提供基地的同时得到应有的经济利益；吸引企业更多地参与高职教育的全过程，尤其是实践教学活动；充分利用企业实训基地开放式、多功能的特点，开展面向整个社会提供各类服务。

（5）加大经费投入与提高效率并重，控制高职生收费标准。发展高职教育是加快科教兴国的战略性决策，是推动高等教育结构改革的重大举措。在市场经济条件下，运用市场机制向社会筹集办学资金，是高职教育发展的重要途径。但是，这并不是说既然可以向学生和家长高额收费，政府在投资方面就可以坐视不管了。因为高职教育，尤其是制造业类专业的经费成本较高，加大投入是促使其健康发展的保障，否则在高职教育的专业结构上必然会造成与产业结构的脱节，从招生到就业等各个环节都出现问题。建议：政府采用转移支付政策，重视对高职教育的投入。高职院校在运作过程中，应简化管理体制，加强成本核算，提高运行效率，避免高职生的收费标准不断提高。

（6）要加快高职教育资源的优化配置工作。当前高职教育的超常规模发展，很大程度上是源于人口高峰造成的升学和就业压力。于是，解决"高考落榜生"的问题、"延缓就业时间"的任务也历史地落在了高职教育的身上。但是从可持续发展的观点来看，发展高职教育的根本意义应在于培养社会所需的技术应用型人才而并非只是一时的"权宜之计"，因此现在就必须考虑若干年后高职教育规模随着人口结构变化而缩小的趋势，将进一步进行高职教育资源优化配置的工作提上议事日程，以避免高职教育的质量和效益从大起跌入大落。根据预测，2006年以后上海的高等教育将面临适龄人口逐步减少的趋势，建议现在就加快高职教育资源的优化配置工作。上海的高职院校应以培养制造业技术应用型人才为主，兼顾社会服务业的需要，强化整合功能，重点支持25所左右高职院校的发展。本科高校二级学院要建立起一支相对稳定的专任教师队伍，重视校外办学点的教育教学管理，探索一体化的办学运作机制。为了适应上海经济发展对高级应用型人才的需求，高职院校应加强对高学历人才的就业培训，逐步构建起学历高职教育和非学历高职培训并重的上海高职教育体系。

（7）要加强高职教育的理论研究，提高院校管理水平。高职教育在我国起步的时间还不长，既没有完善的实践经验，又缺乏成熟的理论支撑。因此在进行广泛的国际比较和深入的调查研究基础上，一定要及时地对当前各地高职教育中发展的经验和问题进行系统的总结，结合上海的实际情况切实加强高职教育的科学研究和理论建设，以形成对高职教育的规律性认识。应该看到，政府发展高职教育的决策是在吸收了相关研究成果的基础上形成的，但这绝不能反过来成为研究工作的出发点而限制了进一步的深入研究；否则，所谓的理论研究就只能停留在对政策文件的诠释之上而违背了科学研究的基本原则，更脱离了高职教育发展的客观实际。近年来，上海市教委深刻认识到高职教育的发展迫切需要理论探索和实践经验的支持，积极促成了行政、科研和办学机构多方合作开展高职教育研究工作的良好态势。今后除继续深化研究外还要更有力地宣传和推广研究的成果，以此支撑和推动高职教育的可持续发展。建议：由教育行政部门牵头，用2~3年时间，对高职院校管理干部进行高职教育理论和有关业务的轮训工作。可以采用高职院校长协作会的形式，定期举行高职教育理论与实践研讨活动，吸收各类高等院校、经济界和社会研究机构参与高职教育的发展研究，解决高职教育过程中带有普遍性、规律性的重大问题。

二、从上海高职教育办学条件调研工作引出的思考

（一）调研工作对高职院校的推动作用

这次综合调研工作，通过对全市43所高职院校的现场调查和数据汇总分析，描述了上海高职教育资源的基本特征，分析了存在的主要问题，提出了解决问题的对策和措施，对上海高职教育的跨世纪发展具有重要意义。参与调研工作的专家和高职院校领导普遍认为，在高职教育快速发展过程中，上海市教委决定对高职院校办学条件进行调研是非常必要和及时的，对各院校加快改善办学条件、进一步明确培养目标、努力办出高职特色等各方面具有明显的推动作用。主要表现在以下三个方面：

一是强化了主管部门对高职院校办学的领导与投入。本次调研工作引起了各高职院校主管部门领导的高度重视，使各院校感受到了上级对高职教育的切实支持。不少本科高校的校领导深入二级学院了解高职的办学情况，帮助解决具体困难，努力改善办学条件，加快规范教学管理，做了许多工作。东华大学在教育经费十分紧张的情况下，利用调研的契机，全面改善了其职业技术学院校外办学点的办公环境，添置了办公设施，增强了学院的办学实力。上海市建设委员会副主任、上海市轻工控股（集团）公司副总裁等行业领导和闸北、杨浦、长宁等区的主管领导明确表示，一定要按照国家及市有关高职院校设置标准的要求，加快改善院校办学条件，增强院校主动适应经济社会发展的能力。

二是促进了高职院校与行业、企业的密切联系。在调研准备阶段，一些高职院校多次召开专门会议，研究如何加强与行业企业的联系，改善办学条件和强化高职教育特色的问题。例如：上海交通大学的校领导主持召开了"依托行业（企业）办好高职"的中德研讨会，并在会上正式聘请市外经贸委、东方外贸集团公司、江南造船厂、国脉集团、东海电脑公司等单位负责人（或高级技术人员）担任职业技术学院的顾问，指导学院的办学和教学等工作。上海电机技术高专在调研开始前先进行了认真的自查，在上海电气（集团）总公司的直接参与和指导下抓紧制订出了学校发展规划的草案，初步设想通过十年奋斗办成国家级示范性高等职业技术学校。

三是推动了高职院校的建设。大部分院校在准备接受调研期间，都对照调研要求，找出差距，加快高职院校的建设的步伐。例如：上海电力学院职业技术学院是刚被批准设立的高职学院，接到调研通知后，马上成立了由校领导和高职学院领导及有关企业集团总裁共同参加的学院管理委员会，推动了职业技术学院的筹建工作。上海第二医科大学卫生技术学院成立了由校本部、市卫生局、卫生技术学院与二医卫校共同组成的中高职贯通教学管理委员会，制订了一系列教学文件，强化高职教育管理。本次调研工作结束后，全市 11 所区属业余大学立即召开高职教育工作会议，请举办高职教育的职工大学介绍高职教育教学经验，以加快社区高职教育发展。

这次调研的成果也促使我们引发了更深一层次的思考，即上海的高职教育如何坚持在发展中逐步规范、加强管理。我们建议上海市教委今后将对高职院校进行的调研评估工作形成制度，从而积极地促进各院校步入发展的良性循环，使上海的高职教育走上可持续发展的轨道。在这里，我们也想借机从更为宽广的背景出发来进一步拓展思路，对树立高职教育的可持续发展观的问题进行一些必要的理论思考以及实践方面的初步设想，希望能在立足于上海的基础上为全国的高职教育事业发展提供一些有用的参考意见。

（二）树立高职教育可持续发展观的思路

近半个世纪以来，以高消费、高享受为追求目标的发展战略，将人类逐渐引入了与自然界的全面对抗和尖锐对立之中。全球性的生态危机促使人们重新审视过去，探索未来的发展模式。20 世纪 80 年代末提出的可持续发展观，就是既要考虑当前发展的需要，又要考虑未来发展的需要，不以牺牲后代人的利益为代价来满足当代人的利益。可持续发展涉及非常广泛的问题和领域，其理论的基本构架包括三个方面：一是生态可持续，这是发展的物质前提和空间基础，是人类生存和发展的唯一的物质支撑体系；二是经济可持续，这是发展的最基本的任务，是满足人民需要、减少和消灭贫困、提高人们生活品质的有效途径；三是社会可持续，这是发展的根本目的，无论是生态的保护还是经济的增长，其目的都在于提高人类的整体生活质量，从而推动社会的全面进步和人们在物质生活和精神生活方面的全面发展。从以上这一理论框架中可见，三个方面的可持续是互相联系、互相依赖的。没有生态的可持续，就不可能有经济增长的可持续；没有经济的持续增长，也就不可能有社会的持续发展和全面进步；而没有经济和社会财富的增长，没有人们的生活素质的提升和社会的全面进步，生态环境的保护也就失去了人类学的意义。1993 年，我国在世界上率先发表了《中国 21 世纪议程》，对联合国提出的可持续发展做出了承诺，将可持续发展确定为国家的重要战略方针之一。我国政府明确提出，要在保持经济快速增长的同时，依靠科技进步和提高劳动者的素质，不断改善发展的质量，改善生态环境，保持可持续发展的资源基础。而作为社会可持续发展有机组成部分的教育，其本身的良性持续发展正是可持续发展的基本内容之一。我们在发展高职教育的实践中，务必要切实树立起这样的新观念。

（1）高职教育要以培养全面素质为基础，适应生态可持续发展需要。从世界范围来看，高职教育正是近半个世纪以来科技进步和经济发展的产物。它所培养的技术应用型人才，以其理论知识与实践能力并重的特色，填补了普通高等教育培养的学术型、工程型人才和中职教育培养的技能操作型人才之间的真空地带，表现出了其他类型教育不可替代的优势。不过，从可持续发展的观念来分析，高职教育的这种特色和优势，还属于一种建立在传统的工业文明基础之上的传统人才培养观，它所注重的只是培养学生征服自然、改造自然的能力。1999 年 4 月在首尔举行的第二届世界技术与职业教育大会指出，技术与职业教育在价值观、态度、政策和实践上都应与可持续发展相应，转向人生发展的需要。面向 21 世纪的我国高职教育发展，绝不能滞留于培养征服和改造自然能力的传统观念，而必须注重受教育者全面素质的提高。这就是说，现代意义上的高职教育所培养的技术型人才，不仅应具备专业技术知识和技能，更应具备一种与自然环境协调发展的观念，懂得我们所面对的客观世界绝不仅仅是被认识和被改造的对象，而是与我们处于同一利益共同体中不可分割的整体。人与客观世界的关系实际上也正是人与人之间利益关系的体现，所以必须充分关注人与自然之间相互依存的伦理关系。这样，发展高职教育就一定要将学生全面素质的培养作为基础，职业技术伦理和环境道德的教育也就必然成为高职教育不可或缺的重要内容，借此培养技术型人才与可持续发展相一致的环境意识，使他们在面向职业领域的技术转换和技术应用的工作中，以高度的责任感积极参与环境的改善和保护，从而保证生态的可持续发展，为人类的生存和发展留下充分的空间和资源。国外一些职业技术类高等院校早在 60 年代末期就已意识到了这一点，开始进行职业技术伦理价值观的教育，这对我国高职教育的发展具有重要的现实意义。

（2）高职教育要优化人力资源结构，推动经济可持续发展。知识经济的出现，反映了世界经济发展的趋势，对发展中国家的前景产生了难以估计的影响。面对知识经济的发展与挑战，我们必须顺应潮流，乘势而上，从国情出发，探索自己的最佳发展途径，实现经济可持续发展。其一，提升劳动力资源的层次结构与经济技术进步的可持续发展。目前制约我国经济可持续发展的一个重要因素是劳动力素质和科技创新能力不高，经济增长方式还没有实现从粗放型向集约型转变。国际比较研究表明，人均 GDP 达到 1000 美元水平时，高等教育毛入学率为16.0%，而我国高等教育毛入学率还不到 9%，与相同经济水平国家的差距很大。而知识经济的支柱是高技术产业，服务于这些产业的劳动者的工作性质发生了变化，智能内涵日益丰富，技术含量不断增加，于是必然要求通过接受高职教育使之由仅具有经验技术的技能型人才转化为掌握理论技术的技术型人才。这种变化在国内经济发达地区已初见端倪，如现正处于重化工阶段的上海，根据技术和经济发展的趋势确定教育层次的适当高移，已成为人们的普遍共识。其二，丰富人力资源的类型结构与经济可持续发展。与其相关的有高等教育的普职比结构，高职教育的专业结构，劳动力就业结构及其产业结构的可持续发展。21 世纪前期一二十年，我国面临劳动年龄人口激增趋势，并与产业结构调整相重叠，就业问题将更加突出。大力发展高职教育，可以丰富人力资源的类型结构，有利于把沉重的人口负担转化为人力资源优势。70 年代中期，美国高职教育的学生数占全国大学生总数的三分之一左右，成为其后经济持续发展的重要基础。国际比较研究表明，高等教育的专业结构与经济增长很有关系，拥有更多技术型劳动力的国家在经济增长上将会更加迅速。其三，改善人力资源的布局结构与经济布局可持续发展，它包括人力资源与地区分布、城乡分布结构与产业分布结构合理化的可持续发展。由于历史和经济文化方面的原因，我国普通高等教育主要集中在少数大城市，长期形成了中西部地区尤其是农村地区人力资源外溢现象十分严重，阻碍了地方政府发展教育的积极性。高职教育应具有很强的社区特点，与当地经济社会紧密相关，有利于加快我国农村城镇化步伐，促进中西部地区发展，从而促进各地尤其是西部地区各种资源的合理配置和流动，为我国经济的可持续发展提供广阔的空间和巨大的推动力量。

（3）高职教育要以人的全面发展为中心，实现社会可持续发展。社会可持续发展总体上包括主体的发展和客体的发展两个方面。主体是指人，客体则包括社会结构、社会关系、社会事业和社会生活等各个方面。客体的发展只是社会发展的外在表现形式，是为作为主体的人的发展所提供的一种物质手段和前提，这就说明社会可持续发展就是一种"以人为本"的发展。这种发展同样也包括人自身的发展（即主体的发展）和为人的发展提供保证条件的社会各个方面的发展（即客体的发展）两个方面，强调把人置于价值的中心，实行以人为本的真正意义上的发展。我国是发展中国家，可持续发展的前提是发展，贫穷不可能达到可持续发展的目标。我国确立科教兴国、优先发展教育的战略，就是要全面提高劳动力素质，增强综合国力和不断提高人民生活水平。高水平的高职教育会带来较高的收入，而缺乏职业教育与培训则限制了他们在劳动力市场寻找工作的机会，由此而带来一系列社会问题。上海的一项调查表明，下岗职工中初中及以下文化程度占三分之二，经过再培训的就业率达55%，而且就业质量较高。高职教育在提高劳动力素质尤其是就业技能方面的重要责任，正是为拓宽就业渠道、提高就业质量、改善人民生活和社会进步而努力。传统的职业教育是终结性的教育，限制了学生继续升学的愿望，不能满足人的全面发展要求，最终也限制了职业教育自身的发展。而现代社会的职业教育内涵发生了变化，高职教育成为整个终身教育制度中的一个有机组成部分。要围绕人的全面发展，加快构建一个初、中、高纵向衔接并与普通教育横向沟通的职业技术教育体系，既要允许高职毕业生经过选拔继续接受高一级学历教育，又要积极探索本科及以上学历层次的高职教育，从而使高职教育处于各级各类教育相互衔接沟通"立交桥"的中心位置，建立起一个支撑经济和社会发展的可持续性的教育发展体系。

人们普遍认为"后工业化社会是一个可持续发展的社会"，单纯的"能力本位"（CBE）显然不适应这种要求。高职教育必须坚持"人格本位"的新观念，注重学生智力因素和非智力因素的全面开发，促使其整体素质的全面提高。这样培养出来的技术应用型人才就不再只是单纯的"技术人"，而是能够担负起社会发展责任的"社会人"。在我国变传统发展模式为现代发展模式的社会转型期，教育思想的固守与变革之间的冲突是非常突出的。过去在实行计划经济的时代，我们的高等教育和职业技术教育的教育思想，是以培养专业定向甚至定岗的专门技术人才为中心的；而现在走向市场经济阶段的教育思想，无疑应以培养富有创新精神和创造能力的新型人才为中心。在教育的方法和手段方面，过去主要是单靠课堂讲授，而现在则普遍提倡启发式、学导式教学，尤其是高职教育更要注重依托社区或行业采用产教结合的形式培养技术型人才的"关键能力"，为其今后的个人职业生涯发展打下扎实的基础，从而对企业乃至整个社会的可持续发展有所促进、有所贡献。

另外，在高职教育发展中还要注意防止仅仅着眼于高收费而忽视教学质量的现象。1999年上海高职院校的最高收费标准达到每学年6500元，比普通高校高出一倍多；2000年这一标准更是上升到7500元。但上海目前的人均收入才1.1万元，其中农村仅0.6万元多。而国际经验表明，收费超过人均收入10%的高等教育，是很难实现其自身的可持续发展的。因此我们务必要考虑到高额收费给学生及其家长带来经济上的较大压力和由此产生的对政府鼓励发展高职教育根本目的的误解，一方面采取有效措施避免高职教育收费标准的不断提高，另一方面努力改善办学条件和提高教学质量，为高职教育的可持续发展创造有利的社会环境，也使高职教育能够反过来更好地推动社会的可持续发展。

（三）确保高职教育可持续发展的重要前提是坚持办好并积极改革中职教育

早在 1985 年，《中共中央关于教育体制改革的决定》中就指出，要"发展高等职业技术院校，优先对口招收中等职业技术学校毕业生以及有本专业实践经验、成绩合格的在职人员入学"。这段话至少说明了两层意思：其一，高职教育的理想生源应主要来自中职教育；其二，中职教育必须为高职教育打下良好的基础。因此，我们强调职业教育层次高移，绝不是说办了高职教育就可以不要中职教育了，相反正是由于高职教育的大力发展而对中职教育提出了新的更高的要求。只有切实提高中职教育的质量，高职教育的质量才能水涨船高。所以坚持办好并积极改革中职教育，成为确保高职教育可持续发展的重要前提。上海确定在 21 世纪初期初步构建起以高新技术、深度加工和合成组装为特征的工业新体系，但目前的技术工人队伍素质却难以适应需要。第三次人口普查结果显示，上海的工业劳动力初中以下文化程度者仍占 60%，低于全国平均水平。劳动力素质不高将严重影响上海经济发展。为实现新世纪建设工业新高地的目标，上海必须提高技术工人的知识含量和智能化技能，因此迫切需要积极发展职业技术教育，尤其是重点发展高职教育。但是，目前中等职业技术学校的生源文化基础水平下降，已成为提高中职教育质量的重要障碍，造成高职教育不但无法吸引优秀的普通高中毕业生，而且也招不到优秀的中职学校毕业生。

20 世纪 50 和 60 年代，中专、技校各以其毕业分配及生活补贴等优势，可以招收到大批优秀学生，保证了中职教育的质量。80~90 年代初期，不少中专和职高因其专业特色还能招到一批成绩较好的学生。而近年来中职学校生源素质的滑坡，已经直接影响了中职教育的整体质量，今后必然给上海基础技术劳动力的素质提高带来隐患，也使高职教育的重要生源渠道受到极大的限制。国际经验表明，在科技创新能力相同的条件下，工业经济发展的最大相关因素是直接参与生产的技术劳动力的综合素质。若过早实行"普及普通高中教育"，将使人力结构配比失衡，造成一代劳动力的基础技能素质下降，形成新的就业问题和社会矛盾。根据上海目前工业经济重化工阶段的人力结构特征，我们建议：上海今后五年高中阶段的职业教育招生比例应高于 40%，同时积极调整三类中等职业学校的目标，加快中职教育课程改革的步伐，使之适应高职教育的发展需要；高职教育在整个高等教育中的比例宜占到 30%左右，在此基础上扩大高职教育招收中职学校毕业生的人数，争取近几年内使中职毕业生的升学比例逐步达到 10%；积极探索建立中职教育的会考制度，使中职学校与普通高中的文凭等价，并试行中职学校优秀毕业生推荐保送制度，使高职院校招生的主要面向变"高考落榜生"为中职优秀生；扩大中、高职相通的办学模式试点，使中职教育与高职教育可以直接衔接起来，由此吸引优秀的初中毕业生报考，并可根据市场需要配套提供中、高级人力资源。

第四章　监控与评价：高等职业教育教学质量保障研究[1]

当前我国进入全面建设小康社会的现代化建设新时期，党中央做出"抓住机遇、加快发展"的战略决策，既要求积极扩大经济的数量和规模，更在于显著提高经济的质量和效益。在这样一个经济发展重点转向以质量和特色取胜的大背景下，党的十六大报告特别指出要"提高教育质量与管理水平"，为我国教育的现代化发展提出了新思路。在各级各类教育事业中，"加快职业教育的改革和发展，最有利于促进教育与经济社会发展的密切结合"；而"职业教育的层次结构、类型结构和人才培养结构必须与人力资源需求的结构相适应，这样才会有真正的质量和效益"[2]。近年来，我国高等教育加快从"精英教育"向"大众化教育"迈进的步伐，高等职业教育的规模迅猛发展，招生总量持续增长。这一方面在一定程度上适应了经济社会发展对技术应用型人才的数量需求，另一方面则暴露和激化了高职教育教学质量方面的问题与矛盾，引发了高职院校自身巨大的生存竞争压力。因为提高教学质量是学校教学工作一个永恒的主题，高职教育是否能够适应经济社会发展的需要、受到社会欢迎，主要取决于高职院校毕业生的质量。由此，有关高职教育教学的质量监控与评价问题，已经引起了各级政府和广大高职院校的广泛关注。

第一节　基本认识及方法与实践

质量的监控与评价，作为教育教学中相辅相成、互相作用的两种活动，在保证教育质量、提高教学水平方面的作用是其他任何活动所无可替代的。对于当前正在超常规模发展的高职高专教育来讲，认识和理解其教育教学质量监控与评价的社会背景，把握住监控与评价的重心和主体，更具有重要的理论价值和现实意义。因为各级各类学校提高教育教学质量的方向、重点是不同的，高职院校的质

---

[1] 本章内容为 2000~2003 年参与主持教育部高等教育司新世纪高等教育教学改革工程项目"高职高专教育教学质量监控与教学评价体系的研究与实践"（编号：I08-2，课题组长：马树超，副组长：郭扬）的课题总报告，与陈嵩、胡秀锦合作执笔，见《监控与评价——高职高专教育教学质量研究》（郭扬主编，中国科学技术出版社 2004 年版），2005 年获第八届上海市教育科学研究成果教育改革实验类二等奖。

[2] 朱镕基. 职业教育要在新形势下取得更大发展——在全国职业教育工作会议上的讲话 [A]. 大力推进职业教育改革与发展 [C]. 北京：高等教育出版社，2002：11-14.

量监控与评价，必然要紧密结合高职教育自身所应具有的特色来进行分析。没有特色，就没有质量，也就不会有生命力。

一、对一些基本问题的认识

对一些基本问题的认识包括以下几个方面。

（1）高职教育教学的"质量"如何体现？正确的质量意识，直接关系到高职教育的社会认可度和自身的健康发展。目前国际上最为通用的质量定义，是美国质量管理学会所称的"某种产品和服务满足需求程度的特征和特性的总和"❶。就高职教育教学来讲，其质量主要体现在两个层面：一是满足学生个人需求的程度，即高职院校的专业设置、师资水平等要满足受教育者的求学和就业需求以及可持续发展的需求；二是满足经济社会需求的程度，即高职教育的教学内容、教学大纲、课程安排、教学过程等要满足用人单位的需求以及高职院校自身可持续发展的需求。因此，满足了经济社会和学生个人的双重需求，即是体现了高职教育教学的质量内涵。而要同时满足这两个层面的需求，必须从高职院校具体的专业建设、课程开发、教学过程以及资源管理等方面的特征和特性着手，注重自然状态下进行的教育教学质量监控与评价。

（2）高职教育为何要实施质量监控与评价？竞争的压力，引发了生存的危机。从比较教育的视角来看，许多国家高等教育的发展都经历了"数量增长—质量下降—控制数量—提高质量"这样的发展过程。近年来我国高职教育迅猛发展，2002年底全国独立举办高等职业教育的院校已达1374所，占全国高校总数的68.6%；高职院校的在校生约为781万，占全国高校在校生总数的53.4%❷。与院校数量和招生数量的快速增长形成鲜明对照的是，高职教育教学的质量问题越来越突出，相当一部分学校的教育教学资源匮乏，办学条件恶化，尤其是一些新建的高职院校对自身的培养目标、课程设置、发展方向等一系列问题还缺乏明确认识，教育教学质量得不到切实保障。因此，实施教育教学质量监控与评价的根本目的，就是正确处理好高职教育发展过程中的当前与长远、局部与整体、数量与质量、效率与效益的关系，促进规模扩大与质量提升得到有机统一，实现高职教育自身的可持续发展。

（3）高职教育依靠什么来进行质量监控和评价？从国际比较的角度来看，国外较为典型的职业教育教学质量监控与评价方式，一般是采用国家职业资格认证考试来进行的。如澳大利亚的TAFE（技术与继续教育）学院体系，就是通过职业技能的等级认证来进行质量监控与评价，其所有课程均经过行业协会注册，

---

❶ 黄秋明，王正，龚蓓．高等学校教学质量监控与评价体系研究［J］．职业技术教育，2003（01）：19-23.

❷ 李志宏，王伟，李津石．高等职业教育：积极发展，规范管理［J］．中国高等教育，2003（07）.

因此毕业生可直接取得就业资格。就教育教学质量监控的主体来讲，国外可供借鉴的经验，一般是教育的投资者与学校共同成为质量监控与评价的主体。如澳大利亚 TAFE 学院是由政府投资的，其监控与评价由政府委托行业协会通过技能等级认证来进行；德国"双元制"职业教育的投资主体是政府和雇主，则由雇主集团委托行业协会对企业方的职业培训质量进行监控与评价，由政府重点对职业学校的教学质量进行监控和评价。而发达国家较为典型的高职类院校，如德国的专科学校和职业学院、美国的社区学院、英国的多科技术学院、法国的短期技术学院和高级技术员班等，也是在教育投资方的监管下运行的，加上有完善的职业资格证书制度的保障❶，一般都能够切实担负起对教育对象的责任。

由此可见，高职教育教学质量监控与评价体系可以分为三个彼此相关又相对独立的层次：政府—社会—学校。其中，以学校自我监控为核心，以政府监控为指导，以社会监控为评价依据。但是，我国的高职教育作为高等专科学历教育，其教学质量的监控与评价更多的是依靠政府承认的大专学历文凭来监控，行业企业参与的力度不大、动力不足，而我国的技能考核和国家职业资格证书制度又尚待完善，因此质量监控和评价在很大程度上取决于院校领导对于教育教学工作的责任心。事实上，仅仅依靠一张大专学历文凭很难体现高职教育强调实践技能的特性，这就需要强化政府评价的导向作用，以及学校自我监控的核心作用。

二、研究的方法论说明

基于上述基本认识，我们确定了本项研究所采用的方法。除了采用一般具有普遍意义的教育科学研究方法，如宏观研究与微观调查相结合、国际比较与国内实践相结合、文献分析与专家咨询相结合等。本项研究尤其重视高职教育在我国作为一种新的教育类型这一突出特点，将整个研究工作紧紧围绕高职教育的性质及其实际的发展情况来进行，从而形成了本项目独具特色的研究方法，具体体现为以下四个方面：

（1）高度关注监控与评价的有机结合。教育教学质量监控与教学评价各有侧重，前者重在过程控制，后者重在结果和目的的定性和反馈，前者是后者的评判基础。因此在一般情况下，我们往往是将二者分开来进行研究的。虽然高职教育在我国起步较晚，其究竟应有什么样的特色尚在探讨和摸索之中，但很多院校在不断的实践中，已经开始了"从注重评价到注重监控、从发现问题到解决问题、从人工统计到计算机处理"的理念和操作转变，注重"实时监控"成为保证高职教育教学质量的重要举措。在这样的实践背景下，我们高度关注监控与评价二者的有机结合，并提出要建立高职教育教学质量诊断和预警机制，旨在通过

---

❶ 吕鑫祥. 高等职业技术教育研究［M］. 上海：上海教育出版社，1998：284-291.

实时的质量监控使高职教育教学处于不断的动态调整状态，并通过不断的信息收集和反馈服务于最终的管理性评价。而在这一过程的实际操作中，监控与评价二者是密不可分的，因此本课题主要立足于构建一个一体化的质量监控与评价体系。

（2）坚持研究与实验的相互支撑。本项目研究由一个专门的科研机构负责，来自不同地区的三所高职院校参与，而这三所院校基本涵盖了我国高职教育的办学形式，较有代表性和典型性。这使研究工作形成了搭配合理、分工协调的一套班子，既为我们从理论与实践相结合的高度上取得较为丰富的成果提供了坚实的基础，又使得本课题研究不局限于某一所或几所高职院校的具体实践。因此，项目运行坚持研究与实验的结合，相互支撑，总课题组在国内外资料比较的基础上通过理论思辨提出总体思路，各校据此结合教育教学工作开展科研伴随下的实验；而各校在实验中又不断地形成新的思路，产出阶段性实验成果，再及时反馈至总课题组，使得项目研究的内容得到进一步的调整和丰富；循环往返，持续提高。

（3）重视指导性与操作性的统一协调。首先，本项目提出从政府、社会和学校三个层面建立高职教育教学质量监控与评价的体系，其本身就具有非常重要的意义，对于政府和高职院校开展教育教学的实际评价工作，可以起到指导作用。其次，本课题所提供的质量监控与评价体系，不是停留在学术探究层面上的纯理论体系，而是可以直接作为工具应用的诊断操作体系。例如在日常监控中，当发现某一指标达到或接近警戒线时，即由相应的部门发出预警信号，具有很强的操作性。最后，该体系并非一个仅供套用的固定模板，而是既有实践又具有借鉴意义的基本框架，其自身可以有很大的发展空间。参加本项目研究的三所学校正是在开展实验的过程中不断得到新启示，引发新思路，使之在学校日常的实际操作中逐步完善。

（4）强调教育内部与教育外部的紧密联系。高职教育作为进入高等教育领域的职业教育，与培养学术型和工程型人才的普通高等教育有着明显的本质区别。《国务院关于大力推进职业教育改革与发展的决定》中特别强调指出：职业教育不但是"教育体系的重要组成部分"，同时也是"国民经济和社会发展的重要基础"。由于具有这样的双重属性，决定了高职高专教育的"用人部门参与特征"[1]，决定了它必须由教育界与经济界共同参与，必须依托行业、企业才能办出特色，要突破传统教育只注重学校内部体系的局限，更多地将目光转向来自教育外部的监控与评价，这也体现了职业教育评价主体的多元化。事实上，高职高专教育的特色就在于更加注重就业导向，注重社会对所需人才的评价。只有坚持

---

[1]　杨金土，孟广平，严雪怡，等．论高等职业教育的基本特征 [J]．教育研究，1999（04）．

内外结合，才能严格把握住质量监控与评价的目的，通过建立诊断和预警系统来及时发现并有效解决实际问题，促进教育教学质量的提高。

三、实践现状与实验成果

（一）质量监控与评价的实践

建立健全的教育教学质量监控与评价体系，是推动我国高职教育健康发展的保障。目前，教育部高等教育司已着手筹建高职高专教育专业类教学指导委员会，并开始考虑研究制定高职高专教育指导性的专业目录，同时开展高职高专院校人才培养工作水平评估试点工作，以及计划逐步实施年报年检制度等。而从各地高职院校的具体实践来看，对于教育教学质量的监控与评价，也体现了形式多样、方法多元、手段综合的基本特点。我国高职教育教学质量监控与评价的实践，主要表现在两个方面：一方面是教育部按照"以评促建、以评促改、以评促管、评建结合、重在建设"的原则，为对全国所有高职院校进行一次水平评估而先行启动的高职高专院校人才培养工作水平评估试点。教育部高教司制定的高职高专院校人才培养工作水平评估方案，力求体现高职教育的特有规律，反映现阶段我国高职教育改革的基本经验与发展趋势，并鼓励学校从实际出发办出特色。从目前评估方案试行的情况来看，确实在很大程度上起到了加强国家宏观管理与指导、促使主管部门重视和支持人才培养工作、促进学校提高教育质量和办学效益的目的。最近，高教司又决定成立高职高专院校人才培养工作水平评估委员会，负责对评估方案组织研究和修订等工作。另一方面，全国各地高职院校在教育教学活动中自行开展质量监控与评价的实践，主要是通过以下几种形式进行的。参加本课题研究的三所学校在项目实验中积极创新，对于一些常规的质量监控与评价形式又做了进一步的丰富和发展。

一是听课制度。主要是由有关领导、教学管理部门、系主任及教研室主任组成听课小组，进行听课、评课等活动。主要目的是对青年教师、新聘任教师开展开课资格认定，帮助青年教师提高教学业务，丰富教学手段，纠正不规范的表述和手势习惯，较快地适应岗位，熟悉业务，进入角色；进行常规教学检查，及时纠正课堂教学中偏离大纲、进度脱节、教学脱节、授课内容偏差等问题；开展公开课、教学观摩等活动，是听课制度的外延扩展，通过优秀课程教学的典范作用，规范教学过程和教学手段，提高教学质量。以昆明冶金高等专科学校为例，他们通过实行听课制度建立了课堂教学工作评价指标，确定教案准备、学生交流、教学重点、兴趣培养和教学手段等10余项评价项目和具体评分登记，采用个人自评、教师互评、学生测评和专家考评等综合等级评价法，并在学校每两年一次的课堂教学比赛中，将评价结果作为重要评判标准。这比一般意义上的听课制度，又上了一个新的台阶。

二是督导制度。一般由学校选调经验丰富的教师（主要是离退休领导和老教师）组成教学质量督导组，对主管教学副校长负责，以抽查听课形式，检查教师教学质量。督导制度具有专家指导监督的性质，专业对口专家和教学管理专业人员的结合是督导队伍的基本特征。督导员的专业权威和管理权责，以及客观中立的地位，对教学质量往往能有比较中肯切实的评价和行之有效的措施，因此在对教学质量监控的过程中，其地位是较为特殊的。在苏州职业大学，还实行一种助教制。其具体做法是在专业教师间借鉴学徒制形式，由一个老教师带几名新教师，新教师根据学校编制的教学评价表对老教师的教学进行记录评价，同时新教师间也进行互听互评，并形成学校的常规管理制度。这一方面充分发挥了优秀教师的引导和示范作用，另一方面也突出了教师间的督导和监控功能，在实践操作中取得了良好的效果。当然，助教并非督导员，助教制也不能取代督导制度，但可以说是对督导制度的一种补充和发展，它的特点是更加接近自然状态下的质量监控。

三是教学检查制度。首先对各教学部门执行教学文件、落实学校规章制度情况进行检查；其次由教务处提出教学检查意见，对教师阶段教学工作各环节情况进行检查。检查一般在期中进行，检查结束后，写出书面总结，交教务处备案。这是目前各高职院校进行教育教学质量监控和评价的主要形式之一。上海第二工业大学在教务处专门设置了一个质量科，派专人进行教育教学质量监控与评价的技术培训，并引进了教学管理软件，采用英国的发展性教学评价制度，进行教学工作检查，并将监控和评价的结果及时反馈到教务处和主管副校长。由于其注重实时监控和问题的解决，充分发挥教师的监控主体作用，从而有效地解决了过去教师和监控评价管理部门关系紧张的局面，使教育教学质量监控与评价取得了较好成效。

四是学生评教制度。由教务处组织实施，采用问卷调查、学生座谈会、给教师打分等方式，让学生对教师的教学态度、业务水平、教学方法、教育手段、育人方法、教学效果等进行评价。这一制度体现了以人为本、为学生服务的思想，让学生从被动的质量制定对象转变为主动的评价者。在评价中反映学生的学习需求和对教学的满意程度，使评价更为客观，也能借以提高学生的学习的自觉性和主动性。昆明冶金高等专科学校建立了学生信息员制度，各班选举1~2名学生信息员，负责收集本班学生对教学工作和教师的意见和建议，每月填写信息反馈表，对任课教师进行评教。同时还由学生信息员定期收集有关学生实习实训、教学仪器设备等资源使用的信息直接反馈到教师、系部督导或学校领导。几年运行的结果显示，收效较为明显，一方面增进了师生之间教学的互动，使学校能够及时获得信息；另一方面真正发挥了学生的监控主体作用。上海第二工业大学则鼓励各学院建立学生教学信息反馈小组和毕业生信息反馈小组，让学生充分参与教学过程的管理，他们认为这同时也有利于学生主体性意识的培养。该校还把由此掌握到的第一手信息，作为教学进程调节、教学内容调整和教师聘用的重要依据。

五是其他质量评价。其中，包括根据上级教育教学总体建设规划及学校工作实际开展的重点专业建设、课程建设阶段检查等质量评价工作，这一类评价通常采用实践（实习、实训）教学内容，学生作业抽查等方式进行。例如，昆明冶金高等专科学校注重技术基础成果和专业基础课实验室建设，先后对化学、电工、测量、计算机四个实验室进行合格评估，修订完善实验室管理文件和制度，通过"双基"示范性实验室评估，使实验室建设再上一个新台阶。上海第二工业大学结合高职高专教育的特点，非常注重来自行业和企业的质量评价。例如，他们在机电工程学院设有一个"专业指导工作委员会"，由上海支柱产业和制造行业专家、校外或外校有关学者和本学院负责人组成，自始至终地深度参与和指导着整个专业教育教学的全过程，并对学院新专业的开设、专业定位、培养目标与规格、人才培养计划、课程体系、授课质量、师资水平、教学条件、实验实训条件、教学改革与研究、教学管理、教材选用与建设等进行全面考察与评估，提出宝贵意见，及时反馈给学院。

（二）三所学校三年来的实验成果

以上这些教育教学质量监控与评价的方式，在一定程度上发挥了质量控制的重要作用，特别是上述负责分课题研究的三所高职院校，不但在传统的教育教学质量监控与评价方式方面进行了探索和创新，还通过实验形成了相对完善的教育教学质量监控与评价机制和体系，为我们的研究提供了非常宝贵的实践资料。三所学校都专门建立了教育教学质量监控和评价组织，主要由学校领导、相关各部门领导和教师组成，非定期地召开教育教学质量工作会议，针对高职教育的培养目标进行宏观调控，对影响教育教学质量的不利因素，如在资金、设备、师资等方面出现的问题予以控制和解决。例如，苏州职业大学借鉴 ISO9000 质量认证理念，建立了包括管理研究中心、参议咨询中心、执行运作中心的完善的教学质量管理体系。其中，管理研究中心主要是成立由分管教学副校长为组长、学校有关职能部门和各教学单位负责人为成员的校院（系）两级教学质量监控领导小组，确定学校各级管理目标，协调各种人、财、物资源；参议咨询中心主要是在各院系建立以院长（系主任）为组长的教学质量监控小组和专家组，深入教学一线，评定教学成果，就学校教学管理等向管理研究中心提出建议；执行运作中心主要由教务处和教学基层单位组成，负责确立教学质量评价周期，开展经常性教学评价。又如，上海第二工业大学建立了包括三个子系统在内的教学质量管理和保证体系。一是组织体系，主要由校长、教学工作委员会、教务处组成，负责教学的决策、管理和实施；二是监控体系，主要由教务处、校教学督导组、各学院、部、中心组成，向校长负责，主要进行教学检查、信息采集和质量分析；三是评价体系，主要由教务处、学院、部、中心、系、教师组成，主要由主管副校长通过组织行使考核、奖惩和仲裁等功能。各个子系统都有明确的第一责任人和具体职责。三个子系统有机结合，形成了严密的校内监控与评价网。同时，该校还注重社会评价，建立了学生教学信息反馈小组和毕业生信息反馈小组，充分发挥了社会监控的重要作用。

在三年多的实验过程中，昆明冶金高等专科学校成立了评价领导小组，建立了有序的评价工作体系，形成了校内系级教学工作评价方案，并在全校进行了全面的实践和探索。上海第二工业大学教务部门提出"教学质量是做出来的，不是评出来的"，注重解决问题，注重在自然状态下的实时监控，形成了系统的校内监控与评价网络和具体的质量保证制度，制定并完善了学校关于教学质量保证体系的实施意见。苏州职业大学则形成了完善的教学管理组织和质量文件，结合地方经济特点和产业结构变化不断调整专业和课程，通过校内教学质量控制使学校始终不偏离高职教育轨道，培养适应社会需求的毕业生，从而一直保持着较高的就业率。三所学校坚持监控与评价相结合、研究与实验相结合、指导与操作相结合、校内外监控与评价相结合的研究方法，注重在实验中不断地总结反馈，注重在自然状态下对学校内部的教育教学质量进行实时监控和客观评价，同时注重校外的用人单位和学生家长的反馈，取得了良好的效果。实验发现，这种在学校教学微观层面上进行的、没有外在压力下的自然评价，既真实地反映了学校在教育教学和管理中存在的问题，发挥了即时监控的重要功效，又挖掘和体现了各教育教学单位在专业建设、课程开发、教学过程、资源管理四大领域内所具有的特色，极大地促进了学校的建设和发展。如昆明冶金高等专科学校 2001 年被列为全国重点建设示范性高职院校，2002 年该校的电气工程及自动化专业被评为全国高职高专 50 个精品专业之一，该校教师在全省的教学质量课堂教学比赛中名列前茅。

(三) 监控与评价中需要探讨的一些问题

参加本项目研究的三所学校，通过建立健全各自校内的教育教学质量监控与评价制度，不断地总结和交流经验，取得了显著的成效。他们在实验中体会到，高职教育教学质量的监控与评价是一项复杂的系统工程，还存在很多问题需要深入研究。例如，学校制定了作为实时监控的教育教学评价制度，但在发挥教师和学生的主动性和主体作用方面还不够充分；来自校外的质量监控与评价还缺少行之有效的调控方法，用人单位、学生家长以及媒体等对学校教育教学质量的监控力度尚待加强；而各种具体的监控和评价形式也未充分地发挥作用，如学生评教制度，由于项目量化和学生认知等方面的影响，仍有一定的局限性。

从全国范围来看，在高等职业教育超常规发展的短短几年内，在其教育教学质量监控与评价方面的工作已经启动，并开始取得了一定的成绩。随着教育部高职高专院校人才培养工作水平评估试点的展开，高职高专院校人才培养工作水平评估指标体系已开始运行，各地的高职院校也正在推行或正在制定各自的评价指标体系，进展良好。但是，目前全国高职院校实施教育教学质量监控与评价的一大难点，是各地各类学校的发展情况总体上很不平衡，在教育教学质量上体现出来的水平层次差异过大。据调查，各地高职院校的教育教学质量监控与评价工作，在评价的观念、机制、目的、功能、范围等方面，都或多或少地存在着一些问题。例如，某些院校尚未理顺上级评估和自我监控的关系，导致二者被机械地割裂开来，不能形成整体质量监控与评价的合力；某些院校对评价工作的认识不够正确，不同程度地存在着"重结果轻过程""重形式轻内容"的应付心理；还有一些学校只是热衷于借评估的机会大做表面文章，而在实际提高自身的教育教学质量方面，并没有多少实质性的举措，"为评估而评估"的心态比较突出。针对这一现状，我们认为在现有的高职高专院校人才培养工作水平评估体系之外，急需设计和开发出一套诊断性评价的补充系统，用于高职院校在日常教育教学运行的自然状态下进行的质量监控与评价活动。

第二节　理论思考与框架设计

一、构建质量监控与评价体系的原则

实施质量监控与评价的目的，在于及时地发现问题，并有效地解决问题。监控与评价都是促进学校教育教学工作的手段和工具，最终的目的是切实提高学校教育教学质量。本项目研究所构建的高职教育教学质量监控与评价体系，主要是基于大部分高职院校日常教育教学的、一种在自然状态下进行的质量监控与评价。它力求使质量监控与评价更具有实际效果，同时尽可能降低成本，能够及时反映出学校办学过程中的问题；通过建立"诊断和预警系统"，使校长和管理部门能够较全面地掌握学校教育教学质量的实际情况，对可能出现的问题做出诊断，发出必要的预警信号，并及时采取防范的措施。这在当前高职院校间差异性增大、部分学校质量失控的背景下，努力使高职教育的评价工作从外在的推力转化为学校内驱的动力，具有十分重要的现实意义。根据上述目标，我们制定了以下质量监控与评价体系的设计原则。这些原则在各分课题组的实验中，已经得到了初步的体现。

（1）理论性与操作性相结合，但更加注重操作的工具性。构建质量监控与评价体系，既要遵循和符合高职高专院校的教育教学规律，更要具有在日常自然运行的教育教学活动中的可操作性。质量监控系统和评价指标体系的设计，要适合监控与评价的目的与功能，要能为理论所检验和证明，但更重要的是在微观层面的具体操作上，有明确的职责分工，有工具性的模型、程序和具体文件，有便于操作的工作指标和评价标准，使整个监控与评价过程能够为学校各部门接受和认可，并积极参与到其中来。为加强监控与评价操作中的工具性，昆明冶金高等专科学校制定了一幅教学工作评价流程图，这个流程包括自评、评审、汇总反馈三个子系统，做到全面与重点评价相结合、过程与效果评价相结合、定性与定量评价相结合、诊断性与导向性相结合等六个结合，以尽量达到评价系统的可行性。评价中，既有众多的观测点，又有足够的发挥空间，可以创造性开展工作。例如在该校对实训室的评估中，收集各方面的信息，听取专家组的意见，调整合并了一批实验室，成立了实训中心，统一协调管理全校的实验、实习、实训工作及相应的设备仪器管理，资源共享，逐步建立了相对独立的实践教学体系。

（2）全面性与实效性相结合，但更加注重监控的实际效果。实际的监控和评价工作要包括许多要素：管理监控和评价工作、确定监控部门和评价人员、确定要解决的问题、设计监控与评价方案、收集与分析信息、报告监控与评价等。因此，构建一个完整的教学质量监控与评价体系，必须全面考虑这些要素，注重全面监控和重点评价、一般评价和特色评价、过程监控和结果评价的互补结合，但更应注重实际效果，避免为应付评估大量投入却忽视日常教育教学质量监控与评价的现象。例如，在注重评优条件和自然状态下的监控与评价相结合时，我们更强调自然状态下的监控与评价；在注重一般和重点指标相结合时，我们更强调突出重点解决问题。尤其是指标体系的设计，既要考虑系统性和覆盖面，更要根据当前高职院校的实际办学状况突出重点，特别是要针对一些重大问题，如骨干教师流失、课程教材陈旧等，据此建立相应的质量诊断和预警机制。例如，为保障教学计划的实施监控，上海第二工业大学采用了现代制造技术中"并行工程"的概念，层层分解，将知识分解为最小单元，把共同的单元合并，再倒退归纳，最终"集成"所需的"职业技能实训""职业技术课"，通过"加加减减"，逐步建立与专业培养目标相适应的课程体系，以达到精简学时、提高效果的目的。如"机械制图"和"CAD"，原来由不同部门的两位教师分别上课，课时多，收效少。现在通过合并，删去"立体几何"，形成"现代工程制图"这门新课，由一位教师完成教学，不仅实现了精简节约，还使原来两门课有机结合起来，使知识更为全面更为系统，取得了实效。

（3）静态性与动态性相结合，但更加注重动态发展。作为一个完整的指标体系，其内容应该相对稳定。但是，教育教学的过程是一个动态过程，所以对其质量进行的监控与评价也应当是动态的，必须根据内外部条件和因素的变化而不断地调整与完善：一方面，一些指标的评价标准会随着影响高职高专院校的内外部条件的变化而变化；另一方面，不同地区和不同性质学校的评价标准也未尽相同。对此，在设计预警指标时要充分考虑到环境因素、地区因素和学校的类型及特点，做到静态和动态的有机结合。上海第二工业大学在建设教学质量保证体系方面，进行了有效的实践：一是在尊重历史和事实，符合国情和校情的前提下，科学合理地构建实施教学质量保证体系；有明确的、便于操作的工作指标和评价标准；易于体现成果，便于量化检查。二是由学校以及学院、系、教研室等构成多层次、多角度的网络，将观念、管理、条件、机制、制度等多种要素组合进系统。三是依据人才培养的特殊性，不断根据内外部条件的变化调整与完善体系，构成既有基本框架，又有充分弹性的体系结构。

由于整个教育教学质量监控与评价体系所涵盖的范围很广，我们的研究力求能够抓住高等职业教育的特点，以及在某些关键之处有所突破。因此，本项目研究的重点主要是强调高职院校内部在自然、常态的条件下，通过对影响教育教学质量的有关因素进行归类分析，建立起一个质量诊断和预警系统，最终形成教育内部与外部相结合的整体监控与评价体系。

二、质量监控与评价体系的总体框架

我国职业教育的先驱黄炎培先生曾为儿子题写过这样的座右铭："取象于钱，外圆内方"，说明了为人处世应有的修养和原则。我们建立高职教育教学质量监控与评价体系的总体框架，同样也可以从中得到一点启发：铜钱呈外圆内方之状，"圆"象征着适应，"方"则代表着规范。我们认为，高职教育教学质量监控与评价的体系，应该是一个内部具有高度规范性、外部具有广泛适应性的框架结构（见图4-1）。内部的规范是外部应变的保证，而外部的适应又是内部规范的基础。

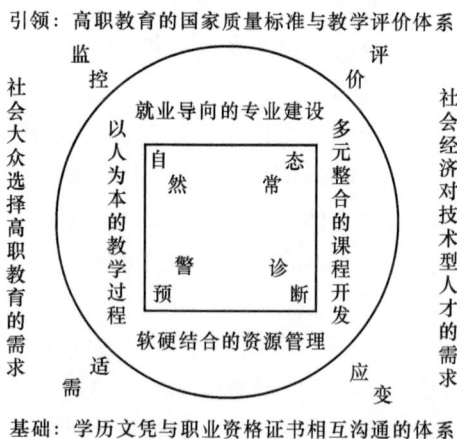

图 4-1　高职教育教学质量监控与评价体系的总体框架

（一）"内方"：高职院校内部组织的四大规范

高职院校质量监控与评价体系的内部结构，是强调在日常教育教学的自然状态下，对与教育教学质量直接相关的专业建设、课程开发、教学过程和资源管理四个方面进行逐项分类的诊断，在此基础上对某些出现异动数值的指标项目做出预警，从而构建起一个高职院校常态运行下的教育教学质量保障系统。它的功能就是通过质量诊断和预警，提高学校的自我调整和自我完善的能力。

一是以就业为导向的专业建设。高职院校的专业建设，在高职教育教学质量监控与评价体系中占有特别重要的地位。当前国内各地高职院校在发展中面临的一个突出问题，正是由于在专业建设的首要环节——专业设置方面缺乏科学性和适应性，导致整个教育教学与市场的实际需要脱节，结果造成毕业生的就业困难。事实上，高职毕业生的就业早已不再是计划安置，而是学生通过劳动力市场中的供求双向选择来实现的。能否满足行业企业和社会群众的需求，也要通过市场来检验。这样，高职院校专业设置的依据就转化为在政府宏观调控下是否能满足劳动力市场的需求，因为高职教育的特定需求者就是企业与学生，也包括政府❶。由此可见，就业导向应当成为高职教育专业建设的基本定位。因为高职教育的培养目标，是为国家和地方经济发展培养适应生产与服务第一线需要的、具有一技之长的技术应用型人才，而不是那些基础知识扎实但毕业后仍需要进行较长时间的培训后才能胜任工作的人才。事实上，就业导向应当是高职教育自始至终都必须坚持的基本原则，而由于专业建设在其整个教育教学全过程中处于首当其冲的重要地位，我们更加强调在教育教学的自然运行中进行质量监控与评价时，首先就要判断学校在专业建设方面是否坚持了就业导向的原则，以免对后续的一系列教育教学工作造成误导。如果在常态诊断中发现专业设置、专业实施、专业考核中的某一环节出现异动，则应及时做出预警，以便决策部门采取措施尽快解决。

二是强调"多元整合"的课程开发。课程是教育教学活动的核心，是将宏观的教育理论与微观的教学实践联系起来的一座桥梁。当以就业为导向的专业建设完成以后，课程目标就有了明确的专业定向，这时课程开发工作就必须紧紧跟上。所谓课程开发是指产生一个完整课程方案的全过程，而课程方案则是学校确定教育教学内容和组织实施的具体操作计划，是教学计划、教学大纲、教材的总和。就高职教育的课程开发而言，由于其技术型人才的特定培养目标，将培养学术型和工程型人才的普通高等教育学科本位课程模式照搬过来显然是不合适的。而从发达国家的成功经验来看，高职教育的课程模式非常繁多而复杂，故其课程

---

❶　姜大源．论职业教育专业设置的驱动模式［J］．职教论坛，2002（03）．

开发从内容到结构等方面都大相径庭。因此，采用任何单一的主体课程模式，无论是"学科本位"还是"能力本位"，都不可能产生共适性的效果。于是，顺应当代国际上课程观趋向综合化的潮流，广泛吸取国内外各种课程模式之长处，以符合实际需要作为内容取舍和结构组合的标准，采取"多元整合"的策略思想进行课程开发❶，已成为越来越多高职院校的共识。在课程开发的具体操作过程中，教学计划、教学大纲、教材三者一环紧扣一环，如能将多元整合的策略思想贯穿始终，必将使高职课程改革不断走向深化，更加有利于优化技术型人才培养的途径；反之，当质量诊断过程中发现其中某一环节有可能出现偏差或相互脱节的现象时，就需要及时提交预警报告，这样才能使高职课程开发的质量保证能够真正落到实处。

三是坚持以人为本的教学过程。高职教育由课程开发引入教学过程，关键是要改变传统教育中单纯将学生作为教学管理对象的做法。学校应注重以学生为本，从根本上调动学生的学习积极性，激发学生的学习热情，变被动学习为主动学习，培养其就业和创业的能力和素质。因此，在从招生入学到毕业就业的整个教学过程中，必须时时处处地突出强调以人为本的思想，坚持以学生的全面发展和充分发展为基础，变管理学生为服务于学生。例如，尊重不同学生的特点和爱好，针对不同的需要组织不同的各具特色的教学过程，通过教学管理制度的改革，采取学分制等弹性学制和模块化的组合形式，以及安排阶段化进程和实现学习者方向的个性化，使得不同基础的学生最终能够达到统一的高职院校毕业生质量标准。总之，要努力促进理论知识与职业技能、职前培训与职后进修、学习领域与工作领域之间的沟通，推进学历文凭与非学历培训以及相关职业岗位工作经历的互认制度的建立，鼓励采用非连续学程、往复式培训、终身学习的新型教学模式，让学生根据自身特长与需求，自主设计学习方向、内容、进程，实现个性化的主动学习。而对这一过程中的各个步骤与环节实施自然状态下的诊断，可以及时检查教学过程是否能够始终保持足够的弹性和灵活性，一旦发现有可能失控的现象就及时发出预警信号。

四是软件建设与硬件建设相结合的资源管理。高职教育教学既要强调过程管理，也应注重资源管理。对资源管理的监控与评价，是从更加广泛的角度对可能影响教育教学质量的因素进行诊断，是贯穿于整个质量监控与评价过程之中的重要方面。所谓资源条件包括软件资源和硬件资源，具体可分为人、财、物三个方面。其中，人的资源主要是指师资队伍状况，财、物两方面的资源主要是指经费和设备。这些资源是直接服务于教育教学活动而产生效益的，因此对于教育教学的质量也有着直接的影响。应该看到，高职院校在各方面具体资源条件的准备方

❶ 黄克孝，严雪怡. 职教课程改革研究［M］. 北京：科学普及出版社，1997：49-50.

面，是不可能完全同步的，甚至有可能软、硬件两个方面的建设出现相互背离的情况。我们在以往的调研中就发现过这样的情况：有的学校由于拥有一些掌握数控技术教学能力的师资而开设了数控技术应用专业，但在硬件上却不愿为这一设备昂贵的专业投资，结果连一台数控机床也没有配置，而且在组织学生去专业机构培训的安排上也往往很难落实，严重影响了专业教学质量❶。所以，高职院校在资源管理方面一定要坚持"软硬结合"，强调"两手抓"，才能满足保证教育教学质量的基本条件。如果某一资源方面的项目指标超过预设的一定范围，即应及时做出预警。

以上高职院校系统内部的四大规范，是由高职教育自身的特点所决定的，"专业建设—课程开发—教学过程—资源管理"这一流程，覆盖了高职教育教学的全过程及其相关的环节和步骤。我们对高职院校的教育教学活动实施质量监控与评价，实际上就是围绕这四个主题，密切观察和分析各类因素的动态变化，经常注意它们是否保持着应有的规范：专业建设的就业导向、课程开发的多元整合、教学过程的以人为本、资源管理的软硬结合。由此形成了高职高专院校内部的教育教学质量监控与评价的组织结构，这就是作为校内全面质量管理体系核心的一个质量诊断和预警系统。由于这一系统是在学校教育教学自然运行的常规状态下发挥作用的，这样就不会等到上级来评估的时候才对质量问题引起重视。

（二）"外圆"：高职教育必须努力适应的外部环境

由于高职教育以就业为导向的基本特征，其整个教育教学质量监控与评价的内部组织系统，必须适应和服从于外部环境发展的需要，才能真正体现职业教育的特点。

第一，一个学历文凭与职业资格证书相互沟通的体系，应当是高职教育教学质量监控与评价的基础。我国目前虽然学历证书与职业资格证书并行，但无论在多数人的心目中还是在现实的个人发展生涯中，往往还是学历证书重于职业资格证书，而且二者相互之间还缺乏有机的衔接、沟通和转换的通道。建立高职学历证书与职业资格证书的互通机制，是构筑技术应用型人才培养体系的重要环节和制度保证。这方面可供借鉴的国际经验有很多，许多发达国家和地区已在不同程度上实现了职业资格证书与学历文凭的沟通和转换。顺应经济全球化的发展趋势，我们将在建立国家标准的基础上参考发达国家的标准，制定各类人才的目标要求，以提升高职教育的整体水平。随着今后我国国家职业资格认证系统的完善，学历文凭与职业资格证书互通的体系也将建立起来，这样，高职教育的质量监控与评价就必然要紧密围绕着它，努力去服从它、适应它，使毕业生的素质和

❶ 上海市教育科学研究院职业教育与成人教育研究所．上海职业教育与成人教育（2003）［C］．上海：上海教育出版社，2003：210.

能力符合相应职业领域的需求。

第二，高职教育的社会需求，非常鲜明地反映在社会经济发展（主要是行业和企业等社会用人单位）对于生产服务第一线的技术应用型人才具有大量的现实需求。根据我们近年来对上海高新技术企业的实际调查，发现企业中各类人才职责的重叠现象加大，尤其是高等技术应用型人才的从业岗位扩张现象十分明显。绝大多数企业的负责人都明确表示，将会继续大量引进高职毕业生，充实生产第一线的技术应用型职业岗位。按照上海经济发展模式需要的人力结构配备比例，并参照发达国家工业城市人力结构特征推算，上海高级技术型人才的缺口达 20万人之多❶。关键是，我们现有的高职院校能否培养出他们所实际需要的这类人才，这将直接取决于高职院校就业导向的教育教学质量。

第三，由于职业教育具有鲜明的双重需求主体特征，对高职教育的社会需求是不能一概而论的，而必须同时考虑两个方面的具体需求。社会经济的需求只是一个方面，而另一个方面反映的则是社会广大群众（主要是学生个人及其家长）在普通高等教育与高等职业教育之间具有什么样的现实选择需求。事实上，这两个方面的需求都反映了社会和市场的实际需要，都是我们在对高职的教育教学质量进行监控与评价时必须认真思考并努力去适应的。特别是当两个需求出现矛盾时，我们应从长远的目标出发，以经济社会可持续发展的大局为重，进行必要的调控和指导，做出最优化的抉择❷。

第四，基于上述客观基础条件和双重需求主体的夹击，高职教育自身的发展受到诸多因素的制约，迫切需要一个能够引领高职院校切实提高教育教学质量、促进可持续发展正确走向的机制。由于高职教育具有同属于高等教育和职业教育的双重属性，职业教育又具有同属于教育范畴和经济范畴的双重属性，所以高职教育有必要建立一套区别于普通高等学校的国家质量标准与教学评价体系。目前，教育部对全国高职高专院校组织的人才培养工作水平评估正在实践中不断走向完善，我们认为这一水平评估方案中包括合格与评优标准的指标体系都应纳入这套新的国家质量标准与教学评价体系之中。除此以外，我们建议参照全国企业质量奖运行的经验设立"高职教育国家质量奖"，从而构成一个更加完整的高职教育国家质量标准与教学评价体系，为使广大高职院校朝着健康的方向持续发展起到引领的作用。

这样，从整体上看，内部组织与外部环境，即可组成一个如图 4-1 所示的外圆内方的铜钱形结构，形成一个完整的质量监控与评价体系框架。高职院校内部日常教育教学自然状态下的质量监控与评价，必须努力去服从、适应它的外部环

---

❶　上海职业技术教育研究所. 上海高等职业技术教育发展研究［M］. 北京：高等教育出版社，2000：5.

❷　马树超. 关注两个"需求"，调整职教发展战略［J］. 教育发展研究，2003（07）.

境条件。而这种对外部环境的适应，只有靠内部组织的规范才能实现。由专业建设、课程开发、教学过程、资源管理四大规范所组成的校内组织质量诊断和预警系统，正是学校内部教育教学质量监控与评价规范化的保证。"没有规矩，不成方圆"，强调规范正是为了更好地适应。这种铜钱形的结构框架，可以说是高职教育教学在质量监控方面实现内部组织与外部环境的有机结合，形成辩证统一的结构体系的一大特色。

三、质量诊断和预警系统的指标体系框架

在此基础上，我们从高职院校内部组织的专业建设、课程开发、教学过程、资源管理这四大规范出发，探讨构建一个适应日常教育教学运行的质量诊断和预警系统的指标体系框架（见表4-1）。

表4-1 高职教育教学质量诊断和预警系统的指标体系框架

专业建设	专业设置	市场对相应专业的人才需求度
		学生、家长对专业的认可度
		专业设置所必需的软、硬件配备度
	专业实施	专业教学目标与实际教学文件的吻合度
		教学大纲与教学计划的匹配度
		课程设置与专业要求的适合度
		重点专业的资金投入与建设
	专业考核	用人单位对毕业生的专业水平评价
		政府主管部门对相应专业的评价
		学生在学习后对相应专业的评价
课程开发	教学计划	课程内容与知识目标要求的符合度
		课程内容与能力目标要求的符合度
		课程内容的更新与调整幅度
	教学大纲	课程教学大纲的完备程度
		课程教学大纲内容与教学目标要求的符合度
		课程教学大纲内容的深度和广度
	教材	教材的时效性
		教材的规格
		教材的创新性
		教材的先进度
		学生对教材的满意度

	生源情况	招生规模
		横向比较
		纵向比较
		学习困难学生情况
教学过程	教学管理	学生学习情况
		教师授课情况
		学生违纪情况
		教学管理制度
	毕业就业	资格证书
		毕业情况
		就业情况
资源管理	师资队伍	骨干教师流入与流出情况
		专职教师学历、职称、年龄等情况
		兼职教师数量比例、技能等级等情况
		师资培训经费投入、获证率、岗位异动等情况
		师资校外获奖、获证、教学事故发生率等情况
	经费状况	财政拨款年度增长情况
		专项经费立项及使用情况
		纵向与横向科研及开发项目的经费增长及获奖情况
		社会、企业、团体、个人等的资助情况
		学生缴纳学费情况
	设备条件	各专业校内实验实训条件
		各专业校外实训基地建立与使用情况
		教学及辅助用房状况
		学生人均占有的教学资源量

第三节 质量诊断和预警系统的构建

教育教学质量本身具有多元性，所以质量监控与评价体系也应该是多元化的。在固定不变的教育教学条件下，由于高校大扩招而出现质量下降的问题并不奇怪。但如果我们能够树立起科学的教育质量观，努力去改善教育教学条件和人才培养模式，教育教学质量仍然是可以得到保证和提高的。在高等教育从精英阶段向大众化阶段的转变过程中，随着高职教育职能和范围的扩大，技术应用型人才培养目标的系列化、高职教育教学模式的多样化，以及各种举办高职教育的院校在类型上的分化，决定了我们对高职教育教学质量的评价也必须是多元化的。不同类型、不同行业、不同地区、不同面向的高职院校，应该可以有适应其实际客观需要的不同的质量标准，而不能采用单一的、一成不变的质量评价标准。

质量是相对于培养目标而言的，培养目标不同，其质量标准也应该有所不同。高职教育所培养的技术应用型人才，从理论上讲是一种技术型人才，它不但不同于普通高等教育培养的学术型、工程型人才，而且其自身的规格也在不断增多。由于我国加入 WTO 后高技术与产业加快发展，其生命周期短、变化快，造成这种技术型的"中间人才"的岗位变化和流动十分频繁；另外虽然高技术手段的共性较多，但是应用于各种具体产业、行业、职业、岗位仍然会有种种不同的要求。因而技术应用型人才的培养要适应多种规格的要求，不仅学历教育要多规格，技术培训更要多样化。从国际上流行的"职业带"人才结构模式的理论框图看，由于技术型人才与工程型和技能型人才的部分交叉，其工作性质及其层次也呈现十分复杂的结构，更由于当今高技术的快速发展使得这一中间地带越拉越长，出现了规格上的多样化❶。这是经济全球化背景下市场发展的客观需要，在这样的条件下，如果依然固守单一的高等专科学历层次的统一标准，势必更加造成实际教育教学质量的失控，毕业生就业更加困难。所以，高职院校提高教育教学质量的前提，就是要转变传统的单一质量观念，树立多元化的质量观念。不同类型和层次的高职院校和专业，只要能够办出自己的特色，培养出适应社会需要的各种规格的技术型人才，就是高质量的高职教育。为此，就质量监控与评价来说，就应该针对不同的需要、不同的目的，设计不同的质量监控与评估体系。例如，教育部正在试行的高职高专院校人才培养工作水平评估方案中，设计的是一套指标体系和两个等级标准，可使学校分别接受合格评估与优秀评估。而我们在这里所设计的，是在这套评估体系以外的另一套补充性的监控与评价体系，其特点是强调让学校充分发挥自我监控的核心作用，是一套在学校日常教育教学活动的自然状态下对质量进行自我诊断和预警的系统。

目前，全国各地的高职院校从教育教学的总体质量来看，大致可分为以下三类：第一类属于评优学校，这类学校大多是省（市）级重点院校；第二类是一般的普通院校，属合格学校，这类学校占有相当比例；第三类则属于基本不合格院校，这类学校大多数是条件比较欠缺的新办院校。基于这样的分析，在以下质量诊断和预警系统的构建中，除特别说明外，我们所列举设置的预警线一般仅指大多数普通院校所要达到的最低合格标准。

❶ 马树超.新世纪职业教育走向抉择 [M].上海：上海教育出版社，2002：114.

一、就业导向的专业建设

职业教育的专业建设应坚持以就业为导向的原则来展开，其质量监控与评价的对象主要包括专业设置、专业实施和专业考核三个部分，既相互联系又各自独立。

（1）专业设置的监控与评价。专业是高职院校与社会接轨的接口，因此如何根据社会发展不断变化的需求来进行专业设置，是专业建设面临的首要问题。虽然从严格的意义上说，专业设置本身并不属于教学领域的问题，然而一旦专业设置出现严重失误，其后续的一系列其他教学环节即便再作出超凡的努力，也往往是于事无补的。因此，我们在这里把专业设置作为整个高职教育教学过程的首要环节来考虑。一般来讲，对高职教育的专业设置起决定性作用的因素主要是社会需求和资源条件。其中，社会需求包括经济需求和大众需求两个方面，资源条件则可分为软件资源和硬件资源两大部分。由教务处统一负责，分别对社会需求和资源条件进行调研和分析，在此基础上确定相应的预警指标：1）经济需求，即某一专业满足行业企业等社会用人单位的人才需求程度。教务处每学年必须开展专业设置与调整调研，就业办公室及时掌握状况。例如，当有1/3及以上的相关用人单位表示不需要此专业时，需要及时向主管副校长汇报预警。2）大众需求，即学生及其家长对某一专业的认可及就读取向。教务处或招生就业办公室每学年对考生填报志愿情况进行统计后排序，如第一志愿填报人数少于专业计划招生数的专业，应及时向主管副校长汇报预警。3）软件资源，包括专业师资、课程、管理等。教务处通过对专业师资和课程建设情况进行调查统计，如当专业师资数量或质量不能满足专业设置的要求、课程或管理水平比较落后时，需要及时向主管副校长汇报预警。4）硬件资源，包括各种各样的教学设备和设施等。教务处需要对专业设置所需的教学设备和设施进行监控和评估，如当有三分之一设备设施的数量或先进程度达不到专业设置要求时，则需要及时汇报预警。为了对各高职院校所设置的各个专业进行较为理性的分析评价，我们在综合考虑上述影响专业设置的关键因素后，还设计了一个示意性的"二维四向评价模型"。这个模型的主要功能，是用图形位置的描述来反映学校现有各个专业的发展现状和趋势，并通过比较将这些专业进行排序，从而对学校的专业设置做出相应的调整方案；同时，可以对学校正在建设、实施或发展中的专业进行形成性评价或诊断性评价，或者对以往的专业设置进行考核性评价或总结性评价，并对各专业的实施情况进行监控。

（2）专业实施的监控与评价。主要包括以下六个指标：1）教学目标监控。当专业教学目标与人才培养目标发生偏离、人才培养的类型规格不符合专业要求时，应及时预警。2）教学计划监控。当教学计划的制订与专业教学目标发生偏离，如实践性教学课时的比例偏低时，须及时预警。3）师资配备监控。在专业实施过程中，当专业教师和实习实训教师的数量和能力水平低于专业设置标准时，应及时预警。4）实训设施监控。在专业实施过程中，当生均实验实训设施占有率和使用率低于专业设置标准时，应及时预警。5）课程标准监控。当课程标准制订的工作程序、原则等不适应专业需求时，如没有及时引入行业标准或职业资格鉴定标准等，要及时预警。6）重点专业监控。当重点专业学校配套的资金投入总量少于政府专项经费的一定比例（如80%）时，要及时预警；当重点专业按计划实施的各项主要工作中出现未通过年度考核的现象时，要及时预警。按程序由教务处顺次完成各指标的监控与评价，并反馈到主管副校长，就形成了专业实施的监控与评价循环。

（3）专业考核的监控与评价。按考核因素可分为三个方面：1）社会满意度，指用人单位对该专业毕业生在工作态度、操作技能、知识掌握、解决问题等方面的满意程度。由教务处负责，每学年对以往毕业生工作情况进行追踪调查，当1/4的用人单位对毕业生各方面指标评价较低时，则应该及时向主管副校长报告预警。2）学生满意度，指某一专业的在校生和毕业生对本专业的评价。由教务处负责，每学年组织教师对在校生和毕业生进行问卷调查，当有1/3以上的学生表示对本专业不满意时，需要及时向主管副校长预警。3）政府部门满意度，指政府主管部门对相应专业的评价。当某专业在政府主管部门或由其委托的专门机构对学校举办的各类专业进行系统评价时，有一项二级指标或两项三级指标需较大整改时，则应及时预警。

二、多元整合的课程开发

遵循"多元整合"的策略思想进行的高职教育课程开发，其全过程包括课程分析、课程方案设计、课程方案实施、课程方案评价等步骤。课程分析是指为课程方案设计做准备的各种分析，如职业分析、劳动力市场需求分析、学生需求和基础分析、相关课程文件分析等。课程方案设计者在课程开发过程中，多元整合的课程观不仅可以指导教学计划、教学大纲、教材的开发，也将影响到教师的教法和学生的学法两方面的改革[1]。课程开发监控与评价体系的对象主要包括教学计划、教学大纲和教材，这三者的总和一般统称为课程方案。高职教育课程方案的确定，应该按照多元互补、博采众长的原则，建立培养学生综合职业能力以适应就业导向需求的高职课程观；根据知识、技能、态度三要素中各个成分的多重、多种综合，选择有价值的高职课程内容；架构模块化、综合化、阶段化、柔性化与个性化相结合的高职课程结构[2]。这样形成的课程方案，实际上就是多元

❶ 蒋乃平. 职教课程探索的三个层级［J］. 职业技术教育，2001（31）.
❷ 薛喜民. 高等职业技术教育理论与实践［M］. 上海：复旦大学出版社，2000：194-196.

整合课程模式在一个专业中的体现，是落实专业培养目标的课程方面的具体计划，亦即根据该专业的培养目标将课程内容和进程在时间和空间上整合起来的方式。在整个课程方案中，教学计划和教学大纲涉及课程开发的宏观发展方向和实际应用性，因此，对其实施监控应由课程理论方面的专家、学校相关学科的教师、部分行业专家三方评价人员所组成。

（1）教学计划的预警机制。教学计划的重点监控指标，是知识目标和能力目标。在由上述三方评价人员组成的专家组中，如果有40%以上的人员认为课程内容达不到知识目标的要求，该课程的设置应预警；有40%以上的人员认为课程内容达不到能力目标的要求，也应预警。

（2）教学大纲的预警机制。教学大纲的重点监控指标，是教学内容和教学的深度、广度。如果专家组中，有40%以上的人员认为课程内容达不到教学目的要求，应以预警；有40%以上的人员认为课程的深度和广度不够，也应预警。

（3）教材的预警机制。教材的监控和评价因素主要包括教材的时效性、规格、创新性、先进性和学生的满意度，而监控的重点是时效性、规格和创新性。1）对教材的时效性监控。目前高职院校的一个突出问题是使用过时的教材，以借用教材居多，既缺乏科学性、先进性，也缺乏实用性和合理性。对此应建立教材时效性的预警机制，例如：5年前出版的教材超过10%应预警；选用近三年出版的高职教材达不到30%应预警。这项工作主要由学校教材科负责，教务部门协助监管。教材科每学期末应及时上报所有教材出版年份的统计报表给校一级领导，由校方决定整改处理措施。2）对教材规格的监控。高职院校教材主要分成国家级统编教材（A类）、省部级或行业统编教材（B类）、校本教材（C类）和自编讲义（D类）四大类。为保证课程的整体质量，在此我们建立教材规格的预警机制：A类或B类教材合计数低于教材总量的40%，应预警；D类教材（不包括实验实训类及多媒体电子科教类教材）超过教材总量的30%应预警。这项工作同样由学校教材科负责。教材科每学期末上报有关教材的信息给校一级领导，便于校方及时更换教材。3）对教材创新性的监控。教材的创新性如何直接影响到毕业生所掌握的职业技能的先进性，对此要实施对教材创新性的监控。以教师和学生为主组成评价团体，根据他们的反馈意见建立预警机制：团体中的一半以上成员认为甲教材与其他教材的重复度达到或超过四分之一，则该教材应预警；团体中的一半以上成员认为甲教材的内容有三分之一已经学过，或认为甲教材的知识和技能落后陈旧，该教材同样应预警。

三、以人为本的教学过程

这里所指的教学过程是广义的总体教学过程，重点突出以人为本的教学理念。其监控与评价体系包括生源情况、教学管理和毕业就业的整个流程，主要由招生环节、日常教学工作环节和毕业环节组成，由学校的招生办公室、教务处、院（系）就业指导办公室分别负责。

（1）生源的监控与评价。以人为本，以学生的发展为本，就必须充分了解学生的基础。高职院校的学生来源不同，有普通高中毕业生，也有各类中职学校的毕业生，五年制高职还要面向初中毕业生。基础不同，个人发展与成才也就不可能都走同一条路。因此建立生源的监控和评价机制，应当是整个教学过程的首要环节，它一方面有利于保证学校生源质量，另一方面更有助于在日后的教学过程中"因材施教"地为各类学生服务，具有重要的实践意义。对生源的监控主要可以从以下几个方面入手：1）招生规模的监控和预警。当总体招生人数或某一专业招生人数低于预算招生指标，招生部门需要分析各种因素，并就有关学校内部问题予以报告；另一方面，根据教育部对高职高专院校人才培养评估指标的规定，当招生后如设备条件等一些指标达不到国家规定标准时，招生和财务、教务等部门要及时提出预警。2）录取分数线的监控和预警。对招生分数线的监控和预警，是保证学校生源质量的重要举措。学校招生办公室可在每年秋季招生之前，通过对比学校自身近几年的招生分数线，和对比本校与当地的平均录取分数线，根据国家相关政策的规定和招生指标决定学校录取分数线。当录取分数线与学校以往录取分数线相比呈连续几年下降的趋势时，或与当地分数线相比存在较大差距（例如相差30分以上）时，需及时向学校校长报告并预警。一是横向比较情况：入学新生的平均成绩连续两年低于本地区同类院校的平均分数线，应及时预警；二是纵向比较情况：入学成绩在专科录取分数线以下的新生比例，与历年来的同一比例进行比较，如果这一比例连续两年扩大，则应及时进行质量预警；三是学习困难学生情况：线下最低分数与录取分数线的"距离"连续两年拉大，应及时进行预警。这一任务主要由学校招生办负责实施，学校招生办应在每次招生工作完成后及时向校一级领导汇报，以便制定相应对策措施，提高生源质量，改善学校教学质量和整体形象。

（2）教学与管理的监控。1）学生学习情况。对高职院校学生学业成绩的监控是实施学习质量监控的重点：一是理论课程学习质量的监控，主要通过考查和考试建立起学生学业成绩的预警机制。平时考查两次出现有30%以上的学生不合格，应预警；学校组织的期中、期末考试两次出现有20%以上的学生不合格，应预警。此项统计工作由教务部门主要负责，同时教务部门要及时把考试情况汇报给校长，以便学校根据实际情况分析原因：是学生的学习兴趣问题？教师的教学问题？还是学校管理方面的原因？等等。由此总结经验，有针对性地进行调整和改进。二是实践课程学习质量的监控，主要通过技术实习、岗位实习或毕业实习实施监控。与理论课程相比，实践课程的一个显著特点是具有分散性和流动性，学生实习往往不是同一时间聚集在同一个地方由同一教师教学。因此除一般的技能考试外，"出勤率"是对实践课程学习质量实施监控的重要指标。例如在"非典"时期，一些学校由于没有建立有效的监控机制，导致在关键时刻找不到人就是一个例证。应建立起学生"出勤率"的预警机制：学生在实习期间三天缺勤应及时预警；另外，对学生技能考试情况也应建立相应的预警机制，技能考试达不到一定标准（如一次通过率不到70%）应预警。这项工作由学生科、师资科协同教务部门或企业有关部门共同负责实施。2）教师授课情况。一是课堂教学的监控。在课前，当出现有教师教学资料准备不充分（如缺教案、缺授课计划、缺讲课笔记等）时，应及时预警；在上课时，当出现有教师授课内容或进度不符合计划、教学方法一味灌输、从不使用信息技术手段等，应及时预警；在课后，发现缺少明确的辅导答疑时间安排或执行不到位，作业批改量不足总量的一半或马虎潦草无评语或不做集体讲评等，应预警。这项工作由院（系）督导负责实施，学生配合进行。二是实践教学的监控。在实践环节中，由于一般的教学组织比较松散，因此对教师的出勤情况考核可作为监控的重要指标。在实践教学期间，当教师连续缺勤两天时，应及时预警，这项工作由学校教务部门配合相关实习企业的有关负责人共同实施监管。3）学生违纪情况。以人为本，为学生的发展服务，不仅对学生的学业成绩要进行监控，而且对学生的日常行为也要进行监控，这也直接关系到学校的形象和声誉。对此，建立学生日常行为档案，是实施对学生日常行为监控的重要手段。学生日常行为档案主要纪录学生违反校纪校规等的情况，并应建立相应的预警机制。例如，当学生违纪次数累计达到3次时，对该学生应以警告处分；累计违纪次数达到5次时，应以留校察看处分；累计违纪次数达到6次时，应以勒令退学处分。建立档案和记录主要由学生处负责，当需要实施纪律制裁时，由学生科及时上报教务处和校办，由校一级领导最后裁决。4）教学管理制度。高职院校的教学管理制度要体现以人为本的思想，必然要顺应建立现代终身教育体系的发展要求实行弹性学习制度，而弹性学习制度最主要的标志就是学分制。教育部现已决定将陆续出台完全学分制、弹性学分制等教学管理制度的改革方案，这将有效地激发高职院校学生的学习热情，也将促进教学管理模式由传统走向现代。实行学分制，学生可以结合自己的能力和特点，自主地制定学习计划、确定学习进程，充分调动起每个学生的学习积极性，使其个性得到全面发展。但学分制实施的前提是必须建立一个完善的选课制度，以及要有一系列为学生提供非常规的教学培养计划和提供生活学习保障条件的配套方案。如果这些方面考虑不周或措施不全，例如发现学生选课余地不大、范围过窄、明显偏科，或者工学交替学分互换受到不应有的限制，造成知识能力结构失衡的情况，就应随时提出预警；否则不但教学管理制度的改革无法落实，更重要的是学生发展达不到培养目标的要求。

（3）毕业和就业的监控。高职教育就业导向的基本特征，决定了其教学过程的以人为本，最终必须体现在为学生就业的服务上。这里，学生毕业和就业的重点监控目标，是学生各类资格证书的获得情况、毕业率和就业率。1）对资格证书的监控。外语方面，各地区一般对高职学校学生的外语都有一定的要求，如上海市要求通过英语三级统考。对在英语统考中连续两次达不到80%的通过率，应预警。计算机方面，一般高职学生要求通过计算机初级证书的考核，部分专业要求达到中级水平。对计算机考核有要求的地区应对考试合格率设立预警。例如，初级证书考试连续两次达不到85%的通过率，应及时预警；中级证书考试连续两次达不到规定人数的75%通过率，应预警。而在专业资格证书方面，高职院校应对每一专业资格证书的获得做出要求，这样既有利于提高学校整体的教育教学质量，也有利于提高学生自身的技能水平和就业竞争力。同时，要制定各专业资格证书获得的预警机制，例如某个专业的学生中，获得专业资格证书者所占比重连续几年（如两年）呈下降趋势，应及时预警。由毕业办协同教务部门共同负责对职业资格证书的监控。2）对毕业率的监控。毕业率能从一个方面反映出一所学校的教育教学质量和办学水平，提高毕业率的重要途径是建立毕业率的预警监控机制：当毕业率达不到一定要求（如90%以上），应预警；连续两年毕业率呈现下降趋势应预警。对毕业率的监控主要由教务处负责，当毕业率需要预警时，应及时向校办汇报，便于校长做出整改决策。3）对就业率的监控。就业率是反映一所学校办学成功与否的重要标志，对就业率实施监控是学校发展的重要前提和举措。对此应有效建立就业率的预警机制：就业率连续两年低于所在地区同类学校就业率的平均水平，应预警；就业率连续两年呈下降态势，也应及时预警。同时要对各个专业进行具体的比较分析，设置专业预警系统。这项工作原则上由学校就业办（或市场部）负责，同时，就业办（或市场部）应及时把每年的就业情况和市场动向等向校长汇报，以便校长组织人员调整专业和课程设置、更新教材、开发新的企业合作伙伴等。

四、软硬结合的资源管理

（一）师资队伍

对师资的监控与评价体系主要包括三个方面：一是监控与评价的主体，由人事部门、教务部门、科研部门和行政部门构成。二是监控与评价的指标，由五类监控指标组成：人事部门主要对师资流动和师资培训进行监控，教务部门主要负责兼职教师监控、教学水平监控和师资培训监控，行政部门主要进行教学事故监控。三是监控与评价的反馈，主要由主管副校长负责，在人事、教务、行政等部门提供的监控报告基础上，由主管副校长对预警结果进行分析并将整改决策反馈到上述各个主管部门。（1）师资流动监控。主要是对骨干教师的流动进行预警，由学校人事部门负责，每3个月对骨干教师的相互流动情况进行一次统计分析，当骨干教师流出大于流入，或骨干人员流出申请比例超过一定标准（如 5%）时，应及时预警。（2）专职师资监控。教师的数量监控主要通过师生比进行，当师生比低于教育部规定的标准时，需及时预警；师资质量主要通过教师的学历构成、年龄构成、技能构成等表示，由学校人事部门或教务部门在教师相互流动时进行统计，每学期一次。当 35 周岁以下青年教师比例超出一定的范围（如降到 15%以下，或高于 30%）时，应预警；青年教师中，研究生学历或硕士及以上学位比例达不到 15%时，应预警；教师队伍中，高级职称比例达不到 20%时，应预警；专业基础课和专业课中"双师型"教师比例达不到 50%，应预警。（3）兼职教师监控。兼职教师队伍的专业结构与学校专业设置要基本相适应。当兼职教师数占专业课与实践指导教师合计数之比不到 10%，或兼职教师中中级技术等级及以上的人员比例不到 80%时，教务部门都要及时预警，并向主管副校长汇报。常态下每学期报告一次，特殊情况则随时汇报。（4）师资培训监控。本年度教师参加各类培训进修活动的人数和考核情况，应作为实施培训监控的重要手段。当学校投入的教师培训专项经费少于一定数额（如人均 500 元以下），或每学期教师学习和进修提高活动的人数比上年度有显著下降，或培训教师的课程考试合格率和文凭、证书获取率情况与以往相比有明显的下滑趋势，或培训后的教师岗位变动大于一定比例（如 20%），人事部门就要做出仔细的分析，说明原因，发现任何异常情况就要向校教学质量监控与评价委员会做出预警报告。（5）师资奖惩监控。学校行政部门应对教师校外各类奖励或获奖情况进行及时的统计，当累计一学年的成果数量明显低于上一年时（如不足上一年的 80%）时，应及时预警，并要采取相应的激励措施；在教学过程中，当累计各级教学事故（包括一级、二级和三级）达到一定次数（如 3 次）时，学校行政部门应及时预警，并配合校方采取必要的改进措施。

（二）经费状况

（1）对财政拨款的监控。当本年度的财政拨款经费总额比去年有明显下降（如下降 10%）时，应预警。这项工作主要由财务处负责。（2）对专项经费的监控。当本年度专项建设项目总数或经费总额（指学校申请后获上级主管部门批准立项和拨款的部分）有明显下降（如 10%）时，应预警。这项工作主要由财务处、教务处和科研处共同负责。（3）对科研与开发项目的监控。当学校承接的纵向、横向科研与开发项目总数或课题研究及开发经费总额，与上一年相比呈明显下降趋势；当教师发表论文、出版专著、编写教材等的数量和质量与上一年相比呈明显下降趋势时，科研部门应及时提出预警。（4）对社会资助的监控。当社会、企业、团体和个人赞助的专项经费、设备、奖学金和奖教金等预算外资金比上一年有明显下降（如下降 20%）时，应及时预警。这项工作主要由校办和财务处负责。(5) 对学生学费的监控。高职院校的办学经费，现已越来越多地来源于学生缴纳的学费。因此学费的收缴情况，也将直接影响学校的办学条件和教学质量。据我们了解，目前高职高专院校学生的家庭经济状况普遍不是很好。我们对上海市部分高职院校近 5 万名学生的家庭基本情况做过调查，结果发现，40%以上是工人家庭，与本科院校学生的家庭情况存在明显差距。学生的家庭经济状况势必影响到学校学费收缴问题，因此应建立学费收缴的监控和预警机制：超过 20%的学生未上交应交的全部学费，应预警。这项监控工作由财务处主要负责实施，最后由校一级领导做出相应的应对措施。

(三) 设备条件

实施对设备条件的监控与评价，是保证学校教育教学质量和保持高职高专特色的重要前提。(1) 对校内实验实训条件的监控。各专业都必须具有必要的实验实训条件。当出现某一专业缺乏必要的实验实训条件时，教务部门应及时预警。(2) 对校外实训基地的监控。学校的主干专业和其他大部分专业应有稳定的校外实训基地。当某专业校外实训基地发生变故时，学校教务部门应及时预警。(3) 对教学及辅助用房的监控。教学及辅助用房要符合国家有关规定。生均建筑总面积和校舍建筑面积低于教育部公布限制招生的黄牌标准时，教务部门应提前预警。(4) 对学生人均占有教学资源量的监控。根据高职高专院校人才培养工作评估指标的规定，当生师比超过 20∶1、生均教学仪器设备值达不到3000 元、计算机跟不上每 8 人一台的标准、语音室达不到平均每千人 30 座等要求时，学校教务部门要及时提出预警。

第四节　相关的对策与建议

在我国高等职业教育教学的质量监控与评价中，政府、社会、学校应该成为三个彼此相关又相对独立的主体。其中，政府起引导作用，社会是评价的依据，学校的自我监控具有核心地位。

一、微观层面的对策建议

在微观层面上，我们建议在继续深入开展全国高职高专院校人才培养工作水平评估的同时，努力推进各高职院校建立教育教学质量的诊断和预警系统，加强自然常态下的过程监控。作为基层的教育教学实施者，每一所高职院校都应当强化以自我监控为核心的意识，建立起自己的质量诊断和预警系统，对教育教学的全过程进行全面的监控与评价。

(1) 积极推行学校自然状态下的质量诊断和预警系统。首先，制定与高职教育教学质量监控与评价的质量诊断和预警系统配套的激励措施，鼓励学校推行质量诊断和预警系统。例如，对使用该系统的学校给予优先参与高职教育国家质量奖的评选资格等，要让学校体会到使用质量诊断和预警系统的好处。其次，集中一部分财力，重点支持300所高职院校推行质量诊断和预警系统，使他们以更加积极的方式提高自我诊断的质量。

（2）为高职院校自然状态下的教育教学质量监控与评价提供技术支持。首先，建议由教育部高教司组织科研机构与高职院校，共同开发高职教育教学质量诊断和预警系统的软件，包括诊断系统软件和专业设置评价系统软件。其次，组织开展高职院校教育教学质量监控与评价及质量诊断和预警系统的专题培训，每年对150所院校的教务部门开展质量培训，2005年前培训300所院校，2010年院校培训数达1000所。

（3）完善高职院校教育教学质量监控与评价的组织机构。首先，建立校（院）系两级的质量监控与评价组织机构，由主管副校（院）长和各系主任分别主持，明确各职能部门在日常监控中的职责和功能，一旦发现问题苗子，立刻及时发出预警信号。其次，在学校教务部门中普遍设立质量科，负责全校教育教学质量监控与评价的日常工作。最后，组织有力度的宣传，引导高职院校将眼光从规模数量的发展转向教育教学质量的提高，使他们相信质量是高职院校的生存之本，从而有效地改变其办学策略，加强质量第一的意识。例如，开展每年一次的高职教育质量宣传周活动，提高宣传的成效。

二、中观层面的对策建议

在中观层面上，我们建议强化社会尤其是行业、企业对高职教育监控与评价的主体作用，重视教育教学质量的结果评价。行业和企业是高职教育质量监控与评价的主导者，要大力加强以就业为导向发展高职教育的宣传工作，加强社会职业指导和个人发展咨询工作，努力调节经济需求与大众需求之间出现的错位。

（1）积极实行高职院校毕业生就业情况公布制度。首先，逐步推行高职院校毕业生就业情况的公布制度，使社会能够全面而及时地了解和掌握，由此评判高职教育是否真正做到了就业导向，是否能够切实符合经济界、企业界对于技术应用型人才的实际需求。其次，建议两年内有200所院校通过高职高专教育网率先公布毕业生就业信息，5年后要求所有高职院校全部公布。

（2）使用人单位成为教育教学质量评价的主体。首先，按照高职教育的规律和市场运作的规律，不断推进高职院校与行业企业的紧密结合，使用人单位作为高职教育教学质量评价的主体。其次，通过对生产第一线高职院校毕业生的实际能力和工作表现的跟踪调查，深入了解作为高职教育产出的毕业生质量，由此为今后教育教学质量的改善和提高提供客观依据。

（3）部分专业课程或实践能力改由社会评价。首先，高职教育的部分专业课程或实践能力方面的要求，尤其是各类证书课程，例如上岗证书、注册制度专业人员证书、特定行业的从业许可证书等，应直接通过社会上相关的职业资格考试和技能等级考试而获得。其次，鼓励高职院校与相关部门结合，将部分专业课程或实践能力课程在劳动部门和行业组织注册，使毕业生在获得学历文凭的同时，能够取得国家职业资格证书，接受真正意义上的社会评价。

（4）强调产学研结合，深化校企联动。首先，学生毕业实习教学与企业开发项目相结合，与就业上岗相结合，根据实际生产岗位需要进行毕业实践教学。同时，在企业技术人员的指导下，高职院校教师配合开展毕业实习。毕业实习的考核由企业方面主持，由校企双方组成的答辩委员会共同进行。其次，在双方互惠互利的基础上，不断提高校企合作的水平，建立双方互为依托的互动发展机制，逐步从生产经营和教育教学过程中的某些单项合作，转向双方深度介入的校企全面合作。最后，深化校企联动，建立校企合作委员会，同时每个专业都要建立专业指导委员，使整个教育教学的全过程都能紧密地依托行业和企业，使产学研结合成为实施高职教育教学的根本保证。

三、宏观层面的对策建议

在宏观层面上，我们建议设立高职教育国家质量奖，引领全国高职院校全面提高教育教学质量。鉴于高职教育的双重属性特征，既要突出它在高等教育领域中的职业教育特征，又要保证它在职业教育领域中的高等教育属性，因而对其教育教学质量的监控与评价必须具有更为广泛的体系，尤其是必须强化国家层面的宏观引导。为此，建议借鉴发达国家的相关经验设立高职教育国家质量奖，经过若干年的试运行后逐步纳入国家质量奖的评审体系，并与现有的高职院校水平合格评估和优秀评估方面的工作互为补充，共同构成一个更加完整的高职教育国家质量标准与教学评价体系，从而为广大高职院校朝着一个健康的方向持续发展起到引领的作用。

（1）强化国家层面对高职院校提高教育教学质量的引导。首先，建议参照加工制造、电子信息、交通运输、商贸旅游、财政金融等国民经济行业分类，制定一套分门类设置的高职教育国家质量奖标准。其次，国家质量奖标准的制定，应以经济社会发展对高职教育教学的质量要求为基础，并参考本报告的质量诊断和预警指标体系，注重在高职教育中坚持专业建设的就业导向、课程开发的多元整合、教学过程的以人为本，以及资源管理的软硬结合。最后，国家质量奖标准不仅单纯用于评奖活动，而且应成为高职院校建立教育教学质量体系的有效工具，用以帮助学校提高质量效果，增进学校之间的交流，指导学校的规划与实施。

（2）在全国高职院校范围内形成更为广泛的质量提升活动。首先，强化高职教育国家质量奖评奖过程的效果。国家质量奖每隔 2~3 年评审一次，获奖者必须是办学质量突出的院校，其教育教学的观念先进、方法有效而且具有推广价值，其成果在国内同一门类院校中达到一流水平并且保持多年。同一门类院校获奖者每次不超过 5 个，可以自下而上分为金质奖、银质奖和提名奖。使能够获得该奖项，真正成为高职院校的荣耀。其次，鼓励获奖者使用他们已经获得的成果和荣誉，进行广告宣传和其他公开宣传，促进社会公众提高对高职教育国家质量奖的认识。

（3）促进自我监控与评价，提高学校自我诊断教育教学质量的水平。首先，国家质量奖的标准是高职院校开展自我评估、争取评奖，以及获得反馈意见的基础。其次，参照本项目研究中提出的质量诊断和预警系统框架，为高职院校提供一种全新的自我监控与评价工具。最后，任何一所高职院校在申请评奖时，都必须按照标准的要求，提供一份严格而规范的自我评估报告，报告的撰写过程亦是对学校系统的自我监控与评价过程。

（4）完善外部评价，推进学校教育教学质量的改进工作。首先，由教育部高教司牵头，建立来自相同行业与企业专家组成的预审小组，负责先期审核参评学校的自我评估报告，确定其是否能够进入国家质量奖的评审范围。其次，由教育部负责，建立高职教育国家质量奖评审委员会，组织专门的考核小组进行实地参观访问，获取更为详细的信息。最后，审核结束后，须由资深评估员和专家学者为每一所提出申请的高职院校写出反馈报告，指出学校的优势与不足，提出今后发展的建设性意见，推进其有效地改进质量管理的系统和策略。

第五章 历史的抉择：中国高等职业教育现状与发展[1]

十多年前，一个普通中专毕业生不但不用担心分配就业，而且还可以拥有一名"国家干部"的身份，即使进不了机关也完全能在科室里当个"白领"；而在企业生产第一线的职业岗位上，即使是大专毕业生的身影也很难看得到。十几年后的今天，多少大学本科生或研究生却在为找工作而四处奔波，许多人毕业后仍迟迟找不到就业的机会，一些人开始去摆肉铺、开洗脚房……过去的十年，正是我国经济社会发展发生深刻变化的转折时期。在体制改革上，经历了从计划经济到市场经济的过渡；在发展道路上，经历了以信息化带动工业化，走新型工业化的道路，并实现了从工业化初级阶段向工业化中期的过渡；在人才培养上，实现了由高等教育的精英教育阶段向大众化阶段的过渡。从量的扩张到质的提高，从层次到类型的转变，高职教育为适应这种挑战而进行的模式转型具有历史的必然性。

第一节 关于模式转型的历史思考

一、历史的转折——高等职业教育模式转型的基础

高等职业教育模式转型有以下几个基础。

（1）经济社会的变化：从传统封闭走向现代开放。首先，从计划经济到市场经济的转变，是商品经济深入发展的必然产物，也是进一步解放和发展生产力的必然选择。这种转变要求高职教育切实改变长期以来比较封闭的办学模式，加强与社会的联系以跟上市场经济发展要求的步伐。其次，走新型工业化道路使劳动密集型、资金密集型的企业迅速向技术密集型、知识密集型的产业转化，对我国劳动力的数量、规模和技能水平都提出了新的要求，迫切需要通过高职教育一大批高素质的技能型专门人才，这也是提高我国自主创新能力、确保产品质量和提升产业能级的重要保障。最后，信息化水平提高和技术进步，开辟了技术要求

❶ 本章内容为2005~2009年参与主持教育部高等教育司高等教育专题研究项目"高等职业教育现状与发展研究"（教高函〔2005〕23号，课题组长：马树超，副组长：郭扬）的课题总报告，与张晨、王琴、胡秀锦、陈嵩、张家寰合作执笔，选自《中国高等职业教育——历史的抉择》（马树超、郭扬等著，高等教育出版社2009年版），2010年获第二届中国职业技术教育科学研究成果一等奖，2011年获第三届全国教育科学研究成果二等奖。

的新天地，改变了原有的生产劳动方式，不仅要求大批具有现代意识、动手能力强的高技能人才，更需要加快高职教育模式的变革。

（2）高等教育的变化：从精英教育到大众化教育。社会的不断发展、高等教育规模的不断扩大，以及人们生活水平的不断提高，使老百姓对接受高等教育提出了新要求。在如今高校林立、规模不断扩大且各校之间的竞争日趋激烈的今天，高职教育凸显的早已不仅是其"高"的身份，而更是其"职"的属性，高职院校只有通过紧贴当地经济社会发展的实际，办出自己的特色，提高办学质量，才能以特色、品牌和质量取胜。同时，随着高等教育从精英教育到大众化教育的过渡，学生进高校的目的体现出多样性，既要考虑"名"也要顾及"利"，从原来"不愁吃穿"的理想化状态转变为更加现实和贴近实际的状态，从原来被动接受知识到现在自己寻求知识。这种学生发展的多元化需求，对高职院校教学所存在的一些问题提出了严峻挑战。而由于高职教育在终身教育体系中发挥着上下连接的纽带和核心作用，终身教育从理念到实践，对高职教育的人才培养目标和培养模式也都提出了新的要求。

（3）高职高专的变化：从普通专科教育到高等职业教育。在相当长的时期，我国普通专科教育在培养目标、人才培养模式方面与本科教育基本相似，培养目标主要是工程技术人员和管理干部，只是由于学制比本科短、学时少，教学计划、教学大纲和教材采取在本科基础上压缩，成为本科的"压缩饼干"。由于课程设置和教学内容采用学科体系，强调知识的系统性，教师以学术型、研究型为主，注重理论知识传授，以课堂理论教学为主，忽视学生的实践技能培养，缺少实践教学和企业实践，缺乏企业的职业环境，学生不能在"做中学"和"学中做"，培养的毕业生缺乏职业技能，不能适应企业需要的第一线高技能人才：一方面，计划经济时代的普通专科毕业生按国家计划分配，学校按学科分类设置专业，不必考虑社会需求与就业问题；而转入市场经济后的毕业生必须面向市场，面向企业和社会，实行双向选择，高职院校专业设置必须与地区经济社会发展、产业结构调整相结合，培养的毕业生必须适合企业需求才能找到就业岗位。另一方面，在高等教育处于精英教育阶段之时，学生能进入高校深造的机会较少，1998年全国普通高校本专科毕业生仅83万人，其中专科毕业生才29万人，大部分从事白领工作；而当高等教育处于大众化阶段，普通高校毕业生大量增加，2008年已达556万人，2009年将超过600万人。据2007年国家劳动和人事部门发布的《当前劳动力市场供求状况分析报告》权威预测，"十一五"期间全国每年可安排的就业岗位为1200万个左右，而按照企业招聘人员中23%为传统白领测算❶，即使按20%~30%测算，也就是240万~360万人，这就意味着在600万

---

❶　根据2007年中国劳动力市场信息监测中心公布的"2006年全国部分城市劳动力市场供求状况分析"，企业招聘的职业大类中，生产设备操作工、服务人员占需求总数的66.3%，企事业负责人、农林牧渔生产人员及其他占到10.6%，而专业技术人员、办事人员则占23.1%。

普通高校毕业生中，有 240 万~360 万必须从事生产、建设第一线设备操作工和服务人员。若考虑前几年累计的未就业大学生、2008 年的全球金融危机影响等，大学生就业形势更严峻。由于社会对高校毕业生需求的职业结构重心下移，迫切需要一大批高素质技能型人才，传统专科教育必然要向高等职业教育转变。因为从人才培养模式看，传统专科教育模式在黑板上教学生开机床修机器，当然培养不出高技能人才，其存在的问题是多方面的：校园围墙封闭，注重营造宁静的教育环境，而与社区、企业隔离；校园文化缺乏职业情景；专业设置按学科，不能体现社会需求、职业特点；专业教学缺乏行业、企业参与；教师以学术、研究型为主，缺乏企业实践和技能；课程按学科设置，重理论、轻实践；教材内容多年不变，教学内容脱离企业实际，学非所用；缺乏实训设备，学生难以在"学中做""做中学"，实际动手操作能力差；学制固定，学生实习不能按企业生产调整；学生评价单一，缺乏能力考核；等等。时代呼唤人才培养模式的改革，从"本科压缩饼干"向校企合作、工学结合模式的转变成为高职教育历史的选择。

总之，短短十年前后的巨大反差给我们一个强烈的信号——"变"，这就是与我国的经济社会发展和体制变化紧密相连的历史之"变"。为了适应这种"变"，高职教育的模式之"变"势在必行。然而，当我们回顾近百年来我国高等专业教育和职业教育发展轨迹时却可以看到：在过去那些历史转折的关头，尽管有了好的理念却很难引出好的实践，即使有了好的开端也很难得到好的结果，往往是做着做着就走了样，由此可见高职教育的变革之"难"！因此，要真正地实现实质意义上的"变"，就需要认真分析究竟是"难"在缺时机、缺韧劲，还是"难"在缺办法、缺政策，这是我们回顾历史必须关注的问题，也是我们未来发展必须正视的问题。以史为鉴，破"难"求"变"，对推进高职教育的模式转型具有重要意义。

二、我国高等职业教育的百年发展历程回顾

下面从几个方面分析我国高等职业教育的百年发展历程。

（1）从"教育与实业相结合"到实业学堂的"学术化"。1904 年清政府颁布的"壬寅—癸卯学制"把实业教育与普通教育体系并列，分初等、中等、高等三个层次。其中高等实业学堂即可谓最初的高职类院校，它注意吸收近代科学的新知识，重视实践能力的培养。然而由于实业教育是在当时外国坚船利炮的进攻下，一些较早觉醒的开明官吏仿造西方模式而创办的，是一种对外来刺激的应激反应，并非内在的社会需求不断发展成熟的产物，整个社会还没有形成发展实业教育的风尚，人们心理上排斥实业教育。加之近代工业尤其是民族工业发展水平较低，高等专业教育在当时尚缺乏发展的工业化和城市化基础，实业教育在整个普通教育中所占的比例极低。到了 1912 年 10 月，北洋政府教育部《专门学校令》规定"专门学校以教授高等学术、养成专门人才为宗旨"。1913 年 8 月，在教育总长蔡元培的主持下，临时国民政府公布《实业学校令》11 条和《实业学校规程》七章 60 条，当年的学制把高等实业学校改为专门学校，内容开始强调"学术"，要求"程度与大学齐平"。从此，实业学堂教育呈现"学术化"倾向。

（2）从"大职业教育主义"理念到"失业教育"的实际。民国初期，职业教育思想开始在我国萌生，民国政府"壬子学制"和"壬戌学制"的颁布，正式确立了职业教育的地位，职业教育开始成为国家教育体系的一部分。这一时期，我国职业教育的先驱黄炎培基于自己的办学实践，指出"要办好职业学校，必须同时和一切教育界、职业界进行沟通和联络"。在这种"大职业教育主义"思想的影响下，职业教育开始重视社会需要，强调教育与职业的沟通，并建立产学联合体，实行联合办学。然而由于在旧中国，经济发展缓慢，现代工业不发达，职业教育不受重视，教学设备简陋，缺乏实习场所，再加之指导教师缺乏实际操作技能与经验，结果只有走普通教育的老路。大多数职业学校一方面难以达到规定的能力培养要求，另一方面为了体现职业学校与普通学校学历的等价，又往往以教学中对学科知识的强化来强调职业学校的"正统"地位。职业教育脱离生产生活实际、不切实用的弊端，导致学生毕业后出路问题严峻，许多学生毕业后即失业，不可避免地又成了"失业教育"。

（3）从"教育与生产劳动相结合"到"学科模式"的形成。中华人民共和国成立初期，为了适应 156 项重点项目为中心的"一五"计划建设培养技能型人才的要求，国家决定从苏联引进中等专业学校教育（培养工业类技术干部和管理干部）和技工学校教育（培养熟练技术工人）的模式；同时，为了尽快培养出较高层次的技术人才，国家积极发展普通高等专科教育，参照本科教育的模式进行压缩式的简化改造，适应了当时处于精英教育阶段的高等教育"多快好省"地产出人才的时代需要。这一时期，毛泽东"教育与生产劳动相结合"的思想对我国各级各类教育影响深远，国家鼓励实施半工半读的学校教育制度和半工半读的工厂劳动制度，重视受教育者政治素质的培养，重视体力劳动与脑力劳动的结合。然而，在具体贯彻半工半读教育制度的过程中，由于对理论与实践结合问题研究的不足和一切服从于政治的影响，致使半工半读教育演化为脱离书本的劳动教育。另外，由于普通高等专科教育在人才培养模式方面与本科教育基本相似，只是由于学制短、学时少，课程采取压缩、简化本科教学内容的方式，强调学科体系，强调知识的系统性，强调课堂上的理论传授，有意或无意地忽视了学生实际能力的培养，形成了"本科压缩型"的人才培养模式。

（4）"高等职业教育"概念出现与"本科压缩饼干"模式的寡臼。"高等职业教育"这一概念的出现是在改革开放之后。在现代社会经济和科学技术迅速发展的时代背景下，邓小平提出"教育必须同国民经济发展的要求相适应"的思想。在这一思想指导下，为适应地方建设对专门人才的急需，20 世纪 80 年代初，一些大中城市创办了以"收费、走读、不包分配"为特点的短期职业大学，突破了我国普通高校长期以来国家"一包二统"的体制，在专业设置上也注重了与社会的联系，但在课程与教学方面仍然沿用学科模式。由于过分强调系统性和完整性，导致高职教育难以走出传统高专院校"本科压缩饼干"的模式。1999年，高职教育随着高等教育扩招进入了大发展时期，"本科压缩饼干"模式的缺陷日益突出。特别是由于人们对高职教育的特性认识不够，没能意识到高职院校办学尤其需要高昂的成本，在普通高等学校财政经费的统筹安排时基本上把高职院校排除在外，如生均经费、科研经费、专业和课程建设经费，只有普通本科和过去的普通专科学校才能够得到。这样一来，造成高职院校财政投入严重不足，办学条件普遍较差，缺乏实习实训设施，缺乏技能培训相应的师资和教材，学生缺乏实践锻炼的机会，可见"学术型"高等教育的模式在我国根深蒂固。

（5）"示范建设"起步与校企合作、工学结合模式的推行。2005 年 11 月《国务院关于大力发展职业教育的决定》提出重点建设 100 所示范性高职院校，要求高水平培养高素质技能型人才，拉开了我国新时期高职教育人才培养模式改革的大幕。国家示范性高职院校建设计划实施后，在办学模式、课程和教学方面进行了一系列改革。首先，示范性院校通过多种不同的途径开展校企合作，进行"订单式"培养、工学交替、顶岗实习、校企联办或开展项目合作等。其次，在课程教学体系建设上，示范性院校按照学生就业岗位的核心能力和关键能力，确定专业培养目标、构建课程体系，课程内容较好地体现了岗位工作任务需要的知识、能力和素质。最后，教学实施方面，示范性院校强调通过实验、实训、实习等环节提高学生的实践能力。示范性高职院校的改革，带动了整个高职教育人才培养模式的改革和教学质量的提高，强化了学生的职业能力的培养，一定程度上提高了毕业生的就业率与就业质量，高职教育从"本科压缩饼干"转变为校企合作、工学结合的模式转型取得初步成效。

三、我国高等职业教育模式转型的历史分析与思考

对我国高等职业教育模式转型的历史分析与思考，有以下几个方面。

（1）必须明确高职教育的培养目标。培养目标是人才培养的总方向、总原则，是组织教学、进行课程改革设计的基本依据。从清末实业学堂提出"授高等工（农、商）业之学理技术，使将来可经理公私工业事务（农务产业、商务及会计），及各局厂工师并可充各工（农、商）业学堂之教员管理员"的培养目标，到民国时期专科学校的"教授应用科学养成技术人才"；从中华人民共和国成立后高等专科教育培养"获得工程师初步训练"的"高等应用型专门人才"，到 1998 年教育部要求高等职业教育"培养生产、服务、管理第一线需要的实用

人才"，到2000年正式将高职高专教育目标统一确定为培养"高等技术应用型专门人才"，再到2006年《教育部关于全面提高高等职业教育教学质量的若干意见》提出高职教育培养"高素质技能型专门人才"，从这些表述上可以看出高职教育培养目标的特征定位必须与工业化发展水平相适应。因为在工业化发展的不同阶段，对人才规格的要求是不相同的。工业化初期，对普通劳动者的技术要求不高，可以在生产过程中完成对劳动者生产技能的培训，并不需要专门的学校教育过程来完成，这一时期高等专科教育走向"学术化"具有一定的历史必然性。而伴随科技进步和社会发展，工业化水平逐步提高，行业企业对高技能人才提出了旺盛的需求，呼唤高职教育"本位"的回归，高职院校有必要依据地方经济发展方向、产业结构特点制定培养目标与发展规划，培养基层一线需要的各类高素质技能型专门人才。

（2）高职教育的办学必须吸收企业的参与。纵观整个历史，办学成功的职业院校都是重视与行业企业合作的学校。黄炎培认为办职业学校必须同时与一切教育界、职业界努力进行沟通和联络，职业教育的方方面面都必须同职业界打成一片。他指出"设什么科，要看职业界的需要；定什么课程，用什么教材，要问问职业界的意见；就是训练学生，也要体察职业界的习惯；有时聘请教员，还要利用职业界的人才。"因为技能型人才所应具备的知识与能力，其中有相当部分只能在实际工作场所才能获得。而学生在学校学习，无论是环境感受还是心理状态都与实际工作现场环境有差距，一些职业意识和良好行为习惯的养成，某些不易言传的经验和应变方法，更只有在现场环境中才能掌握和内化。另外，现代科技的发展速度极快，许多新技术是一边应用一边发展，未必能及时地反映到学校教育中来，往往只有在实际工作地点才能获得最新的实用技术和较强的技术创新能力。因此，高职院校不能仅仅依靠封闭的校内教育，而必须与行业企业紧密合作，让学生在学校和企业两个育人环境中形成做人做事的本领。行业企业直接参与到人才培养的过程之中，这样工作地点不仅是从事生产活动的场所，同时也是学习的场所；用人单位已不仅是雇主，同时也是办学者。这种把用人部门作为学习场所、办学伙伴的做法，是高技能人才培养的必然要求。

（3）高职教育的课程体系不同于传统的学术本科。在精英教育阶段，专科教育与本科教育一起被定位于学术教育，专科教育毕业生有很大一部分充实到管理岗位，中专层次毕业的学生也有机会成为"白领"。因此，其课程设置和课程内容采用压缩大学本科课程，偏重理论教学的做法。如1913年蔡元培担任教育总长时强调专科教育的"学术性"；中华人民共和国成立后很长一段时间我国高等专科教育课程设置采取学科教学模式。但是高等教育进入大众化阶段后，职业院校的毕业生主要是充实到生产建设第一线，具有良好的技术应用能力和实际操作能力是其主要特征，职业教育的重心从偏重理论知识和文化技术转为态度、知识和技术技能。因此其课程设置必须与传统的专科教育不同，改变强调理论知识学习的"本科压缩"模式，更多强调其职业性和实践性。而职业教育中传递的知识主要是"知道怎样做"的知识，也称程序性知识，这类知识的获得不同于陈述性知识、原理性知识的获得，它不仅要求理解，知道怎样做，懂得为什么这样做，而且要求会做，并形成能力。只有通过大量的实际训练，才能实现由知识到能力的转化和飞跃。因此，高职教育在整个教学活动中在传播理论知识的同时，必须强化实践教学环节，通过工学结合培养学生的实际应用能力，将理论教学与实际应用操作的有机协调贯穿于整个人才培养过程的始终。

（4）高等教育大发展使高职教育能够适应经济发展与人民群众的双重需求。我国高职教育能够在短期内取得突出的成就，是因为它顺应了我国经济建设和社会发展的客观需求。改革开放以来我国经济快速发展，产业结构调整步伐加快，高新技术在生产中的应用越来越广泛，各行各业生产一线迫切要求培养大批与之相适应的高校毕业生以优化企业人力资源结构；同时，长期积累的"高等教育资源荒"严重积聚，与人民群众对高层次学习深造的需要严重脱节。在这样的形势下，我国政府及时做出高等教育扩招和大力发展高职教育的英明决策，对各方面都可谓"久旱逢甘霖"，汇聚成了推动高职教育大发展的合力和基本前提。我国高职教育发展历程的跌宕起伏证明，当高等教育尚未进入大众化阶段、经济发展尚未要求大量培养高技能人才、学生尚未意识到高职教育对学会生存的重要作用时，高职教育很难形成类型特色而持续发展。因此真正推动高职教育的发展，还需进一步提高社会生产力水平，改善技能人才的社会地位和经济待遇。

（5）发展高职教育必须重视政府的主导。当前高职教育改革发展所取得的成就，得益于国家政策的大力扶持。近年来，党中央、国务院和有关部委十分重视职业教育工作，出台了一系列改革文件和具体措施。2004年教育部推出《关于以就业为导向深化高等职业教育改革的若干意见》后，又与其他六个部委联合发布《关于进一步加强职业教育工作的若干意见》，提出十条操作性很强的改革措施以推进高职教育改革发展；与财政部共同制定《关于推进职业教育工作的若干意见》，在全国建设一批中央财政支持的职业教育实训基地，带动全国高职院校相关专业的改革与建设。2006年国家下拨财政专项资金实施高职教育示范院校建设计划，对新形势下加快高职教育改革与发展、创新人才培养模式、全面提高高职教育人才培养质量起了重要作用。可以说，没有国家政策的大力扶持，高职教育不可能实现跨越式的发展。历史也证明，当政府把这类教育定位于培养"学术人才"时，它就朝向学术教育的方向发展，当政府把它定位于培养"技能人才"时，它的办学模式和培养模式就朝着快速高效地培养技能人才的方向发展。今后，高职教育要真正成为整个教育发展战略的重要突破口，仍然需要政府加大支持和投入力度。

（6）我国高职教育初步形成的比较优势。我国高职教育的改革发展历程，体现了其类型和层次两个方面的特征。一方面，强调一线高技能人才的培养目标特征，以及加快工学结合教学模式改革，提高人才培养的质量；另一方面，强调普通高等学校的专科层次学历教育，有利于满足经济社会和人民群众对于教育的双重需求，与国外性质相同或相近的教育与培训机构相比，具有初步的优势。一是从类型特征来看，高职教育属于我国《职业教育法》规定的"职业教育"（相当于国际上惯用的 TVET）的范畴，强调"以服务为宗旨，以就业为导向，走产学结合的发展道路"的办学方针，与升学教育和休闲教育等类型的界限非常分明。而在国际上，被认定为相当于我国高职类院校的美国社区学院和日本短期大学，由于兼有多种职能而使其目标指向比较宽泛，大量学生可升入大学本科。所以在发展方向和目标上，我国高职教育培养"高技能人才"的类型定位旗帜鲜明，比美国的社区学院和日本的短期大学更加清晰。二是从层次特征来看，高职教育属于我国《高等教育法》规定的"高等教育"（即高中后的高等学校学历教育层次）范畴，比较注重教学的系统性和完整性，强调循序渐进地学习专业知识，培养高素质的技能型"专门人才"。而在国际上，作为典型职业教育体系的德国双元制和澳大利亚的 TAFE，突出针对职业岗位的技能培训，但因其就业定向过于明确而缺乏弹性，随着知识经济兴起的传统产业改造和升级可能对学生今后的职业生涯发展形成冲击。在这方面，我国高职教育作为高等学历教育的层次定位，强调增强学生发展的"后劲"，因此其适应性比德国双元制和澳大利亚 TAFE 更强。

第二节　近年来模式改革的明显成效

最近五年来，在全国普通高校毕业生就业形势日益严峻的压力下，年均增加 30 万人以上的高职院校毕业生的首次就业率却由 2004 年的 42% 逐年攀升到 2008 年的 68%，平均每年提高 5% 以上。实践证明，高职教育的改革功不可没，校企合作、工学结合的人才培养模式改革取得了明显的成效。在这一过程中，国家坚持政府主导，逐步调整政策措施、强化政策导向、完善政策体系、形成政策合力，成为高职教育持续发展的重要保障。

一、形成推进高职教育模式转型的政策合力

2006 年 11 月出台的《教育部　财政部关于实施国家示范性高等职业院校建设计划　加快高等职业教育改革与发展的意见》（教高〔2006〕14 号）和《教育部关于全面提高高等职业教育教学质量的若干意见》（教高〔2006〕16 号）两个文件，标志着高职教育政策在强化特色、加快改革、提高质量三个方面的重点

引导。两个文件的主题："实施国家示范性高等职业院校建设计划""加快高等职业教育改革与发展""全面提高高等职业教育教学质量"这三句话，本身就显示了政府主导下推动高职教育人才培养模式改革的决心。此后我们看到的是，把握高职院校评估方案改革对强化高职特色的导向，把握国家级精品课程对工学结合课程改革的导向，把握教学名师奖以及优秀教学团队奖评审对双师结构师资队伍建设的导向，形成了高职教育改革发展的政策合力。

（1）启动国家示范性高职院校建设计划，推动高职教育改革与发展。作为中央财政对高职院校的首次专项投入，体现了中央政府对高职教育前所未有的高度重视。但是也有部分群众和专家对此做法提出疑问：全国仅独立设置的高职院校就有一千多所，基础条件和教学水平都差距很大，为什么国家有限的财政专项经费不用来扶植那些办学有困难的薄弱院校，却偏偏要投向所占比例不到10%的100所优秀院校呢？这不是进一步拉大了学校之间的差距、违背了教育公平和均衡发展的原则了吗？这个问题涉及中央财政专项的性质，即国家政策导向的体现。因为在当前我们整个社会大转型中的法规制度建设，还远远跟不上国家大力发展职业教育、培养高素质技能型人才的要求。但问题是在当前法规制度还无法在短时间内完善起来的情况下，学校自己应该怎么做呢？等着国家拨款扶植来养活自己，以便维持现有的办学吗？

事实上，示范性院校的建设，正是在法规制度尚不完善的情况下，对学校自身加快改革发展提出的一种新要求。首当其冲的是对学校的主要领导提出，你有没有整合社会资源尤其是企业资源的能力？如果你具有这种整合能力，你就可以来申请创建示范性院校；而如果你还不具备这方面的能力，那么你就先跟在后面看看别人是怎么做的吧！现在大家都知道办职业教育必须走校企合作、工学结合的道路，但既然没有完善的校企合作法规制度，那么以追求利润最大化为目标的企业就没有什么义务非要与学校合作不可。所以，如果你因为制度不完善而觉得无法去做的话，那就不妨先不做，先看看别人的示范；但是如果你有能力使企业从不热心合作向热心合作转化的话，那就完全可以抓住示范院校建设的机会，你做的动作就成了示范，别人都看着你是怎么做成功的，然后再跟你学着做。于是，各校都可以各显神通，向全社会充分展示（示范院校的建设方案和建设成果都是全公开、全透明的）：原来学校是可以这样来整合企业资源、走校企合作之路的。当然，如果你立了项但做得并不成功（未能达到你自己设定的方案目标），那你就拿不到中央财政的钱（专项拨款采取建立在绩效评价基础上的"后奖励"制度），别人也可以清楚地看到你的问题出在什么地方，你的经验和教训都可以跟高职战线上的同行们共享，由此让大家都学会科学地决策学校的未来发展。

因此，这一示范建设计划正是以中央财政对高职教育的专项经费投入为动力，强化国家政策导向，加快推动了高职教育的模式转型。一是引领高职教育观念的变革，突破传统"本科压缩饼干"模式，形成新的教学制度特色。如东北地区交通类高职院校的路桥专业根据季节性施工特点，以工期确定学期安排；西北农业类高职院校根据作物生长周期设计教学周期，打破了固定单一的学习制度。二是以重点专业为抓手，强化实践教学，将职业岗位的关键能力融入专业教学，实践教学由过去的简单验证性实验和课堂技能培训，改变为校内生产性实训和企业顶岗实习，通过生产性实训和顶岗实习增强学生就业能力，提高了就业率和企业的认可度。三是开展高职院校单独招生试点，推进高考制度改革，企业专家直接参与高职院校单独招生的命题和面试，优化了高考评价标准和选拔方式，改变了高等教育的人才观和质量观，成为高考选拔制度的突破口。目前已有 29 所示范院校开展高职院校单独招生的改革试点，考生报考踊跃，2008 年度高职院校单独招生报考人数高于招生计划数的 8.6 倍，示范院校录取新生高考成绩超过地区"三本"分数线的比例达到 50%，有效改善高技能人才培养的生源基础。四是把服务经济社会作为高职院校的重要功能，通过提高人才培养质量提高服务水平。新疆农业职业技术学院牵头组建了新疆第一产业职教园区，并按照自治区党委要求建设"环塔里木 1200 万亩特色林果业基地"，成为社会主义新农村技能人才培养、农业新技术推广和帮助农民增收致富的重要基地。五是从服务国家战略实施全局的高度出发，要求各地支持示范院校扩大跨省招生规模，并明确了跨省招生和对西部招生应达到的最低比例，凸显了国家政策导向作用。2008 年，招收外省市生源比例达到 30% 以上，面向西部地区招收学生比例达到 10% 以上，共计支援西部职业院校 410 所、为对口支援院校培训师资 9364 人次、联合培养学生近 10 万人次，成为国家实施西部大开发战略技能人才培养的重要组成部分。

（2）针对人才培养目标变化，推出了人才培养模式改革的系列政策。具有划时代意义的《教育部关于全面提高高等职业教育教学质量的若干意见》，不仅在政府层面确认了高等职业教育作为一种类型教育的地位和作用，更明确要求"适当控制高等职业教育招生增长幅度，相对稳定招生规模，切实把工作重点放在提高质量上"。之后，教育部高教司牢牢抓住人才培养模式改革这一主线，在人才培养工作评估、国家教学名师评选、精品课程和优秀教学团队评审等一系列工作中，采取了积极有效的政策措施，把融入产业、行业、企业、职业和实践等关键要素列入评价的要求，形成高职教育改革发展的政策合力。

1）加强高职院校评估工作对"本科压缩饼干"模式改革的引导。教育部出台新的《高等职业院校人才培养工作评估方案》（教高〔2008〕5 号），是在全面总结和反思以往"水平评估"工作基础上推出的一套全新的方案，高职教育评估工作的理念、目标、方式乃至技术手段都发生了重大变化，旨在全面推广示范建设等一系列改革实践的成果和经验，引导更多院校自觉改革"本科压缩饼干"式办学思路，打造校企合作、工学结合的人才培养模式。新方案尤其强调院校领导的能力建设，要求院校长成为推进高职教育人才培养模式改革的先锋。

2）加强国家高职院校教学名师评选的企业经历导向。在2008年第四届高等学校教学名师奖评选指标体系中，对高职院校教师的资质和能力提出了教学和实践两方面的双重要求，明确必须"具有5年以上高职高专教学经历"和"具有相关企业相应技术工种3年以上的专职工作经历"；要求教师具备"将工作过程导向的教学理念融入专业发展规划和课程改革的设计之中""开展行动导向教学模式的探索""开展生产性实训项目的设计与实施""积极探索校企合作、产学结合的教学组织形式"等教学能力。

3）加强国家级高职院校优秀教学团队评审的"双师结构"导向。2008年，高职教育国家级优秀教学团队评审突破了单纯要求教师个体具备"双师素质"的认识局限，而对整个教学团队提出了"双师结构"的要求，这是在日新月异的技术革新和产品升级环境下，通过完善教师团队整体的知识技能结构，保持高职教育"先进性"的重要手段，在认知层面一举突破了高职教育师资队伍建设的瓶颈制约，在政策层面指明了师资队伍建设及其高职院校人事分配制度的改革方向。

4）加强国家高职教育精品课程评审的就业导向。在2008年的国家高职精品课程评审指标中新增了一系列观测点，比如，要求在课程设置中以职业能力培养为重点，与行业企业合作进行基于工作过程的课程开发和设计；又如，在教学设计中要求有针对性地采取工学交替、任务驱动、项目导向、课堂与实习地点一体化等行动导向的教学模式；再如，在教学团队评审要求专任教师中"双师素质"教师和有企业经历的教师比例，要求行业企业兼职教师承担有适当比例的课程教学任务，特别是主要的实践教学任务。还要求实训基地由行业企业与学校共同参与建设，校外实习能够为课程的实践教学提供真实的工程环境等改革措施。

二、政策合力推动下初步显现的几个转变

政策合力推动下，初步显现的转变表现在以下几个方面。

（1）办学理念：由封闭转向开放。近几年高职教育人才培养模式在国家政策合力推动下取得的改革成就，正体现了我们的高职院校从封闭走向开放的历程。这里所说办学理念的"开放"，主要包含三个层面的含义：一是教育要真正面向全社会，要求高职教育体系的开放，承担起"面向人人"的历史重任，这将是一个重大的历史转变；二是行业、企业、学校共同参与，要求高职教育机制的开放，通过深化改革把十几年前将职业院校从企业剥离又转向学校与企业的重新融合，这种变革的路径呈现一种螺旋式的上升；三是工学结合、校企合作，要求高职教育模式的开放，高职院校再也不能封闭在教室里培养人才了，必须加快

实行弹性学习制度以适应企业的需求。如辽宁交通高等专科学校路桥专业依据北方寒冷地区施工特点，将教学实训安排在第二学年的 5 月份开始到第三学年的 10 月份，以工期安排教学周期，突破传统教学制度的约束，在强调高职教育教学开放性的同时，采用灵活的学制管理方式，有效提高了实践教学的质量。同时，办学理念的开放，还进一步要求高职院校根据区域产业发展谋划自身发展，增强服务地方经济的能力。地处德阳的四川工程职业技术学院，在汶川地震后主动为遭受重创的重大技术装备企业东方汽轮机厂提供生产场地和技术培训服务，帮助企业灾后尽快恢复生产，发挥了重装企业生产预备基地的重要作用。高职教育服务功能的充分发挥，使得高职院校的社会声誉不断提高。

（2）评估指标体系：由本科压缩型向高职特色型转变。在高职教育大规模发展之初，高职院校的评估基本上采用本科院校的评估思路和方法，评估指标注重的是学校的占地面积、建筑面积、图书馆藏量，专任教师的数量、学历、论文，学术成果、学科建设情况等硬性的指标。在这种未能从本科教育的压缩模式中走出来的评估指标体系下，高职院校确实难以形成自己的特色。仅从校园形态上看，许多高职院校的校园建筑和校舍围墙都与普通大学一样，即使是实训实验室也大都是设置在漂亮而封闭的楼房内。而一些锐意改革，凸现校企合作、工学结合特色的高职院校，则力图将企业真实环境和氛围引入校园建设，改变传统高校的校园形态，把行业要素融入校园建设。上海公安高等专科学校与地铁公司合作建在校内的地铁"车站"和"车厢"，武汉铁路职业技术学院按照城市火车站的结构在校内建设的"火车站"，使学生在校园就能感受到真实的行业氛围，有效提升了学生的职业素质和就业能力。然而，在校园建设方面走出了自己的特色的高职院校，却往往容易脱离评估指标体系的统一要求，在涉及内涵建设的更多方面更是与评估的要求格格不入。2008 年 4 月开始的新一轮高等职业院校人才培养工作评估，把教育部《关于全面提高高等职业教育教学质量的若干意见》中的办学要求和改革举措系统地设计成了一套新的评估指标体系，充分体现了高职教育人才培养模式转型的要求和特色。现在，许多硬性指标只是作为参考材料列在数据平台上，而不列入评估的范围之中。一方面以人才培养模式为重点，在全面了解学校的实际情况的前提下做出分析和评价，提出改进工作的意见和建议，引导学校改变传统的学科教育压缩模式，评估专家的角色从作为评估主体的"裁判"变为负责检查、诊断、开药方的"体检医生"。另一方面既着眼于学校的历史和现状，又更关注学校未来发展的潜力如何。从新的评估指标体系来看，提出了"顶岗实习时间原则上不少于半年""实践类课时占总教学时间的 50% 以上""有相应职业资格证书专业的毕业生获取'双证书'的人数达到毕业生的 80% 以上"等一系列具体指标，以及"能有效设计'教、学、做'为一体的情境教学方法"等具体要求，凸显了它区别于普通本科教育的特色。

（3）师资引进与培养：由学科型教师向双师结构转变。针对校企合作、工学结合人才培养模式的实施，广大高职院校开始重视"双师结构"即专、兼职结合的专业教学团队建设的问题。高职院校根据需要广泛聘任专业兼职教师，这样可有广泛的选择空间，能够保证先进的专业水平，特别是实践技能有特殊要求时能提供满足要求的实践教学技能，还能适应专业迅速变换的需要，在社会需求与学校教师不足的情况下解决教学急需、提高办学效益。同时，有利于增进学习与社会的联系，打破学校封闭的办学体系，形成以社会需要为中心的办学机制，促进校企合作。在国家示范性高职院校建设计划实施中，教育部和财政部特别将"制定'双师型'教师培养和专兼结合专业教师队伍建设的支持政策与办法，聘请一批精通企业行业工作程序的技术骨干和能工巧匠兼职，促进高水平'双师'素质与'双师'结构教师队伍建设"列为示范性院校建设的一个主要内容，还把"在示范院校开展教师专业技术职务评聘改革试点，加强专兼结合专业教师队伍建设"作为为支持示范院校的改革试点工作而采取的一项重要政策措施，以达到在"建设高水平专兼结合专业教学团队"方面"取得明显进展"的目标，而这也正是实施该项建设计划的总体目标之一。从实践看，一方面，国家示范性高职院校建设计划明确将"培养和引进高素质'双师型'专业带头人和骨干教师，聘请企业行业技术骨干与能工巧匠，专兼结合的专业教师队伍建设取得明显成效"作为建设的具体任务之一；同时，明确要求"逐步建立'双师型'教师资格认证体系，研究制订高等职业院校教师任职标准和准入制度"。另一方面，随着高职院校与企业合作办学的逐步走向深入，企业对高职教育的支持力度也将逐步加大，学校从企业聘请兼职教师成为加深与企业交往的最常用的方式。

（4）教学内容：由注重理论和学科体系向注重实践和就业能力转变。以学科为中心的课程模式，强调知识结构的系统性、完整性，重视知识的传授和记忆，课程易于编制，有助于学生打好理论基础，发展学生的认知能力。许多高职院校在创办初期，教学内容的安排几乎都会刻意拷贝和复制普通高校的学科课程，结果形成了本科压缩模式。典型的情况是理论脱离实际，各学科自成系统而缺乏相互联系，增加了知识的冗余量和学习时间，造成学生就业无门。在"以服务为宗旨，就业为导向"的高职教育方针指引下，人们日益认识到过分偏重理论的教学内容并不适应高职院校特定的培养目标，必须进行课程体系的改革，由学科本位转向就业导向，注重强化实践环节，建立理论教学与实践教学并行互动的教学内容体系。高职院校的教学内容，要不断融入产业、行业、企业、职业和实践等要素，在分析与掌握特定专业领域内高技能人才职业工作过程特征的基础上，以工作过程导向的思路改革专业教学方案，推动课程的开发与实施。强化实践教学，通过生产性实训和顶岗实习增强学生就业能力，有效地提高了毕业生的就业率和企业的认可度。许多高职院校将企业的要求和标准引入教学中，使教学过程与产品生产过程紧密结合，围绕企业一线生产标准和工作要求，把课堂搬到车间和地头，实行半年以上的顶岗实习，学生在真刀真枪中练。教学内容改革的重点，是开发体现工学结合特色的课程教学体系，根据技术领域和职业岗位群的任职要求确定教学内容。而推行学历证书和职业资格证书相互融通的双证书制度，增加行业企业对实践教学内容的要求，是高职教育满足企业用人要求的制度性保障，将有效提高专业建设质量。统筹兼顾学历和职业要求，专业核心课程和教学内容应覆盖相应职业资格要求，通过学中做、做中学，突出职业岗位能力培养和职业素养养成，把相关专业获得相应职业资格证书作为学生毕业的一个条件，充分利用学校的实习实训基地、校内职业技能鉴定机构、考务管理等基础条件，在颁发专业学历证书前使符合条件的毕业生通过职业技能鉴定获得相应职业资格证书。

（5）课程系统建设：由稳定的学科课程向灵活的模块化课程转变。一个专业的教学内容确定后，用什么样的结构形式将这些内容组织起来，形成基础课程和实践课程两个系统并相互交融，成为高职院校教育区别于培训的重要环节。在传统的学科模式下，高职院校都采用"公共基础课+专业基础课+专业课"三段式课程结构；而在模式转型的条件下，变稳定的学科课程为灵活的模块化课程，正在成为高职教育界的一个普遍共识。在教育部"加大课程建设与改革的力度，增强学生的职业能力"的政策指导下，各高职院校加快专业教学改革和课程建设，基于"工作过程"的课程模式开始得到推广。尤其是一些国家示范性建设院校，根据专业特点、相关行业企业发展需求和工作岗位任务进行模块化的课程建设：有的以行业企业为主进行工作岗位任务分析，确定典型工作任务和对应的行动领域，以此为依据设计模块化的专业课程内容，有的根据岗位职业标准进行模块化的课程开发和建设，有的专业邀请行业企业一起建立新的职业标准，引领行业发展。邢台职业技术学院服装设计与加工专业采取"军地企业设任务、服种制作为主线、内容拓展追技术"的"三步课程体系建设模式"，通过分析归纳企业设计开发、生产加工典型工作任务，以服种为模块，按企业生产过程组织教学，生产性实训协调跟进，内容上始终紧跟行业先进技术发展步伐。由此突破传统的三段式学科课程结构，形成以优质核心课程为中心的模块式课程系统，并灵活多样地实施这些模块课程。

（6）办学模式：由单一学校办学向校企资源共享的管理平台转变。多年来，几乎每所高职院校都因为资源问题的约束影响了模式的转型。为了解决这些问题，各地高职院校加大改革力度，努力突破单一的学校资源依赖，积极争取政府资源，整合社会资源、企业资源、民间资源和境内外合作资源，使办学模式趋于开放式、多元化，为推进人才培养模式的转型提供了资源保障。特别是积极探索优质资源共享的管理平台模式，有效弥补了原来办学模式相对封闭的不足。虽然校企合作还缺乏制度保障，但示范建设院校通过有效地整合资源，成功地融入了企业要素，并且在机制上进行了探索，形成了优质资源共享的管理平台，产生了制度效应。芜湖职业技术学院和奇瑞汽车有限公司合作开展"奇瑞"汽车检测与维修技术专业等订单班，通过"校企共定教学方案，校企共选订单学生，校企共享教学资源与生产设备，校企共管教学过程，校企共监教学质量"，建设以"教学合作、管理参与、文化融入、就业订单"为主要内涵的"融入式"校企合作办学管理平台，既保证了企业全程参与人才培养，企业还将学生当嫡系准员工培养，2009 年在国际金融危机汽车行业大裁员背景下，奇瑞汽车公司宁肯裁减合同员工，也舍不得放走"奇瑞"班的学生，与浅层次校企合作的"一纸协议型"订单班在金融风暴中被退订单的现象形成鲜明的对比。浙江金融职业学院创建的"银领学院"，在订单培养的第三年实行集中管理，一方面吸引行业企业参与，增强实训教学性，另一方面强化制度效应，使企业用人竞争前移，保证实现多赢格局。浙江省 15 个银行系统都认为，不进入这个"银领学院"就要不到你想要的人才，而等你要到人才的时候就可实现毕业即上岗，可以超越别的银行系统，所以他们都希望进入"银领学院"，这样就形成了制度，成为一种可复制、可拷贝的经验。目前，单一学校办学向优质资源共享管理平台转变的办学效应，正在逐步向教学领域、向专业教师的课程教学拓展。宁波职业技术学院鼓励物流专业教师在完成课程总体设计的基础上，改变专任教师单独实施课程教学的做法，走出课堂到企业去寻求专业教学的合作伙伴。他们提出"课程外包"的思路，将模块化的课程进行分解，在企业一线寻找能工巧匠，和他们共同完成课程教学，并以具有整合企业资源能力和引入优质兼职教师的能力为荣。

（7）培养方式：由单纯依赖课堂教学向注重实习实训转变。互联网的诞生，正在增强人们相互交流、沟通和获取知识的能力，单纯依赖课堂教学、传授知识的人才培养方式，已经难以适应新的时代要求。高职教育在教学方法领域，即具体的人才培养方式改革中，注重强化实践环节的教学过程和教学评价，强调通过实践导向的教学结构、学生自主的学习过程，采用开放式的教学方法、多样性的教学手段、信息化的教学技术，提高学生的实践能力，成为高职教育全面推进教学改革的重要主题。如深圳职业技术学院教师采用"3P 一体化"教学法，即把 Principle（原理）、Practice（实践）、Product（产品）集为一体，贯穿于一门课的"教、学、做"之中。学生在修读一门课程后，要根据这一课程的核心知识，选择一个项目，并独立自主地将其做出"产品"来。还有许多高职院校积极探索多样化的开放式教学方法，在学习借鉴国外先进教学方法的基础上，结合我国国情对传统的课堂教学和技能培训方法进行改革，在教学过程中对不同的教学内容采用不同的教学方法组合，突出工学结合的教学实践活动特点，实施个性化、多样化的开放式教学，努力做到教材讲义和参考资料互为补充、学习软件和操作硬件相互配套、纸质文本和电子文件相辅相成、课堂内外和学校内外相得益彰，在不同程度上提高了学生的学习兴趣和教学的实际效果。

第三节 未来的发展趋向和政策展望

一、高等职业教育进一步发展的变革趋势

从历史的与现实的分析可以看出，高等职业教育有可能成为我国整个教育改革的战略突破口，有可能发展成为世界高等教育领域的"中国品牌"。第一，高职教育作为我国高等教育发展中的一种新兴的教育类型，没有太多传统学术形态的束缚，受到种种陈规陋习的制约也比较少，其自身充满了活力，并具有很强的创新力；第二，高职院校大发展近10年来，集聚了许多优秀的职业教育与培训资源及其成功经验，特别是一批高水平的优质中职学校资源和经验，同时又聚集了一批具有大学、企业、政府机关和研究机构工作经验的社会精英；第三，国家示范性高职院校建设计划实施以来，积极探索校企合作、工学结合和服务社会，一批示范建设院校积累了内涵发展尤其是专业建设和教学模式改革的经验，取得了令人瞩目的成就；第四，中央政府提出"十一五"期间我国教育发展的三大战略，横跨职业教育和高等教育两大领域的高职教育就占了两个：既要"大力发展"又要"提高质量"；第五，教育部对高职教育改革的持续性政策合力，以及加大财政投入的政策导向，对高职教育改革发展发挥了非常积极的引导作用；第六，高等教育进入大众化阶段的可持续发展要求，即培养目标定位与培养模式转型，也将使高职教育走出传统学术教育"压缩饼干"模式成为历史的必然；而中国特色高职教育的建设目标，要求高职院校融入产业、行业、企业、职业和实践的要素并达到相当的比重，都必将加快高职教育的改革发展，提升高职教育人才培养质量和服务经济社会的水平。正是在这个意义上，在全面的历史脉络分析和现实的成就及问题基础上，从高职教育的近期和长期发展趋势出发，我们认为目前我国高职教育已经进入了示范带动、全面提升质量的改革发展阶段，进入了着力推进模式转型、解决资源短缺矛盾、完善校企合作制度环境的关键时刻，进入了全面推进中国特色高职教育建设、促进区域协调发展、形成中国品牌的重要时期。

(一) 建设中国特色高等职业教育的战略思考

中国特色高职教育是高等教育发展过程中的一个新类型，是在高等学校教育框架下，融入产业、行业、企业、职业和实践等五个要素，使这些要素在办学模式、运行机制和教学过程中占有较大的比重，并构建起与之相配套的政策、法规与制度环境，由此提升高素质技能型专门人才的培养质量，提高服务经济社会发展的水平。一方面，以高等学校教育框架为基础，就是要坚持以育人为本，重视

学生的全面发展，要依据《高等教育法》，贯彻国家教育方针，为社会主义现代化建设服务，与生产劳动相结合，使受教育者成为德、智、体等方面全面发展的社会主义事业的建设者和接班人，其核心任务是培养高素质技能型专门人才，并在发挥科研开发和服务社会中提高人才培养质量。另一方面，重视融入产业、行业、企业、职业和实践等五大要素。一是产业要素，要求在办学上坚持为区域产业发展服务，强调地方性的特点；同时又要超越现有行业的局限性，紧贴区域性的产业发展，积极为区域先导产业发展服务。二是行业要素，在运行机制上加大行业参与高职教育的力度，在教学过程尤其是教学内容中注重行业发展的要求，包括行业对产品设计、产品生产过程和产品交换活动的相关标准。三是企业要素，强化校企合作，这是世界各国职业院校培养应用型人才的普遍经验。四是职业要素，使就业导向不仅体现在就业服务工作上，更体现在教学过程尤其是教学内容之中，将工学结合作为人才培养模式改革的切入点，使专业教学能够体现职业的工作过程特征，体现职业资格标准的要求，提升学生的职业能力和就业质量。五是实践要素，这是高职教育的目标定位所规定的一个重要方面，要有效培养学生的职业能力，就必须强化实训、实习、实验等实践环节。

　　上述中国特色高职教育概念模型提出了高职院校与产业、行业、企业等要素间关系的系统性变革，这种变革归根到底是为人才培养服务的，必须深入到高职教育的办学模式与教学过程中，深入到教学团队建设及其人事制度改革中，成为高职教育办学和教学变革的有效模式。张尧学强调高职教育改革要重视三个方面问题：一是管理平台建设，二是两个成系统，三是双师结构。这三个关键词有可能成为近阶段高职教育改革的指导观念与原则。首先，高职院校的办学要朝管理平台方向发展，这个平台是把企业的设备、师资、需求拿过来，把学校看成虚拟企业的一部分，让学生们在这个平台上学本事；这个平台也可以是走出去的，即在企业内为企业培养人。其次，在人才培养上要重视两个成系统，这就是实验、实训、实习要成系统，基础课也要成系统，并使两个系统相互交融；实践环节成系统是专业教学改革的重点和难点，要系统设计符合本专业需求的实习实训，不是为了突出工学结合而片面加强实习实训，而是紧紧围绕专业人才培养目标，对实践教学手段、方法、安全和管理等方面做好综合安排；要做好实训基地建设与运行，使它成为顶岗实习前的准备；要做好顶岗实习的计划，加强管理；基础课教学也要成系统，不能东一榔头，西一棒子，这样才能区别于培训。最后，要高度重视专兼结合的"双师结构"教学团队建设，提出"双师结构"概念及折算方式是高职教育人事、师资队伍建设的重大制度性改革。这三个关键词相辅相成，也是当前高职教育教学深化改革的重要任务，将有效推进高职教育模式转型，有效缩短从学校到实际岗位的距离、提高学生就业能力与发展能力，有效提高高职教育教学质量。

(二) 中国特色高等职业教育近期改革发展趋势

我们预计，最近3~5年内全国将建成100个左右由示范高职院校牵头，名校、名企业为核心的，具有校企合作制度意义的高职教育集团。集团化建设可能是高职教育办学管理平台建设的有效载体。示范院校在中央财政的支持和引导下，通过地方政府、学校和社会的多方参与和努力，整体水平迅速提高，综合实力明显增强，赢得了全社会广泛认可。在下一个阶段，将形成以示范院校为引领的，聚集众多名校、名企业以及相关行业协会的行业特点鲜明的高职教育集团，这种职教集团具有紧密合作性，能够应对产业结构变化的危机，推动校企合作。同时，越来越多的高职院校重视教学管理平台建设，重构校内管理机构，从事校企合作、学生就业服务的管理机构增多，管理人员课程建设能力、与企业沟通合作的能力逐步提升。高职院校将更多地把企业的设备、师资、需求拿过来，改革传统的教学管理机构，如将传统的教务处改革为训教处，强化实习实训在教学中的地位和作用；将招生部门与训教部门职能合并，强调专业设置、招生、人才培养方案等与区域经济建设和产业发展的适应性；高职院校从事学生职业生涯设计发展的管理人员比例将逐渐提升，更多的院校要求管理人员参与到校企合作共建教学管理平台的运行机制中，提升为学生发展及为企业服务的能力。这种改革将明显提高学生就业质量和水平，极大地促进校企合作的深化。越来越多的高职院校注重融入产业、行业、企业、职业和实践要素，把校内生产性实训、顶岗实习作为高技能人才培养过程的自觉行为。不同地区产业布局结构、发展重点和支柱产业不同，高职院校将更加紧贴区域性的产业发展，积极为区域先导产业发展服务；随着工学结合成为高职院校人才培养模式改革的重要切入点，在运行机制上必然加大行业参与的力度，在教学过程尤其是教学内容中，包括行业对产品设计、产品生产过程和产品交换活动的相关标准方面，更为注重行业发展的要求；进一步加强与工作体系、工作过程的关联度，强调实践性，缩短从学校教育到实际工作岗位的距离。而随着经济社会环境及高职院校自身的不断发展，企业将进一步认识高职教育发展对自身的促进作用，把高职教育发展作为行业企业发展的重要推动力；校企间将由比较单一的浅层合作到全面的深入合作，学校、企业、社会三方深度融合，通过完善教学管理平台和开放性发展平台，工学结合的人才培养模式开始成为高职院校人才培养的主导模式，学生在学校学习理论，在专门的校企合作单位进行技能培养和培训成为可能，校企合作将由此进入制度化建设阶段。

从具体的高职院校人才培养过程来看，其主要趋势：一是生源结构将呈现出多元化趋势，全日制超龄学生和非全日制学生在高职教育的比重将逐步提高。高职教育将根据转变经济发展方式要求，为社会劳动者提供动态而系统的综合教育培训，承担起不断提升劳动者素质的重任，有效促进经济发展方式的转变。因此，高职院校学生分布结构将呈现职前教育与职后培训并举的特点，全日制适龄学生比例下降，超龄学生和非全日制学生比例上升。此后，适龄学生的比例将进一步减少，到2020年可能有60%左右是超龄学生。这部分超龄学生中，可能有1/3已经接受过大学以上教育后再来接受职业技能培训的学生，1/3是全日制超龄职前学历教育的学生，1/3是普通教育辍学或转学来接受高职教育的学生。二是双师结构教学团队将成为高职教育发展的重要闪光点。示范院校建设在双师结构方面的有效实践，以及高职教育的改革发展要求，企业的专业人才和能工巧匠将更多到学校兼职，学校的教师更有机会参与企业的经营、生产和技术创新活动，实现校企间人员的交流和互通，稳定的兼职教师数量将不断增长，院校教师也将更多地为企业提供技术支撑和服务，实现校企间双赢利益的更大化。三是高职院校专业教学的规范化、标准化建设将逐步完善。目前以示范高职为代表的高职院校正在进行相关专业教学标准的建设和探索，重视实践课程和基础课程的两个系统化建设。随着高职教育的进一步发展，示范院校的做法和经验将全面推行，高职院校间的教学标准也将逐步实现规范化和标准化，各高职院校间教学资源库的共享也将成为发展的必然趋势。四是越来越多的高职院校将实行弹性学制和动态假期制度，改革传统的寒暑假安排，根据专业特点或企业生产工期来组织教学。根据高职教育的行业、企业特征，高职院校的教学将从专业特点出发，变静态学制为动态学制，根据不同专业特点组织教学，每所学校的不同专业可以有不同的假期制度，适应校企合作进行人才培养的需求。五是高职院校的校园形态将更多注重企业文化建设，凸显职业性和专业性。高职院校的校园文化将有别于一般的校园文化，在入学教育、职业道德教育和毕业教育方面更凸现出职业教育的就业导向特征，如将入学教育与未来的职业特征相联系，入学第一周就安排更多学生到企业去参观学习；在校园的布局结构、建筑雕塑、花园壁画等各个方面凸现出与专业或职业有关的要素等，这将对于学生形成就业意识、崇尚技术和技能具有重要意义。六是高职院校的技术研发能力不断增强，为行业和社会服务能力明显提升。高职院校将更加重视建设技术研发队伍，30%左右的专业教师，尤其是专业带头人都能够成为教学研究和技术研发的主体；将有50%以上的高职院校具有开发技术服务与培训项目的能力，进一步适应高职院校服务企业和服务区域经济发展的要求。

　　而从长期来看，随着未来十几年经济发展与工业化进程对高职教育的需求持续增加，高职教育更将呈现持续健康发展、层次逐步提升的态势。例如，高职教育的层次结构将越来越丰富，高职院校的管理体制和机制将出现进一步的变革，高职院校成为整合资源和提供服务的管理平台，高职院校多元变革促使其服务能力和社会功能将进一步丰富，高职院校间全面优质发展态势能够得到初步显现，可能将有5%的高职院校成为具有国际影响力的院校，由此形成具有中国特色的、行业企业和学校共同参与办学和人才培养的高职教育体系框架。

二、可供选择的未来高等职业教育改革发展政策思路

当前高职教育模式转型所取得的成就，得益于国家政策的大力扶持，得益于政府主导，特别是中央财政专项投入引导和教育部高教司的政策设计发挥的重要作用。今后，高职教育要成为中国高等教育的品牌，仍然需要政府加强主导，加大财政投入力度，形成持续性的政策导向。从这一基点出发，通过创新机制、改善环境和服务产业，着力解决高职教育发展的深层次问题，以更好地满足国家区域发展战略实施对高职教育的迫切需求。

（一）到2012年左右的近期政策选择

近期政策选择表现在以下几个方面。

（1）加强制度建设，优化发展环境。一是构建高职院校办学的管理平台。这个平台就是要把企业的设备、师资和需求拿过来，把学校看成虚拟企业的一部分，让学生在这个平台上学本事。这个平台也可以是走出去的，即在企业内为企业培养人。要加快行业企业参与高职教育的制度建设，在机制上进一步探索行业企业参与高职教育的政策环境，使企业在提供实习设备、实训基地、选派兼职教师、参与学校专业建设和课程开发、接受高职院校学生实习和教师培训等各方面具有制度保障，使校企合作办学的管理平台得到有效实施。进一步发挥政府部门与行业组织在职业资格标准、职业资格证书和就业准入制度等方面的作用，加快建立和完善半工半读制度，优化行业企业参与高职教育、高职院校参与行业企业人才培训的政策环境。二是完善双师结构专业教学团队的制度化建设。建议制定符合高职教育特点的高职院校师资结构和教师资格标准，加快制定优化"双师结构"的相关政策，对高职院校师资在培养、引进、使用、培训及资格证书等方面加强政策引导；完善有关规章制度，为院校聘请行业企业的专业人才和能工巧匠担任兼职教师提供良好的制度环境，提高行业企业专家兼职授课比例，推进高职院校人事分配管理制度改革，规定兼职教师应承担教学任务，并可按规定折算为专任教师纳入生师比统计。改革高职院校教师的职称评聘制度，在职称评审中突出高职教育的特点，强调专业教学水平。进一步强化国家教学名师、优秀教学团队评审的政策引导，使双师结构教学团队成为高职教育基础能力建设的一大亮点。三是大力推进高职教育的集团化建设，探索校企合作的制度化途径。要在全面推广国家示范性高职院校建设经验的同时，鼓励各地以示范性高职院校为龙头，推动职业院校与行业企业共同组建职教集团，可以以区域为纽带，也可以以专业为纽带，使职业院校的人才培养与行业企业达到密切衔接，为高职院校的校

企合作提供新的载体与制度平台；要发挥集团作为"产学中心"的积极作用，整合区域内产学资源，进行行业企业与学校间的沟通协调，倡导产学合作以及协作举办教育培训，探索由示范性高职院校带动整个高职教育改革的新机制，发挥中国特色高等职业教育的"突破口"作用。四是完善法规政策，为高职教育发展提供根本性的制度保障。首先，要加快启动高职教育的立法工作，保障高职教育作为高等教育新类型的特色和质量，在高职院校与行业企业合作办学、管理模式、教育教学、双师结构教师队伍建设、软硬件资源配置等方面进行明确的政策规定，为立法工作奠定基础。其次，要通过制定政策法规，优化高职教育专业结构和发展布局，使高职教育适应区域经济社会发展的实际需求，培养经济社会发展需要的各行各业高技能人才。最后，要优化高职教育发展的服务体系，高水平组建高职教育科研队伍与科研系统，研制全国高职教育改革发展的中长期规划，建立中国高职教育发展年度报告发布机制，研制高职院校的专业教学标准，推进高职教育人才培养质量的特色化和标准化。

（2）加强教学系统建设，注重顶岗实习保护工作。高职教育改革要坚持理论和实践结合，培养理论和实践相结合的完整人才。因此有必要从以下四个方面改进以提升教学质量：一是推动"高职教育国家精品专业"的建设评审工作，促进实践环节和基础课教学成系统，并使这两个系统之间交叉融合。当前，实践环节的系统建设是专业教学改革的重点和难点，需要突破性解决。要从目标、手段、方法、安全和管理等方面做好综合考虑和系统设计，做好实训基地建设与运行，使它成为顶岗实习前的准备；做好顶岗实习的计划，加强管理；实践环节要尽量多用企业的技术人员做兼职教师；同时，基础课也要成系统，要根据专业特点确定基础课在教学中的比例。二是推进精品课程建设及应用，强调在融入产业、行业、企业等要素的前提下，以工作过程特征为逻辑起点，推动课程大纲与专业教材建设。三是大力推行"双证书"制度，完善两个系统建设，确立一批在双证书实施及转换中取得成绩的院校加以推广，增强辐射效应。四是加快推进教学制度改革、学分制改革以及评价机制改革，完善高职教育弹性教学机制，完善实践教学与基础教学的交融性，使两个系统建设成为高职院校教学改革的一大特色。同时，特别要注意加强对学生顶岗实习的保护工作。这是高职院校建设实践教学系统的一项重要工作，保障学校与学生的权益，其要点：第一要按照《劳动法》的有关规定，对参加企业顶岗实习的劳动场所和环境等进行审核与检查；第二要与企业签订符合法律规定的培训合同并办理相关保险，确保学生每天与每周的工作时间，这是德国实施"双元制"职业教育的一条重要的经验（德国学徒在进入"双元制"前与企业签订的"培训合同"，其形式和内容，包括企业的责任和义务，以及学徒的工作时间、报酬、休息和休假等，都是事先由国家以法律形式确定下来的）；第三是要重视学生顶岗实习的安全教育，使学生熟悉相关防护设施，增强自我保护的能力；第四是教育部门要加强对顶岗实习的管理和服务，建立健全顶岗实习备案制度；第五是建立高职院校学生实习实训时间不少于半年的监督评价制度，保障学生顶岗实习的正常开展。

（3）强化财政资金引导作用，实施新一轮专项计划。为落实十七大报告中关于"坚持教育公益性质，加大财政对教育投入"的要求，要逐步加大对高职教育的投入，保证高职教育健康有序发展。按照我国《教育法》对于学校教育经费"以财政拨款为主、其他多种渠道筹措教育经费为辅"的法律规定，政府作为教育成本分担的主体，在公办高等职业教育的教育成本中，建议明确"以财政拨款为主"具体要求地方财政投入比例不低于60%，改变目前高职教育财政投入比例不足50%、高职生均学费高于生均财政拨款的现状，为高职教育改革发展提供新的动力源。在加大中央财政的专项投入的同时，发挥好两个政策导向作用，即强化校企合作机制建设的政策导向，强化各级政府加大高职教育投入的政策导向。要完善机制，确保高职教育贫困家庭学生助学和奖学制度的有效运作。建议实施新一轮专项计划，一是推进示范性高职院校二期工程建设，分步实现高职教育模式转型和机制创新。继续坚持以地方政府为主，中央财政专项奖励，在现有100所示范院校基础上持续支持一批示范院校建设，在专业示范、教学示范的基础上，形成高职教育模式转型的示范，进一步探索具有高职办学特点的管理平台运行机制、实践教学系统化和基础课系统化建设以及教育评估评价新模式，深化工学结合人才培养，改善高等职业教育发展的投入环境、企业参与机制以及与区域协调发展等深层次问题；同时启动100所骨干院校分批建设，扩大示范成果，进一步探索课程体系的改革，完善新的高职教育人才培养模式，形成新的管理体制和运行机制，建立服务区域职业教育与社会培训的公共平台，发挥带动区域经济发展的示范性作用和对全国高职院校改革发展的辐射带动作用。二是实施新时期国家高职院校办学标准提升计划，分区域提升高职院校办学水平。为促进高等职业院校办学条件整体水平的提升，同时考虑到我国区域间发展的不平衡性，建议设置发达和不发达两类地区高职院校的达标标准，加大经费投入力度，重点围绕办学条件的标准化、完备性和先进性开展达标建设和验收工作。国家要设立财政专项进行引导、加强政策导向，发挥地方政府的主动性和积极性。国家要通过出台相应的配套政策、法规与文件等，支持高等职业院校的办学条件建设，地方各级政府部门也应出台相关的政策、法规，并设立相关的制度来支持高职院校建设与发展。

（二）到2020年前后的长期政策选择

长期政策选择有以下几个方面。

（1）加强宏观调控，促进高职院校的全面优质发展。在示范院校建设取得成效后，要在政策上促进各类高职院校发展的公平性，要对其他高职院校也进行相应的政策支持，促进院校间师资设备等教学资源的互通和交流，从而促进各类高职院校的均衡发展，保证公共财政投入取得相应效果。建议在 2012 年以后，启动国家专项鼓励高职院校强化特色的引导机制，促使各类职业院校从"趋同发展"向"以特、质取胜"转变，更加关注高职教育与经济发展阶段之间的关系，注重高职院校多种功能的开发，强调专业设置的适需性，提高高职院校与区域经济社会发展的协调度。同时，鼓励高职院校确立质量意识，改善高职教育的绩效，提高社会对高职教育的信任度。建议推广示范院校建设绩效考评的经验，要求高职院校提出明确的绩效责任标准，由中介机构通过统计数据或现场考察等方式考评高职院校或专业是否达到这些标准。要确立以学生学习结果为重点的高职教育质量观和绩效考核机制，并公开考核结果，增加透明度。要围绕学生就业和发展能力，改革学生学业评价制度，引导学业评价向就业导向和社会评价方向发展。

（2）实施品牌高职院校建设工程，增强高职教育的国际影响力。建议开展品牌高职院校建设工程，重点选择一批在模式转型、机制创新、多元变革方面具有代表性和持续发展能力的示范高职院校，打造品牌，建设的重点：一是与国际相关行业标准相适应，在职业资格证书、毕业生的能力和水平、管理体制和机制等方面形成国际化的竞争力；二是人才的引进与输出方面实现国际化，即在教师的引进与输出、学生的吸引与外送等方面实现国际化；三是在教育教学方面加强国际交流合作，重点是在专业、课程、教材、教法等方面进行合作，从而形成高职的国际化品牌，提升高职教育的国际影响力。另外，要推进高职教育的信息化和网络化建设，为共享资源提供平台服务，一方面要突破光缆、费用等技术问题制约，更多在教学、研发和服务中使用信息技术，推动校园信息化高水平运行；另一方面要推动网络媒体的应用，推进优秀教材和精品课程的网络化建设，使知识和学习材料可按个性需求进行组合式学习，打造社会共享的教学与服务平台；同时，加快网络教学与传统教学模式的结合，建设高职教育软件资源库，包括课程软件、师资软件、设备软件、教材软件等，为高职院校探索"移动式学习"方式提供服务平台。

（3）推进高职教育管理机制和领导体制改革，建设具有中国特色的高职教育体系框架。在高职教育办学模式取得基本成功之后，地方政府对高职教育的管理与投入机制，以及高职院校领导体制有可能成为改革重点：一方面，要在进一步发挥地方办学积极性的同时，给高职院校更多的办学自主权；另一方面，要进行高职院校内部管理体制改革，探索资源共享和服务平台相应的高职院校领导体制和管理机制，可以建立由政府部门代表、行业企业代表、学校领导和教师代表等组成的校务委员会，并充分发挥校务委员会在院校管理、对外交流和服务等方面的作用。而由于经济技术发展对知识型高技能人才的需求，高职教育未来的发展必然涉及培养层次的多样化问题。因此，要出台政策，完善机制，建立学历层次联系沟通的高职教育体系框架。在这一体系下，一是继续坚持以发展专科层次高职教育为主要任务；二是逐步改革普通高校招收工程硕士的条件，加强职业技能在招生考试中的权重，需要有 2 年以上工作经历，突出实践经验优势；三是加大技术应用性专业硕士培养力度，改革培养模式，改革导师评聘标准，改革教学的课堂化模式，加强实践能力培养；四是探索 MTA（Master of Technical Application）即"技术应用硕士"学位证书，创新知识型高技能人才的职后继续教育模式，提升知识型工人的学历层次和社会地位；五是发挥高职院校的终身教育功能，强化继续教育，完善各类教育间的立交桥，为高职院校学生的持续发展提供服务平台。

第二部分　课论篇

第六章 课程改革：人才培养模式转型的关键一环

第一节 高职院校课程改革的基本策略[1]

高等职业教育的课程改革是一项十分复杂的系统工程，因而在我们明确了改革的背景、现状、目标、任务、趋势等一系列问题之后，对于改革策略问题的思考就变得十分重要了。这里所说的策略，包括改革应该走什么样的道路、选择什么样的进程、采取什么样的管理方式等多方面。只有选择了明智的改革策略，才有可能确保改革取得成功，或者使改革少走弯路。也只有在基本策略选定之后，才谈得上设计或推行具体的改革方案。[2]

一、"移植"，还是"借鉴"？

在美国等经济、技术比较发达的国家，高等职业教育[3]的课程改革早在20世纪60年代就开始了。到现在虽然他们的高职课程仍在不断的改革之中，但无疑已在课程领域的各个方面积累了丰富的经验。我国的高等职业教育课程改革如果从80年代算起，在起步上就比发达国家晚了近20年。由于人们看到在科技和生产管理领域内，发展中国家常常采用技术引进的策略，以便越过漫长的实验与探索过程，直接将发达国家先进的科技成果转化为生产力。这种"移植"成功的例子是很多的，故而我国的职业教育界也有这样一种观点，认为可以仿照技术引进策略，直接"移植"发达国家的高等职业教育课程模式和课程开发模式，甚至引进全部的高职课程材料。这种主张并非全无道理，事实上一些高职院校在移植国外先进的课程模式后也确实尝到了一些甜头，至少对以往一成不变的单一传统模式产生了积极的冲击。

---

❶ 本节内容选自1997~2001年参与主持全国教育科学"九五"规划教育部重点课题"我国各级各类职业技术教育课程模式开发的理论和方法之实验研究"（总课题组长：黄克孝，副组长：夏建国、郭扬、乔正康、王钧培、叶肇芳）的综合评价专题报告（子课题组长：郭扬），与雷正光合作以"论高等职业教育课程改革的基本策略"为题发表于《职业技术教育》1999年第23期。

❷ 黄克孝，严雪怡. 职教课程改革研究［M］. 北京：科学普及出版社，1997：50.

❸ 由于国际上一般并不使用"高等职业教育"这一概念，故本书所述及的国外高等职业教育均为泛指与我国高等职业院校性质相近的高等技术教育类型机构。

　　但是我们认为，对于高等职业教育课程来说，"移植"并不是一种明智的策略。其一，高等职业教育不同于职业培训，它作为正规高等学历教育中的技术教育，是国家学制体系中的一个重要的有机组成部分。由于各国各地区的学制体系不一样，"移植"进来的高职课程很难保证能与其他各类教育的课程，乃至与初、中层次的职业教育课程之间合理衔接。其二，高等职业教育是直接面向劳动力市场的，而由于各国各地区的劳动就业制度不一样，尤其是发达国家与发展中国家的劳动力市场发育程度和社会化职业分工程度不同，因此发展中国家的高职课程在体系结构上就很可能不宜照搬发达国家的模式。其三，各国各地区对技术型人才所制定的具体规格要求不尽一致。例如同样是培养技术员，有的国家用初中后的学制，有的国家用高中后的学制，有的国家则干脆规定为是在培养技术工人基础上进行的继续教育学制；对技术员所应具有的知识和技能结构差异也很大，相互间很难比照对应，容易在人才使用和评价上产生不合理和不公正的现象。其四，高等职业教育作为一种教育，其目标的确定和为实现目标所需的手段的选择必然带有一定的价值倾向和传统习惯上的特点。由于西方发达国家在教育文化传统和社会价值观等方面与我们的巨大差异，因而他们的高职课程中的某些内容、结构以及课程观方面的价值倾向就不一定适用于我国。

　　总之，高等职业教育的性质虽然是技术教育，但技术教育毕竟不能等同于技术，技术教育的课程也不能等同于技术成果。高等职业教育与各国独特的社会体制、文化传统及其国民普遍奉行的价值观念、思维方式等社会环境因素密切相关，因此高职课程缺乏在国与国之间，尤其是在发达的西方国家和我们这样东方的发展中国家之间的可移植性。从另一个角度来考虑，随着社会经济和科学技术的迅速发展，高职课程在内容、结构和观念上都经历着一个不断演变和发展过程，而这种过程往往是有连续性的、不可跨越的。如果我们在空间上直接去"移植"发达国家的课程，意味着割裂了发达国家已经走过的一段连续的课程发展历史，这一方面可能造成"移植"过来的课程与我国这样的发展中国家的社会经济和科学技术发展状况不相符合，另一方面导致高职教育工作者在课程观念和教学方法等方面的不适应，而且造成在教学设备等方面的"瓶颈"制约，最终在课程的实施中产生许多问题和困难。在这方面，50年代初我国全盘照搬苏联经验的教训，相信人们至今仍记忆犹新。

　　根据以上的分析，我们主张采用"借鉴"而不是"移植"的策略。所谓"借鉴"不同于"移植"之处在于它不是全盘照搬，而是吸取国外高职课程中的合理成分加以改造，以适合本国的国情。当然，"借鉴"并不排斥直接采用原型中的某些具体方法。这种"借鉴"策略包含两层意思：一是借鉴发达国家在高职课程改革过程中关于改革本身的成功做法；二是借鉴发达国家现行的高职课程模式和考察开发模式中的合理成分。前者可以使我们的改革少走弯路；后者则可以优化我们的改革方案设计。

事实上，"借鉴"不同于而且优于"移植"之处还在于："移植"只能照搬某国的某一种模式，从而既照搬了它的优点，也照搬了它的缺点；而"借鉴"则可以广为吸取各国的各种模式课程的优点和长处。从这个意义上来讲，借鉴本身就是一种创新，而创新正是高职课程为迎接未来技术更高、更快发展的唯一源泉。目前我们已经看到在我国高职课程改革过程中，一些学校已成功地采取了"借鉴"策略并取得了初步的成效。如成都电子机械高等专科学校主要借鉴了加拿大的 CBE/DACUM 模式，上海电机技术高等专科学校主要借鉴了英国的"课程单元"模式，上海市仪表电子工业职工大学则主要借鉴了德国建立在"双元制"职业培训（一级培训）基础上的技术员培训（二级培训）课程模式。

二、"突变"，还是"渐进"？

高等职业教育的课程改革，当然归属于教育改革的范畴。美国学者马克·汉森在《教育管理与组织行为》一书中将教育改革分为两种类型：一种是"地震式变革"，另一种是"渐变式变革"。所谓"地震式变革"选择的就是"突变"的策略，这种策略试图全面、迅速地推行一项既定的改革方案。换言之，"突变"策略就是追求"一步到位"，企图在较短的时间内和在较大的空间范围内实现理想的改革目标。运用这种策略所实施的改革风险是很大的，如果改革成功，其收益当然就很大；但若是失败，则损失将十分严重。而高等职业教育的课程改革由于涉及面相当广，不仅要涉及课程设计、教材编选、教学设备，还要涉及教师和学生的接受心理。因为长期以来，师生双方都习惯于在一种根深蒂固的传统课程模式下进行教与学，如果一下子改变传统而代之以彼此都比较陌生的新东西，容易在心理上产生恐惧感进而形成排斥感。在实践中，可以说没有什么比人们心理上的排斥感更加阻碍改革的进程了。

因此，我们认为高等职业教育的课程改革应该采取"渐进"的策略。这种策略的特点：一是在时间上"分步到位"地达到最终的改革目标；二是在空间上"由点及面"地逐步推广改革的方案和成果。理论与实践都已经证明，在教育改革中采用"渐进"策略是比较适合教育领域中的具体情况和特点的，比较容易使改革取得成功。美国学者史密斯和基思在《教育革新剖析》一书中曾精辟地阐述了"渐进"策略，认为"这种策略包含：（1）较低层次的不确定性和极少脱离本意的结果；（2）减少时间方面的压力；（3）拉大重大变革的间距；（4）限制有关变革的决定；（5）减少对资源的要求。这种策略会使最初的目标作为成功的可能性逐渐增长的自然结果而实现，这样反而增大了造成有利形势的机会"。

归根到底，高等职业教育课程改革能够采用"渐进"策略，还是由它所培养的技术型人才具有的职业适应性和高技术发展在一定时空范围内的渐进性所决定的。试想，如果技术型人才缺乏对特定高技术职业领域的适应性，他们就必须在学校里接受全新的高技术课程学习后才能从事高技术职业岗位的工作；而如果高技术在一定的时空范围内得以迅速地普及和推广，就更加迫使技术型人才全部要接受高技术课程学习，那么这样"渐进"策略可能就行不通了。

三、"自流"，还是"调控"？

当前，高等职业教育办学热潮方兴未艾，高职的课程改革更是成为热中之热。但由于各高职院校实施课程改革的动因并不都是源于自觉地意识到这是高技术发展的必然要求，有的动因可能来自于各校为了提高一般意义上的教育教学质量的需要，有的动因则可能来自学校的一些功利性的目的，因此高职的课程改革往往处于"自流"的状态。这样的改革，从目标制定、方案设计到组织实施、工作评价等一系列环节，可能都是属于自发性质的。当然从理论上讲，"自流"也不失为一种改革的策略，它至少可以减轻教育行政管理部门对于改革的工作责任与压力；而在某种利益机制的驱动下，这种"自流"还会对调动各校改革的积极性起到有效的作用。然而"自流"策略的最大弊端，一是在新课程的开发、设计等方面会造成低水平重复，浪费人力和物力资源；二是在旧课程更新方面，由于纵向缺乏理论指导和咨询服务，横向缺乏信息交流和相互合作，使课程更新带有一定的盲目性和缺少创见；三是因新课程实施后缺乏可靠的质量监督和评估，很可能会忽视实效而使改革流于形式，甚至反而造成教育质量的下降，更谈不上适应高技术发展这一更高的目标与要求了。

我们主张，在高等职业教育的课程改革中宜采用"调控"策略。这种策略要求教育行政管理部门在规划、组织、监督、协调和控制各高职院校的课程改革方面承担起不可推卸的责任，还要求行政管理部门协同有关高技术企业集团为课程改革提供必要的信息服务和资金、设备方面的支持。发达国家在这方面的做法值得我们借鉴。例如在美国，技术教育的课程改革始终是由其教育局（USOE）领导和组织的。USOE 在签订合同的保证下，组织专家不断开发适应高技术发展要求的新课程方案（计划）、课程材料，或者不断修订原有的"课程指导"；一些如 IBM 公司这样的大型高技术企业财团，也在资金、设备方面对改革试点院校予以大力支持，从而使改革稳步发展，真正取得实效。

高等职业教育的课程改革之所以采用"调控"策略，在很大程度上是由这种改革在操作上的复杂性和成本上的昂贵性所决定的。这是因为，如果在课程内容改革方面实施详细的价值分析，在课程结构改革方面全面实现模块化，在课程观念改革方面真正做到吸取各课程论流派之长，那么在课程方案设计和教材编制等方面的工作可想而知将变得异常复杂，加上因要有效地推行全新的课程需添置更多的教学设备而使得改革成本变得十分昂贵。因此，有关教育行政管理部门在宏观上作适当地调控是完全必要的。有了调控，就有利于避免或减少各高职院校不必要的重复劳动，并实现有限教育资源的合理配置。至于采用什么样的具体"调控"策略，在全国教育科学"八五"规划重点课题"关于职业和技术教育课程体系改革若干问题的研究"成果中所提出的实施校际联合改革、宣传和信息服务、校长和教师培训、资源共享、配套改革、课程研究、交流和推广、奖励性推动、行业牵动等九个子策略，完全适用于当前和今后一段时间内对高职课程改革的调控。❶

综上所述，高等职业教育的课程改革必须根据我国的国情、高等职业教育本身的特点和课程改革所应遵循的基本准则，选择正确而有效的改革策略，使改革走上有领导、有计划、有步骤的比较稳妥的发展道路。

第二节　高职院校在我国职教课程改革中的引领作用❷

课程是教育活动的中心，也是目前世界银行在我国支持的三个省级职业教育发展项目主要关注的焦点之一。通过调研可以清晰地看到，我国职业院校课程改革的实践活动由来已久，目前基层学校和一线教师对于推进和深化职业教育课程改革已经形成普遍共识，并在实践中体现出三大特征：一是聚焦课程结构，突出理实一体；二是聚焦就业需求，突出校企合作；三是聚焦专业建设，突出产教融合。

世界银行总结全球职业教育课程改革经验认为："课改应遵循市场导向，并有一个科学循环"（见图6-1）。我们在调研中发现，我国各职业院校实施的课改与世界银行的课改理念具有大体相似性，但是基于学校自身特点和具体实施中的难点，导致不同学校在课改环节上形成了不同的侧重点或突破口。而无论世界银行项目与非世界银行项目，高职院校在课改理念和行动上比较明显地好于中职学校。分析原因，主要得益于高职教育在国家层面上较早地进行了顶层设计和政策推动，早在2006年就启动了"国家示范性高等职业院校建设计划"，而"国家中等职业教育改革发展示范学校建设计划"则迟至2010年才启动。如果说国家层面的课改精神当时在许多中职学校尚处于学习领会和实践起步阶段的话，那么2006年教育部、财政部配套出台的14号和16号两个文件早已在高职教育领域深入人心了，在推进高职院校课程改革中发挥了极其重要的作用，因而成就了高职课改在理念和行动上的领先。

❶　沈勤. 面向高技术发展的技术教育课程改革［J］. 华东师范大学学报·教育科学版，1995（04）.
❷　本节内容选自2012年主持世界银行华盛顿总部委托项目"中国职业院校教育课程改革研究"（编号：EW-P123895-ESW-BB，课题组长：郭扬，副组长：张晨）的课题研究报告，以"我国职业院校课程改革现状调研"为题发表于《河南教育·职成教》2013年第5期。

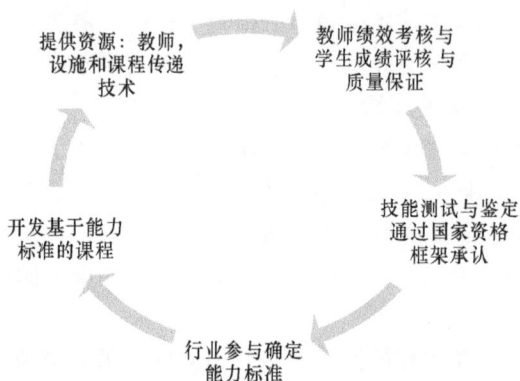

图 6-1　世界银行总结全球职教课改经验的"市场导向与科学循环"

　　首先，高职教育课程改革的领先得益于政策导向。比如，烟台汽车工程职业学院课改是从 2007 年开始的，主要内容是课程的整体设计、单元设计、校本教材编写、课件教学资源库建设、考核评价等方面进行的改革，课改的理论依据就是教育部 2006 年的 16 号文件，核心理念是提高教学质量。又如，云南林业职业技术学院对照 16 号文件的要求，从两个方面推进课程改革：一是确立了"课程改革是核心、专业建设是龙头，实训基地是基础，师资队伍是关键"的理念；二是着力推进学分制改革，学校启动了平台加模块的课程体系，包括公共平台课、专业平台课、专业能力模块的构建。实施学分制改革过程中，学生的职业道德和职业技能得到了很好的培养。

　　其次，高职教育课程改革的领先得益于示范引领。一批国家示范性高等职业院校的改革探索，为职业教育课程改革积累了较好经验。比如昆明冶金高等专科学校作为国家示范高职学校，学校课改目标是"构建学生系统的职业能力"，通过示范建设推动，明确了目标、找到了方法。在改革过程中，学校重点关注的问题，一是支持校企合作的外部环境，比如教育税附加政策上有没有给予更多支持；二是怎么构建校企合作的双赢的机制；三是职业教育体系构建以及层次的衔接，比如中职升入高职、高职升入本科等。又如威海职业学院的实质性课改也是起源于国家示范高职院校建设，主要有 8 个重点建设专业，进行了四个方面的建设，包括实验实训设备条件的建设、双师素质队伍的建设、课程体系构建和教学内容的改革。通过改革，一方面熟悉了工作过程系统化课程开发的流程和方法，另一方面是培养了一大批教师，这为以后的改革奠定了基础。

　　最后，高职教育课程改革的领先得益于流程监控。以示范建设为抓手的高等职业教育改革能够取得积极成效的重要原因，是在政府主导下成立了"示范建设项目指导委员会"等项目指导和监管组织，对项目院校加强指导和管理。其具体做法如下：（1）在示范建设立项阶段，组织专家对申报学校的项目设计方案进行反复论证、评审和修改完善，并把最终获准立项的"项目建设方案"转化为可检查的"建设任务书"；（2）在项目建设阶段，一方面通过发布中期检查报告的方式，以建设任务书为依据对项目院校进行信息采集与绩效监控，另一方面强化项目院校之间的交流活动；（3）在项目完工阶段，按照项目建设方案和建设任务书对项目院校进行验收，同时加强项目建设经验、成果的交流和宣传。

通过调研，我们认为世界银行倡导的课改经验对于我国职业教育具有重要的借鉴意义，其现实价值是在校企合作、工学结合基础上，进一步明确了职业教育课程改革的技术环节和改革重点；但是，仅靠学校自身力量来落实"市场导向和科学循环"是有局限性的，需要政府力量加以支持。而我国实施国家示范性高等职业院校建设的经验证明，在政府主导下，以项目为抓手，硬件建设和内涵建设并举，并在项目建设过程中加强管理，确保改革成功的重要经验，可以加以推广。目前国家示范性高职院校建设已完成了两期工程（一期示范校和二期骨干校共计200所），并在此基础上开始实施支持高等职业学校提升专业服务产业发展能力项目，成为面向全国所有近千所公办高职院校的一项普惠性工程，标志着高职教育的课程改革进一步聚焦专业、贴近产业、深化内涵并由点到面的拓展；而国家中等职业教育改革发展示范学校建设的三批1000所立项学校则刚刚开始进行第一批的验收工作，全国14000多所中职学校的课程改革实际状况很不平衡，总体进展相对滞后。但无论中职还是高职，以基层学校一线教师为主开展课程改革的实践活动，都正面临科学性和可持续性（或可行性）的考验，需要来自中央政府和地方政府层面的指导和支持。

第一，市场导向方面。尽管以市场需求为导向已成为学校专业设置和课程改革的重要环节，并在实践中得到了应用，但是单个学校的市场调研力量显得比较薄弱：一方面：学校普遍反映，难以运用比较科学的方法来对市场的总体情况进行比较系统全面的分析；另一方面，从政府职能部门层面，无论是教育主管部门、人力资源和社会保障部门，还是行业主管部门都尚未对市场人力资源需求（需求规模、具体岗位、专业能力）做出总体性的评估。此外，目前学校层面的市场需求调研，更多局限在学校自身与其合作企业之间的较小范围内，将对学生长远发展不利。

第二，行业企业参与方面。无论是立法层面还是市场机制层面，校企合作的形态尚不稳定，学校普遍反映在校企合作过程中呈现行业企业参与热情不高、参与的广度和深度不够，更多的是依靠学校领导、教师与行业企业领导、骨干之间的人际关系维系，尚未形成一种稳定、长效、共赢的校企合作战略发展机制。而正由于市场导向和行业企业参与不够，基于能力标准的课程开发环节也出现了基础不牢的固有缺陷。集中表现在学校专业带头人的专业能力存在缺陷，迫切需要通过培训或直接引入职教课改专家以提高课程开发专业能力，迫切需要通过深入行业企业生产一线或直接引入生产一线的专家以提高职业过程分析能力。

第三，资源配备与质量保障方面。教师、设备等资源难以适应市场导向的需要，还有很多工作要做。目前政府和部分职业院校正在积极探索建立毕业生跟踪调查制度、引入第三方质量评价制度、发布国家和各地职业教育年度质量报告等改革措施，但是总体上看，教师、学生评价与质量保证环节仍不能真正体现市场导向，职业教育人才培养质量与学生发展和市场需求之间存在差距。另外，尽管很多职业院校已经建立学历证书和职业资格证书的"双证书"制度，但是国家职业资格证书制度框架与企业的现实需求之间存在脱节，部分职业资格证书的社会认同度和信任度较低，因此这种双证也很难反映出现实的企业需求。

为此，我们提出相应的对策建议：一是继续以项目为抓手，在硬件建设过程中，明确课程改革等内涵建设要求，这对于提高职业教育质量具有重要战略意义，对于发挥硬件投资效益也具有现实意义；二是在项目实施过程中，进一步加强指导和管理，尤其是过程监控对于提高项目建设质量和成效具有积极作用，建议与地方教育主管部门或专业机构加强沟通合作，在项目设计和建设全过程借助政府和专业机构力量；三是把加强职业学校教师，尤其是专业带头人培训摆在更加突出的位置，并在培训过程中宣传和推广世界银行关于"市场导向和科学循环"的职教课改理念。

党的十八届三中全会要求"加快现代职业教育体系建设"，教育部也已明确了在现代职业教育体系建设中，中等职业教育要发挥基础性作用，高等职业教育则要发挥引领作用。现在看来在推进课程改革方面，高职教育的引领作用已初显。中职教育迫切需要借改革发展示范校建设之机，借世界银行项目等国际合作项目援助之力，借高职教育的课改理念和行动之成功经验，以职业教育整体的课程改革作为中、高职教育协调发展的有力抓手，切实推进现代职业教育体系的建设。

第三节 基于现代课程论的几个概念界定[1]

一、什么是"课程"？

这是我们研究课程模式开发的首要问题。国际上关于课程的定义有很多种，但从现代课程论的观点出发，一般认为课程是指为实现人才培养目标而选择的教

[1] 本节内容及其后的第七、八、九、十章内容为2002~2008年主持全国教育科学"十五"规划教育部重点课题"我国高等职业教育课程模式开发研究"（编号：DJA010337，课题组长：郭扬，副组长：张晨、郭苏华）总课题报告，均选自《高职院校课程模式开发基础》（郭扬著，中国科学技术出版社2010年版），2011年获上海市第十届教育科学研究成果教育改革实验类二等奖。

育内容及其安排的总称，亦即学习者在学校和学习机构指导下所获得的全部经验，它是一切教育活动的核心。在我国，"课程"一词早在唐代就已出现，并具有教学科目及其讲授顺序和时间的含义；到宋代更发展成为既包括知识传授和技艺训练又包括封建伦理道德的培养在内的大概念，与今天我们对课程的广义理解相类似。本课题即采用这种广义的大"课程"概念，来探讨课程模式开发的基础问题。中华人民共和国成立初期，我们学习苏联的教育模式，从1953年起引进了"教学计划"的概念并一直沿用了多年。但是由于汉语中的"教学计划"一词，从字面上看容易被误解为局限于教师在教学过程中自己制订的各科具体教学工作的计划，而难以概括对学校各项教育教学活动具有指导意义的文件。为此，自1992年起，原国家教委在有关正式文件中开始用"课程计划"一词取代了"教学计划"，这样无论其内涵和外延还是其功能和结构都有了较大的拓展，同时也更加突出了"课程"在学校教育教学工作中的核心地位。

二、什么是"课程模式"？

基于上述的广义"课程"概念，课程作为为达到一定的预期教育的结果（即培养目标）而选择和组织的教育内容和活动方案，也就是根据一定教育目的从人类知识经验和实践活动中选择出一部分适合特定教育对象的内容，并加以精心组织的人才培养全过程。因此从这个意义上讲，本课题所使用的"课程模式"一词，即可认定为与目前教育界普遍使用的"人才培养模式"同义。所谓人才培养模式，应是指以一定的教育思想为指导，为实现某种规格的人才培养目标而采取的教育教学活动的组织样式和运行方式，是对某类教育培养目标、培养过程、培养途径、培养方法等要素的综合概括。简单地说，它主要包括的就是"培养什么人"和"怎样培养人"两大基本问题。2006年8月，时任中共中央总书记胡锦涛在主持中共中央政治局第34次集体学习时强调指出："全面实施素质教育，核心是要解决好培养什么人、怎样培养人的重大问题，这应该成为教育工作的主题。"我们以现代课程论的基本观念归纳而言，教育的核心在于课程，人才培养的核心在于课程模式，而课程模式的核心则在于解决"培养什么人、怎样培养人"这两个最基本的问题。

三、什么是"课程模式开发"？

人们一般可以从两个角度来理解课程模式开发，一是设计一种系统的方案，用来指导、规划或规范某种模式的人才培养工作；二是指某种人才培养模式的历史形成，如学科课程模式由古代的"七艺"、近代的多科课程，到当代的综合课程的演变，或者CBE模式由第二次世界大战时的操作技能中心课程到当前广义"能力本位课程"的发展等。之所以有这两种意义，可能有其语言学的原因，因为英文中的 development 既可以理解为"开发"或"设计",也可理解为"发展"。也可以说,前一种意义上的研究属于应用研究,后一种意义上的研究则属于理论研究。本课题探讨高职院校的课程模式开发问题,主要是力图站在课程论研究的角度,从我国高职教育发展的实际出发进行一些基础理论问题分析,并努力与当前高职院校人才培养和课程实践的应用研究结合起来。当然,由于广义的"课程"概念对应宏观的"课程模式",使得高职院校的"课程模式开发"成为一个非常复杂的系统工程,它必然要涉及整个高职教育人才培养工作的方方面面,因此我们在课程论研究的大框架下无意追求面面俱到的系统论述,仅从高职院校解决"培养什么人、怎样培养人"这两个最基本的问题出发,抓住课程目标的确定、课程体系的建设、课程标准的实施、课程运行的组织四个重要方面的一些比较突出的现实问题做出基础性的探讨,努力探索中国特色高职教育课程模式开发的基本理论和思路及方法,为积极推进广大高职院校人才培养工作和课程改革的实践提供参考和借鉴。

以下我们将围绕高职院校课程模式开发的这几个基础问题分别进行具体论述,在此先就主要的观点与对策大致归纳如下:第一,关于高职教育课程目的的确定,即回答"培养什么人"的问题,我们的答案是:明确课程模式开发的指向,树立"技能为根、创新为魂"的培养目标;第二,关于高职教育课程体系的建设,即制订"怎样培养人"的方案,我们的答案是:改革课程模式开发的方法,体现"就业导向、多元整合"的策略思想;第三,关于高职教育课程标准的实施,即完善"培养什么人"的机制,我们的答案是:优化课程模式开发的途径,健全"工学结合、双证互通"的教学制度;第四,关于高职教育课程运行的组织,即落实"怎样培养人"的保障,我们的答案是:聚合课程模式开发的资源,构建"校企合作、集团发展"的管理平台。

第七章　课程目的的确定：
技能为根、创新为魂

第一节　课程目的——高职教育的培养目标

一、高等职业教育与"高技能人才"

高等职业教育与"高技能人才"的定位有以下几个方面的变化。

（1）高职教育培养目标在官方表述上的变化。不同类型教育的课程目的，是该类型教育"培养什么人"的标志。因此研究高等职业院校的课程模式开发，首先必须明确高等职业教育究竟"培养什么人"的问题。然而自从"高等职业教育"这个概念在我国出现以来，由于教育行政部门在对其培养目标的具体表述上几经变化，造成目前高职院校对于高职教育课程目的的具体定位还缺乏十分明晰的统一认识。仅从近十年来官方发布的正式文件来看，1998 年教育部要求"高等职业教育必须面向地区经济建设和社会发展，适应就业市场的实际需要，培养生产、服务、管理第一线需要的实用人才，真正办出特色"；2000 年《教育部关于加强高职高专教育人才培养工作的意见》明确要求以培养"高等技术应用型专门人才"为根本任务；2004 年教育部发布《关于以就业为导向深化高等职业教育改革的若干意见》，又变为"培养面向生产、建设、管理、服务第一线需要的'下得去、留得住、用得上'，实践能力强、具有良好职业道德的高技能人才"；2006 年《教育部关于全面提高高等职业教育教学质量的若干意见》则进一步把"高技能人才"阐释为"高素质技能型专门人才"。

事实上，对于高职教育培养"高技能人才"的官方表述，学界是一直存在着很大争议的。因为我国历来是将"高技能人才"作为"高技能等级人才"的同义词或简称，即技术工人系列人才中的高级技术工人、技师和高级技师。作为国民教育体系中承担高等学历教育任务的高职院校和高职教育课程，难道可以像成批量地培养出学术型或工程型人才的高校和高等教育课程一样，成批量地培养出这种"高技能等级人才"吗？显然，我们的高职院校和高职教育课程并不具备这种条件和能力。那么，高职教育的培养目标到底是不是"高技能人才"呢？也就是说，高职院校课程模式开发是否应该以"高技能人才"作为其课程目的呢？这是我们首要面对的课程问题。

（2）高职教育培养的"高技能人才"如何定位。培养目标，对于人才培养模式具有决定意义和导向作用，它集中体现在培养对象的规格上，即特定的知识、能力和素质结构上。可以说，教育部从 1998 年提出培养"实用人才"、2000 年提出培养"高等技术应用型专门人才"，到 2004 年提出培养"高技能人才"、2006 年明确为"高素质技能型专门人才"的目标表述上的调整，体现了经济社会发展对人才需求规格和重点的逐步明晰，也是政策制定对现实的反映。但由于文件中对这些不同的表述缺乏具体的理论解释，难免容易使广大高职院校在对高职教育课程目的的理解上产生问题，从而给课程模式开发的实践带来困难。

因此，进一步明确回答"培养什么人"的问题，即高职教育课程目的的进一步确定，是高职院校课程模式开发十分重要的基本前提。我们认为，我国高职教育培养"高等技术应用型专门人才"的目标是符合国际高职教育发展普遍趋势的。有学者指出，按照人才分类结构大致可以分为学术型、工程型、技术型和技能型四类。其中，学术型人才主要从事研究和发现客观规律的工作；工程型人才主要从事为社会谋取直接利益有关的规划、决策、设计等工作；技术型人才和技能型人才则是从事生产第一线直接为社会谋取利益的工作，使工程型人才的规划、决策、设计等变成物质形态。技术型人才和技能型人才的区别，在于前者主要运用理论技术和智力技能来工作，而后者主要依赖经验技术和动作技能来工作。根据联合国教科文组织的建议，培养技能型人才的学校教育类型在国际上一般称为狭义的"职业教育"（Vocational Education），培养技术型人才的学校教育类型则叫作"技术教育"（Technical Education）。这两类学校教育加上相应的非学历培训即构成了"技术与职业教育及培训"（Technical and Vocational Education and Training，TVET），相当于我国职业教育法中规定的广义的"职业教育"，也就是现代意义上的"大职业教育"。2005 年 11 月，时任国务院总理温家宝在全国职业教育工作会议上的讲话中对此做过专门解释："我们说的职业教育是个统称，它既包括技术教育也包括技术培训，既包括职业教育也包括职业培训，既包括中等职业教育也包括高等职业教育。"

由此来看，作为职业教育体系重要组成部分的高等职业教育，在 TVET 这一广义"职业教育"（或称现代"大职业教育"）所涵盖的培养目标体系中，具体应该承担什么样的特定任务呢？从国际比较看，发达国家和地区培养技能型人才的狭义"职业教育"一般是主要由中等职业学校承担的，高等职业院校则大多属于培养技术型人才的"技术教育"。从我国的历史上看，从清末实业学堂的"授高等工（农、商）业之学理技术，使将来可经理公私工业事务（农务产业、商务及会计），及各局厂工师并可充各工（农、商）业学堂之教员管理员"，到民国时期专门学校的"教授高等学术养成专门人才"和专科学校的"教授应用科学养成技术人才"；从中华人民共和国成立后高等专科教育培养"获得工程师初步训练"的"高等应用型专门人才"，到 1998 年教育部要求高等职业教育

"培养生产、服务、管理第一线需要的实用人才"，再到 2000 年正式将高职高专教育统一确定为培养"高等技术应用型专门人才"，我国高职院校的培养目标越来越清晰地定位于实施"技术教育"培养技术型人才，这与国际高职教育发展的普遍趋势是相一致的。

那么，当前强调培养"高技能人才"的现实要求，与培养"高等技术应用型专门人才"的总体目标是否矛盾呢？我们认为并不矛盾。近几年来，教育部进一步加强了对高职教育人才培养模式改革的宏观指导，从 2004 年提出培养"高技能人才"到 2006 年将其明确定义为"高素质技能型专门人才"，反映了当前经济社会发展对紧缺人才需求的重点，同时也说明了高职教育的培养目标不宜单一化。应该看到，我国的高职教育培养重心逐步"降低"，除了培养技术型人才，同时也将相当部分的技能型人才作为自己的培养目标，这是符合我国现阶段国情的。但是也要看到，高职教育培养的"高技能人才"不能再狭义地理解为就是专指"高级技工、技师和高级技师"，而应广义地理解为"高素质技能型专门人才"；如果说他们仍属于技能型人才之列的话，也绝对不是局限于传统意义上的"高技能等级人才"了，而可以说是一种适应知识经济时代要求的新一代"高技能人才"❶。

事实上，培养"高素质技能型人才"是我国各级各类职业教育的总目标，而这里所说的"技能型人才"显然不仅仅是指狭义"职业教育"（Vocational Education）所培养的技术工人类人才，同时也应包括狭义"技术教育"（Technical Education）所培养的"技术型人才"在内。需要说明的是根据我国人才队伍的基本分类，前者属于非专门人才队伍的一般意义上的技术工人系列，后者作为"高素质技能型专门人才"则属于专门人才队伍之列的"高等技术应用型专门人才"，因为专门人才本身大多是指接受过系统高等学历教育的专业技术人员。由此，正如我国的"职业教育"作为一个广义的大概念与国际上通用的"技术与职业教育及培训"（TVET）一词同义，可以同时包括狭义的"职业教育"和"技术教育"在内一样；这种现代"大职业教育"所培养的"技能型人才"也应当理解成是一个广义的大概念，可以包括狭义的"技能型人才"和"技术型人才"在内。这样，高职教育培养的"高技能人才"既属于狭义的"技术型人才"，又属于广义的"技能型人才"，便可以从概念体系上得到合理的解释。至此，高职教育的课程目的即可明确定位相当于培养作为狭义"技术型人才"的"高技能人才"。

（3）我国高职教育近十年来发展的主要成就和经验。世纪之交的十年，是我国高等职业教育从正式确立法律地位到规模大发展的十年。1996 年颁布实施

---

❶ 马树超，郭扬．高等职业教育——跨越·转型·提升 [M]．北京：高等教育出版社，2008：139-140．

的《中华人民共和国职业教育法》明确了高等职业教育在我国教育体系中的地位，此后不久党中央国务院提出"大力发展高等职业教育"，使高职教育进入全面发展的"快车道"。这是我国政府面向国际国内发展形势的重要战略决策，是适应经济社会发展和人民群众对高等教育迫切需要的重大举措。虽然高职教育发展的历史不长，但是由于坚持了从经济社会发展的需要出发，从广大人民群众的根本利益出发，在发展的过程中逐步明确了发展的理念和定位，做出一系列重要贡献：一是培养了数以百万计的面向经济建设和社会发展第一线需要的高技能人才，为我国走新型工业化道路、推进产业结构调整和经济发展方式转变、加快发展先进制造业和现代服务业做出重要贡献；二是高职教育的规模扩张，为我国实现高等教育大众化做出重要贡献；三是高职教育机会的区域配置水平均衡，为区域统筹发展做出重要贡献。

学界指出，1999 年我国高职教育的大发展是在思想理论、政策研究、物质资源条件都不够充足的情况下进行的，加上当时面临解决高考落榜生问题和延缓新生劳动力就业时间的任务，以及"拉动消费"的理论和"三不一高"（不转户口、不统一文凭内芯、不发派遣证、实行高收费）等政策的等影响，高职教育在不少人心目中处于应试教育失败者无奈选择的"二流教育"地位。然而即使在如此不利的外界环境条件下，我国高职教育发展为何仍能够取得历史性的巨大成就呢？从根本上讲，这是因为它顺应了我国经济建设和社会发展的客观需求。由于改革开放二十多年来经济快速发展，各行各业生产一线和工作现场的高素质技能型人才极度短缺，迫切要求培养大批与之相适应的高校毕业生以优化企业人力资源结构；同时，长期积累而成的"高等教育资源荒"自 90 年代开始严重积聚，普通高等教育规模增长几乎连续十年处于停滞状态，与人民群众日益增长的经济物质条件及其追求更高层次学习深造的需要严重脱节。在这样的形势下，我国政府及时做出高职教育大发展的决策，对各方面都可谓"久旱逢甘霖"，极大调动了用人单位选择一线岗位实用人才的积极性、广大学生及其家长选择接受高等教育的积极性、地方政府增加新生劳动力就业前学习年限的积极性、民营企业家投资办高校和职业学校升格办高校的积极性等，汇聚成了推动高职教育大发展的合力和基本前提。另一条非常重要的经验，就是高职教育的课程目的和模式改革思路逐渐清晰，这是高职教育保持正确发展方向的坚实基础。如果说 2000 年前高职教育的发展目标还不是十分清晰的话，那么教育部对原有的高等职业学校、高等专科学校和成人高等学校实行"三教统筹"后首次明确提出了高职教育应"以培养高等技术应用型专门人才为根本任务"，要求各种不同类型的高职院校都要按照这一共同的培养目标协作攻关，形成具有中国特色的高职教育人才培养模式。2001 年以来，教育部逐步明确了高职教育"以服务为宗旨，以就业为导向，走产学研结合的发展道路"的指导方针，2006 年又进一步明确了"全面贯彻党的教育方针，以服务为宗旨，以就业为导向，走产学结合发展道路，为社会主义现代化建设培养千百万高素质技能型专门人才"。目前这一思路已成为高职教育战线的基本共识，并有效指导着高职人才培养和课程改革实践。

（4）提高人才培养水平，必须深化对高职教育课程目的的认识。当前我国高职教育发展面临的战略任务，是要在规模继续扩张的同时加快提高办学质量，加快完善多元化的高职教育结构体系和投入机制，加强师资队伍建设和院校领导能力建设，进一步发挥高职院校的社会服务功能。要真正落实好上述战略任务，关键在于切实提高高职教育人才培养的水平。从我国高职教育的思想起源和发展轨迹来看，近百年前黄炎培提出面向社会、面向人人的"大职业教育"观是我国职教事业最为宝贵的精神遗产，同样也是我们今天发展高职教育、提高人才培养水平的重要思想基础。2005 年，温家宝在全国职教工作会议上的讲话中对此曾做过简明而精辟的归纳："职业教育具有鲜明的职业性、社会性、人民性。我国职业教育的先驱黄炎培先生曾把职业教育的目的概括为：'使无业者有业，使有业者乐业。'职业教育应该是面向人人的教育，使更多的人能够找到适合于自己学习和发展的空间，从而使教育事业关注人人成为可能。"中国举办的是世界上规模最大的职业教育，如何在实践中探索中国特色高职教育发展途径，全面提高高职教育人才培养的水平，黄炎培的"大职业教育"观可给予我们诸多具有现实意义的启示。

为了实现"使无业者有业，使有业者乐业"的职业教育终极目标，黄炎培的"大职业教育"观用一根强调理论联系实际的主线，将整个职业教育的人才培养过程贯穿起来，这就是工学结合、手脑并用。他说职业教育就是要"使读书的动手，动手的读书，把读书和做工并起家来"，让学生"一面做，一面学；从做里求学，从随时随地的工作中间得系统的知能"，使之"学而习，习而复学，使其所学与社会需要相配合，免蹈一般学非所用的流弊"。在黄炎培早年的职教办学实践中就已在探索工学结合的课程模式方面积累了不少宝贵的经验，对我们今天推进高职教育人才培养模式的转型具有非常重要的理论价值和实践意义。可以说这种强调手脑并用的职教课程观念，正是我们创设中国特色高职教育发展路子、创新工学结合人才培养模式的重要思想基础，其根源就在于它回应了当前经济社会发展的呼唤，反映了社会大众生存发展的需要，也体现了职业教育必须强调理论联系实际的内在规律。高职院校要切实提高培养高技能人才的水平，必须进一步深化对于高职教育课程目的的认识。知识经济时代具有创新素质的新型"高素质技能型专门人才"，其综合技能素质水平是无法用单纯的技术技能等级来衡量的，我们可以将他们定位于新一代的"高技能人才"之列。这就是当今我国高职院校培养目标的定位，亦即高职教育的课程目的之所在。

二、时代变迁呼唤新一代高技能人才

21世纪，人类世界进入知识经济时代，知识与经济相互渗透、相互促进，成为社会生产和文明进步的主要推动力量。创新，作为知识经济的核心动力，正以其速度快、范围广的特征，对传统工业经济的发展模式进行颠覆性的超越。如果说在工业经济时代，职业教育所培养的技能型人才主要代表是以"机械化"为标识的技术工人的话，那么在以创新驱动的知识经济时代，职业教育培养的就应当是以"创新为灵魂"的新一代技能型人才。因此在时代交替的大格局中，职业教育改革发展的目标应该从培养"机器上的齿轮和螺丝钉"式的传统技能型人才，转变为培养以创新为灵魂的高素质技能型人才；而面对工业化和信息化双重叠加的历史阶段，则要求在深化职业教育课程改革的过程中"规范"与"创新"并举，探索新模式，构建新形态。在经济发展模式转换的大格局中，高等职业教育作为职教改革发展的龙头，既要完成好培养技术型人才的根本任务，也要承担起引领技能型人才培养模式改革的重要使命。当今世界经济大格局中，中国尚处在工业化的初期和中期阶段。站在工业经济和知识经济时代变迁的历史关口，面对全球化浪潮下信息化和工业化双重叠加的历史任务，通过熊比特式的"革命性创新"实现经济的跳蛙式发展，这是中国作为"后发国家"实现赶超的必然选择。纵观19世纪以来人类历史上的四次成功的经济赶超，如美国对英国、日本对美国、韩国对西欧、美国对日本，其中前三次都是后来者在"干中学"的过程中实现的，最后一次是以信息技术为手段的典型的熊比特式创新，并由此拉开了知识经济的时代大幕。"干中学"是实现"后发优势"的必然过程，尤其需要技能型人才发挥"手脑并用"的特殊作用；而培养出数以亿计的具有创新品格的技能型人才，对于建设创新型国家、变人口大国为人力资源强国更具有不可替代的战略意义。

(1) 技能型人才是增强国家核心竞争力的基础力量，建设创新型国家需要发挥包括技能型人才在内的各级各类人才队伍的群体性参与。就人才结构而言，技能型人才队伍数量宏大，是整个人才金字塔的塔基部分，没有技能型人才的支撑，任何形式的创新都将是空中楼阁；就社会结构而言，数以亿计的普通劳动者是经济社会稳定、健康、可持续发展的基础，而建设创新型国家的最终目的之一就是要提高广大人民群众的福祉，理所应当需要广大劳动者积极参与。党中央在全国人才工作会议上提出"人人皆可成才"的科学人才观，技能型人才队伍的聪明才智和创新潜能一旦被激发，必将成为建设创新型国家的重要基础力量。从国际比较来看，发达国家技能型人才在劳动力结构中占据相当比重。数据显示，世界上经济最发达、已完成第二次工业化并进入知识经济社会的25个国家中，中等层次的技术工人和中初级管理人员在劳动力结构中所占的比例仍然超过

50%，而我国目前还处在第一次工业化"中期的初期"，这个阶段对中层职业人才的需求尤其迫切，其在劳动力结构中的比重显然将更大。以第二产业为例，发达国家的产业工人基本都是技术工人，高级工占35%，中级工占50%，初级工占15%。而我国7000万产业工人中只有三分之一是技术工人，其中初级工60%，中级工36%，高级工仅为4%。同时，技能型人才的概念也在不断拓宽，前述高职教育课程目的所指向的高技能人才已成为一个广义概念，即所谓"高素质技能型专门人才"或称"高等技术应用型专门人才"，它不仅包括那些主要依赖经验技术和动作技能来工作的技能型人才，实际上也同时包括了主要运用理论技术和智力技能来工作的技术型人才。从发展的实际看，一流产品要靠一流的技能型人才来制造，科研成果要通过技能型人才的工艺操作才能转化成为现实生产力，目前我国技能型人才的短缺已成为影响国家创新能力、制约产业结构调整升级的重要因素。

（2）自主创新，需要技能型人才发挥"手脑并用"的特长。面对经济全球化的机遇和挑战，实现熊比特式的创新，必须坚持走有中国特色的自主创新道路，因此应该同时发挥"比较优势"和"后发优势"。对外开放的实践表明，中国作为发展中大国，在国际竞争中最大的比较优势是劳动力要素，近乎无限供给的劳动力和低廉的劳动力价格构成了"中国制造"的成本优势，发挥这一优势对我国参与国际竞争、实现充分就业具有重要战略意义。但是实践同样告诉我们，劳动力的比较优势在国际产业分工链中只能进入零部件组装的工序流程，因而仅仅获得价值链的低端微薄利润，难以在产品研发和销售服务等环节中发挥优势。更为严重的是劳动力的比较优势并非核心竞争力，将引发激烈竞争而进一步摊薄利润，这种优势也将最终消失殆尽。长期以来，广大发展中国家都是以比较优势为基础参与国际分工的，而这种比较优势又往往是建立在资源禀赋和劳动力成本优势基础之上的。传统的比较优势理论在全球化背景下遭到了严峻的考验，实践发展告诉我们，在由西方发达国家主导下的全球化浪潮中，跟随其后被动地接受国际分工安排，在价值链的低端与发展中国家激烈竞争是没有出路的。因此中国只有在劳动力比较优势的基础上充分发挥后发优势，在承接国际成熟技术转移的同时，通过积极学习缩短自身技术积累的时间加快消化吸收的步伐，在学习和继承中创新。这不仅是自主创新的重要基础，也是有中国特色的自主创新道路的关键。

巩固"比较优势"，要求技能型人才具备按国际标准作业的操作水平，强调的是"规范性"。"微笑曲线"两端的高附加值领域尽管利润丰厚，但是需要长期的技术研发、制度累积和人力资本投资，不可能一蹴而就。从我国目前的发展阶段来看，参与价值链低端的分工和竞争既是比较优势的驱动，又是技术发展的必然规律。而在微笑曲线底部的组装、生产、销售环节，用工需求的主要对象是大量的技能型人才。因此在今后相当长的时期里，技能型人才的特有素质将是巩固我国比较优势的关键。与产业链高端相比，产业链低端岗位需要的是技能型人才的规范性特质，就是说要能够在成熟技术和工艺流程的框架下进行符合国际标准的规范操作，这是中国在当前国际分工格局中充分发挥劳动力资源丰富的比较优势、进一步巩固现有地位的关键所在。而实现后发优势，则需要在边干边学中对先进技术进行消化和吸收，要求技能型人才手脑并用。如何在国际分工中占据优势地位，从微笑曲线的低端走向高端从而获得较高的附加值，既是发展中国家能否在全球化进程中获得更大利益的关键，又是一个技术积累和发展的过程。中国作为后发国家要缩短这一过程，只有在发达国家技术外溢的情况下，先利用自身的比较优势加入国际产业分工，然后从国际产业链的低端做起，通过边干边学逐步向产业链的上游和下游拓展，这是今后相当长的时期内走中国特色自主创新道路的重要环节：干是学的基础，学是干的目的，干和学互为因果构成我国建设创新型国家的双轮和两翼。反之如果仅仅被动地接受先进国家的技术外溢，则不可避免地陷入由于技术创新路径选择错误而导致的比较优势陷阱。与其他类型人才相比，技能型人才最大的优势在于能够动手干。所以在边干边学的过程中，尤其需要技能型人才发挥不可替代的重要作用：不仅需要把发达国家溢出的成熟技术转化为现实生产力，更重要的是在生产实践中感悟技术要领、领会技术细节，并在此基础上完成二次创新，真正实现后发优势。

（3）从"规范"到"创新"，新一代高技能人才在实践中成长。工业经济时代，随着现代工厂的诞生，人变成机器的一部分：泰勒的效率原则、福特的大量生产、丰田的流程改善，不断推动规范化的工作节奏，把数十亿人打造成为生产线上的"齿轮"和"螺丝钉"，故而尤其强调技能型人才在动作技能上的规范性特质。由于主要是靠规模和速度来创造产品和价值的，流水线作业成为典型的生产方式，在这种生产模式下一般不需要劳动者做出新的判断，而只需要按照既定的任务进行标准化的规范操作。因此在工业经济时代，特别看重技能型人才动作技能的规范性，要求劳动者能够像机器一样准确稳定，而传统的技能型人才也由此烙上机械化大生产的深深印迹，体现出四大特征：一是"听话"，这是传统技能型人才的内在特征。这既是工业经济时代机械化生产方式的必然要求，也是技能传承的自身规律决定的。与知识传授方式不同，技能的传承往往难以通过文字、书本等载体间接传播，更多依靠师徒之间言传身教的方式直接完成。与文字传播相比，言传身教具有传授成本高、重复性和稳定性差的特点。因此，在技能传承的过程中，首先强调的是受众必须非常听话，这不仅是对师傅的尊重，更是获取技能的基本方式。二是"规矩"，这是传统技能型人才的行为特征。技能型人才与生产实践紧密相连，具有很强的职业特性。每个职业岗位上的规矩，往往是几代人通过经验积累形成的工艺流程和操作规范，是职业或岗位技能传承的特定模式，是对共性技能和基本技能的规范性总结。因此，在职业岗位上有没有规矩、守不守规矩，是技能型人才区别于其他人的重要行为特征。三是"勤快"，这是传统技能型人才的禀赋特征。从工作性质上看，技能型职业岗位要求从业人员必须能够动手干活。所以勤于动手、吃苦耐劳应该是技能型人才必须具备的基本素质，四体不勤者肯定不适合从事技能型工作。另外，技精于勤，也只有勤学苦练的人才能在实践中体悟到技能的不同层次，达到精益求精的境界，因此要成为技能型人才必须具有十分勤快的禀赋特征。四是"能干"，这是传统技能型人才的标识特征。区别于"能说会道"或"能掐会算"者，技能型人才的能干就是要能在特定岗位上完成任务。归根到底，是要求技能型人才必须掌握熟练的职业技能，能够动手解决实际问题，这是检验技能型人才的试金石，也是技能型人才安身立命的基石。

而知识经济时代，更加注重技能型人才在智力技能上的"创新性"潜质。与工业经济时代以土地、资金、劳动力等生产要素投入驱动经济增长不同，在知识经济时代，信息和知识正成为主要的生产要素，劳动的过程更多地表现为劳动者对信息和知识的创造性地加工处理与整合创新，创新成为知识经济时代经济增长的核心驱动力。所以与传统技能型人才不同，新一代技能型人才尤其是高技能人才的主要特点，在于他们从生产线上的被动操作者转变为主动的创新者，其从事的工作不仅是体力劳动，需要动作技能；同时还是脑力劳动，需要智力技能，亦称为心智技能。这种智力技能大致表现为理解能力、分析能力、判断能力和执行能力等方面，这就要求每一个员工都是生产过程的决策者和创新者。经济时代的变革催生了一批"手脑并用、边干边学"的新一代高技能人才，例如包起帆、李斌、许振超、孔祥瑞等一批社会公认的高技能人才爱岗敬业、积极进取，在经济时代变更的历史环境中脱颖而出，他们善于学习、勇于创新，反映出新一代高技能人才的鲜明特征。通过对许多新一代高技能人才成长的案例分析，我们发现与其他类型人才的培养不同，这种高技能人才的成长有着特有的轨迹和规律，表现出以下六大共性❶。

共性之一：入行较早，起点学历较低。这是当前高技能人才的第一大共性，也是在现行教育体制下产生的必然结果，反映出两大深层次问题。其一，与社会普遍认同的知识型人才一样，技能型人才的培养也有着自身的规律，用培养知识型人才的方式是培养不出技能型人才的；其二，在我国现行国民教育系统中，对知识型人才的培养已经形成体系，而对技能型人才的培养则较多套用知识型人才培养的模式，尚未形成真正完备的技能型人才培养体系。因此，依靠现行的国民教育体系，在体制上就难以培养出真正的高技能人才。个体禀赋的差异，决定了

❶　李宣海，沈晓明．教育：塑造未来奇迹的创造者［M］．上海：华东师范大学出版社，2007：77—78．

适合成为技能型人才的学生难以在培养知识型人才的教育体系中得到认可和发展，这就是造成高技能人才入行较早、起点学历较低的体制性原因。

共性之二：爱岗敬业，从业年限较长。与知识积累一样，技能积累的方式尽管不同，但同样需要长时间的积累。在偏重于知识型人才培养现行教育体系中，知识的积累经过小学、中学、大学，直到研究生，时间跨度近 20 年。同样，立足岗位成才的技能型人才，特别是高技能人才的技能和经验积累，也需要经历漫长的实践和时间。因此，如果不具备对技能的主观偏好，不具备爱岗敬业的职业素养，是难以承受长期技能训练考验的。"梅花香自苦寒来"，在这一点上技能型人才与知识型人才一样都要经过千锤百炼方能成器，而真正的技能型创新人才和高层次知识型人才也只能是少数。

共性之三：严守规矩，得到各方认可。由于现行国民教育系统中没有完备的技能型人才培养体系，高技能人才的成长不可能沿用学校教育"教书育人"的柔性方式：一方面，高技能人才的成长要遵循"严师出高徒"的传统技能传承方式；另一方面，还必须遵循强调组织性和纪律性的产业化行为方式。因此，与知识型人才相比，技能型创新人才的培养和成长，不仅要注重"师道"，要得到师傅的认可；更要注重"人道"，要得到企业、集体，乃至社会各界的普遍认可和支持。可见，高技能人才的成长与生产实践紧密相连，也更加艰难，既要在技能的掌握上体现生产力发展的要求，又要在行为方式上符合生产关系的要求。

共性之四：扎根一线，紧跟技术前沿。高技能人才以立足技能为根，它的根在生产一线，离开了生产实践，再高的技能也失去了存在的价值；而且技能水平的提升和优化，不可能一蹴而就，有着自身的内在逻辑和演进路线。因此，高技能人才的成功无一不是立足岗位、一线成才，他们虽然术业有专攻，但又有开阔的视野，在技术方向上"咬定青山不放松"，紧跟技术发展的前沿，在各自的领域里都能达到很高的水平，或国内领先或国际领先，牢牢把握技术发展的最新动态。

共性之五：手脑并用，解决现实难题。高技能人才的创新水平，最终体现在能不能解决生产一线的实际问题上。生产一线的问题往往千变万化，没有现成的解决方案，也难以预设技术路线。只有依靠高技能人才在一线根据实际情况逢山开路、遇水架桥。面对新情况新问题，知识积累和经验积累往往难以应对，这就需要高技能人才手脑并用，同时发挥动作技能和智力技能两种技能水平，从而体现出新一代高技能人才的特有价值。

共性之六：边做边学，缺什么学什么。由于起点学历低，又没有现成的适合技能型人才的教育体系，新一代高技能人才无一例外地走出了自学成才的共同道路。在工作中，他们边干边学；当技能经验的积累特别是动作技能达到一定程度的时候，不仅要知其然还要知其所以然，这时他们会主动学习专业知识；由于对生产实践和动作技能有了感性认识，他们在学习时更能够知道自己缺什么、需要学什么，以及应该怎么学；当专业知识的积累达到一定程度后，他们又会回到自己的成长土壤，在生产一线用新知识解决新问题。最终他们在取得高技能等级证书的同时，也往往会有可能取得较高层次的学历证书。因此，动作技能和智力技能的共同开发和自觉开发，可以说是新一代高技能人才成功的共同秘诀。

第二节　高技能人才培养要求高职院校深化课程改革

今天，面对时代交替和经济社会发展对新一代高技能人才的呼唤，面对大力发展职业教育的形势和人民群众的期盼，高等职业教育应该交出一份什么样的答卷？率先推进高职院校课程改革，实现课程培养目标从传统技能型人才向新一代高素质技能型专门人才的转变，实现课程模式开发从学科导向、课堂中心到项目导向、任务驱动的转变，实现课程组织形态从封闭运行到开放办学的转变，高等职业教育责任在肩。

一、瓶颈分析：课程模式是主要的内部制约因素

从职业教育内部看，我国职业院校长期以来实行的以学科为中心、以课堂为中心的课程模式难以适应经济社会发展的需要，也不能实现职业教育培养学生实践动手能力和技术应用能力的基本功能，正成为制约技能型人才培养，尤其是高技能人才培养的瓶颈。

（1）在培养目标和规格上，不能适应企业的基本要求，导致毕业生"高不成低不就"。我们对企业的调研反映了一个严重的现实问题，在企业最关注的认真负责、敬业诚信、团结合作、适应能力、专业知识这5项用人基本标准中，职业院校毕业生都存在明显不足，然而学校领导和学生认为最重要和最紧迫的问题却是加强技能培训和加强学习能力，但这两样能力在企业的用人标准中却属于排位于最后的5个标准。由此反映出当前职业教育的培养规格与企业的需求存在距离，学校重点关注的技能恰恰是企业对职业院校毕业生期望值不大的，这从另一个角度反映出职业教育在技能培训上存在的整体问题，而企业最关注的却又是学校和学生相对忽视的。这在一定程度上，反映出职业教育在培养目标定位和人才培养规格上存在高不成低不就的两难处境，课程目的的不确定必然造成课程模式开发的基础不牢。一个有效的高职院校课程模式应该包括两个方面：一是有利于高技能人才培养的办学模式，二是有利于高技能人才培养的教学模式。课程目的的确定，毕竟只是课程模式开发的第一步，如何使确定下来的课程目的转化成实实在在的毕业生就业质量，关键在于积极探索培养高技能人才的有效办学模式和教学模式。探索培养高技能人才的有效办学模式和教学模式，不仅是推进高职教

育课程模式开发的重要举措，也是完善国家创新人才培养体系的必然要求。

（2）在办学模式上，缺少企业的积极支持，导致教学活动与生产实践严重脱节。人才培养规格的差距，在很大程度上是由于当前职业教育的办学模式存在问题，相当一部分职业院校的办学模式仍是一种脱离企业、脱离生产一线的闭门造车，而缺少实践实训是不可能培养出企业和市场需要的高素质技能型人才的。脱离企业和生产一线的办学模式直接导致职业院校学生在做人和做事两方面的空白和不足：一是学生在上岗前对企业缺乏感性认识，不知道企业是什么，不知道企业认可什么样的员工，因而不知道如何"做人"；二是学生在上岗前对将要从事的职业缺乏感性认识，不知道自己进入企业之后应该做什么和怎么做，从而不会"做事"。应当看到，办学模式的问题根源不仅仅在于学校，企业也应负有更多的责任。调研发现，学校和学生在校企合作、加强社会实践和社会交往能力的培养、加强专业技能和操作技能培养等方面呼声很高，但对于缺乏行业企业支撑的批评十分强烈，认为当前企业出于短期利益和功利主义不愿接受和承担学生实践实训的义务和责任。对此，政府应进行有力、有效的干预，而作为学校则应该主动改变办学思路，积极寻求企业合作。

（3）在教学模式上，不能激发学生的主观能动性和学习热情，难以取得理想效果。调研发现，教师对自身教学方式的主观评价，与企业、学生对教学方式的期望存在明显差距。教师更多沿用传统教学方法，而学生和企业则更欢迎结合企业实际开展的项目教学、案例教学、小组讨论互动式学习、角色扮演式学习等，在教学手段上，学生对多媒体教学兴趣浓厚。事实上，在学校领导的评价中，反映出对目前职教师资问题的严重担忧，他们认为教师素质不高是影响和制约学生创新能力培养的第三大因素，并把提高教师能力作为提高学生创新能力培养的最主要途径，由此对教师的素质提出了新的更高要求。调研同时发现，教师对自身存在的问题也有着较为清醒的认识，他们认为就教育教学本身而言，改革教学方式和手段、提高教师创新能力是提高学生的创新意识和创新能力的最有效的途径。同时，他们把改革现有课程与教材作为教育教学改革的首选项。可见，改善教学模式至少涉及三个方面，一是课程体系的改革，二是教学实施的改革，三是教师素质的提高。

二、基本思路："规范"与"创新"并举

迎接从工业经济到知识经济的时代交替，要求职业教育把自己的培养目标从培养"机器上的齿轮和螺丝钉"式的传统技能型人才，转变到培养以创新为灵魂的新一代技能型人才上来。而技能型人才的升级换代，要求高职教育率先实现从规模发展到内涵建设的能级提升。目前，以国家示范性高职院校建设计划的实施为标志，我国高职教育能力建设的系统工程已全面启动，尤其强调以人才培养

模式改革为核心的内涵建设，深化课程改革：首先，在课程目的的定位上，应进一步明确培养高技能人才的方向；其次，在课程观念的认识上，应该看到新一代高技能人才是对传统技能型人才内涵的发展与完善，不能把培养技术型人才与培养技能型人才割裂开来，必须同时兼顾"规范"和"创新"两个方面，而高职院校作为培养高技能人才的基础环节，应该重在夯实创新的基础；最后，主管部门在推进高职教育课程改革实践的过程中，应牢牢抓住生存、发展、改革、转型四条主线，切实转变人才培养模式。

（1）现代高技能人才的几个特征：引导课程模式开发的目标指向。重新回到高职教育"培养什么人"这一最基本的问题上来，究竟什么是高职教育培养的高技能人才？就内涵而言，高技能人才首先属于广义的技能型人才范畴，所以与其他类型人才相比，突出强调的是技能，"技能为根"是高技能人才的本质属性；而与传统技能型人才相比，新一代技能型人才在知识经济背景下应运而生，既脱胎于传统的技能型人才，又完善和丰富了传统技能型人才的内涵，"创新为魂"突出强调的是理论技术和智力技能，主要表现出现代技术型人才的几大特征，并使高职院校的课程模式开发从中得到关键性的启示。

特征之一：对职业环境和岗位目标的全面认识。现代高技能人才与传统技能型人才的根本区别在于在生产实践中变被动为主动，从一线技能操作者变成技术应用创新者。因此不仅需要掌握具体岗位和局部生产环节规范化操作技能，更需要对生产流水线上的各个环节进行全面了解和把握。从"机器上的齿轮和螺丝钉"到用头脑驾驭机器的"高等技术应用型专门人才"，其根本动力在于对职业岗位有着强烈的责任感和使命感，以及对自己人生意义的充分认识和进取精神。这是支撑新一代高技能型创新人才从"手巧"走向"心灵"的动力源泉和思想基础。对于高职院校课程模式开发的启示是，注重职业岗位群能力的培养，应该成为培养高技能人才的课程观基础。

特征之二：对技能的掌握达到熟能生巧的程度。新一代高技能人才的本质属性是现代技术型人才，我们知道技术型人才的创新必须依靠理论技术和智力技能，而理论技术和智力技能在很大程度上又源于对经验技术和动作技能的熟练掌握。尤其是技能训练的实践表明，受到练习次数、质量以及个体差异等因素影响，同一职业技能往往会形成不同水平层次的操作结果，而勤能补拙、熟能生巧是技能传承的基本规律。因此，动作技能的熟练程度是开启智力技能的大门的重要基础。对于高职院校课程模式开发的启示是，培养高技能人才必须重视加强实践课程训练。

特征之三：具有扎实的专业技术知识和广泛的兴趣。随着科学技术的高速发展，新材料、新技术、新工艺层出不穷，要求高技能人才在精通单项技能的同时，能够具有通过终身学习和跨学科获取信息来解决实际问题的能力。因此，在专业领域拥有较为扎实的知识框架，以及跨学科的广泛兴趣，是理论技术和智力技能开发的又一基础。对于高职院校课程模式开发的启示是，培养高技能人才还要注重培养学生的好奇心和探索性。

特征之四：既"老实听话"又能"有所甄别"。有了娴熟的技能、扎实的专业知识，以及广泛的兴趣，高技能人才还要具有敏锐的洞察力和思考力。在接受新知识、新技能时，他们既能够老老实实地遵循技能传承的一般规律做到十分听话，但又能够在心里对自己的所见所闻加以甄别，不仅要知其然更要知其所以然。这是高技能人才智力技能成熟的思维基础。对于高职院校课程模式开发的启示是，培养高技能人才不仅要训练动手能力，更要训练动脑能力。

特征之五：既"严守规矩"却又"敢于突破"。由于对所从事的职业拥有超乎常人的责任感和使命感，高技能人才在遵守规则的基础上，又具备突破传统的勇气和理想。如前所述，有所甄别是他们智力技能成熟的重要特征，那么突破传统观念的束缚，寻求事实的真相、探求真理的答案，这应该是此类人才智力技能成熟的又一表现，标志着他们创新人格的形成。对于高职院校课程模式开发的启示是，要认识到创新的勇气是高技能人才的必备品格，高度重视学生创新人格的培养并渗透到课程发展过程中。

特征之六：既"十分勤快"但更"勤于学习"。在知识经济的背景下，"一招鲜吃遍天"的传统技能型人才生存空间缩小了，技能传承的方式已从原先一次性、封闭式的师徒相传，转变为"师傅领进门、修行在个人"的持续性、开放式学习；师傅的传授从言传身教转变为教学相长，徒弟对技能的学习从被动传承变为主动体悟。因此，要求技能型创新人才具有勤于学习的素质，能够边工作边学习，工学结合、工学交替，在工作中终身学习。对于高职院校课程模式开发的启示是，终身学习的自觉性和持续性是造就高技能人才的重要保障，因此要在课程教学中重视培养学生的学习能力。

特征之七：既"特别能干"还能"参与合作"。随着经济社会的发展，分工越来越细，没有人能够包打天下。在全球化和信息化浪潮中，沟通合作越来越成为共识。因此，能够参与团队合作，在团队中贡献自己的力量，在团队中发现自身的价值，乃至能够带领或者组建团队去解决实际难题，这是新时期要求技能型创新人才必须具备的重要素质。对于高职院校课程模式开发的启示是，由于团队精神是成就"技能型创新人才"的基本素质，因此要加强团组式教学，面对团组而不是个人开展学习成绩评价。

（2）"规范"与"创新"并举：明确课程模式开发的基本思路。高职教育培养新一代高技能人才是知识经济时代的必然要求，面对我国尚未完成工业化，同时面临信息化和工业化双重叠加的基本国情和特殊历史阶段，推进高职院校课程模式开发应该是一个循序渐进的过程，培养现代高技能人才绝不意味着对传统技能型人才的全面否定，而是应该在技能型人才培养的基础上，强调规范与创新并举，加强高技能人才创新素质的培育。

第一，高技能人才的外延具有多元化和多层次的特点。从我国经济社会发展状况对技能型人才的需求层次来看，既有对高技能复合型人才的迫切需求，也有对初、中级技能型人才的大量需求，而且在数量上更加庞大。按照"人人皆可成才""人人皆可创新"的科学人才观和创新观，"高素质技能型专门人才"的外延是丰富的，不仅仅包括技术员、技术师这样的狭义"技术型人才"，也包括各行各业的各级各类技术应用型专门人才，如以"知识"为标识的高素质知识型技术工人、现代服务业实务专门人才和现代农业实用专门人才在内。高职院校在培养高技能人才过程中要牢牢把握其外延的多元化、多层次特征，提供层次丰富、覆盖面广的教育服务，为社会培养出具有规范的动作技能和创新的智力技能，能在生产一线直接进行技术活动并能创造性地解决实际问题的高素质技术应用专门人才。

第二，高技能人才的培养应该基于技能型人才的培养。在厘清内涵和外延，明确了什么是新一代高技能人才的问题后，就要回答如何培养这种高技能人才。从对高技能人才的特征分析中，可以发现它是由技能型人才转型而来的。因此不能把培养高技能人才与培养技能型人才对立起来，更不能另起炉灶，而应该建立在技能型人才的培养之上。这就是说，要在确保技能型人才的规范性特征基础上，加入现代高技能人才的创新性特质，从而把传统的培养技能型人才的"职业教育"升级为培养高技能人才的"技术教育"，所以规范与创新并举是深化高职教育课程改革的重要思路。

第三，培养高技能人才首先必须从"规范"抓起。高技能人才培养应基于技能型人才培养，而技能型人才的培养有其自身的规律，这就是源自对技能的反复实践。精湛技能的养成是一个长期体悟的过程，不可能凭空造就，必须从基础抓起。而技能型人才与其他人才之间，以及受过职业教育（包括职业培训）的从业人员和没有受过职业教育的从业人员之间，其最明显的区别就是职业技能的规范性。所谓"行家一出手，就知有没有"，技能的规范是技能型人才的典型特征，即使培养以掌握理论技术和智力技能为主的技术型人才也同样离不开规范的训练。

第四，高职教育培养创新素质的关键在于夯实创新的基础。应当看到，高技能人才的成长是一个综合培养的过程，是一项涵盖高职教育课程与职业岗位工作实践的系统工程，高职院校所能提供的，可能只是高技能人才成长道路上的"职前教育"那一部分，也有可能只是其"职后进修"中的某一时段。在"学习培训"和"工作实践"之间的不断往复和终身造就，是高技能人才成功的共同路径，高职院校提供的"技术教育"应该努力夯实高技能人才成长的基础。根据前述高技能人才的几个特征，我们认为当前高职院校课程模式开发中应有针对性地重点抓好不同侧面基础能力的培养（见表7-1）❶。

表7-1 高技能人才的创新基础与对高职院校课程的要求

高技能人才的特征	创新的基础	对高职院校课程的要求
对职业环境和岗位目标的全面认识	思想基础	培养学生使命感和责任感
对技能的掌握达到熟能生巧的程度	技能基础	加强学生职业技能的训练
具有扎实的专业技术知识和广泛的兴趣	知识基础	加强学生专业知识的教育
既"老实听话"又能"有所甄别"	思维基础	培养学生的分析判断能力
既"严守规矩"却又"敢于突破"	人格基础	培养学生形成独立的人格
既"十分勤快"又更"勤于学习"	发展基础	培养学生自我学习的能力
既"特别能干"还能"参与合作"	生存基础	培养学生团队合作的精神

（3）生存、发展、改革、转型：推进课程模式开发的四条主线。高职院校内涵建设的聚焦点是人才培养模式转型，实现高职院校课程模式开发的创新，应当紧紧抓住生存、发展、改革、转型四条主线，改变以学校、课堂、学科为中心的传统课程模式，深化课程教学改革，这样才能有利于高技能人才的培养，才能推进高职教育健康发展。

一是抓住结合岗位强化职业道德和行为规范的"生存线"。就高职教育的课程目的而言，良好的职业道德和行为规范是学生踏上社会、安身立命的生存基础。实践证明，脱离岗位的职业道德和行为规范教育往往流于形式。所以高职院校培养高技能人才，特别要注重德育与岗位的紧密结合；注重引入企业文化，提高职业道德教育的针对性；注重职业道德教育与其他学科的整合与渗透，提高创新人格培养的有效性。要将社会主义核心价值观教育，对学生行为规范、是非观念、社会责任等基本道德的教育和思想政治教育，与以诚信、敬业为重点的职业道德教育有机结合起来。

二是抓住依靠行业企业共办职业教育的"发展线"。职业教育的发展离不开行业企业的支持，脱离生产一线的职业教育必然是无源之水。所以高职院校的课程模式开发，必须改革以学校和课堂为中心的传统人才培养模式，积极争取行业企业的参与，推行校企合作、工学结合的办学模式和教学模式。同时，努力健全学生实习制度，企业与学校共同组织好学生在实习期间的相关教学和技能实训工作，做好学生实习中的劳动保护、安全等工作，为从传统的技能型人才培养模式转向高技能人才培养模式创设有效的组织条件。

---

❶ 郭扬，张晨.基于"高技能人才"培养目标的高等职业教育课程目的解析［J］.中国职业技术教育，2008（27）：41-45.

三是抓住以就业为导向、以服务为宗旨的"改革线"。要坚决按照以就业为导向、以服务为宗旨的办学方针，指导高职院校的课程改革实践。对高职教育的资源配置，应强调就业导向，强化为区域和行业经济服务的能力。要遵循高技能人才的成才规律，创造政策条件并积极鼓励企业和学校合作，共同探索符合国情和区域特点的"非连续学程、往复式学习、工学交替、终身造就"的高技能人才培养的新型学习制度，努力构建适应经济社会发展需要的、符合产业发展方向和形态的高职院校课程模式。

四是抓住从"压缩饼干"模式向校企合作、工学结合模式的"转型线"。如果说，高职教育"培养什么人"的宏观课程目的至此已经基本清楚了的话，那么高职院校在"怎样培养人"的中观和微观层面上所采用的模式，至今仍较多地体现出以学校为本位的学科导向、课堂中心的学术课程特点，这种被称为本科"压缩饼干"的传统专科课程模式显然无法适应高职教育课程目的的要求，因此高职院校课程模式转型的任务还十分艰巨。必须突破对传统大学办学模式和传统学科教学模式的路径依赖，切实按照培养高技能人才的课程目的的要求，实现向校企合作、工学结合人才培养模式的全面转型。

事实上，目前广大高职院校都在各自高技能人才培养的课程实践中，积极探索和认真总结高职教育课程目的，亦即培养目标究竟应该具有什么样的特色。如深圳职业技术学院明确提出他们的培养目标特色是"大学水平的能工巧匠"或"能工巧匠型的大学生"，认为这就是既具有大学程度的专业知识，又具有高级技能或技艺，善于把工程图纸转化为物质实体，并能在现场进行技术实施和管理的所谓"灰领"人才。由于课程目的所指向的这一培养目标确实针对了市场对人才需求的重点和要点，用人单位对他们的毕业生认可度一直比较高，近三年该校毕业生的一次性就业率都在98%左右，就业基本对口和完全对口的累计超过96%，企业对毕业生的职业道德、实践能力、计算机应用能力等方面素质的满意度都在93%以上。值得一提的是，该校8.4%的毕业生选择了自主创业，16.7%的毕业生成为单位"技术骨干"级以上人才。但是，课程目的的确定毕竟只是课程模式开发的第一步，如何像深圳职业技术学院那样使确定下来的课程目的转化成实实在在的毕业生就业质量，关键在于积极推进高职教育的课程模式创新。

三、课程模式的两个方面：办学模式和教学模式的创新

课程模式的创新包括办学模式和教学模式两个方面。

（1）工学结合，是有利于高技能人才培养的办学模式。一个有利于高技能人才培养的办学模式，大体可以反映在组织形态和教学形态两个方面。校企合作无疑是培养高技能人才的有效组织形态，而"非连续学程"则是培养高技能人才的有效教学形态，这一点是当前需要突出强调的。从李斌等典型的新一代高技

能人才的成长道路来看，其接受教育过程的特点往往不是在系统学制下的封闭式学校教育，而是呈现出一种非连续学程、往复式学习、工学交替、终身造就的特点。由于身处生产和工作第一线的高技能人才，需要直接从事产品制造或其他基层实务，并解决生产和工作现场的种种现实问题，而在其手脑并用处理技术问题的操作过程中，经验的积累和知识的积累具有同样重要的作用，积累经验技术往往成为其掌握理论技术的重要基础，但经验的积累恰恰是在学校教育中所无法完成的，只有采取工学交替的非连续学程，使工作过程与学习过程结合起来并有机地融于一体。

在这方面，德国培养技术员（Techniker）和师傅（Meister）的经验非常值得借鉴。德国企业中的技术员和师傅都是典型的技术型人才，他们都来源于技术工人（Facharbeiter）但已不再是技术工人，即不再属于技能型人才之列，而是成为架设在技术工人与工程师之间的一座桥梁，承担着技术沟通、技术转换、技术管理等技术应用性工作的重任，国际上一般称之为"中间人才"（Middle Man）。德国的师傅培训和技术员培训都明确规定，必须建立在"双元制"技工培训和职业实践经验的双重基础上。只有通过三年左右的双元制培训合格毕业后并在企业中至少工作两年的技术工人，才有资格进入两年制的全日制技术员学校（Fachschule/Technikerschule，一般为专科学校）；而要进入师傅学校或师傅培训班（Fachschule/Meisterschule，师傅学校多数为业余的专科学校或多种形式的师傅培训班，具有更多非学历教育的色彩），则双元制毕业后至少要在企业技术工人的岗位上工作 3 ~ 5 年。这种具有鲜明德国特色的"职业继续教育"（Berufliche Fortbildung），按照联合国教科文组织建议使用的概念，正是建立在狭义"职业教育与培训"（Vocational Education/Training，即 Berufsausbildung）基础上的"技术教育与培训"（Technical Education/Training，即 Techniker-/Meisterausbildung）。它既属于广义"职业教育"（TVET - Technical and Vocational Education and Training，即 Berufsbildung）的范畴，又突出了以工学交替的非连续学程培养技术型人才的明确目标。因此，要使高职院校的课程模式有利于高技能人才的培养，其最有成效的办学模式必然是走工学结合的道路。

（2）项目导向，是有利于高技能人才培养的教学模式。如果说办学模式的改革，重在完善高技能人才培养模式的外部形态建设；那么教学模式的改革则触及了高技能人才培养的内核。这就是突破以学校、课堂、学科为中心的知识传授型传统课程教学方法，探索符合高技能人才培养规律的，以技能为根、创新为魂的新型课程模式。从发达国家职业教育课程模式开发的成功经验和我国职业教育的课程改革实践来看，项目导向、任务驱动是高技能人才培养的有效模式。国内外的研究和实践表明，项目引导式教学法对于培养高素质技能型人才的创新能力，尤其是适应社会快速变化的能力有着得天独厚之处；任务驱动式教学法作为项目课程中一种比较普遍而典型的形式，围绕完成该任务所需知识和技能来构建课程框架和展开教学，使学生更能够深入到实践环境中；工作过程导向式课程可以抓住生产过程中最核心、本质的东西，能够培养学生的应变能力和解决生产中层出不穷的实际问题的能力和举一反三的能力，使学生能够从曾经完成过的项目或工作任务中获取相关的经验和技能。

实践是创新之本，创新是实践之魂。顺应时代变革需要，以培养现代高技能人才这种新型技术型人才为目标，在规范与创新并举的基础上，坚持德育为先、实践为本、技能为根、创新为魂，探索高技能人才培养新模式，对高职院校课程模式开发具有特别重要的意义。

四、课程模式开发中需要重点关注的几个问题

高职院校的课程模式开发意味着整个高职教育人才培养模式的创新，这对高职院校的各方面都提出了新的要求。例如，课程培养目标从"培养工业社会的技术管理型人才，重视知识创新能力"转向"培养知识经济时代的现代高技能人才，重视就业发展能力"；课程学习制度从"以学校为核心，以全日制为主体"转向"校企合作，工学结合，实施弹性学制，职前职后衔接"；课程教学内容从"以校内课程为主，重视学科性与专业性"转向"强调校内学习与工作经验的一致性，行动导向重于书本知识"；等等。要实现上述转变，创新人才培养模式以适应培养新一代高技能人才的新要求，最有效的途径就是在办学上强化校企合作，在教学培训上加强工学结合。从现实出发，我们认为目前重点要关注下列问题：

（1）加快完善校企合作机制的法律规章。健全的校企合作机制是实施工学结合的高技能人才培养课程模式的一个重要保障。只有在一定的法规体系保证下，才能实现校企双方、教育行政部门与行业组织、校企与学生等各方面的协调。由于缺乏合作的动力机制，企业往往不愿参与高职教育课程运行的全过程，高职院校则难以灵活地根据企业变化进行有效的课程模式开发和课程改革。发达国家发展职业教育的校企合作模式，都是依靠立法来规范职业教育体系和相应的管理体制，并不断按照经济社会发展要求进行修订的。因此我国完善职业教育法规体系的重点，应是明确规定企业参与职业教育的责任，以及实施校企合作职业教育的途径、方式等，促进工学结合的课程模式走向成熟。将企业参与职业教育的鼓励性政策与不履行职业教育义务的惩罚性政策法规化，将会是非常有效的举措。

（2）重视研制工学结合的专业教学资源库。这是有效实施高职教育课程模式开发的重要基础。最近对部分中央财政支持建设的地方示范性职业教育实训基地调研发现，他们在改善实训条件和实训环节、强化就业导向、加强双证制度、

推动产学合作、提高服务与培养能力等方面都有明显成效，但遇到的一个深层次问题就是课程教学与培训大纲如何一体化的问题。这也是国外实施校企合作、工学结合过程中存在的一个主要问题，例如德国的"双元制"模式确实有很好的借鉴之处，他们定期发布具有法律效力的职业培训条例，以国家规定法律性质的课程标准形式来规定企业的职业培训标准，并指导学校开展课程教学工作，取得了良好的效果。但是由于具体执行中的问题，在学校教学与企业培训两方面仍然可能会出现不融合的问题，因此近年来德国职教界提出"学习领域"的改革，在学校推行行动导向教学法以提高学校教学与企业培训的结合，就是为了解决这一问题。在我国高职教育课程模式开发中推行工学结合的教学培训模式，可以更多地发挥教育行政部门的服务作用，组织力量研制工学结合的专业教学资源库，完善培养高技能人才的课程模式开发工作。

（3）加快建立企业培训师队伍。参照发达国家实施校企合作办学的经验，企业培训师队伍建设是提高工学结合课程教学培训质量的保障条件。例如德国规定，一般的技术工人是不能成为职业教育"培训师"（Ausbilder）的，必须经过师傅培训获得相关专业的师傅资格证书，并掌握"职业与劳动教育学"（Berufs-/Arbeitspädagogik）知识，才可以在企业承担带学生实习的培训任务。从我国的现实看，我们在对地方示范性职教实训基地的调研中发现，技能型实训师资短缺已经成为制约实训基地发展的一个重要因素。由于实训教师学历不高及引进后的待遇等问题，目前大多高职院校的高技能教师短缺，特别是实习指导教师严重短缺。为了保证学生在企业的培训质量，目前必须加快建立企业培训师队伍，建议可以与人事劳动部门一起，建立适应工学结合需要的企业培训师资格证书体系，先期研制企业培训师资格标准与培训考核获证办法。从某种程度上说，此项工作的进展情况应该成为高职教育工学结合教学培训模式乃至整个高技能人才培养的创新课程模式能否持续开展的一个重要方面。

（4）依法加强对学生参加企业劳动培训的保护工作。高职院校刚入学的新生，其就业前的劳动环境和强度需要受到法律的特定保护。为此，建议事先做好相关工作，保障学校与学生的权益。其一，学校要按照我国劳动法的有关规定，对参加企业培训学生的年龄、劳动场所和环境等进行审核与检查；其二，要与企业签订符合法律规定的培训合同并办理相关保险，确保学生每天与每周的工作时间，这是德国实施"双元制"的一条重要的经验；其三，要重视学生劳动前的安全教育，使学生熟悉相关防护设施，增强自我保护的能力；其四，教育行政部门要加强对工学结合活动的管理和服务，建立健全学生培训备案制度，保障工学结合课程教学培训活动的正常开展和培养高技能人才课程模式的实施。

（5）优先扶持制造业类专业高职教育开展工学结合的试点。首先，发展制造业类专业的高职教育是今后一个阶段我国教育为经济建设服务、为企业发展服务的重中之重，这是从经济社会发展和走新型工业化道路的需求考虑的。其次，社会上普遍认为制造业工作较艰苦，而且回报率较低，加上城市学生及其家长对职业的选择偏好，使制造业类高技能人才短缺的现象严重。最后，制造业类专业核心技术提高对高技能人才的要求也不断提高，制造业类高职教育的培养成本也不断提高，实施难度加大，企业可能因此不愿主动参与工学结合教育培训工作。总之，在制造业类实施工学结合既是迫切需要又有很多困难，因此要优先支持制造业类高职教育开展有关工作：一方面要对企业开展工学结合教学培训进行有效的政策扶持，包括对学生发放补助津贴等，体现教育支持产业发展；另一方面要鼓励在工科类高校开展制造业类专业工学结合高技能人才培养模式创新的研究，包括培养工科类职业技术教育学专业的博士，加强工科类职业教育的学科建设，促进制造业类专业的职业教育发展。

第三节　为实现课程目的而进行的课程改革实践

随着高职教育培养目标的日趋明确，培养新一代高技能人才的课程目的引发了全国高职院校课程改革的热潮。近年来，经过广大高职教育工作者在实践中的积极探索，初步形成了一批具有我国高职教育特色的课程模式开发成果和经验，较好地回答了高职教育"培养什么人、怎样培养人"这两大基本问题。

一、日益走向开放的课程开发过程

日益开放的课程开发表现在以下几个方面。

（1）吸引行业企业直接参与到课程开发的全过程中来。要实现高职教育的课程目的，必须实行开放式办学，开展校企合作，采取工学结合的方式实施课程开发的全过程。开放式的课程开发过程，其本质特征是在学校和企业两个育人环境中培养学生做人做事的本领，使培养的人才尽可能满足社会和用人单位的需求；让学生在实际生产、科技推广和技术开发岗位上接受训练，寓教学于实际生产、科研之中，达到学有所长、一专多能、毕业即能上岗工作的培养目标。由于行业企业直接参与到课程开发的过程之中，工作地点已不仅是从事生产活动的场所，同时也是学习的场所；用人单位已不仅是雇主，同时也是办学者。

（2）课程的开放性可以通过多种不同的校企合作具体形式来实现。从实践看，高职院校的开放式课程开发可有订单式培养、工学交替、顶岗实习、项目合作等多种形式。长春汽车工业高等专科学校采用的是"2+1"柔性课程模式，即前两年为校内培养阶段，以学校为主企业为辅；第三年则为企业顶岗实习阶段，以企业为主学校为辅。新疆农业职业技术学院探索出两种工学融合的模式，一是"金牛畜牧班"模式，即畜牧兽医专业学生第一学年以学徒身份在牛场完成养牛专业三大技术岗位、七个技术环节的岗位见习，第二学年在企业中以准员工身份协岗完成一个循环的生产实践，第三学年确定一个专业方向并选择一个技术岗位以员工身份上岗工作，实现三年三个循环，以实践为主线加之理论"镶嵌"，融教学、生产、就业于一体；二是"新实良种班"模式，学生前三学期在校内学习并完成单项技能训练，第四学期开始以准员工身份进入种子企业，进行一个完整的种子生产环节顶岗实训，第五学期后半学期的非生产季节回校充实相关专业理论知识，第六学期预就业顶岗实习。

（3）在课程开发中将教学过程与生产过程融于一体。例如，深圳职业技术学院根据高职教育课程目的的特点和学生的实际，在课程教学的具体过程中注重学生的主体性、体验性，采用"3P 一体化"教学法，即把 Principle（原理）、Practice（实践）、Product（产品）集为一体，贯穿于一门课的"教、学、做"之中。学生在修读一门课程后，要根据这一课程的核心知识，选择一个项目，并独立自主地将其做出"产品"来。这种方法以理论教学为开端，以实践训练为重心，以消化吸收、制作产品为目的，较好发挥了学生的主体作用，体现了学用一致。又如，四川工程职业技术学院数控技术专业在课程教学过程中建成了融教学、培训、技能鉴定、生产和技术研发功能于一体的多方参与建设的共享型生产性实训基地，针对每届有 400 多名机械类专业毕业生到德阳重装基地企业就业的实际，在培养计划中相应增加针对大型装备制造企业零件制造工艺、工装、数控机床编程与操作等内容，由重装企业的兼职教师或从企业引进的专任教师授课并在企业进行工艺实训。

二、理论联系实际的课程教学实施

理论联系实际的课程教学实施包括以下几个方面。

（1）建立理论教学与实践教学并行互动的课程内容体系。许多高职院校初创时期的教学计划制定、教学内容安排、教学活动开展，以及教学管理、评价等环节都自觉不自觉地模仿普通高校，比较强调理论课程的教学而有意无意地忽视了实践课程的教学。因此必须由学科本位转向就业导向，注重强化实践环节，建立理论教学与实践教学并行、互动的课程教学内容体系。具体来说，基础理论教学内容必须适应学生将来就业的需要，重视理论知识的实际应用价值，为培养技术应用能力的目标服务；专业理论教学内容则应紧紧围绕本专业的培养目标和生产实践的要求，把重点放在学生所从事职业需要的实用理论上，把生产实践中新的科技成果补充到课程教学内容中去；至于职业技术课程教学内容，包括智力技能和操作技能的训练，更要突出技术领域和职业岗位群的需要，强调针对性和适应性，着力培养在生产第一线和工作现场分析、解决实际问题的能力。

（2）开发体现工学结合特色的课程教学体系。许多高职院校为使课程教学内容贴近职业岗位的实际，满足就业导向的人才培养要求，与企业联合共同进行课程的研制和开发，在对职业岗位需要的理论基础和专业技能进行调查分析的基础上制订课程计划，根据技术领域和职业岗位群的任职要求确定教学内容。如宁波职业技术学院的模具设计与制造专业坚持立足"模具之都"宁波的企业对模具专业人才培养的要求设计课程体系，与企业共同实施模具 CAD/CAM 项目化教学、学工交替、订单式培养、半工半读等多种形式的课程模式，模具专业学生100%参与工学结合教学环节，并根据学生在企业工作中的全方位表现（包括报酬多少）给予成绩评定。学院申报国家示范性高职院校建设项目后，模具专业进一步提出了深化与行业企业合作共同开展专业课程建设，从模具行业实际工作的职业活动分析入手，构建理论、实践、素质相结合的课程体系，与企业共同开发工学结合的课程，把企业所要求的职业素养、能力和知识作为课程的主要内容，并融入职业资格证书所要求的内容。

（3）课程教学实施从文本模式过渡到实践模式。强化实践教学环节，强化校内实训和实验、校外实训和实习以及顶岗实习的实践教学系统设计，强调通过实践导向的教学结构、学生自主的学习过程，采用开放式的教学方法、多样性的教学手段、信息化的教学技术来培养人才，成为高职教育全面推进教学改革的重要主题；中央财政专项支持高职院校建设实训基地重点项目，在教学资源上为强化就业导向、工学结合的人才培养模式提供了条件保障；《国务院关于大力发展职业教育的决定》明确要求"高职院校学生实习实训时间不少于半年"，让学生毕业前有半年时间到企业顶岗实习，更有利于在高职教育课程教学中切实提高学生的职业能力，提高毕业生就业质量。这一切都为高职教育的课程教学实施从文本模式过渡到实践模式的改革提供了依据，创造了条件。实践模式的教学强调通过实验、实训、实习，让学生了解工艺流程，培养学生操作各种设备、工具的实际技能；强调通过一定的项目练习、毕业设计，让学生在现场操作、服务、管理，提高解决实际问题的能力。

（4）积极探索多样化的开放式课程教学方法。近年来国外职教领域的项目教学、案例教学、模拟教学、情境教学、任务引领教学等多种属于"行动导向"的教学法和强调"工作过程导向"的新概念教学法等引入后，高职院校在学习借鉴的基础上结合我国国情积极探索对传统的知识灌输式和技能传承式进行改革，有效改变了以往单一的课程教学方法。平顶山工业职业技术学院把课堂设在实训车间，实施项目引导、任务驱动教学法，把理论知识融于实践教学中，实现教、学、做有机结合的课程实施形式，并将计算机教学软件和多媒体教学课件、模型、实物、虚拟、仿真等手段应用到课堂教学中。无锡职业技术学院的计算机应用技术专业尝试在程序设计类课程中以教学管理信息系统为载体，对可视化程序设计、数据库原理及应用课程采用项目教学法，其中可视化程序设计以学生档案管理系统为教学项目，采用知识点与项目模块结合边讲边做，当课程完成时项目设计已完成。长沙民政职业技术学院推行参与式、项目式、任务式、工作室式、串行式等教学方法，打通理论教学与实践教学界限，增加民政社会工作实务性和现代服务业实用技术操作性强的生产性实训项目，并强调在立德树人过程中把"爱众亲仁"的职业道德精神建设融入课程教学全过程。

三、满足多元需求的课程学习制度

从以下几个方面探索了满足多元需求的课程学习制度。

（1）探索以不同学习年限完成高职教育课程的多种途径。根据不同专业的高技能人才培养课程目的的实际需要，近年来各地在改变高职教育高中后三年制专科的单一固定学制方面也进行了积极的探索。一是招收初中毕业生的"五年制高职"，自1985年试点起步以来积累了不少有益的办学经验。试点探索中职与高职有机衔接的五年一贯制，实施中、高职一体化的课程教学，保证连续较长的专业训练时间，避免中、高职课程教学内容的重复，提高技能型人才培养的效率，收到了较好的效果。目前五年制高职在各地招生仍有相当规模，而作为五年制高职变式的"3+2"中高职衔接模式也仍有很大市场。二是教育部近年来为加快技能型紧缺人才的培养而鼓励推行的高中后"二年制高职"试点，强调能力本位、就业导向而大幅度改革课程体系，以避免三年制专科容易演变为四年制本科"压缩饼干"的状况。如作为教育部批准的国家级示范性软件职业技术学院，深圳信息职业技术学院在全国率先开办信息技术类二年制专业，2006年首届400多名二年制毕业生与传统的三年制毕业生一样受到用人单位欢迎。三是提高高职院校的入学门槛、专门招收高职高专毕业生甚至本科毕业生的"第二专科"。上海公安高等专科学校根据当前公安战线高层次、复合型的人才需求，将以往招收高中毕业生改为招收高职高专及以上学历的毕业生，实施公安专业第二专科课程，学制为一年半，毕业后由上海市公安局定向分配并正式办理公务员录用审批手续。此举充分利用入学者已经过高等教育基本素质训练和已具备某一专业领域知识和技能的优势，在课程教学中强化公安专业训练以培养复合型人才，改善现有人民警察队伍的能力素质结构，适应新时期治安形势日趋复杂和公安业务不断拓展的需要。四是近年来由原来的高职院校升格的一批新建本科院校，高举"高职本科""技术本科""应用型本科"的旗帜，在本科课程教学实践中坚持沿着高职教育的道路继续探索。这些学校和专业虽在教学管理上并未归入"高职高专教育"之列，但不可否认的是他们确实在认真探索更高层次的高职教育课程发展之路。

（2）探索面向社会的终身学习需要的弹性课程教学管理制度改革。高职院校在课程教学中尊重不同学生的特点和爱好，针对不同的需要采取学分制等弹性学制和模块化组合的课程实施形式，以及安排阶段化进程和实现学习者方向的个性化，使得不同基础的学生最终能够达到统一的课程目的质量标准。如宁波职业技术学院的做法是根据行业特点、企业需要及学生个体实际，逐步推进学生自主选课、选教师、选上课时间的进程，其学分制建立在模块式课程计划基础上，而模块式课程体系则由主体、定向、辅助三个模块组成。其中，主体模块由以公共基础课、实践教学环节为主的必修课组成；定向模块可由学生根据自身能力和志趣，按要求完成选定本专业方向学习必须选修类课程并取得学分；辅助模块则有大量的选修课，用于扩大学生的知识面。又如深圳职业技术学院的电子信息工程技术专业安排在第五、六学期的顶岗实习，会同企业专家制定弹性教学计划，允许学生在3~6年内修完课程，学生可在学习期内自行延长企业实习时间；允许学校课程和企业相应实习进行置换，二者具有相同学分，学生可以选择在学校学习或到企业实习；出台专门政策鼓励学生创新，将学生在科技活动小组中取得的成绩或竞赛成绩折合成适当的选修课学时、学分。推进弹性学制的课程教学管理制度改革，更重要的是面向未来满足社会大众的终身学习与培训需要，高职院校的功能从单一的培养专门人才转向逐步强化社会服务能力，关键是要努力促进理论知识和职业技能、职前培训和职后进修、学习领域和工作领域之间的沟通和互认，鼓励采用非连续学程、往复式培训、工学交替、终身学习的课程教学模式。

（3）探索注重实践导向和社会参与的课程教学评价。高职院校必须改变传统的单纯以语言和数理逻辑能力考核为主的单一评价方式，建立多元评价体系。例如，在考核目标上，实行"双证书"制度，使学历证书和职业资格证书并重且互通；在考核主体上，实现校内理论课和专业基础课考核与企业实践操作能力考核相结合，探索课堂与实习的一体化，保证高职院校的人才培养质量；在考核方式上，以职业岗位群的实际需求作为质量考核标准，采用多元化的考核方式，用职业资格考试取代传统的考试，用上岗达标测试取代课程的考试，用完成规定项目取代课程的考试，同时强化过程考核，用过程的演练与环节的达标测试取代单一的一次性考试形式。不少高职院校还对考核体系的创新做了进一步的尝试，如长春汽车工业高等专科学校建立了毕业生能力认证体系，通过与企业共同开发，建成一套面向汽车企业的职业技能培训标准体系、客户评价体系，形成"第一汽车职业资格认证体系"，使学生毕业时达到企业岗位技能和素质要求，为学生可持续发展奠定良好的基础。总之，要确保高职院校课程开发的特色和质量，必须制定具有职教课程特色的学生学业考核及其指标体系，从学生专业和就业的实践出发采用多种方式，促进课程教学评价向就业导向和社会评价方向发展，逐步使行业企业成为高职教育人才培养质量评价的主导者和对学生进行学业评价的主体。

第八章　课程体系的建设：
就业导向、多元整合

　　高等职业院校的课程模式开发是一项复杂的系统工程，涉及观念层面、物质层面、技术层面等诸多因素，组成了一个"多元互动"的动态系统。职业教育就业导向的特性，决定了其课程不能照搬普通教育的模式。20世纪80年代以来，我国职教界为突破原有学科本位课程模式的局限，在借鉴国际经验和总结国内有益经验的基础上，对职教课程体系建设进行了多样化的改革与探索。我们在对现有多种职教课程模式改革实验的基础上，通过对其各自不同课程体系上的比较分析，重点是对其各具特色的课程方案的分析，力图揭示它们各自的特点、适用条件和所长及所短，从而概括出一些共同规律。

第一节　国内外各种课程模式体系之比较

　　党的十六大报告提出"就业是民生之本"，十七大报告又要求"实施扩大就业的战略"。千方百计地积极扩大就业，是人民群众改善生活的基本前提和基本途径。党中央高度重视就业问题，坚持从实践全心全意为人民服务宗旨的高度，把促进就业和再就业工作作为关系改革发展稳定全局的重大战略来抓。坚持以就业为导向发展职业教育，对于人力资源开发和整个经济社会健康发展具有深远的意义。

一、就业导向：职业教育各种模式课程体系的共同特点

　　下面分析职业教育各种模式课程体系的共同特点。

　　首先，以就业为导向是世界职业教育课程体系建设的共同趋势。联合国教科文组织《修订的关于技术和职业教育建议》明确提出，技术和职业教育所指的教育过程除涉及普通教育之外，还涵盖涉及与经济和社会生活的各部门的职业有关的技术及各门科学的学习，涉及获得相关的实际技能、态度、理解能力和知识。对国家来讲，如果接受技术和职业教育的人口占一定比重，必将有利于环境的可持续发展和减少贫困进而消除贫困。而随着世界范围新技术革命的深入发展和信息产业的迅猛崛起，各经济部门对从业人员素质的要求都在不断提高，使得技术和职业教育与培训的位置越来越重要，同时将其作为终身教育体系的组成部

分而普及到"所有人"，成为"通向未来的桥梁"。这使得各国教育部门与劳工部门打破固有的界限，教育与培训日渐融合，就业导向的课程体系建设成为职业教育课程模式开发的核心。

其次，以就业为导向是我国职业教育课程模式开发的必然选择。我国职业教育的先驱黄炎培先生曾提出："职业教育的目的：谋个性之发展，为个人谋生之准备，为个人服务社会之准备，为国家及世界增进生产力之准备。"无论社会经济发展对技能型人才的需求，还是现代社会个人发展的多种多样需求，都只能通过就业来实现，这两种需求之间唯一的平衡点就是就业，职业教育正是使受教育者通过就业寻求适合自己的职业岗位，将个人发展与社会发展相结合，为社会做出贡献。当前我国就业形势严峻，一方面经济建设缺乏大量适应生产与服务第一线实际工作的高素质技能型人才，迫切需要通过优质的职教课程为这些就业岗位提供合格的从业人员；另一方面接受职业教育的学生多数来自社会中低收入家庭，这些家庭更关心子女通过职教课程学习后能否明显提升就业竞争力，在社会中找到适合的位置，缓解家庭的经济负担，因此以就业为导向也代表了人民群众的根本利益。

再次，以就业为导向是职业院校课程可持续发展的希望之路。从目前的就业形势看，劳动力市场竞争激烈，职业院校毕业生的就业形势不容乐观，其中一个重要原因就是学校课程与劳动力市场脱节的问题还没有得到根本的解决。确定以就业为导向的课程体系建设思路，有利于促进广大职业院校面向经济建设的主战场，加强与行业企业的合作。当职业院校将学生就业问题作为关系学校生死存亡的重大问题来抓的时候，就会去主动适应市场，去了解市场对人才类型和规格的需求，去加强与行业企业之间的合作。同时，以就业为导向有利于推动职业院校的人才培养改革和课程模式开发。随着与行业企业的紧密结合，职业院校为了适应不断变化的市场需求，提高毕业生就业率，就需要对专业设置、课程体系及其实施方案进行改革，强化学生的就业指导和创业教育，为社会开创更多的就业机会，因此要实现可持续发展就必须坚持以就业为导向进行课程体系建设。

在课程目标方面，要认识到就业导向赋予职业教育的新的内涵。职业教育从供给导向转向需求导向，从单纯的企业需求导向转向兼顾个人发展需求导向，必然引起职教课程的深刻变革，首先反映在职业院校课程体系建设的目标发生了变化。这就是把单纯技术目的的就业技能培训课程体系，转变为以人为本、注重学生个人职业生涯发展的就业导向课程体系，增加了人文目标的要求，既体现生存、实用、职业的特性，又不忽视教育的生活、发展的方向。这样的课程才能做到如联合国教科文组织在《教育——财富蕴藏其中》中指出的："教育不仅仅是为了给经济界提供人才，它不是把人作为经济工具而是作为发展的对象加以对待。"

在课程理念方面，要以就业为导向强化职教课程的服务意识。我国加入世贸组织后，国际市场和国内市场的区分逐步缩小：一方面，今后作为"世界工厂"需要怎样的劳动力素质必须按国际标准来衡量；另一方面，职教课程作为一种教育服务也必须遵守国际上通行的规则。在世界服务贸易 12 大类别中，教育服务居第 5 类。职业院校的产品是所提供的教育服务，其客户主要是学生和企业。把学生作为服务对象，就要努力适应学生的需求和愿望，为学生的成长、成才、成功提供必要的条件和保障；把企业作为服务对象，就要在专业设置、课程计划和课程内容上适应经济社会的要求，为企业提供相关、优质、高效的服务。

在课程口径方面，要始终关注劳动力市场的就业需求信号。职业教育的课程口径具体体现在职业院校的专业设置上，专业是学校与劳动力市场接轨的接口，如何根据不断变化的就业需求来进行专业设置是专业建设面临的首要问题。过去学校往往强调资源导向，有什么教师就开什么课程、有哪些设备就办哪些科目，结果导致毕业生出现结构性就业困难。在就业导向思想指导下，职业院校的首要任务就是要把握市场需求脉搏，紧跟市场需求变化，以前瞻性的眼光不断淘汰旧专业、开发新专业。近年来全国高职教育发展的实践证明，每一所能够健康发展的高职院校都必定有其满足市场需求的特色专业和特色课程，他们正是依据劳动力市场的供求变化及时调整专业和课程口径，真正实现了以就业为导向。

在课程开发方面，要以符合就业需要作为决定课程内容与结构的标准。从发达国家的成功经验看，职业教育的课程模式非常繁多而复杂，故其课程开发从内容到结构等方面都大相径庭。采用任何单一的主体课程模式，无论"学科本位"还是"能力本位"都不可能产生共适性的效果。于是，顺应当代国际上课程观趋向综合化的潮流，广泛吸取国内外各种课程模式之长处，以是否符合就业的实际需要，作为课程内容取舍和结构组合的标准，采取"多元整合"的策略思想进行课程开发，已成为越来越多职业院校的共识。就业导向强调为学生构建持续发展的通道，克服某一狭隘的岗位技能培训的局限性，使之有更大的柔性去适应未来工作的需求和变化，并具备继续学习的能力。

在课程教学方面，要从学生职业生涯发展出发促进其就业成才。坚持以就业为导向，必须改变传统教育中单纯将学生作为教学管理对象的做法，注重以学生个人职业生涯发展为本，坚持以学生的全面发展和充分发展为基础，从传统的知识传授转向就业和创业能力培养。特别是要尊重不同学生的特点，针对不同就业需要组织各具特色的不同课程教学过程，通过课程教学管理制度的改革，采取学分制等弹性学制和模块化的组合形式，努力促进理论知识与职业技能、职前培训与职后进修、学习领域与工作领域之间的沟通，推进学历文凭与非学历培训以及相关职业岗位工作经历的互认，鼓励采用非连续学程、往复式培训、终身学习的课程教学模式，让学生能够变被动接受为主动学习，优化其个人实现就业和成才的途径。

在课程资源方面，要根据就业岗位的实际需要坚持软硬"两手抓"。职业院校的课程资源条件包括软件和硬件两方面，主要是指围绕所设置专业进行配置的师资队伍和设备设施。这些课程资源是直接服务于专业课程教学活动而产生效益的，因此对于专业课程教学是否能够适应就业岗位的实际需要也有着直接的影响。而学校对各方面具体资源条件的准备是不可能完全同步的，甚至可能软、硬件两个方面的建设出现相互背离的情况。我们在调研中甚至发现个别学校由于有一些具备数控教学能力的师资而开设了数控技术应用专业，但在硬件上却不愿为这一设备昂贵的专业投资，结果连一台数控机床也没有配置，借用别的学校设备又因未能形成共享机制而往往难以落实。

在课程质量方面，要把就业率作为衡量学校办学成功与否的重要标志。职业院校课程运行质量评价的重要条件是毕业生的实际就业率，应注重在日常课程教学活动中进行监控，建立起有效的预警机制，一旦就业率出现下降态势应及时预警。这种监控与评价不仅要看毕业生的一次就业率，还要进行跟踪调查看毕业生的就业质量如何，包括就业的专业是否对口、是否属于企业关键岗位、是否有较高且稳定的收入、是否有较好的提升机会和发展前途，以及个人转岗再就业后的适应情况等。总之，从这个意义上理解的就业率并不仅仅单指今天的就业这一个点，而是包括明天的甚至后天的就业在内的一个过程，这样的就业导向才能与国际职教界普遍推崇的"个人职业生涯发展导向"思想在本质内涵上得到融通。

在课程服务方面，要通过加强职业咨询和就业指导帮助学生树立正确的就业观。就业指导是职业教育的重要环节，只有加强这一工作才能做到以就业为导向引领整个职教课程体系建设。职业院校的就业指导并不只是帮助学生选择一个现有的具体职业，或者单纯为将来从事的某个职业岗位做准备，而更重要的是要培养学生的决策意识及自主解决问题的能力。目前不少高职院校学生对社会和自我的了解和认识都不深入，个人职业生涯发展方向的选择往往带有很大盲目性，这就要求学校建立就业指导机构，强化职业咨询方面的功能，不仅向学生提供就业信息，而且能帮助学生树立正确的就业观和价值观，为他们事业上的成功和人生价值的实现提供服务，尽可能达到个人与社会的和谐统一。

随着经济社会发展和技术的进步，我国职业教育课程体系改革不断深入，相继"移植"了国外的"双元制"、MES、CBE等职教课程模式，在实施过程中取得了可喜的成绩。但是任何课程模式都是在一定条件下产生的，都有其特定的适用范围，上述"移植"的课程模式在实施过程中也存在明显的不足，我国职教自己的课程模式无论是传统学科模式还是创新的模式等也都同样如此。因此，分析研究现行各种课程模式的基本情况，提出一种比较"适合"的职教课程模式，总结和归纳该模式在体系建设和运作方面的原理和操作的程式，具有重要的实际和理论意义。我们主要基于某一课程模式体系的特点，从为何要实施该模式、它适用于什么场合、要达到什么功能与效果、主要改革什么、如何实施这种改革、需要什么条件等几个方面进行分析。

二、国内外几种典型职教课程模式体系的简要分析

从以下几个方面对国内外几种典型职教课程模式体系进行简要分析。

（1）传统学科模式。或称学科中心课程模式，是将各类课程按序排列为分阶段的相关课程，然后把它组成一个各门课程相互衔接又各自为政的结构庞大的体系。我国职业教育采用的学科课程模式同普通教育的学科课程模式是有区别的，可以说是一种"改良"型的学科课程模式。其主要特点：一是理论课程与实践课程并列设置，保证了技能训练和能力培养的地位，体现了职业教育的特色；二是重视学生的文化基础知识，对学生的后续发展较为有利；三是对专业技术课进行改良，试行模块化课程；四是设置复合化课程；五是实践课自成系统，单独设课，注重学生实践能力的提高。但这种课程模式也存在明显的不足：一方面是课程设置上存在重科学理论而轻技术理论的现象。根据我们对现行学科课程的学校教学计划的分析，虽然在专业知识中注重复合型知识和现场管理知识的传授，但专业课程在整个教学计划中的比例偏小，而文化基础课程的比例较大。由于专业知识比较薄弱，面对技术不断高移和社会持续发展，学生将难以适应。另一方面，课程编排上采用"基础课—专业基础课—专业课/实践课"的"三段式"过于机械，不利于学生个性的培养和学习积极性的发挥。

（2）"双元制"模式。这是德国职业教育的主要形式，主要标志是学习者一边在企业进行技能培训，一边在学校接受文化基础课和专业理论知识的学习，从而把企业和学校有机联系起来。这种双元特性主要表现为企业与学校、实践技能与理论知识的紧密结合，每一元都是培养过程中不可缺少的重要组成部分❶。双元制课程是一种典型的活动课程，其课程结构坚持以企业培训为主、学校教学为辅的原则，在3年的培训期内理论课与实践课的比例一般是第一年为2∶3，第二、三年为4∶1左右，实践课占有主要的地位。我国职业院校在"移植"和借鉴双元制模式的实践中进行了适当的改良，这种改良后的双元制课程模式的主要特点：一是强调实践课程、重视实践教学，如采用这种模式的学校专业实践课程占总课程时数一般都在60%以上；二是学生专业技能水平较高，动手能力强，用

❶ 雷正光.职教课程实务概论［M］.北京：中国科学技术出版社，2000：247.

人单位比较满意；三是课程设置强调综合化，如有的学校学习德国某些联邦州职业学校的做法，将专业理论课程综合成专业理论、专业计算、专业制图三门课；四是与企业联系比较紧密，注重企业环境、企业文化对学生的熏陶，学生对岗位的适应性较强。双元制课程模式的不足是学生文化基础比较薄弱，专业理论知识的深度不够。而面对迅速发展的现代科学技术，职教课程体系如果基础知识过于薄弱，将会对学生的后续发展和继续学习造成困难。

（3）CBE 模式。CBE（Competence Based Education）原是第二次世界大战期间美国用于对技术工人进行的再培训。20 世纪 60 年代后，经过加拿大等国的创造性发展得以复兴，并成为一种有影响力的职业教育模式。目前，国际上形成了加拿大、澳大利亚和英国 CBE 体系，我国 20 世纪 90 年代开始介绍和引进 CBE 模式，并在相关地区进行了典型试验，取得了一些成功的经验。CBE 模式的主要特点体现在课程的开发以能力为核心，方法上运用 DACUM 模式；课程体系的设计一般采用模块式课程方案，增加了课程的灵活性；重视学生技能的训练，理论知识传授以"必需、够用"为度，不注重知识的系统性和完整性，对职业岗位有较强的针对性；教学上强调发挥学生的主体作用。对 CBE 的能力观，澳大利亚学者认为有还原主义能力观、整体主义能力观和整合能力观的区别。目前我国对 CBE 能力观的理解还带有浓厚的还原主义能力观色彩，把能力看作是任务本位的，能力被设想成为一系列孤立的行为，容易忽视其实际工作环境中人们操作行为的复杂性以及在智力性操作中判断力所起的重要作用。但由于 CBE 课程模式采用模块化课程方案，在入学方式、学习时间、结业方式等方面比较灵活，因而适宜于对技术工人的定向培训。它强调发挥学习者的主体作用，要求学习者具有较强的学习主动性和自我决定能力，因而适用于成年人的技能教育；同时，其理论知识的传授缺乏系统性和整体性，学生学到的知识、技能、态度常常是孤立的、缺乏相互之间的有机整合，因而对再生性技能的训练比较适用。因此 CBE课程模式的弱点：一是课程的开发必须以职业岗位为前提，但现代社会职业岗位的变化速度在不断加快，而 DACUM 的开发过程是一个复杂的系统过程，课程的开发完成之日很有可能是岗位群已发生变化之时，从而造成人力物力的浪费；二是由于不注重知识传授的系统性、完整性，学生的知识缺乏整体性，对今后的继续发展不利；三是由于受还原主义能力观的影响，学生对某一项技能的掌握虽然精湛，但由于知识面过窄，学生创造性技能的发展缺乏弹性。

（4）MES 模式。MES（Modules of Employable Skill）模式是国际劳工组织开发的课程模式。从广义上讲，它是一种职业培训方式；从狭义上讲，则是一种针对职业岗位规范的就业技能的模块组合。MES 课程模式的着眼点是"使受训者获得社会生产活动中实际用得着的技能"，而技能的获得是通过模块的组合来实现的，每一个模块是一个职业技能系统的一部分。学员每学完一个模块，就等于增加一种技能；而模块由若干个学习单元组成，学习单元是对应于某一项技能或某一知识的培训材料，相当于一门培训课程。MES 课程内容的开发是基于对职业领域、工种范围、工种的三级分析。根据每个岗位的具体技能要求来组织学习单元，强调以学员为中心的教学方法。MES 课程虽然具有模块组合比较灵活、强调技能训练、突出动手能力等优点，但该课程模式的开发是以岗位所需的技能为标准，必须具有明确的培训目标，因而比较适用于短期的技能培训。由于 MES 课程模式中的理论传授围绕着技能训练进行，不重视理论传授的系统与完整，具有学生技能精但知识面窄的弱点。

（5）KH 模式。即我国职业教育工作者自己开发的"宽基础、活模块"课程模式❶的简称。它借鉴了"双元制"、CBE、MES 课程模式的一些优点，同时又吸取活动课程、学科课程、多元整合课程的长处，从而形成 KH 模式。所谓"宽基础"（K），是指专业课程的科目、教学内容（知识、技能、态度）与教学年限，要为学生学好专业、适应职业岗位的需要以及继续学习打下宽厚的基础。而所谓"活模块"（H），则是指学生为适应时常多样性的需要和个人的兴趣、特长，在专业课程中设置若干供学校和学生选择的模块课程。其所学内容是针对某一特定工种所必备的知识和技能，以技能为主。一般 KH 模式往往把"宽基础"课程分为文化基础知识和职业群专业课程两个子板块；"活模块"板块则分必选模块、自选模块两个子板块，在各个子板块下分设若干门课程。在课程设计上，是"宽基础""活模块"这两个大模块和子模块的组合。可以说，KH 模式是一种明显具有整合意识的课程模式，因而可把它称为整合课程模式的雏形。该模式的主要特点：一是以能力本位为课程开发的指导思想；二是采用模块化的课程体系设计；三是注重学生个性的培养，设置选修课程；四是重视知识的系统性和完整性。但 KH 模式在实践过程中也存在一些问题，如对"宽基础、活模块"中"宽、活"的程度还缺乏清晰明确的理论界定；又如由于增加了文化基础课和专业基础课程的课时数，相对减少了专业课程和实践课程的课时，容易给学生掌握扎实的专业知识和过硬的实践技能带来困难。

总之，从课程论的角度分析，无论上述哪一种课程模式，都离不开学科中心、问题中心、能力中心和活动中心这四种课程基本模式的范畴。而其中最根本的就是学科中心和活动中心这两种模式，亦即是以重视知识传授为主，还是以学生的实践活动为主。问题中心、能力中心模式则分别是活动中心模式的派生物（见表 8-1）❷。

---

❶　成永林，黄克孝．职教模式实验研究［M］．北京：科学普及出版社，1999：247.
❷　黄克孝．职业和技术教育课程概论［M］．上海：华东师范大学出版社，2001：40.

表 8-1 四种职教课程基本模式的比较分析

范型	特性	功能	局限	适用范围
学科中心	（1）强调知识结构的系统性、完整性； （2）重视知识传授和记忆； （3）课程易于编制	（1）有助于打好基础理论； （2）有助于认知能力的发展	（1）容易使理论脱离实际； （2）学科之间缺乏联系； （3）增加了知识的冗余度	（1）重要的文化基础课和技术基础课； （2）理论性较强的专业课
问题中心	（1）学到的知识、技能有针对性； （2）课程结构简洁、紧凑	（1）有助于发展分析问题、解决问题的能力； （2）有助于提高学习兴趣和效率	（1）知识缺乏系统性、完整性； （2）课程编制比较困难	（1）应用性较强的专业技术课； （2）诊断、维修、个案、分析类课程； （3）专题研修类课程
能力中心	（1）使用职业分析、工作分析； （2）强调知识、技能的针对性和实用性； （3）课程模块化、个性化	（1）满足行业团体的规范化要求； （2）有助于职业能力的全面训练； （3）使技术达到专精、熟练	（1）不利于知识、技能的迁移； （2）不利于自我学习能力的发展	（1）职业资格考核培训课程； （2）工作、学习交替课程
活动中心	（1）个体检验性； （2）知识、技能、态度的整合性和协调性	（1）巩固所学； （2）灵活运用所学； （3）增长临场经验	（1）课程结构比较松散； （2）学习效率不高； （3）不易考核和评定	（1）综合实验课； （2）生产实习课； （3）项目设计课； （4）社会调研课

三、各种课程模式的体系分析

下面分析各种课程模式体系的特点。

（1）目标行为导向的课程体系。课程体系以目标行为作为导向的，并非某一种单一的课程模式，而是一大类别的课程模式，双元制、MES、CBE 都是属于这一大类的课程模式。它们具有共同的特点：一是课程体系的设计思想相同，采用"活动中心"模式的课程观，并大多使用 DACUM 或类似的课程开发方法；二是课程结构灵活，便于个别化教学；三是教学内容以职业实践活动为主、学科知识为辅，不强调知识的系统性、学科性和整体性，理论教学的任务是传授从事相应职业所需要的最实际的、基本的知识和概念，主要是为实践教学提供必要的理论基础，以实践活动"够用"为度；四是教学形式以学生为中心，而不是以教师为中心，即强调学生在学习过程的主体作用，培养学生的自学能力和自我评估能力；五是实施目标行为导向的评价，强调目标和评价标准的客观性和明晰性。但这类课程体系就其各自的具体模式也存在一定差异，比如 CBE 课程与双元制课程就有所不同，这主要是它们所面对的任务有所不同而产生的，由此也反映了双元制技工培训在 CBE 的单纯定制式技能培训课程基础上的发展，如增加了必要的理论知识，并且运用了符合青少年成长规律的阶段递进方式。从中也不难看出，我国职教课程改革中都吸取或融合了 CBE 课程和双元制课程模式的成功经验，即具体的模式及其发展。

（2）几种课程模式的因素分析。在对各种课程模式进行体系分析的同时，通过对相关职业院校的课程观、课程开发动因、课程模式基础等因素进行比较，发现各种模式的课程观大多以能力本位和课程改革的综合化、模块化为基础；课程改革的理论基础主要是多元整合思想；实践基础是为了满足行业企业需要；课程开发的动因则主要是为了适应区域经济和科技发展对人才的需求、提高就业率和进行教学改革、提高教学质量的需要。因此，各校进行课程改革的目标是明确的，课程的综合化、模块化改革呈现出不断加强的趋势，多元整合课程指导思想在不同模式中得到了不同程度的体现，表明这一思想是符合现代职教课改方向的。同时，通过对各地区实施不同课程模式的教学计划进行比较而分析各个模式的教学特点，为形成一种新的能够适应中国国情的高职院校课程模式提供参考意见。

从知识和能力结构分析，德国的双元制课程模式突出实践活动这一重点，理论课程完全围绕实践课程内容而展开，目标是培养特定专业的技术工人；KH 课程模式强调学生的文化基础知识，专业课程设计成模块形式，有一定的弹性余地，实践课程与劳动部门的等级工考试相互连接；传统的课程模式在课程内容上做了改变，即将专业进行了复合，能力上强调外语能力的培养；多元整合课程实验模式的专业基础课程针对专业群开展，体现综合化，专业课程强调系统性，实践课程突出技能的专门化。对于双元制、KH、传统式和多元整合实验这四种课程模式中的课程体系，我们通过比较文化基础、专业基础、专业及实践课程的课时可以清楚地看到，双元制模式特别强调实践课程，文化基础知识相对较弱；KH 模式强调的是文化基础课程和专业基础课程，专业课和实践课的比例比较低；多元整合模式也强调文化基础课的比例，专业基础课的比例比较低；传统模式则比较强调文化基础课程比例，但实践课程的比例一般也能满足专业要求。由此可见，双元制模式培养的学生因在教学过程中有大比例的实践教学，能直接对口职业上岗工作，但因文化基础较弱而继续学习后劲不足。尤其在我国注重学历教育的社会大背景下，过于薄弱的文化基础知识会给年轻人的继续发展造成一定困难。KH 模式安排了较大比例的文化基础课和专业基础课，为学生继续发展提供了良好基础，但因专业课程和实践技能的相对不足，可能会给学生毕业后直接上岗工作带来一定困难。多元整合实验模式的文化基础课程和专业基础课程比例相对比较合理，实践课程比例比 KH 模式有较大增加，兼顾了基础和能力两个方面。而参与比较的传统课程模式，我们选取的五年制高职院校（即中、高职教育一体化课程）在培养目标和教学内容上做了专业复合的改革，改善了传统教育模式专业面狭窄的缺陷，但是专业课程的比例相对较小。

根据上述比较结果，双元制模式的长处在于强调实践技能，依托企业进行职业教育，所培养的学生实用性强，上手快；KH 模式的长处在于基础文化知识和基础专业知识比较扎实，学生继续学习的能力和基础比较好；传统模式的长处在于学科体系比较成熟，适应较高层次的人才培养；多元整合课程实验模式则吸取了相关课程模式的长处，基础课程、专业课程、实践课程的比例比较合理。因此我们认为，任何单一的职教课程模式都存在着自身的缺陷，不对课程模式进行改革就难以适应社会的需求。为了应对急速变化的社会需求，课程模式出现了各种课程观相互补充、互相融合的趋势。如传统的职教课程模式虽重视知识传授的系统性和完整性，但也吸取了活动课程模式的长处，注重对学生实践能力的训练；同样，典型的活动中心课程的双元制模式，也越来越重视对自身的改造，吸取传统职数模式的长处，注重学生知识面的拓宽。基于上述的分析和现实对职教课程改革的要求，我们运用多元整合观念提出开发多元整合课程模式的设想。

（3）多元整合课程体系下各模式的实验。前已提及 KH 课程模式即"宽基础、活模块"集群式模块课程，将整个课程体系区分为两个阶段。第一阶段"宽基础" K，即所学内容并不针对某一特定职业岗位，而是集合了一群相关专业工种所必备的知识和技能。该阶段的功能一是为今后的转岗或继续教育奠定知识与技能基础；二是学生在阶段学习结束后能根据自己的特长和兴趣以及就业市场状况，对后一阶段的课程模块进行选择。第二阶段"活模块" H，其功能是学生在选定模块后针对相对确定的一个或几个就业岗位进行训练，突出岗位技能训练以顺利进入工作岗位。虽然课程实施分为 K 和 H 两个阶段，但两段时间如何分配则根据不同专业的特点和就业市场的实际情况而定。一般第一、三产类专业的基础较宽、模块较小，第二产类专业的基础较窄、模块较大。所以要提高这种模式的课程改革的水平，需要做好两项基本工作：一是在对相关多种职业进行大范围分析的基础上，抽取这些职业的共同因素，再进一步把它们组合成有机的课程整体；二是定期进行劳动力市场调查，确定当时可能的岗位空缺，以便确定 H

模块的选择。如有条件还有必要对学生进行调查和心理测试，以便在 H 阶段开始时之前，让学生能根据自己的特长与兴趣对活模块进行理性的选择。KH 课程改革的策略主要是课程结构的优化，它吸收了双元制和 CBE 模式的综合课程和模块课程开发技术的长处，还发展了群集课程的思想，即建立"集群式课程"，创设了众多活模块而增加了学生的选择机会，故被称为多元整合课程模式的雏形，具有一定的理论和实践价值。其课程改革的另一特点，是对传统三段式学科课程模式的改进，而不是完全抛弃传统课程模式而另搞一套，并重视课程开发技术的规范化，因而改革的阻力小，简便易行，从而成为在国内职教界影响最广的一种课程改革。

除 KH 课程模式以外，各地职业院校也在以多元整合课程模式为理想进行其他的多种课程改革探索。如"阶段能力模块"课程模式，由基础阶段和拓展阶段两个部分组成，有些中高职衔接贯通的"3+2"或五年一贯制高职教育也采用这种模式；又如"岗位综合能力导向"课程，即在就业岗位基本确定的前提下，依据对就业岗位群的调查与分析，确定课程的知识结构和能力结构，选择和更新课程内容；再如"复合职业能力"课程，这是为适应工业技术革新的最新进展，瞄准智能复合型技术工人的培养目标，把原来的工种和技能标准重新调整组合，期望达到文化高移、能力复合、素质综合的效果。这些课程模式改革的典型试验，其各有特色的课程设置与技术操作程序都具有一定的理论和实践意义。

第二节　多元整合：课程体系建设的策略选择

一、职业教育课程体系改革的经验、问题和策略

对职业教育课程体系改革的经验、问题和策略进行以下分析。

（1）改革的经验。从以上的比较分析可以看出，各种模式的课程改革都不同程度地克服了传统职教课程体系的种种弊端，如不同学科课程的理论知识之间缺乏联系和综合的问题；理论知识偏多偏深，存在过于学术化倾向的问题；重理论、轻实践和理论与实际相脱节的问题；学习效率低，不利于学生能力培养的问题；课程内容难以适应职业世界变化的问题等。这些课改探索取得的经验是丰富而可贵的，呈现的共同特点：一是能力本位和终身教育的指导思想。尽管能力本位的内涵与具体模式有多种，但职教界普遍关注的是以综合职业能力的培养为导向；同时强调学生继续学习的能力和广泛的职业适应性，则是与终身教育的思想一致的。二是普遍重视对社会的需求调查与预测。为培养不同规格的各级各类人才设计合理的课程结构都进行了大量的市场调查、实地考察、职业分析、毕业生跟踪调查等活动，从而增强了课程的弹性、针对性、实用性和可操作性。三是兼

顾学生个体的需求。在力所能及的范围内，各个模式都不同程度地给学生可选择的多种机会，或者横向拓宽职业、工种的选择面，或者纵向划分能力、素质多级水平。四是课程结构突出宽、实、活、新的特色。"宽"是指专业覆盖面宽，打破单一、狭窄的主要专业界限，让学生基础扎实，先通后专，一专多能，提高适应性，逐渐从单一的专业课程转向职业群集课程；"实"是指教学内容注重实际和实用，加强专业技能和能力的培养；"活"是指通过课程结构模块化、教学管理学分制，来适应职业要求和学生需要的多样性和多变性；"新"则是要求适应最新变化，及时吸收技术知识和教育改革经验，使课程能及时反映新知识、新技术、新工艺和新方法。这些共同的特点反映了一个规律：课程体系改革正呈现多种课程观和课程模式的互相渗透与融合的趋势，以适应复杂多变的职业世界，这是时代的特色与潮流。

（2）当前改革中尚须面对的课题。由于我国目前多数的职教课程改革基本上还是以改良为主，即对原有课程进行"渐进式"的修改，这就难免受到原有学科本位课程刚性结构的限制，仍然难以跨越学科界限，难以对课程作综合化、模块化的处理，仍然难以适应职业类型和学生特点的多样性和多变性，尤其难以适应职业世界的结构性快速变革。具体说来，今后的职业教育课程体系改革必须面对以下课题：

一是课程模式的多元化中的选择问题。我国出现的多种多样职教课程模式，是职业世界和个人多样化的需要，是时代发展的必然。但同时我们还要考虑模式适当性的问题，因为现有的每种课程模式有其特定的适用范围和适用条件，超越这个范围条件就难以取得理想效果。在这个意义上说，目前任何一种课程模式都很难适用于各级各类职业教育，很难设计出一种普遍适用的完美模式。因而不能盲目地搬用别人的模式，如果由于需要和条件的特殊性而找不到合适的现成模式，就必须进行独立的创造而没有捷径可走。然而从现代各种课程模式的发展趋势来看，课程模式之间的相互渗透、互相融合的现象比比皆是。多元整合课程模式的改革实践就是基于这种理念的创造，它试图找到一种普适性较大的职教课程模式。对此，前述"宽基础、活模块"和"阶段能力模块""岗位综合能力导向""复合职业能力"等课程的实验研究已有了可喜的进展，尽管还只是初步的。

二是实践课程与理论课程的关系问题。这一直是职业教育所最难解决的问题之一。杜威在对职业教育课程体系的构造中指出，"把关于人和自然知识同准备从事职业的知识相结合，并深刻地意识到工业与职业在当代社会中的社会基础和社会后果"乃是变革传统职教课程体系、重建新体系的先决条件之一。"一种真正的、起解放作用的教育决不允许把职业教育在任何水平上同社会的、道德和科学的事务隔离开来"，这也是他提出涉及文、哲、农、工、商、军、政等多方面学科内容的主导思想❶。对于文化学科与应用实践学科的关系，杜威主张以实践知识为主，职业教育的学校课程就更应强调实践能力的培养。但是德国双元制在目前所遇到的挑战也值得我们深思：以什么"为主""为中心"的指导思想是否都会有偏差？实践课程与理论课程孰轻孰重不能一概而论，不同的培养目标、不同的学生入学水平都要求不同的理论与实践课程的比重。但无论比重如何，理论与实践的紧密结合都是十分有益和必要的。为此，还应该把课程模式的改革与教学模式的改革配套进行，真正转变传统的以教师为中心、以教材为中心和以课堂为中心的教学模式。不少课程实验点的经验证明，课程体系改革是教学过程改革的前提，但如果没有后继的教学过程改革，课程体系改革也难以进行。确立以学生为主体、充分顾及学生个性发展的现代教育观，建立以完全学分制为基础的弹性学习制度，是我们深入进行课程改革所必须做到的。

三是兼顾职业需要与学生发展的问题。如果要把社会需要与个体需要的结合落到实处，首先就必须真正深入全面了解学生个人和职业世界。目前许多职业院校做了一些行业企业调查和学生问卷等社会性调查，但总体上还只是根据一些十分模糊的假设来进行专业设置和课程体系建设的。造成这种局面的首要原因是教育与就业的体制分割，不能激励企业积极地参与学校工作，但缺乏职业调查的技术与方法、不会使用了解学生的有效方法与技术、缺乏专业人员的支持也是十分重要的原因。其次，教育与就业的观念也有待更新，教育者与社会上的偏见人为地造成了社会需要与个人发展的分割，使二者不必要地对立起来。今后只有通过职教创新和劳动就业制度的创新，在对学生进行细心的学习与职业指导的基础上，最大限度地利用就业机会和个人发展的条件，才真正谈得上个人需要与社会需要的结合。

（3）多元整合：改革创新策略的选择。课程作为维系着教育活动内外环境的一个多元互动的动态系统，连接着各级各类教育与种种社会要求，保证着教育与培训机构的功能发挥。随着社会的变迁，课程体系的稳定是相对的，而其改革创新则是永恒的。但由于课程模式开发是一个十分复杂的动态系统工程，所以在改革前开展精心策划时，对于策略的选择十分重要。职业教育课程模式创新的策略，是指进行各级各类职教课程改革活动的方针和方式，即在制定课程改革方案之前，要按特定的地区、机构、不同的职教类型层次和目标规格等具体情况及要求，对各种影响和制约课程发展的因素及它们之间的关系进行综合分析，进而确定课程模式开发的指导思想和方式方法。策略选择正确与否，对于课程改革效果的相关性是很大的，探索一种科学有效的职教课程模式创新的策略思想，既有理论价值又有现实意义。

---

❶ 赵卫. 杜威的职业教育思想及其现实意义 ［J］. 教育研究与实验，1988（03）.

世界万物总是在不断地分化和组合之中得到发展的，人们基于对这一发展规律的认识，形成了一种"整合"的观念。整合是将个别的个体或因素按一定规则综合形成一个整体的思维方法，以此可用来分析或创建某种新事物。我们提出职教课程改革的多元整合策略思想即源于此。职教课程改革从实质上讲，是通过课程模式的创新除弊兴利使之发生质的变更，以适应不断变化的新情况。改革中应予考虑的因素或方面很多，而它们之间又是相互联系在一起的，这就给决策和分析带来困难。因此我们选择多元整合的策略思想进行课程模式开发，首先必须从中抽出一些关键的因素或方面加以分析，主要在课程体系内部的课程观、课程内容和课程结构等方面，提出如何具体应用这种新的策略思想。

（4）多元整合课程模式的理论和现实基础。首先在哲学观上，世界上的任何事物都处在不断的分化和组合之中，并在分化和组合的过程中得到发展。科学实验证明，在一定条件下，分子的组合变化是非常迅速的。因此人们基于对这一发展变化的认识，形成了整合的观念，即将个别的个体或因素按一定规则综合形成新整体的思维过程和方法。通过整合，人们可以在原有事物的基础上，或融合、或组合、或叠加创建一种新事物。新事物不是原有事物的简单相加，而是按照一定的规则进行有机的创造，这是多元整合课程模式的哲学基础。其次在课程观上，出现了各种课程观的平衡和综合化趋势。课程观是对课程的性质、要素、功能、目的、规律、原理和法则等问题所持的基本看法，每一种职教课程模式都是某一种课程观或几种课程观平衡下的产物。如 MES 课程模式和 CBE 课程模式虽是能力中心课程观的体现，但也深受活动中心课程观的影响，从目前的发展来看增加了发展模块——基本上是学科课程的系统化和专业理论课程。又如体现典型的活动中心课程观的双元制模式，它的三门按照职业活动需要设置的专业课采纳了学科中心课程的综合化技术，它按基础、专门、专长安排的教学模式也继承和发展了学科中心课程分段实施的传统。因此，从现代职教课程模式的发展趋势来看，极端的、单一的"本位"课程观指导下的职教课程模式已少见，而出现了综合几种课程观，并在某种课程模式上各种课程观相互补充、融合的趋势，这是多元整合模式的课程观基础。我国现行职教课程模式实践过程中大多以多元整合思想为理论基础就是证明。

同时，从现代职业教育的发展趋势看，现代科技的迅速发展使行业的技术构成出现了向技术密集型转化的趋势，劳动力的技术内涵日趋丰富，职业岗位变化的速度加快，职教课程面对日新月异的技术发展必然产生高移。由于技术教育的分量增加，服务于高技术产业的职教课程无论是学科中心还是活动中心模式，都必须满足新技术的变化对课程的要求。而由于终身教育观念的确立，职业教育不再是一次性、终结性的教育，这势必带来职教课程观和课程模式的改革。现代教育注重人的全面发展，注重学生个性的发展，课程发展呈现出知识为本、能力为本、个性为本的总趋势。这种趋势也必将导致现有职教课程模式做出相应的改革。因此，多元整合课程模式有着现实的社会发展基础。由于现行职教课程模式都具有自身的长处和不足，吸取各种职教课程模式的长处进行有机融合，探索一种能基本满足现代技术发展和个体发展对职教要求的课程模式是具有现实意义的，这是我们进行多元整合课程模式探索的基础。

二、高职教育多元整合课程模式创新的策略思想

实现高职教育内涵发展的关键在于课程模式的创新。而课程是一个由多元复杂结构组成并受多种因素制约的庞大系统，人们为了更加科学地把握课程体系改革，经常从课程模式——某种课程在理论上的组织系统（概念上的架构）——这一课程的代表性特征之科学抽象的层面，来描述课程体系改革的具体方案。作为课程观、课程内容和课程结构三元素的特定组合形式，课程模式是在一定课程观指导下的课程内容及其进程和安排在时间和空间方面的特定组合方式。如前所述，社会经济的发展，尤其是技术的进步，对高技能人才的规格要求发生了变化，也必定导致课程模式的变革。我们应根据高职教育的培养目标，从三元素的特定组合形式来具体地探讨高职教育的课程模式。由于知识经济时代高技术的系统导向性、跨学科性和快速多变性等特征，在实际生产中必定要求从事高技术生产和操纵高技术手段的技术型人才具备宽广的知识面、全面的职业技能、一定的创造性能力、较强的适应与发展能力、积极的职业态度和个性化的价值倾向与行为方式等素质特点。这些基本特点要求高职院校的课程模式必须在内容、结构和指导思想诸方面有所创新。

（一）课程观的多元整合

课程观是依据一定价值观对于一系列课程问题的基本看法。一定的课程观总是围绕一系列有关课程的基本问题（诸如课程的性质、要素、功能、价值标准、宗旨目的、开发基础与方法、发展动因、内容、实施等）展开的，而对这些问题的不同回答构成了不同的课程观。每种课程模式的背后总是隐藏着一种课程观，或者是几种课程观的平衡与调和，而目前多种课程观正在逐步综合的趋势尤其值得引起我们的重视。事实上，学科课程论、活动课程论、问题课程论、个性课程论等各种课程观，都有其特长和一定的适用条件，在实践中其实也不是单一的课程观的使用，高职教育的课程观更应采取多元整合型。

（1）多元互补，博采众长。国际经验表明，能力本位（CBE）课程观并非高职教育课程的唯一选择。必须承认，CBE 所体现的能力本位思想对于改造传统学科课程的致命弱点是十分有意义的，但它有特定的适用范围和条件，它比较适宜于定制式培训，即也有另一种局限性。这涉及高职教育所培养的技术应用型人

才是否必须有那么明确的职业岗位针对性（这是采用 CBE 的前提），对此还值得慎重探讨。为适应高技术人才培养的需要，国际上正出现一种改造与发展传统 CBE 的倾向，值得我们深思。如澳大利亚学者 Andrew Gonczi 在《关于 CBE 的国际性观点》的长篇论文中，分析了传统 CBE 的局限，断定其不适合技术型人才的培养，而主张要引进问题本位课程观加以改造。我国学者黄克孝、严雪怡等也认为，对于高技术课程来说，运用就业分析法（即 CBE 之 DACUM 工作分析）开发课程是无效的，因为高技术产业发展变化非常快，在现有的传统技能上预测未来技能发展的情况将相当困难。他们主张由工业界专家和教育工作者一起通过分析出高技术产品的结构成分来开发、编制课程，因为高技术产品虽千变万化，但其结构成分基本上是一样的❶。从他们的论述中，可以引出的课程观显然既不同于学科本位课程观，也不同于能力本位课程观，而是吸取了能力本位课程观中客观分析法的长处，以及吸取了学科本位课程观中强调系统地阐述高技术产品结构成分的理论知识长处，也具有多元整合的趋势。

各种课程观在其形成和发展中之所以成为一种流派，都说明在实践中有其存在的合理性和长处，但同时必有其短处。因此，要吸取各课程观的长处形成一种多元整合课程观，这可能是适应多元、多变高技术时代的一种上策。只有多元互补、博采众长，建立以综合职业能力为导向的现代职业教育课程观，在这样的课程观指导下进行高职教育的课程模式创新，才能真正实现高职教育的内涵发展。具体而言，在理论教学上，取学科中心课程之所长，加强基础理论知识教学，注重理论知识之间的系统性，促进不同学科之间的沟通和融合，为学生创造性能力、自我适应能力的发展打下良好的基础；在实践教学上，取活动中心课程之所长，使学生经验知识的获得和各种技能的训练有足够的时间保证，为学生知识的获取、技能的习得、态度的养成提供实践条件，从而使学生的知识技能结构趋于完整、合理；在课程开发上，取能力中心课程之所长，进行市场分析和职业岗位分析。在广泛听取和吸收行业部门和企业界人士意见的基础上，决定课程内容，使课程的开发程序规范、科学，避免在课程内容选择和组织上的主观随意性，把学校和企业结合起来，使课程的设置满足企业和行业的需要；在教学形式上，取问题中心课程之所长，帮助学生掌握学习的方法，发展学生分析问题、解决问题的能力；在发展形态上，取个性中心思想之所长，现代教育呈现出以知识传授、能力发展向个性发展的趋势。个性中心的课程观能使学生的个性化价值取向和行为方式在课程中得到有效体现，最大限度地满足学生对课程的特殊需要。总之，多元整合的课程观不是在某一课程观基础上对其他课程观的借鉴和吸收，而是把各种课程观的长处融合在一起为我所用，形成一种崭新的课程观念。它以学生综

❶ 上海职业技术教育研究所. 走向新世纪的职业教育研究［M］. 上海：上海大学出版社，2000：99.

合职业能力的养成为导向，同时使之具备相当的文化和专业知识以保证发展的可持续性。

（2）课程观的综合化倾向。从现代职业教育课程模式的发展趋势来看，极端的单一"本位"课程观的课程模式现已较少见，而大多均是综合了几种课程观的结合体，也即出现了在某种课程模式中各种课程观相互补充、互相融合的趋势。例如德国双元制的核心阶梯课程模式，以实践活动为核心是其主要特征，这本是活动中心课程观的主张——技术工人的培养离开了现实的职业活动是不可想象的；而双元制中按照职业活动的需要设置的专业理论课，却是采纳了学科中心课程的发展成果——课程综合化技术，从基础、专门、专长三个阶段逐步逼近就业岗位的安排，也是承继和发展了学科中心课程的分阶段实施的传统。即使是我国传统的职教课程模式，固然其带有的普教学科课程色彩相当浓厚，但是其理论联系实际的指导思想以及发展改革中设置的与理论教学体系相并立的实践教学体系，又是典型的活动课程观的体现；如此等等，凡生存延续至今的学科课程、活动课程、问题课程、能力课程等各课程基本模式以及它们的各种变式，在应用时都或多或少地有这样的相互融合的现象，这也是我们提出多元整合课程观的现实基础。

产生这种课程观综合化的倾向是有其深刻的、现代社会发展所致的动因的。首先，生产技术的日趋科学化——职业教育的高移和发展，知识、技能、态度的比重变化，普通教育与职业教育的一体化（课程趋同）；其次，终身教育、继续教育观的确立——终结性、一次性职教观的改变；再次，以人为本的教育思想发展——社会的进步与发达，使教育个性化有了需要（社会与个体）和可能（物质与技术）。在这些动因的驱动下，课程发展呈现出"知识为本→能力（含知识、技能、态度）为本→个性（知识、技能、态度的个体化）为本"的总趋势，这种趋势也必定促成各种课程观的融合。

（3）以培养综合职业能力为导向。各种课程观都是在特定的环境下形成的，有各种特定的功效和需要特有的实施条件，但是在特定的情形下又可以趋同。所以，在课程模式创新中随便否认哪个或片面抬高哪个课程观都是不妥的。让学生能够顺利就业，包括他们自己能够谋生，是职业教育的根本任务，是与普通教育质的不同。然而是否意味着职教的课程观只有或只能选择能力本位呢？从现代社会和科技的发展来看，现代技术变更速度极快，高技术两三年一变，有的技能甚至还没出校门就已经没有用了。"不能培养21世纪的下岗者"越来越成为职教界的共识，因为下岗的往往是知识和能力基础较弱者，他们缺乏应变和转岗能力。所以，高职教育课程观也不宜一味坚持技能为主的能力本位而走极端。

尤其是高等职业院校教育，它就是以传授间接经验为主的。学生所需要的不仅仅是职业技能，还需要知识以及在两者基础上形成的综合职业能力。长期实践证明，简便、高效地传递知识的最好办法还是学科课程教育，以学科为中心的一些成功做法在高职教育中不宜一概否定。即使到了高技术阶段，知识经济、信息时代到来之时，在高职教育中的学科课程也仍将有其特定的地位。当然，学科课程也确有很多问题，需要我们去改革。所以我们提倡多元整合的课程观，不但不全盘否定传统的学科课程观，而且要继承其科学成分和采纳其现代发展的成果；与此同时要更积极地吸取活动课程、能力课程和问题课程等课程观的合理内核，使之赋予时代特征。总之，在各种各样的课程观中，凡是对实现高职教育培养目标有利的我们都要吸收，并让它们成为一个有机整体。多元整合的现代高职教育课程观以综合职业能力导向为其基本特征，这就是说要使高职教育的培养对象具有基本的职业方向（职业、职业类群，专业、专业类群甚至某行业）以示职教特色，并形成具备相当文化和专业的理论与实践基础的、一般与职业相结合的高技能人才综合素质。

（二）课程内容的多元整合

在课程体系建设中，课程内容的确定是关键，即让学习者想学什么、教给他们什么，在很大程度上决定了所培养的是什么样类型、层次和规格的人员。而一切类型和层次的教育，它们的课程内容都是由知识、技能和态度三要素所组成的，只是基于不同教育的各自不同的培养目标，对于三要素的选择和组合有着不同的价值取向。因此，我们在确定高职教育的课程内容时，也就是在讨论高职教育培养高技能人才的课程方案编写时，必须明确什么样的课程内容对于高职教育是最有价值的。因为课程内容的知识、技能、态度三要素，各自均有类型即性质上的区别，它们在不同时代、不同技术发展阶段和不同行业专业，对于不同类型和层次的从业人员的价值是不同的。我们应以多元整合的思想进行分析和综合，选择具有高职教育特色的课程内容。

（1）在知识领域：高职院校课程内容的选择包括理论知识和经验知识、文化基础知识与职业专门知识的选择。

第一，理论知识和经验知识并重。理论知识是前人总结的关于自然、社会、人类发展的规律性认识，即概括性的概念和原理。这不仅是职业技术人员认识、掌握生产技术的基础，而且是他们识别、分析生产现场现实问题的基础。而经验知识是指事实性的事实和程序。第一线的高技能人才，必须直接从事生产操作和面对生产运转中的种种现实问题，而在动手操作或动脑解决问题的过程中，经验知识正能够为其直接操作和解决问题提供手段。知识经济时代的高技术是一种"理论技术"，其不同于"经验技术""科学的技术"和"科学化技术"等各技术发展阶段的生产技术之处，就在于其科学含量极高，是多门科学的综合运用而不仅是一门科学或部分科学原理的运用，在生产过程中体现为一种全方位的生产技术，即将科学和技术的最新发现和发明成果应用到生产过程中去。正由于高技术的系统导向性和跨学科性的特征，因而使作为高技术生产过程中的"中间人才"必须具备系统的和一定程度的基础科学、应用科学和技术科学的理论知识。理论知识是现代高技能人才即技术型人才识别、掌握高技术的基础，也是他们识别、分析生产现场现实问题的基础，所以理论知识在高职教育的培养目标中是具有绝对价值的，只不过作为职业教育更侧重于理论知识的实际运用，给予学生的理论知识一般只讲结论而简略了其推导过程。然而，我们还应看到第一线的从事技术应用工作的高技能人才，必须面对生产运转中的种种现实问题，而在动手动脑解决问题的过程中，经验知识正是为其解决问题提供手段的。因此在高职教育的培养目标中，经验知识也具有绝对价值，而且理论知识与经验知识也并非相互排斥，而是相辅相成的，两者关系的妥善处理还有利于教育对象的完全知识的获得。因此，必须在知识的价值取向上将理论知识与经验知识并重，那种认为"高职教育只要强化理论知识"的看法显然是不妥的，当前更要着意防止轻视经验知识的绝对价值，当然也不能产生相反的倾向。在这方面，德国技术员培训的经验值得借鉴，他们明确规定技术员培训应建立在双元制技工培训的基础上，也就是说以理论知识为主的"技术教育"课程实施条件，是必须具备以经验知识为主的"职业教育"课程基础。在德国，只有通过3年左右的双元制培训（相当于我国的中职教育）合格毕业后并在企业中至少工作2年的技术工人，才有资格进入2年制的技术员学校（全日制专科学校，在国际教育标准分类中定位于5B，相当于我国的高职教育）。这样，在受训者具备了经验知识的前提下，就能更有效地使他们通过理论知识的提高来胜任技术员这一新的角色。此外，理论知识与经验知识并非相互排斥，而是相辅相成的，两者关系的妥善处理还有利于教育对象的完全知识的获得。

第二，经验知识的获得途径应直接与间接并重而讲究实效。要处理好理论知识和经验知识的并重关系，并不是要求在各自的时间安排上同等对待：一方面随着技能型人才规格层次以及所面向的职业或职业群不同，两者的比重会有差别；另一方面更重要的是由于经验知识的获得途径不同，其花费的时间也大不一样。经验知识的取得可通过直接经验或间接经验两种方式。学生通过实验、见习、实习及实训等直接经验的方式取得的经验知识是十分可贵的和非常必要的。然而个体对于人类经验的获得不可能事事都通过亲自实践，尤其是年轻一代更应主要通过书本或讲授、演示等间接的途径来获得经验；并且随着人类认识手段和工具的不断现代化，电脑模拟、仿真领域的不断扩大，通过非直接途径获取经验知识的可能与效益将越来越大。因此，在两类知识的选择中，谨慎地安排必要的实践教学，而用间接的途径高速、高效地让学生取得尽可能多的经验知识，是处理好两种知识时间安排的有益措施。

第三，在专门知识与基础知识的选择上适当加强基础知识。由于现代技术发展具有快速多变性特征，由此而引起的高层次知识（专门知识）变化很快；而基础知识相对稳定，具有较高的绝对价值。因而根据培养目标要求，适当加强基础文化知识和技术基础知识，包括理论的与经验的知识是有必要的，这样有利于提高高技能人才在更广阔的专业、行业领域的适应性。文化基础知识与职业专门知识之间有密切的关系，随着学生所掌握的技术层次越高、科学含量越高，其文化含量也越高。因为技术的发展有一条规律，即技术科学化的趋势。现代的生产技术发展，就是越来越科学化。随着技术科学化的程度越来越高，它对劳动者的文化知识的要求也越来越高，而且知识综合化的程度也随着越来越高。特别是学校教育周期长，不可能马上专门化。基础知识有利于提高学校教育的灵活性和适应性。目前，当人们从技术学的角度来探讨选择什么内容最有价值时，都认为是职业知识的积累应优于单项职业技能的获得。而高职教育的内容越趋现代化，其基础文化科学知识及技术基础课的知识价值就越高。

第四，加快知识更新，并扩大知识面。高职院校学生学习期间，高技术仍在不断变化中，故经常补充新知识是高职教育课程内容的一个主要特点。而高技术又是各学科的综合运用，因此宽广的知识面，尤其是人文知识的储备，均是高技能人才所必需的。例如在澳大利亚的 TAFE 学院中设有一门名为"有关工作方法文件的写作"的课程，其目的是使学生具备在复杂工作文件方面的构思能力和写作能力，并同时掌握收集、分析和组织信息资料的能力，以及相互交流观点和信息的能力、与他人合作的能力。在这门课的教学中，他们非常注重在提高学生写作能力的同时对其进行人文科目技能的培养，充分体现了高职教育的特色。

（2）在技能领域：高职院校课程必须重视技能培养，特别要加强创造性智力技能和创造性动作技能的训练。

第一，对于不同类型的教育，各类技能有着不同的价值。技能是人们运用理论知识和经验知识顺利地完成具体工作任务的一种活动方式。由于社会和生产技术的发展，各类教育对技能都有新的要求，只是要求并不一致。技能不只有水平（熟练程度）的差别，更有类别的区分，不分技能类型的观念不符合现代课程的要求。而技能，一般从形式上分为智力技能（mental skill）和动作技能（motor skill），英国教学理论家 A. J. Romisowski 则从性质出发将其进一步分为再造性技能（reproductive skills）和创造性技能（productive skills）。技能分类结构❶表明，各类技能均有其各自的功能。而对于不同类型的教育，各类技能的价值是不同

---

❶　黄克孝．职业和技术教育课程概论［M］．上海：华东师范大学出版社，2001：15．

的。事实上再造性技能就是重复技能，通常是传统经验技术的技能，它的进一步提高就是熟练技巧；创造性技能则包含有规划能力的成分。而从形态来看，又可分为表现在外的动作技能和在大脑中进行的智力技能。在具体的工作实践中，人们所需运用的技能是各类技能的综合体，只不过工作性质不同，有不同的侧重。高技术的发展使人类的部分再造性技能可被机器所取代，因而其价值会随之而下降；但再高明的机器亦不能像人一样根据具体情况来灵活运用一定的理论、策略创造性地解决问题，因此在高技术生产中，创造性技能的价值相对再造性技能会上升。对一般中职教育培养的技能型人才来说，其动作技能和智力技能的价值要视其具体工作性质是体能操作或智能操作等而定；而对高职教育培养的高技能人才即技术型人才来说，其智力技能的价值显然要高于动作技能，且在高技术环境下，其价值比将更会不断提高。那种认为"高职教育必须加强操作技能训练"的看法似是而非，很有可能引起误导。因为技能是人们运用理论知识和经验知识顺利完成具体工作任务的一种活动方式，各类技能均具可操作性，而"操作技能"的提法未涉及技能类型，对所有类型的教育都是适用的，因而不尽科学。所以在高职教育课程模式中，对技能的选择必须有正确的方向加以创新。

第二，在智力技能方面，要加强创造性智力技能的训练。现代职业教育尤其是高职教育更应提高创造性智力技能的比重，削减再造性智力技能的训练时间，以突出技术型人才培养的特点。要改变像培养学术型、工程型人员那样，花大量时间进行推导、演算等纯思维训练的模式，只要让学生学会相关软件的选用，让电脑替代而节省出时间，从事如何建立教学模型解决问题的创造性智力技能的训练。这就使技术教育的实践教学有正确的方向——实验应能运用理论和策略设计步骤、选用器材进行更具独立性、创造性的实验；课程设计与毕业设计要改变只需按固定程式完成的模式，而要选择需要创造性思维的设计课题，并根据技术经济指标对各种方案进行比较，最后优化地选取最佳方案。例如，新加坡南洋理工学院采用"教学工厂"的教学组织形式，学生在校最后半年时必须参加"工业项目"，具体让学院的专职工程师（无课堂教学任务，只带工程技术实习）带领一小组学生承接企业具体业务，从设计方案制定、经济核算、零部件采购到安装、调试等全过程合作参与。这样的操作过程，对学生全面知识的掌握或运用、各类技能的形成、职业素养的最终养成等方面都十分有效。

第三，在动作技能方面，要加强创造性动作技能的训练。在高技术发展的条件下，中职教育培养的技能型人才不仅要有熟练的再造性动作技能训练，还应加强创造性动作技能训练；而高职教育培养的技术型人才也应有一定动作技能的基础，但不宜片面追求熟练的再造性动作技能训练，因为这主要是培养狭义的技能型人才所必需的；而如果是中、高职衔接，即在技能型人才基础上培养技术型人才，则更要重视创造性动作技能的培养，让学生在教学实习和生产实习中更多地获得解决问题的直接经验。如德国的技术员培训是建立在双元制职业培训的基础之上的，学员入学前早已是具有丰富实践经验的合格技术工人，所以学校课程主要就是安排关于理论知识及其运用的教学内容。当代各经济发达国家和地区，随着职业院校生源的多元化趋势的形成，使职业教育课程体系的设计在内容选择上，包括给予学生怎样的技能方面，呈现出多种方案的局面而无一刀切的做法。

（3）在态度领域：高职教育的职业态度导向性，使高职院校课程对于态度方面的水平选择有特别的要求。

态度，在心理学上是反映主体与客体关系的心理品质，《心理学大词典》解释为是"个体对某一对象所持的评价和行为倾向……由认知、情感与意向三因素构成的比较持久稳定的个体内在结构，是调节外界刺激与个体之间的中介因素。"它是由后天养成的个体心理品质。在性质上，可分为肯定的态度与否定的态度、积极的态度与消极的态度；在种类上，可分为社会态度、工作态度（含职业态度）、学习态度、政治态度等；在水平上，有服从、认同、内化三种程度之别。基于对"态度"的上述理解，高职教育课程内容中的态度要素之内涵，是我们教育中所要养成的学习者个性倾向品质之一，它是学生掌握并在今后很好地运用知识、技能的重要素质。我们认为，在进入高技术时代后，各发达国家和地区职业教育界所极力推崇的"关键能力"或"关键技能"，其内涵是与之相同的。我们的高职教育固然要强调与职业有关的职业态度，这是由职业教育的定向性所决定的；然而高职教育要面向逐步现代化的任务，又使得高职教育课程内容中的态度要素也必须赋予时代特征，要像其他教育一样大幅度地注入一般态度的养成。当然，高等职业教育与普通高等教育（学术教育和工程教育）在这方面的要求还是有所差别的，高职教育的职业态度导向性使其对于态度的水平选择有特别的要求。随着工作岗位、工作性质的不同，职业院校的各种培养目标中对于态度水平的选择是不同的。从教育的效益出发，并不是要求所有培养目标中态度的水平都必须达到最高级，而应按照职业的实际要求选择须达到的水平。

（三）课程结构的多元整合

课程结构有三个层面：第一层面是体现在课程计划方案中的专业定向结构，它反映了在一定的学制年限内学生所面对的专业范围的变化和专业方向的选择，如"宽基础、活模块"的课程结构；第二层面是指全部教学科目中不同性质（常以文化课、技术基础课和专业课为区分方式）和不同教学内容要素（通常以知识、技能、态度和能力、个性为区分方式）的各科目在纵向（时间维度）和横向（空间维度）的排列组合结构，如"三段式"结构；第三层面是指一门或若干门相关科目中具体的课程内容，根据某种方式和准则的编排结构，如"广域课程"或"综合课程"中的内容结构。其中，第二、第三层面的课程结构实际上是课程内容的结构问题。在课程结构上广泛采用各种课程模式中的综合、阶梯和模块等技术，可以改变传统职教课程刚性划一的缺陷，极大地增强课程的弹性或灵活性。在多元整合的策略思想指导下，我们认为高职教育课程内容结构选择的价值取向，应当是努力实现综合化、模块化、阶段化和个性化。

（1）单科课程与综合课程的选择。技术的发展要求学生能够跨学科地掌握宽广的知识面，而单学科的课程结构，不仅因门类多而加剧时数的膨胀会挤占实践课程时数，更会造成不必要的"过度学习"的浪费，而且还割断了学科之间的联系，难以形成综合能力，造成学而无用。将相关学科适当综合化，既发挥了学科课程的特长，又能克服原有以单科分段为主特征的"刚性"结构的弊端，符合现代技术发展要求。课程的综合化是当今课程改革的方向，它将相似或相近的课程内容组合成一门科目，既节省了学时，又发挥了学科课程的特长，提高了教学效果，有利于综合职业能力的形成。综合化主要是知识的综合，也要有知识与技能以及知识、技能、态度三要素的综合。多元整合课程的综合化不同于学科中心课程的综合化。学科中心课程综合化一般局限于基础课程，多元整合课程的综合化是全方位的综合化，不仅基础课、专业课要体现综合化，实践课程也要体现综合化，这是为了适应技术迅速变化的需要。任何孤立的、缺乏联系的能力训练都将难以适应技术的迅速变化，只有实践课程的综合化，才能有效地培养能胜任复合工种需要的技术人才。

课程的综合化不应是将两门或多门学科课程内容简单地拼凑、合并，而应该是在构建专业职业知识体系时创设一门"新课程"，是对相关、相类似的职业知识、职业技能和态度等内容的综合。传统的学科课程多是按学科自身的学术体系构建的，有着严密的逻辑结构，具有对其他学术体系的排他性。如果硬要将两门或多门学科课程"综合"，必然是对学科知识的随意肢解和无序拼凑，对学生形成职业能力、实现专业培养目标无补。传统的学科课程，多着眼于和着力于知识的科学、系统、完整与储存，往往忽略知识在生产劳动中的应用，缺乏新知识发展的动向、动作行为方式的改变、职业道德的引导和职业规范的训练、思想品质的提高和创新意识的培养。因此，综合化课程应包括职业知识、职业技能和态度等内容的综合，除此之外还应包括如何去学习专业知识，寻找、获取专业相关信息的途径、方法等思维训练、方法训练的内容。现代社会职业人所必须具有的方法能力和社会能力应在综合化课程中融入，强化学习方法、工作方法、创新意识等内容。综合化课程可以是以专业理论知识为主线，兼顾其他多项要素的专业技能（综合化）课程；视专业知识科技含量差异，也可以有理论与技能并重的综合化课程。但是这并不是说单科课程完全不能用，有些文化基础课和技术基础课的系统性特别强，而这些课又有很重要的地位，使用单科课程就更为经济有效。

（2）阶段式课程与模块式课程的选择。模块化课程是活动课程模式的特色之一，它是一种课程结构的安排形式，具有明显的优点：一是设计成果可共享，节省开发时间和费用；二是灵活性、机动性大，有利于学生主动学习；三是可集各课程流派之长，有利于多元整合；四是有利于各类各层次职业教育之间及同其他教育的沟通、衔接，避免重复学习；五是有利于形成综合职业能力和发展诸项能力；六是有利于形成学生的合理知识结构。双元制、CBE、MES课程模式都采用模块式课程，但它们的模块化是针对职业能力开发的，将教学内容组织成能灵活组合的小模块，每一个小模块就是一个教学单元。KH模式中的模块化是一种组合模块，既有大模块，又有小模块，大模块是针对一个地区或一所学校而设，小模块针对具体的科目而言，但大都限于专业课和实践课程领域。

多元整合课程的模块化针对的是所有的课程，具体可以划分为三大智能模块。第一大模块是各专业必修的智能模块，包括公共课、基础课、专业基础课及相应的实践教学。必修智能模块可以针对一个特定的专业，也可以是跨专业的，根据需要可以灵活组合，主要是培养学生的基本能力和素质，为今后的发展打下扎实基础。第二大模块是专业方向智能模块，一般是针对某一个特定专业。专业方向模块主要为学生就业做准备。开设的课程包括专业课和能体现行业技术最新发展水平的相关课程。第三大模块为横向智能模块，主要为扩大学生的知识面，发展学生的个性；开设的课程可以是社会科学的也可以是自然科学的。三大智能模块的课程根据需要可以灵活组合变化，如必修智能模块中，可按学科中心顺序渐进安排课程，也可根据学生的不同程度让一部分学生提前学习必修智能模块中的专业课程模块；学生也可在学习必修智能模块课程的同时，选读其他智能课程；也可让特长生少选某些智能模块课程，多选一些能深化其特长的课程；也可让一部分学生少选某些智能模块中的课程，集中精力攻读社会认可的职业资格证书或第二专业课程。多元整合模块化课程的实施使教学个性化成为可能，改革的实践表明课程结构的三个层面（专业定向、科目安排、一门科目）都能进行模块化设计。如同机械产品的模块化设计，通过大量通用模块和少量专用模块的设计使产品结构柔性化，不仅简化了设计和制造，缩短了新产品的研制周期，而且可以巧妙灵活地组合出多样化产品。课程模块化也可实现课程结构的柔性化，使多功能地、高效地、更灵活地适应高技术发展多种要求，也适应课程个性化的要求。

（3）关于阶段化和个性化。课程结构的阶段化与个性比要以课程的模块化为基础。阶段式课程反映了专业学习的循序渐进规律，是传统教育中的成功经验，有利于造就既有扎实基础又有较强专业针对性的人才。以三段式学科课程为代表的阶段式课程能使学生明确达到目标的过程和所需的条件，符合学生的认知规律，不能一概否定，但它在实施过程中缺乏足够的灵活性。若把它与模块式课程结合，既吸取阶段式循序渐进的优点，又发挥模块式灵活机动的长处，就能变刚性为柔性，克服其呆板、固定的弱点；而模块式若结合阶段化处理，也能克服随意性而求得更加科学、合理的模块组合，从而使课程的模块化更科学合理。课程的个性化，是因材施教的教育思想的具体体现，是发挥学生学习主动性、积极性的重要手段。个性化课程的实施，将打破传统的教育观念，把学生从现在意义的课堂上解救出来，使学习充满个性的魅力，其实施的关键是要开发出满足学生不同需求的个性化学习计划。

传统的单科分段式课程必须改革，国外引进的模式可作为借鉴，教育实践中包括普教课程改革经验中的不少结构模式，都可以借鉴试验，以适应职业教育多因素互动的要求。在当前高职教育课程改革处于重大转折的关头，从传统到现代职教课程急剧变动、量的渐变积聚为质的突变的阶段，机遇和挑战同在。我们以多元整合的策略思想来进行高职院校课程模式创新的探索，不失为一种可取的有效改革策略选择。

第三节　多元整合课程体系建设方案的开发

一、对多元整合课程模式开发的进一步认识

（一）多元整合课程模式开发的操作设想

如前所述，高职教育课程体系建设改革的"多元整合"策略思想应包括：课程观的多元整合——多元互补、博采众长，建立以综合职业能力为导向的现代职教课程观；课程内容的多元整合——知识、技能、态度三要素中各个成分的多重、多种综合，选择有价值的现代职教课程内容；课程结构的多元整合——架构模块化、综合化、阶段化与个性化相结合的课程结构。而其具体的操作构想，是在确保课程目标具有明确的职业化方向的前提下，吸取各种课程模式之长，实施课程内容综合化、开设技术化（而非学术化和工程化）的学科、采取模块化的组合形式以及安排阶段化进程和实现学习者方向的个性化；与之相配套的是必须要实施以完全学分制为基础的弹性学习制度，使课程结构柔性化成为可能。因此多元整合课程模式的开发也可按此归纳为以下六个方面变化的组合❶，其具体的开发思路如下：

（1）目标职业化——以培养就业能力为导向。高职教育课程体系改革的最终目的是满足社会、经济、个体发展的需求，这些需求集中体现在就业导向的"就业需求"上，而这种需求又极其广泛：在职业方向上，有职业的或

---

❶ 夏建国，郭扬. 职教课程模式开发［M］. 上海：上海教育出版社，2002：40.

职业群的、岗位的或岗位群的；在时间上，有近期如直接就业的、未来如通过升学间接就业的；在性质上，有市场的、个体的、社会的，等等。因此，高职教育的职业目标指向也应是多元化的，它落实在课程方案的设计上，必须体现能适合设置宽泛专业或专业方向的要求，改变过去适应专业设置单一化的格局。KH 课程模式中宽基础与活模块的设计，就比较典型地体现了这种要求；而在许多高职院校以多元整合思想为基础的课程模式开发实验中，也都实现了多元化的要求。适应多元化就业导向需求的专业设置，是高职教育课程模式开发的前提，是职业教育区别于普通教育的重要特点之一，即高职教育课程体系的改革必须与专业设置的改革密切结合，并以专业的设置能适应多元化的需求为重要依据之一。

（2）内容综合化——通过课程的综合，提高课程设置的效益。教学活动是授受经选择与组织的知识、技能、态度的过程。现代职业教育在培养目标的业务规格上，既要求有针对性，又要求有一定的发展性与先进性，由此课程内容必定会急剧地扩张，而学习时间总是有限的；另外学习的内容既要有基础性，还须指向实际应用。因此，课程综合化是提高课程设置效益的必由之路。作为学科课程的改革经验，它将各学科划分成若干教学单元，再把性质相同或相近的合并重组成新的课程，称之为"大范围课程"即综合课程。双元制课程和 CBE 课程都成功地对其加以发展和使用，通过实施综合课程不仅压缩了课时，还有利于应用能力培养和基本素质提高，可取得拓宽文化和技术基础并使之趋向应用的实际效果。

（3）学科多样化——改造学术学科为技术学科或技能学科。在理论教学中，学科教学有其系统、高效、便于教学等特长，是活动课程模式所难以替代的。在高职院校课程体系的改革中，不是完全摒弃学科课程，而问题是在于高职教育中应设置怎样的学科课程。我们提出学科课程的改革，除了综合化外，在学科的性质上必须要分清基础学科、学术学科、工程学科、职业技术学科（包括各类技术应用学科和技能培训学科），然后根据培养目标的要求区别对待。对高职院校来说，特别有必要通过设置"技术学科"——它不是学术学科和工程学科，而是指向具体职业或职业群的技术原理的学科——学生能减少无效学习，增强理论实效，向共同的职业或技术基础方向努力，为扩大适应性做必要准备。

（4）组合模块化——将学科与活动组成灵活的教学单元。学科课程的教学单元（又称"模块"）早已存在，CBE 和 MES 对其加以了充分发展。课程模块化是现代职业教育课程改革的主要趋向，既有知识模块，也有活动模块和态度模块，还有各种综合模块。在多元整合课程模式的实践中，经过各种模块的组合，能够有利于按需施教，使之成为高职教育课程结构弹性化和个性化的有力技术措施。

（5）进程阶段化——按"基础→定向→专长"分阶段实施。这是双元制课程的特色之一。传统职业教育的学科课程虽早已有符合学生认识规律的三段式，但仅是在理论课程（文化基础课、技术基础课和专业理论课）上的刻板安排，而使其特长成了缺陷。在实验中，按照达到一定目标程度的要求，通过划分成相互独立、又互相衔接的基础、定向、专长的板块（由知识、技能和态度各种模块组合而成）而分阶段实施，使学生能在坚实的基础之上养成较强的上岗和转岗能力，能争取就业市场的最大自由度。

（6）方向个性化——变奉命被动学习为主动个性化学习。要顺应建立现代终身教育体系的发展要求，实行弹性学习制度是重要的制度保证，其最主要的标志就是学分制。学分制的最大功能，在于它是发挥课程模式灵活性的工具和保障。在实施学分制的条件下，学生能根据自身特长与需求自主设计学习方向、内容、进程，实现个性化的主动学习。因此要开发真正意义上的多元整合课程模式，今后高职教育完全学分制的实施已是势在必行。

（二）多元整合课程体系建设的必要条件

事实证明，在实施新的课程模式开发的实验中，必然会涉及许多必要条件。因此经过实验研究，我们认为在课程体系建设的理论框架中必须要加入"教学条件设计"的阶段，并将其作为重要部分列入。多元整合课程体系建设主要的条件：一是教学管理制度要改学年制为学分制。实施学分制的前提是大量设置选修课，这是组织模块教学和实现课程结构柔性化，使其具有灵活性及教学个性化的制度保证。二是要配套进行教学方法改革。积极进行"行为导向教学""创造教学"及"掌握学习"等先进教学方法的推广，积极培养学生的创新能力和继续学习（自学）能力，让每个学生都成为成功者。三是要努力改善教学手段。充分利用现代化教学手段，精简学时以及提高教学质量和效率；教材建设也要想方设法地及时跟上。四是要尽快形成高质量的教师队伍。加强教师队伍的思想和业务进修，形成观念新、动力足、知识广博精深、一专多能、类型和层次合理的梯队，是课程改革持续发展的根本保证。

二、多元整合课程体系建设的操作程序

课程体系建设是课程模式开发的关键所在，它包括课程分析、课程设计、课程编制三个阶段。根据我们对实施不同课程模式的学校运行的课程体系建设的要素、因素、元素分析，认为课程体系建设过程中，最能体现课程模式特点的是课程基础分析和课程方案设计阶段。不同的课程分析导致不同的课程设计思想，从而产生不同的课程模式。

（1）课程基础分析。分为社会需求分析、个体需求分析、教学状况分析三

个环节。社会需求分析，不同的课程模式都有这一环节，但不同模式的社会需求分析其针对性是不同的：MES模式针对的是某一具体的岗位规范；CBE模式针对的是职业岗位，不关注学生的继续发展问题；双元制模式是针对某一具体职业，不考虑个体的要求；传统式和KH模式是针对职业群进行分析。但多元整合课程体系建设的社会需求分析，不是固定的、一成不变的，而是根据不同的情况、不同的对象随时变化。如果是进行上岗培训的，则作岗位规范分析；如果培养的对象具体岗位不明确，则进行职业大类或职业群分析，从而避免了其他模式针对性过强、兼容性过小的问题。高职教育不仅要培养学生的专长，而且要关注学生的发展，事实上任何漠视个体发展要求的教育都不是完全意义上的教育。因此在课程基础分析阶段，我们设计了个体需求分析这一环节。高职院校学生的个体需求是多方面的，概括起来：一是个性发展的需求，包括发展继续学习的能力，以满足学习型社会对个体发展的要求；二是个性兴趣要求，关注学生的兴趣和个性是现代教育发展的方向，高职教育应该予以充分的关注。

（2）课程方案设计。课程方案设计分为课程模式设计和教学策略设计两个环节。课程模式设计突出课程改革的方向：综合化、模块化、阶段化、个性化。综合化是就课程内容而言，模块化、阶段化、个性化是就课程组成形式而言。综合化可以是一门课程知识的综合，可以是一个专业或几门相近课程知识的综合，可以是大类专业相关课程知识的综合，也可以是模块与模块之间的综合。模块化课程按必修智能模块、专业方向智能模块、横向智能模块三大块排列。各大模块设置由若干小模块组成，模块与模块之间根据教学而要进行灵活组合，以满足不同条件下的学习需要。考虑到学生的不同学习需求设置阶段化和个性化课程，阶段化是指学生可以按不同进程学习，既可连续也可间断；个性化则是指允许学生根据不同程度、不同起点，用不同时间达到不同的教学目标。模块化课程是实现阶段化、个性化课程的基础，而要实现课程的综合化、模块化、阶段化、个性化，其先决条件是要施行真正意义上的学分制，只有这样模块的组合才会更灵活，课程综合的程度才会更高，阶段化、个性化的学习才能成为可能。而教学策略设计则分为教学制度和教育技术两个环节，教学制度包括国家规定的政策措施和学校根据自身状况制定的制度，现代教育技术则包括方法和手段两个方面。

（3）课程文件编制。按"教学计划—教学大纲—教材—评价标准"进行，重点是教学计划这一环节。对教学计划，多元整合模式要求教学计划的个性化，学生可依据"菜单式"学校课程表，编制个人的学习计划表。学生可以根据社会的需要和自己的兴趣爱好选择课程，充分发挥自己的特长，使学习取得最大的效果。多元整合课程体系建设的操作程序如图8-1所示。

```
                                                                    ┌─────────────┐
                                                              ┌─────│  岗位规范分析  │
                                                              │     └─────────────┘
                                                              │     ┌─────────────┐
                                                              ├─────│   岗位分析    │
                                                              │     └─────────────┘
                                                              │     ┌─────────────┐
                                          ┌──────────┐        ├─────│  某一职业分析  │
                                    ┌─────│ 社会需求分析 │────────┤     └─────────────┘
                                    │     └──────────┘        │     ┌─────────────┐
                          ┌───────┐ │                        ├─────│   职业群分析   │
                    ┌─────│ 课程基 │─┤                        │     └─────────────┘
                    │     │ 础分析 │ │                        │     ┌─────────────┐
                    │     └───────┘ │     ┌──────────┐        └─────│ 行业或专业分析  │
                    │               ├─────│ 个体需求分析 │──────┐     └─────────────┘
                    │               │     └──────────┘      │     ┌─────────────┐
                    │               │                       ├─────│ 个性发展需求分析 │
                    │               │                       │     └─────────────┘
                    │               │                       │     ┌─────────────┐
                    │               │     ┌──────────┐      └─────│ 个性兴趣要求分析 │
          ┌───────┐ │               └─────│ 教学状况分析 │            └─────────────┘
          │ 多元整 │ │                     └──────────┘            ┌─────────────┐
          │ 合课程 │ │                                       ┌─────│  课程综合化   │
          │ 体系建 │─┤     ┌───────┐                         │     └─────────────┘
          │ 设    │ │     │ 课程方 │                          │     ┌─────────────┐
          └───────┘ │     │ 案设计 │                          ├─────│  课程模块化   │
                    ├─────│       │─┐     ┌──────────┐        │     └─────────────┘
                    │     └───────┘ ├─────│ 课程模式设计 │────────┤     ┌─────────────┐
                    │               │     └──────────┘        ├─────│  课程阶段化   │
                    │               │                         │     └─────────────┘
                    │               │                         │     ┌─────────────┐
                    │               │                         └─────│  课程个性化   │
                    │               │     ┌──────────┐              └─────────────┘
                    │               └─────│ 教学策略设计 │────────┐     ┌─────────────┐
                    │                     └──────────┘        ├─────│   教学制度    │
                    │                                         │     └─────────────┘
                    │     ┌───────┐                           │     ┌─────────────┐
                    │     │ 课程文 │                            └─────│   教育技术    │
                    │     │ 件编制 │                                  └─────────────┘
                    └─────│       │───────┌──────────┐              ┌─────────────┐
                          └───────┘       │ 课程文件编制 │────────┬─────│ 个性化教学计划 │
                                          └──────────┘        │     └─────────────┘
                                                              │     ┌─────────────┐
                                                              ├─────│   教学大纲    │
                                                              │     └─────────────┘
                                                              │     ┌─────────────┐
                                                              ├─────│    教材      │
                                                              │     └─────────────┘
                                                              │     ┌─────────────┐
                                                              └─────│  教学评价标准  │
                                                                    └─────────────┘
```

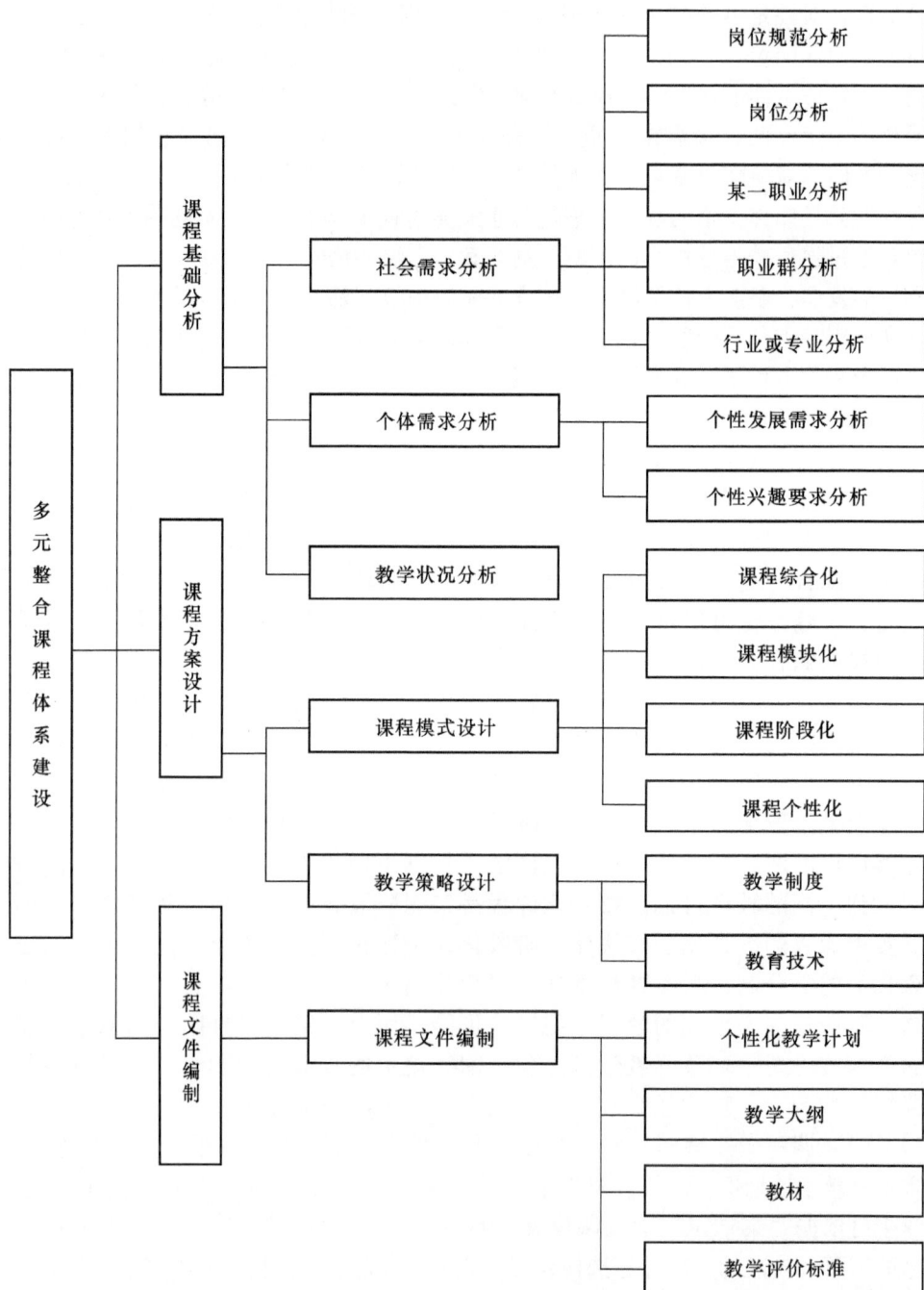

图 8-1　多元整合模式的课程体系建设流程

第四节 以就业为导向的高职院校课程体系建设

作为体现人才培养质量的重要标志，高职院校建设的重点与核心首先是专业建设，而专业建设的核心则正在于课程体系的建设，它是提高专业教学质量的核心，也是整个课程模式改革的重点和难点。高职院校包括专业建设与课程体系建设在内的课程模式开发，必须坚持"以服务为宗旨，以就业为导向，走产学研结合的发展道路"的指导思想加大改革力度，才能切实提升人才培养的水平，使高职教育能够在市场竞争中以质量和特色取胜。

一、规范专业设置和深化专业教学改革工作

规范专业设置和深化专业教学改革包括以下两个方面。

（1）制订高职院校专业目录和专业设置管理办法。首先是面向行业打破学科分类，使高职院校的专业设置从无序走向有序。在高职教育进入高速增长阶段的初期，由于没有全国统一的高职教育专业目录，各高职院校的专业设置并不规范，某种程度上甚至可以说处于无序状态：有些专业名称相同，但培养目标、课程设置和教学内容存在很大差异；也有些专业名称非常相似，如汽车类相关专业名称就有几十个。2004 年教育部发布《全国高职高专指导性专业目录（试行）》，其专业设置与划分的特色，一是职业性与学科性结合，以职业岗位群或行业为主兼顾学科分类；二是适应性与针对性相结合，宽窄并存；三是灵活性与科学性相结合，在指导性目录框架内，大类及二级类相对稳定，第三级专业名称供各地教育行政部门和学校在审核备案和设置时参考使用，学校可在相关二级类中增设目录外的专业，也可依据第三级目录中的专业名称标出专业方向或本校该专业内涵的特色；四是多样性与普遍性相结合，同一名称的专业，不同地区不同院校可以且提倡有不同的侧重与特点，设置有本校特色的课程和实习实训环节。同时加强管理，促进高职院校专业设置的规范化。在各地开展初步实践的基础上，2004 年教育部高教司制订《普通高等学校高职高专教育专业设置管理原则意见（建议方案）》，规定各省级教育行政部门和高职院校可根据本地区经济社会发展的需要在高职专业目录之外设置专业，但须报所属省级教育行政部门审核备案，教育部对各省上报的专业进行协调，并根据社会需求和专业设置情况对高职专业目录进行动态调整。

（2）深化高职院校专业教学改革的实践探索。首先，开展专业教学改革试点，建成一批示范专业。2000 年，教育部为在高等工程专科教育专业教学改革试点的基础上全面推进高职教育的改革与建设，在全国高职院校中广泛开展了专业教学改革试点工作。其次，打造高职精品专业，创建一流高职品牌。2002 年，

教育部在上述部级教学改革试点专业基础上开始了国家高职高专精品专业项目建设。这些精品专业强调以技术应用能力为主线突出特色，以职业岗位群的实际需要为出发点，制订专业人才培养规格和培养方案；重组课程结构，创新课程体系，突出实践教学；按照"实际、实用、实践"的原则，改革教学内容、教学方法和考核方法；重新编写适合高职特色的专业教材，紧密依托行业或企业产学研结合，培养模式灵活多样、职业特点更加突出，办学特色更加鲜明。

二、逐步形成适应就业导向要求的高职院校课程体系建设特色

2000 年《教育部关于加强高职高专教育人才培养工作的意见》提出"要以'应用'为主旨和特征构建课程和教学内容体系，实践教学的主要目的是培养学生的技术应用能力，并在教学计划中占有较大比重"，并组织实施"新世纪高职高专教育人才培养模式和教学内容体系改革与建设项目计划"，开展了一系列有关高职课程的研究与实践工作，2003 年又将开展精品课程建设列为"高等学校教学质量与教学改革工程"的四大内容之一，2006 年进一步明确要"加大课程建设与改革的力度，增强学生的职业能力"。在教育部的文件精神指导下，各高职院校也纷纷开展了有关高职教育课程的理论研究和实践工作，在课程内容设置、课程结构设计、课程实施形态、课程管理机制方面都形成了显著的特色。

（1）在课程内容设置方面，从职业岗位分析入手，融合职业资格标准，突出职业能力培养特征。如深圳职业技术学院注重从社会调查和职业岗位群分析入手，分解和提炼出从事具体职业岗位群工作所需的核心职业能力、专项能力以及能力要素，根据这些能力要素来设置具体的理论课程和实践课程，在课程体系构建上突出了实践教学比重，初步建立起一套模块化、组合型、进阶式的实践教学体系；长春汽车工业高等专科学校注重与合作企业联合开发课程，如汽车检测与维修技术专业参照国家汽车维修工职业资格标准和品牌经销店岗位能力要求对课程进行模块化和整体优化的体系建设，以合作企业—一汽集团的产品技术为重点将新车型的知识和技术充实到课程中，并将其全国各经销店反馈的故障实例引入课堂教学；湖南铁道职业技术学院结合课程相关技术领域和职业岗位群的任职要求，制定适应不同生源实际状况的分层次弹性学制培养方案，将专业相应岗位的作业流程分解为不同工序，将各工序需要掌握的知识、技能综合成不同学习内容，参照相关职业资格标准综合形成各工序所对应的模块化课程，构建以工作任务为中心、以项目课程和案例课程为主体的高职课程模式。

（2）在课程结构设计方面，初步形成了以专业优质课程为核心的课程体系，配套教材建设也得到较好发展。很多高职院校的主干专业在课程结构设计上已突破了学科本位的传统三段式结构，如宁波职业技术学院按专业课程体系的建设要求，确立相应的专业核心课程，并根据课程要求与久腾电器、天正等模具公司合

作，明确优质核心课程的标准，体现岗位技能要求，使围绕模具设计与制造专业的核心课程内容和结构体系逐渐完善，同时编写配套教材和课件；黑龙江建筑职业技术学院围绕专业人才培养目标，针对学生就业的岗位及岗位职责，构建了以能力为核心、以素质为本位的课程体系结构，进一步突出施工技术类课程及施工管理类课程在整个课程体系的中心地位；新疆农业职业技术学院根据种子生产与经营专业技术领域和职业岗位的任职要求，结合新疆种业的实际情况校企合作开展专业核心课程建设与课程结构改革，并在专业教学中实施行动导向教学法，在核心课程建设中成立校企专家组成的建设小组重点进行教材和教学资源库建设。

（3）在课程实施形态方面，出现了灵活多样的实施课程的各种不同形式，突出了本专业的人才培养特点。如成都航空职业技术学院数控技术专业构建模块化、渐进式的模式，模块化主要针对数控机床操作能力和数控加工工艺设计与程序编制能力这两大核心能力对专业课程内容进行模块划分，渐进式则是根据专业培养人才的知识、能力层次需求将专业技能课程进行层次划分，围绕专业核心职业能力构建从专业基本操作技能训练、专项能力训练到综合技能训练的实践教学体系；青岛职业技术学院机电一体化技术专业建立以工作过程为导向的课程实施模式，其特点一是学生在校内生产性实训基地和校外实训基地的实境中学习知识掌握技能，二是就业岗位及岗位能力分析与企业结合、课程体系的构建与企业紧密结合、教学内容和教材建设与企业紧密结合、教师教学活动开展与企业紧密结合、学生考核评价与企业紧密结合，三是将考取职业资格证书纳入教学计划，四是讲求实践过程的系统性和完整性，五是基础课与专业课融为一体、课堂教学与生产实践融为一体、学生与员工身份融为一体、教师的教与学生的学在行动导向教学中融为一体。

（4）在课程管理机制方面，初步形成了课程有序管理的机制，课程建设的稳定性和持续性得到保障。有的院校加强了课程标准的开发工作，如邢台职业技术学院与企业合作开发课程标准，吸纳企业技术专家实质性参与课程建设，将岗位标准、职业技能鉴定标准有机结合确定课程内容，并依据学生真实工作体验对教学内容的反馈进行调整；有的院校建立了课程建设制度，制定了一系列制度和规范文本，如辽宁交通高等专科学校成立课程建设领导小组，制定严格的责任追究制度，层层落实确保完善各教学环节的质量标准和工作规范，切实建立教、学、管三方协调管理的运行机制，并引进现代化管理程序保证教学质量；有的院校明确课程建设的重点环节，注重课程评价，如平顶山工业职业技术学院积极推行课程考试方式改革，建立以能力为本位的考试考核体系，并采取教师自我评价、同行评价、学生评价、企业评价"四位一体"的方式，对课程内容、教师教学、学生学习等情况进行准确评价。

三、精品课程建设和教材建设取得一系列成果

精品课程建设和教材建设取得以下成果。

（1）精品课程数量逐年增长，国家级、省级、校级三级精品课程体系初步形成。2003 年教育部下发《关于启动高等学校教学质量与教学改革工程精品课程建设工作的通知》，计划用五年时间形成国家级、省级、校级精品课程体系，全部上网，免费开放，服务于广大师生，切实提高教学质量。2006 年《教育部关于全面提高高等职业教育教学质量的若干意见》进一步明确"十一五"期间启动 1000 门工学结合的精品课程建设，带动地方和学校加强课程建设。2007 年教育部专门制定了《国家精品课程评审指标（高职高专 2007）》，用以引导高职课程特别是专业课程在建设中突出工学结合的特色，体现了高职教育教学改革的方向。在课程评审中特别强调专业课程要以岗位分析和具体工作过程为基础设计课程，课程设置要合理，符合科学性、先进性和教育教学的普遍规律，具有工学结合的鲜明特色，并能恰当运用现代教学技术、方法与手段，教学效果显著，具有示范、辐射作用。由此，精品课程的示范作用更为突出，带动了各地高职院校精品课程的建设工作。

（2）教材建设工作得到了从教育部到各地方及各高职院校的高度重视。2000年教育部下发《关于加强高职高专教育教材建设的若干意见》，2006 年《教育部关于全面提高高等职业教育教学质量的若干意见》又提出"十一五"期间要加强教材建设，重点建设好 3000 种左右国家规划教材，与行业企业共同开发紧密结合生产实际的实训教材，并确保优质教材进课堂。教育部专门成立高职高专规划教材编写委员会，制定各类基础课程教学基本要求和专业大类培养规格，同时各地方教育行政部门也加强了对地方特色教材建设的领导，许多高职院校都十分重视教材建设工作，编写和出版了一批质量较高的高职精品教材。教育部高职规划教材编写队伍出版的近千种教材基本覆盖了高职的基础课程和主干专业课程，另外在精品课程带动下还开发了特色教材和实训教材。

四、课程体系建设的不足和发展趋势及建议

针对高职课程体系建设中存在的不足和发展趋势，提出改进建设。

（1）高职院校课程体系建设中还存在不少问题，一是课程体系建设的区域发展及院校发展还不平衡。相对于发达地区和部分条件较好的院校，一批新建院校和西部地区院校由于经济和人才制约等各种因素，在课程的设置、开发、实施等各个方面还显得比较薄弱，课程管理方面也显得比较无序和杂乱。特别是一般院校与示范性院校之间还存在着一定的差距，很少有院校能够系统地介绍学校课程建设。二是部分课程体系建设仍缺乏高职特色，课程结构不合理现象仍很突

出。仍有部分高职院校与普通高校的课程体系大同小异，还存在着重理论学习、轻技能训练的问题，同时对于实习实训课程还缺乏开发和执行力度；而且由于普遍存在实验设备和实训基地紧缺的问题，实践教学在执行中很容易打折扣，加上理论课在教学安排上很多仍是普通高校的三段式，比较突出地暴露出重理论轻实践的弊病，以及课程内容过分强调知识体系自身的完整性和片面追求学科知识深广度的问题。三是教材内容陈旧、过时现象依然存在。仍有很多专业课教材缺少对生产实际的调查研究和深入了解，缺乏对职业岗位群所需专业知识和专项能力的科学分析，缺少科学的课程理论支持，因而编写的高职教材难免出现体系不明、内容交叉或重复、脱离实际、针对性不强等问题。同时，与专业课程相配套的实践性教材严重不足问题也比较突出，实践教学规范性不强、内容繁杂、缺乏统一的标准。还有一些高职院校对通用的实践教学教材建设不够重视，同类教材建设缺乏统一标准。四是课程信息反馈机制不健全，影响了课程建设的质量和效果。自高等教育进入快速扩张阶段以来，高职院校生源普遍出现文化基础薄弱、理解水平参差不齐等问题，教材内容层次偏高、偏难的问题日益显现，学生的多样化学习期望也难得到满足，很多课程设置也较少考虑到为学生提供可持续发展的能力。

（2）针对高职教育加强服务经济社会发展功能的趋势，课程体系建设将进一步加快改革的步伐。

首先，高职课程体系建设将更多以发展能力为指导，结合社会、企业、职业、学生等因素，更加体现课程的开放性和适应性。其主要体现在：一是在课程设置上更多以行业企业岗位应具备的综合能力作为配置课程和界定课程的依据，按能力需求精简课程内容；二是在课程结构上以能力培养为主线，以能力训练为核心，淡化公共基础课、技术基础课和专业课的界限，重新整合课程；三是在课程评价上主要结合岗位需要，建立适合于职业能力发展的新的考试、考核方法；四是重视专业课程标准的开发，以行业组织制定的职业能力标准和国家统一的证书制度为依据，根据产业需求、就业市场信息和岗位技能要求确定专业课程的具体实施内容，专业课程体系由行业企业、专业管理机构和学校联合调整、选定；五是以专业技能培养为中心建立实践课程体系，以校内外实验、实训、实习基地为基础，部分课程到企业去在学习环境与工作环境相结合的条件下完成，部分课程到实训基地去在学习环境模拟工作环境的条件下完成，从而提高学生社会实践能力。

其次，高职课程体系建设将更多实现课程结构的综合化和模块化，每所学校的不同专业课程模式可以不尽相同，以适应、有效为课程优劣的判断标准。部分院校的课程结构不仅因门类多而挤占实践教学的时间，还会造成不必要的"过度学习"。将相关学科适当综合化，既能发挥学科课程的特长，又克服了原有单科分段的弊端，灵活多样的课程模式也可使教学更具有针对性和操作性。同时，高职课程体系建设将更多以精品课程建设为导向，实现教学方法、教学手段改革与课程体系改革的有机结合，真正转变以课堂、教材为中心的传统模式。课程内容体系的合理构建决定了高职院校教学方法和手段的改革方向，一是在知识领域，基础理论以必需、够用为度，以掌握概念、强化应用为重点，专业课教学强调针对性和实用性；二是在职业技能的培养方面，提高创造性技能的比重，以突出技术应用型人才培养的目标，对学生进行更多如何解决问题的能力训练；三是在工作和学习态度方面，创造行业的学习环境，让学生在职业训练中学习、在学习中进行职业训练，激发学生学习热情；四是在课程设置的方法上，更加注重行业企业参与，引导学生自觉进行岗前训练。

最后，高职教材建设将逐步走向国际化、多样化、个性化、立体化和职业化，教材管理将更趋科学化和法制化。而从长远看，在示范性高职建设院校的带动及交流、借鉴、互通的基础上，高职教育课程体系建设的地区间差异将进一步缩小，实现课程体系建设的区域和院校共同优化发展。

第九章 课程标准的实施：
工学结合、双证互通

从课程模式开发的程序来看，当课程目的和课程体系，即人才培养的目标和方案确定之后，即可进入课程实施的阶段。这就是说，应该"培养什么人"和应该"怎样培养人"的问题至此都已清晰，但是如何按照既定的目标和方案来实施，还需要有完善的机制和组织来保障。我们明确了高职教育的课程目的是培养什么人，那么适应于培养这种人的课程运行机制在哪里？从我国国情出发，高职院校走工学结合、双证互通的道路，即在高职教育中引入职业资格证书，在课程标准的实施过程中实行"双证书"制度，不仅是提高学生职业技能的需要，也是对高素质技能型专门人才培养方式的有益探索。

第一节 国内外可供借鉴的相关经验及其启示

一、国内实施双证互通的现状与特征

从单一的学历证书制度转向双证书制度，注重学历证书和职业资格证书的相互融通，这种互通的实质是两种证书制度的相互联系和补充，是两种证书内涵的衔接与沟通。从目前职业院校实施职业资格证书制度的情况看存在多方面问题，主要集中表现在尚未形成一套学历证书与资格证书之间相互转换的有效机制。近年来职业院校实施双证互通取得了一定成就，但总的进展并不顺利，其主要原因：一是管理体制上两种证书考核分属两个部门管理，二是教学内容上学校课程与相关职业资格标准要求有滞差，三是运行机制上对学校专业课程的考核评价缺乏职业资格鉴定机构的有效监控。由此产生的问题主要表现在三个方面：其一，部分地区实施的双证书转换往往是职业院校自发组织协调的行为，虽然职教法早已提出两种证书制度并重，但实际上到目前为止，职业院校双证转换的方式往往只是在学生毕业前专门组织培训去参加劳动部门的职业技能鉴定，这样的考证趋于形式化，双证书往往有名无实，更缺乏对两种证书有机联系的了解，整体质量不高，层次较低，而且只是一种单向转换而非双向的互换互通。再则，即使是这种单向转换也存在较大制约，而管理体制上的证出多门也扰乱了沟通转换的秩序。其二，职业院校学生在校期间另行参加职业技能的考证，其学习培训成本必然会被人为提高。这里不仅包括经费成本，即学生参加职业技能鉴定的培训及考

务费用，而且包括学生参加考核培训的时间成本，即机会成本，学生为参加职业资格鉴定的考核培训而不得不放弃一些学习其他知识和技能的机会。而在职业院校的资源利用上，一方面由于重视了双证沟通转换及其普及问题，使得学校现有的教育资源未能充分利用，存在闲置现象；另一方面由于学校建设速度跟不上，使得资源设备达不到经济发展的相应要求，导致资源不能达到最大化地利用。其三，双证互通缺乏技术上的支持。根据我国的学校职业教育体系与国家职业资格证书制度，真正的双证互通应当是自上而下的，首先应设置一种科学的、适应面广的、便于操作的双证书沟通转换运行机制，然后从经济发展的角度和终身教育的角度进行分析，最后融入实践进行具体的操作。但由于目前技术支持方面的制约，使双证沟通转换缺乏系统性、技术性和一贯性，使目标与效果存在差距，影响了双证互通的实际成效。

从严格意义上讲，所谓高等职业教育的"双证书"，应当是专指在国务院和地方教育主管部门领导管理下高职院校进行全日制学历教育所颁发的学历证书，以及在劳动和社会保障部、人事部综合管理下的国家职业资格证书。而对于"双证书"的界定与比较研究，是探讨高职教育职业资格证书内涵与双证运行机制的必要前提与重要基础。首先，依据相关法规分析，"职业资格证书"的概念包涵四个方面：一是职业资格证书具有当然的职业性，这是其本质内涵；二是必须建立在职业分类和职业资格标准基础之上，由此构成其主要内容和运行基础；三是要通过学历认定、资格考试、专家评定、职业技能鉴定等来获取，这是其运行的重要方式；四是作为国家对持证人所具有的专业（工种）学识、技术、能力的认可凭证，具体包括劳动部门针对技能型职业（工种）的国家职业资格证书、人事部门针对专业技术型职业的国家专业技术从业资格证书和国家专业技术执业资格证书，由此形成其管理体制、品质保障和运行动力。其次，"高等职业教育学历证书"的概念同样包涵四个方面：一是高职学历证书具有职业教育的天然属性；二是必须按照某一技术领域和职业岗位群的综合要求来设置专业、安排课程结构，而非仅仅针对单一职业技能培训；三是主要通过考试考查方式来获取；四是由教育部门颁发，是学生学习经历的证明。通过上述概念剖析可以发现两种证书在本质属性上具有共同点，职业性成为双证书运行机制的共同基础。但两种证书又存在重大差异，一是属性特征上的不同点，集中反映在高职学历证书不仅要关注学生在专业领域中的职业胜任能力，更要关注学生在专业领域的全面发展能力；二是由于属性差异导致的目标和任务上的差异，职业资格证书的目标锁定在具体的岗位上，高职学历证书的目标则指向活生生的人，更加重视复合技能和综合能力的培养和职业生涯设计及发展能力塑造；三是由于属性和目标任务差异所导致在各自运行过程中的技术基础差异，职业资格证书涉及面相对较窄，高职学历证书的运行则更多服从于教育活动尤其是高等教育实践一般规律的要求；四是由双证书内涵差异导致的外延领域的一系列差异，技术基础的不同直接形成了二者范围上的差异。此外，双证书之间的内涵和外延也存在差异，其中属性和目标的差异构成了二者内涵差异的主要方面，是双证书内涵差异的核心；而将内涵差异转化为外延差异的枢纽则是双证书在技术基础上的差异，这恰恰是决定双证书各自运行机制的关键和基础。

二、国外建立双证运行机制的经验和典型案例

国际上并不存在明显的"双证书"概念。所谓"双证书"是基于我国特殊的社会文化背景，在我国特定的职教管理体制下出现的一种特殊现象，是我国特有的职教体系的特殊产物。因此这里涉及的国外双证书意指学历与职业资格，只是为了便于对应比较才在此使用这个名称。国外实施双证书运行的特征：

首先，机构完善，职能明确，提供良好的政策环境。如澳大利亚其各州与地区政府主要负责对职业教育培训进行宏观规划、规定和调整发展方向等；联邦政府则主要提供资金和制定有关职业教育的大政方针，确定全国学历结构体系和质量监控体系、制定证书和文凭标准等，其政府、企业和学校都专门设立了相应的联络、协调机构，制定了相应的运转机制；而且中央政府、地方政府以及学院都设有行业咨询组织。又如英国以国家职业资格理事会实施与督导职业资格体系，西班牙1997年重新组建了全国性的职业教育审议会，新西兰设有学历审查局帮助学习者反映、鉴定、明确和证明过去的学习状况或工作和其他生活经验。政府严格的规范和标准保证了双证的有序发展，英国实行的是国家政策干预，即以职业资格证书制度引导规范职业学校的教育行为；澳大利亚每一类证书和文凭需要开设多少门课程、需要开设哪些课程、课程模块如何组合，政府部门都有严格的规范和标准，即使是学院自己开设的课程教学大纲也必须在全国注册，TAFE（技术与继续教育）立足自身定位开展所在领域内同行间的竞争上，不可能也不会去追求升格为大学。

其次，注重职业教育与培训的质量，建立完善的评估体系。澳大利亚政府除对课程的设置、师资的配备做出明确规定以外，还有一整套科学化、规范化的质量评估体系。同时，国家培训局按标准严格审批全国的教育培训院校机构，并且每年定期或不定期检查已注册的机构。国家质量培训框架的建立确保全澳所提供的教育与培训服务的质量，它主要由"培训包"和"澳大利亚认证框架"组成，培训的灵活性与开放性提升了双证互换的宽泛性。发达国家的学校大多采用宽进严出的教育教学模式，如澳大利亚年龄较大的成年人入学一般不要求经过统一考试，只要提供相应的学历和工作经历证明即可，但入学后的学习质量和标准上则与其他学生一样要求。而不同等级的技术技能证书培训，是通过学分制的逐步积累完成的；由于高中阶段就已加入了职教课程，学生从高中和职业技术院校均可获得具有同等效力的一级证书和二级证书。英国的职业证书教育共提供了 1.7 万个职业资格，涵盖了广泛的商业和工业组织的工作内容。澳大利亚的专业覆盖面广，如位于悉尼的全澳最大职教基地每年向 5 万名学生提供多达 700 多种课程，几乎覆盖了整个悉尼的全部经济领域。在澳大利亚各个行业中，凡是技能要求较高的工作岗位都必须持有职业证书才能就业，即使是大学本科生、硕士生甚至博士生，也必须取得 TAFE 学院的培训证书才能在生产经营第一线就业，这就为双证互换提供了良好的外部环境条件和保障。

最后，职业教育与普通教育体系的互通性，以及学分及相关课程模块的互认，体现了双证互换的灵活性。在澳大利亚，TAFE 的学生可转学到大学，而大学毕业生到 TAFE 接受职业技能培训也是很平常的事，至于大学在校生到 TAFE 选课学习职业技能的更是不计其数；同时，取得高等级的文凭证书与高级文凭证书者可免试直升大学二年级攻读学位。在英国，NVQ 各级资格证书的培训有最基本的学历要求，获得证书后可插入对应的学校接受学历教育。在美国，修习技术与职业教育课程，可以进入一般大学继续进修学士学位。而学分及相关课程模块的互认，更进一步贯通了双证沟通的桥梁，如澳大利亚学生在高中阶段便可完成证书 I ~ II，然后进入 TAFE 学院，先前学分得到承认；从 TAFE 学院毕业后，也可进入大学学习，其先前课程的全部或部分得到承认；且在取得某级证书后，再学习几个模块即可取得高一级证书。TAFE 学院与大学之间可以进行有效的学分转换与互认、合作开设课程、分享校园以及合作研究等。不少学者认为澳大利亚在双证互换方面已经实现了比较完整的机制❶，其主要特点：一是明确目标定位，创设各种学习与选择机会，保证人才培养质量满足经济发展需求；二是证书的取得不受年龄、时间、地点等限制，多种类型的证书满足了多样化的学习需求；三是信息传递与反馈及时有效，提高了教育教学质量，满足了社会及学生等多方面的需求；四是基于需求分析的完整开发过程，为职业资格证书的质量提供了保障；五是灵活的转换机制为各种需求提供了可选择的空间，以人性化的学习方式培养社会所需的人才；六是有力的机构设置和监管保障，对学历资格体系进行有效、严格的管理与监控；七是运用市场的杠杆作用进行调节，确保培训与证书转换的质量。

从澳大利亚的实践经验中我们可以得到几个方面的有益启发：一是必须形成良好的转换运行条件与环境。整个社会氛围及相关部门的配合对双证互换的运行非常重要，如果没有良好的社会认同度和配套设施，双证间的有效转换必然举步维艰。因此首先必须积极改变人们的观念，使社会对双证书有准确全面的认识，在此基础上联合相关部门与配套设施，为双证互换的有效运转提供环境条件与保

---

❶　黄尧. 学历证书与职业资格证书相互转换的理论与实践研究［M］. 北京：高等教育出版社，2007：131.

障。二是必须采用市场化的运作方式。市场化商业化的运作方式不仅可以有利于成本的降低，而且最重要的是可以有效提高转换的质量和水准，因为优胜劣汰的法则决定了只有好的方式才经得起市场的检验和磨砺。另外，不断用市场的杠杆来调节转换方式才能满足社会各层次人群的多样需求。三是必须建立有效的信息反馈与调节机制。职教课程与社会需求相脱节的现象在很大程度上是因为信息的传递与时效性出了问题，而要实现更加复杂的双证互换，任何信息的不及时都可能导致整个转换机制失去生命力和社会的信任度，所以务必要健全信息传递与反馈机制，及时根据市场的变化需求来自动调节转换方式并调整课程内容。四是必须具有政府的有力监控与管理。这与市场化运作并不矛盾，特别是在实现双证书转换的初期，政府的监控与管理力度还应适度加大，以使双证互换逐步、合理地推向市场。五是必须采用灵活多样的办学形式，内容和方式要丰富多彩，要考虑到各种可能的需要，以尽可能满足多样化的需求。

第二节　高职院校实施"双证书"制度的思考

一、高职院校实施双证书制度的现状

实行"双证书"制度，使学历证书和职业资格证书并重且互通，是高职教育自身的特性和实现培养目标的要求，是贯彻就业导向的办学理念、提高毕业生就业率的重要手段和措施。以职业资格证书为突破口，推动工学结合、校企合作的人才培养模式创新，是目前高职院校教学改革的关键任务。早在2003年，教育部与劳动保障部就联合启动了"高职院校毕业生职业资格培训工程"，实践证明在高职教育中推行职业资格证书、实行双证书制度，既有效地推动了毕业生就业工作，也实现了学生、社会与学校的共赢。

（1）高职院校毕业生取得职业资格证书的级别普遍为中级，其中大多数证书属劳动部门管理。2005年，教育部高教司组织对全国26个省（自治区、直辖市）的教育厅和总计361所独立设置的高职院校进行了一次较为深入的调研。调查显示，已在部分专业或全部专业引入职业资格证书、实施双证书制度的有335所高职院校，占被调查院校的92.6%。尚未实行双证的主要是一些还没有毕业生的新建院校，还有少量无对应职业资格证书可考的专业院校，如艺术、公安、司法类院校，以及个别规模较小、实训条件较差、考证受教学条件制约的院校。而在实行双证的376个专业中，职业资格证书的种类比较丰富，但大部分是属于劳动部门管理的，多达271个，占到72%；属于行业企业管理的证书79个，占21%；剩余的则由人事部门和教育部门管理，分别占4%和3%。

2004年劳动保障部与教育部联合发起的高职院校毕业生职业资格培训工程提出，要在高职院校中课程设置与国家职业资格标准相对应的专业中，力争使

80%以上的毕业生取得相应的职业资格证书。从 2005 年毕业生统计情况来看，被调查院校共有毕业生约 29.8 万人，在有证书可考的专业领域内考取职业资格证书的人数为 22.2 万人，占毕业生总数的 74.5%。而在这些取证人数中，有 86% 为中级职业资格证书；只有对口招收中职生的少数院校和专业毕业生能拿到高级职业资格证书，至于拿到技师资格证书的则只有极少数省级和全国技能大赛获奖者。在调查涉及的 19 大类 376 个实行双证书的专业中，毕业生取证率排序在前 5 位的专业是数控技术（86.5%）、电气自动化技术（84.6%）、电子信息工程技术（83.8%）、会计电算化（81.5%）和机电一体化（79.6%），分属制造、电子信息、财经三大类专业，其中尤以目前加快工业化进程急需的紧缺制造类专业为多。由于这三大类专业社会上需求人才数量较大，开设相应专业的高职院校数量也较多，在校生数和每年毕业生数均居前列；而且这些专业多数设置时间较长，教学条件相对较好，加上政府部门对这类专业的职业开发、职业标准制定以及考核鉴定体系的构建方面更为关注，学生考证具有较好的外部环境。近年来各地相继制定了推动职业院校实行双证书制度的有关政策，有些省区在执行措施上还有较大突破和创新，各地高职院校在实施双证书的过程中也已积累了一些经验。

（2）高职院校实施双证书制度还存在不少问题，首先，对高职教育培养目标具体规格上的理解尚有争议，各地学校认识也不统一，导致目前的双证书实施存在一定盲目性。另外，由于职业资格证书制度还不够成熟完善，虽然近几年有关部门投入了大量的人力物力致力于职业分类、职业标准制定及职业资格鉴定系统的构建，但因职业标准开发和证书设置还缺乏全面的市场调研，因此证书类型往往要落后于经济社会迅速发展的当前需求，同时高职教育的培养目标在现有的职业资格证书中也无法体现出来。因为高职教育的每个专业一般都面向一个职业岗位群，而目前社会上所能考证的多是一些知识和技术含量都较低的单一工种，这种过细过窄的工种划分无法较全面地反映出高职学生的职业能力，也给高职院校组织教学和学生参加考核鉴定带来实际困难。真正意义上的双证转换不是两种证书的简单互认，而是在知识结构与职业能力特征等方面的互通与融合，是两类证书内涵的衔接与对应。但目前的转换往往是高职院校自发的，尚停留在表面形式上的低层次转换，转换方式只是简单地把学历证书作为一个对象，而对如何改革传统的学历教育模式缺乏考虑。大部分院校只是在学生临毕业前组织专门培训，通过参加职业技能鉴定获得职业资格证书。而从我国职教体系与国家职业资格证书制度体系来看，真正的双证互换应当是自上而下的，即必须首先设置一种科学的、合理的、适应性强的且便于操作的双证转换运行机制；其次，从经济发展的角度和终身教育的角度进行分析与规范，制定相应的转换方式和措施，保证转换的灵活性；最后，融入实践进行具体的操作，并通过实践进行改革与修正。

虽然目前双证书的转换缺乏系统性、规范性和一贯性，具体操作比较困难，且目标与效果也存在较大的差距，但随着今后技术支持方面的条件逐步改善，机制上的规范和支持得到加强，在所受制约减少的情况下，双证互通的实际成效也将会得到相应提高。

另外，由于现行的不少职业资格证书很难与就业准入有效衔接，大大降低了其社会吸引力。虽然就业准入制度早已实施，但由于部分职业资格证书的社会认同度和信任度较低，企业普遍不太看重，最多只是在选人时作为一种参考；同时，国内目前大部分企业在校企合作方面的积极态度和参与程度还很有限，就业准入制度实施不利，更使职业资格证书缺乏吸引力和应有的社会地位。因此，要有效加强就业准入制度的实施，首先就要提高职业资格证书的质量。调查表明，高职院校学生取得的职业资格证书，除由劳动部门所属的职业技能鉴定中心颁发外，其他鉴定和发证机构分别隶属于行业职能部门和行业协会等，另有少部分为从国外引进的资格证书，证出多门现象严重；同时，取证门槛低、证书内涵价值低、缺乏科学鉴定手段、考评员素质不高等，都是目前鉴定发证过程中存在的突出问题；有些计算机等级证书，劳动、人事、教育、信息产业部等部门都可考核颁发，微软及其他国内外企业也可以按自己的标准鉴定颁发，使学校和学生无所适从；还有的反映从题库抽取组合的考核试题比较混乱，有些内容过于陈旧，考核过程缺少严肃性等；此外反映学生若到校外鉴定机构考证，要比在校内鉴定站考试费用高得太多；而某些职业资格证书的含金量不高，难以得到企业的认可，被市场淘汰则是必然的趋势。

二、双证书的技术基础及运行机制

职业资格证书的运行建立在职业分类和职业标准的技术基础之上，高等职业教育学历证书的运行则建立在专业分类和课程标准的技术基础之上。由于我国现行的职业资格证书是源于生产系统的证书，因此作为其技术基础的职业分类和职业标准是为了满足生产实践的需要，而不是为了满足学校的教育需要；而高等职业教育学历证书是源于教育系统，特别是高等教育系统的证书，因此作为其技术基础的专业分类和课程标准首先要符合教育规律，尤其是要遵循高等教育教学的要求。由此形成了两种证书各不相同的运行机制。

（1）职业资格证书的技术基础与运行机制。职业资格证书的运行机制包括证书管理和技能鉴定管理两大系统，前者纳入劳动和社会保障部门的行政管理体系，通过行政执行力保障机制的高效运行；后者实行劳动保障部门指导下的社会化管理，为机制的正常运行提供技术支持。劳动保障部门以职业分类为起点、以证书管理为抓手、以技能鉴定为技术支持、以就业准入和劳动预备制度为驱动，使职业资格证书制度得以正常运行。第一，对职业类别的划分和职业标准的制定是劳动保障部门驱动运行机制的起点；第二，对职业资格证书的综合管理是劳动保障部门推动机制运行的抓手；第三，劳动保障部门对技能鉴定实行的分类指导形成了机制运行的技术支持系统和操作平台；第四，凭借国家强制力执行的就业准入和劳动预备制度是职业资格证书制度运行的动力机制。可见，我国的职业资格证书制度的运行是建立在一系列法律法规明文规定的基础之上的，是依靠国家强制力执行就业准入和劳动预备制度的抓手，是国家信用对持证人在某一职业岗位上的技能水平做出的认可和担保；而全国统一的职业分类和职业标准也为国家推行职业资格证书提供了坚实的技术基础和质量保障。可以认为，国家力量的积极参与，包括立法直接推动、行政直接推动和通过中介组织间接推动，是职业资格证书运行机制的动力源泉，是与高职教育学历证书运行机制的根本性区别。

（2）高等职业教育学历证书的运行问题。当前高职教育运行中的问题突出表现在三个方面：一是定位不准，使高职教育学历证书运行机制效率不高；二是基础不牢，使高职教育的课程质量难以整体提高；三是投入不足，使课程运行面临十分重要的现实问题。解决这些问题的关键在于找准定位、夯实基础和加大投入，核心是强化学生技能培训和提高学生技能水平。在高职教育领域推行双证书制度，是在短时期内迅速提高学生技能水平、增强就业能力的战略举措和有效办法。但是与中职学校相比，高职院校推行双证书又有着特殊的难度。从实践看，与中职学校推行双证书引入五级和四级国家职业资格（即初级工和中级工）证书不同，由于高职院校培养的是高技能人才，从逻辑上讲似乎应当引入三级以上的职业资格（即高级工、技师和高级技师）证书，但这在现实中只是一厢情愿的空想。在生产实践中，高级工以上的高技能人才不可能仅仅凭借短期培训造就，而必须经历长时间的经验积累、在长期的反复实践中磨炼和领悟，是一个"默会"的过程。所以，在高职院校的双证运行机制中直接引入高级工证书事实上并不可行，毕竟高职教育培养的"高技能人才"不能局限于高级工及以上的高等级技能人才。从技术上看，由于两种证书在各自的技术基础上形成了相对独立、互不相容的管理体系和运行机制，既不可能简单地将生产领域的职业资格证书直接引入高职教育课程体系，更不可能草率地将高职院校的课程教学系统完全改造为职业资格证书的培训体系。而这正是在高等教育特别是高职教育领域构建双证运行机制面临的最大挑战，因此必须探讨一个本源性的问题，即符合高职教育自身规律的职业资格证书的内涵是什么？以此作为在高职教育领域构建双证书运行机制的突破口。

三、高等职业教育职业资格证书的内涵

高职教育的职业资格证书既不同于高职院校的学历证书，但又不同于一般的职业资格证书：一方面，高职教育职业资格证书属于职业资格证书的范畴，必然

具有鲜明的职业性，必须与产业活动密切相关；另一方面，高职教育职业资格证书又带有高等职业教育的基本特征，所以与普通的职业资格证书相比，又存在显著差异。

（1）高职教育职业资格证书内涵的三大特征。一是职业性特征。高职教育职业资格证书首先是职业资格证书，因此必须首先体现职业资格证书的本质属性，这也是高职教育职业资格证书区别于高职院校学历证书的最重要特征。因此，高职教育职业资格证书的运行必须遵循生产实践和经济规律的要求，符合职业资格证书的运行方式，反映职业活动对于高技能人才的客观要求。二是综合性特征。这既是高职教育职业资格证书区别于一般职业资格证书的主要特征，又是高技能人才区别于普通技能型人才的能力差异。通过对双证书概念的比较和技术分析可见，一般职业资格证书的范围是单一的职业岗位（工种），而高职院校学历证书的范围是某一专业领域和职业岗位群。所以，高职教育职业资格证书的内涵应该反映出某一专业领域的职业岗位群对于高技能人才在学识、技术和技能方面的综合要求，而不仅仅是对于单一职业岗位工种的技能要求，更不能是对于若干职业岗位工种技能的简单累加。因此，高职教育职业资格证书一方面对持证者的职业胜任能力提出了全新的要求；更具有现实意义的是，在职业资格证书的大概念中，明确地把对于高技能人才的整体综合能力要求和单一的专业技能要求做出区分，从而为大规模培养高技能人才指明了方向。三是拓展性特征。这是高职教育职业资格证书区别于一般职业资格证书的又一重要特征，体现了持证人与一般高技能人才相比的重要优势。高职教育职业资格证书将更加注重发挥高等教育一般规律在高技能人才培养过程中的优势，不仅立足于具体技能的培养，更着眼于专业建设的整体框架，致力于打通科学、技术和技能之间的隔阂。因此特别重视职业发展能力的塑造，要求持证者不仅要能掌握与专业相关的职业技能，做到知其然；还要能够掌握专业领域的学科原理和专业技术知识，做到知其所以然；更要能够具备在专业领域的职业岗位群中，与周围的团队进行有效的沟通职业关键能力，在专业上成为联系技术、工艺和技能的纽带，在工作中成为沟通技术研发人员、工艺设计人员和一线操作人员的桥梁。从而在专业领域的技术链和职业岗位的分工层中寻找到适合自身发展的合理定位，实现个人职业生涯的全面发展。至此，可以给出高职教育职业资格证书的基本概念，这是一种新型的职业资格证书，用以证明持证者在某一专业领域的职业岗位群中具有全面的综合职业能力，这种综合能力包括职业胜任能力和职业发展能力。其属性特征与双证书存在着功能差异：职业资格证书重在证明持证人在具体职业岗位上的技能水平；高职院校学历证书重在体现持证人在专业技术领域的学科背景和理论基础；而高职教育职业资格证书则重在反映持证人专业技术领域的职业岗位群上的综合能力和发展能力。

（2）在上海高校中推行职业资格证书的实践经验。上海在高校大学生中推行职业资格证书制度已有十年经验，其间经历了从单一工种职业技能鉴定向综合职业能力鉴定转变两个阶段，在改革实践中逐步丰富并形成了对于高职教育职业资格证书的基本认识。在单工种鉴定阶段的双证书运行，主要是对职业资格证书的简单移植。1991 年颁布的《国务院关于大力发展职业技术教育的决定》就提出"凡进行技术等级考核的工种，逐步实行'双证书'制度"，1994 年国务院颁布《关于〈中国教育改革和发展纲要〉的实施意见》再次提出"在全社会实行学历文凭和职业资格证书并重的制度"。根据上述精神，1995 年上海市教委与原市劳动局联合发布《关于在本市高校大学生中开展职业技能鉴定工作的通知》，在高等院校工科专业开展职业技能考核鉴定工作，推行职业资格证书制度，旨在进一步提高大学生素质，缩短就业适应期。当时的具体做法是：由市教委高教办、人事处和市劳动局技工培训处联合组成高校学生技能鉴定工作指导小组，市职业技能鉴定中心在小组指导下负责组织管理高校系统职业技能鉴定的具体工作；而对于大学生的职业技能鉴定仍然沿袭了劳动部门一贯的单工种职业技能鉴定方式，针对单一工种展开。

在综合职业能力鉴定阶段，上海专门设计开发的"高等学校学生职业资格证书"已经体现了高职教育职业资格证书的内涵特征。这是因为单工种的职业技能鉴定与高等教育相对大口径的专业学习和实践相比存在较大差异，既难以适应大学生自身发展的需要，也难以体现经济社会对大学生的能力要求，必须进行改革创新。1999 年 9 月适逢高校扩招，国家大力发展高等职业教育，市教委与劳动社会保障局再次联合发文《关于上海高校大学生实施职业资格证书制度的意见》，根据国家职业标准和高校学生的特点，强调面向行业或职业岗位群的工艺、管理和综合应用能力，开发出一种全新的综合职业能力考核。针对大学生综合职业能力考核专门设立"高等学校学生职业资格证书"，不同于一般职业资格证书的单一技能证明功能。上海市高校学生在完成必要的理论知识和专业技能的学习后，可以参加由市职业技能鉴定中心组织实施的高校学生职业资格鉴定，鉴定合格由市劳动社会保障局核发国家劳动社会保障部印制的"高等学校学生职业资格证书"，其等级是高级预备级，相当国家职业资格的三级水平。该证书可以作为学生求职就业的有效凭证，是行业准入和用人单位招收录用人员的主要依据；更有意义的是大学生（其中主要是高职毕业生）在获得该证书后进入本职业岗位两年以上者，无须再考中级工、高级工，可以申请直接报考技师等级，或相应中级职称的职业技能资格鉴定。

（3）对上海高职院校双证书运行现状的分析。2005 年 5 月，上海市教委高教处和教科院职成教所对 32 所高职院校进行了问卷调研，发现上海在高职院校中推行职业资格证书取得显著成效：一是各类高职院校高度重视，主动进行课改，努力为学生创造考证条件；二是由于推行双证书的高职院校普遍注重学生职业技能的培训，调查反馈数据表明与同等学力的其他毕业生相比，拥有双证的学生具有技术应用能力"强"和"较强"的优势；三是按职业资格证书的考核要求探索"理论教学—校内实训—职业资格考证"相结合的教育模式，力争使职业资格证书考核与课程计划相一致；四是率先在全国推行高校介入行业准入的教育培训，同时获得大量来自一线的技术信息和行业规范信息，有力推动了学校课程教学改革；五是由于国家职业资格证书的职业覆盖面广、社会认同度高、通过率较高，成为高职院校推行双证书制度的首选。但实践中主要面临成本、证书和管理三大难题：一是实施双证书势必要求学生在支付学费的同时另外支付教材费、培训费和鉴定考核费以获得职业资格证书，假设通过学校改革能够降低乃至消除培训费用的话，那么刚性的教材费、鉴定费和考核费仍将由学生承担；二是一些热门专业证出多门让人应接不暇难辨真假，而部分证书与专业的相关度不高，有的专业甚至无证可考，同时考核标准制订的质量不高，且鉴定部门为垄断鉴定内容而在标准把控上随意性较大；三是两种证书仍分属两个职能部门的行政体制，管理上难以统一协调，突出表现在高校学生职业资格证书的实施基本沿袭了实施一般职业资格证书制度中的单工种技能鉴定套路，较少考虑到高职的课程教学实际，造成其通过率始终低于国家职业资格证书四级甚至三级，形成了反向激励机制，致使高职院校在证书选择时为"有用、好拿、省钱"而急功近利，给双证书制度推行带来消极影响。

第三节　实行双证互通课程的机制保障和标准实施

一、双证互通的条件及运行机制分析

无论是学历证书制度还是职业资格证书制度，都具有经济功能，都服务于经济的发展。它们在人才培养和人才评价上的互补，决定了其相互转换的可能性与可行性。社会效益和经济效益的最大化，是两者实现相互沟通和转换的主要依据，也是最终的目标。

（1）实现双证互通的条件。其中，一是政府及相关部门实施统筹、监控与引导，利用政府这只"有形的手"为双证互通课程标准的开发与实施提供包括政策、环境、设施、经费等方面的协调和规划，同时再给予积极的监控与管理保障；二是建立灵活的职业教育学制，加强课程开发与职业资格鉴定的沟通，使职教课程与职业技能要求有机结合，使职业资格鉴定适应复合技术岗位需要和人们可持续发展的需要；三是普遍提高职业院校的师资水平，充分利用好课程资源并加强开放性，除开展学历教育外还要引入多种形式的职业培训；四是密切职业院校与行业企业的联系，推动市场准入制度的不断完善。因此从职业教育的外部环

境看必须充分关注市场特征，严格规范市场准入制度，通过与行业企业的沟通与协调，逐步实现有序的市场准入，使职业资格证书能够成为就业的基础与基本条件。

（2）推动双证互通的运行机制。实现职业教育的双证互通，需要在宏观层面上有一个比较完整的大的机制，它应由若干个相对独立的小机制所组成：一是双证互通的供需机制，对学生实施就业优惠政策，对企业加强就业监管，切实提高双证书持有者的待遇等，从制度上强化单证书持有者对拥有双证书的需求，形成对双证需求的社会氛围；二是双证互通的相互对应机制，科学地确定学历证书某个等级与职业资格证书对应互换的等级，尤其对高职学生获取职业资格证书必须考虑到职业能力的综合性和可迁移性；三是双证互通的效率机制，把职业资格培训内容融入到职教课程体系中，职教课程和职业资格鉴定的内容实现模块化，学生学籍管理实施学分制并明确职业资格证书占有的比例；四是双证互通的协作机制，应进一步加强行政部门间的联系，及时调整相关政策及职教课程和职业资格鉴定内容，保障两者内涵持续动态的同步发展，同时加大劳动力市场监管力度，对纳入职业准入的行业一定要持证上岗；五是双证互通的信息传递机制，建立绩效监测评估体系，由专业检测系统评价职业院校课程和职业技能鉴定，通过反映、认知、行为、绩效等方面客观评价双证互通的实际效果；六是双证互通的监控机制，监控的重点是学历证书质量、职业资格证书质量、双证书沟通转换的质量三个方面。至少上述六个方面的小机制相互之间具有紧密的有机联系，才能构成一个比较完善的双证互换运行机制（见图9-1）。

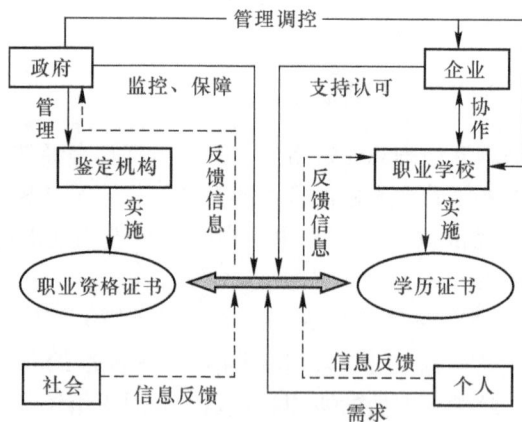

图9-1 双证互换的运行机制分析

二、相应的政策保障对策建议和思考

劳动和社会保障部、教育部、人事部于2002年联合发布《关于进一步推动职业学校实施职业资格证书制度的意见》，为职业教育实施双证互通已经提供了重要的政策保障基础。当然还需要进一步采取更加切实可行的政策保障措施，特别是要完善操作执行层面上的一系列具体措施，以理顺目前双证沟通转换中出现的现实矛盾，使双证互通课程得以健康运行，为此提出可供选择的一些对策建议供政府部门决策参考。

（1）建立职业院校学历教育与职业资格之间完善的对应转换体系：一是学生在完成专业课学习和相关实践环节后可申请相应专业的中级职业资格证书，如没有相应职业资格证书则可选择与专业相近的职业并确定免去鉴定的相关内容；二是针对高职教育的培养特点建立综合性的针对一个职业群的职业资格鉴定体系，开发职业资格鉴定内容，高职学生在完成相关学习内容后直接进行实践环节鉴定，颁发专门的高校教育职业资格证书，相当于国家职业资格体系的高级资格证书；三是拥有职业资格证书的社会人员，根据其学历基础确定其可以转换的职业教育学历，初中学历及以下可转换为中职，然后根据其职业资格证书级别从初级到高级依次增加其免修的课程数量，拥有高中基础学历的人员则可转换中职或高职学历，转换中职则只需修部分专业理论课，转换高职则免修相应的部分时间课程环节。

（2）在协作中加强职教课程与职业资格鉴定内容的开发和监督评价。一是进一步加强教育行政部门和劳动保障部门的协作，建议两部门共同组建针对双证互换的专家委员会，共同研究职教课程与职业资格鉴定的内容衔接，设计相应的职业技能鉴定模块，并及时调整鉴定内容以保障转换的持续动态发展；二是尽快组织职业教育和职业资格鉴定内容的开发，由专家委员会定期组织行业企业和学校共同开发职业资格鉴定内容和职教课程相关内容，共同研究调整教育培训和职业资格鉴定内容的改进；三是加强对双证互换的监督，完善双证互换的社会评价体系，职业技能鉴定指导中心负责管理由技术督导人员和有关专家参加的质量督导办公室，具体负责职业技能鉴定质量的督导检查。

（3）在实行灵活学制的前提下实施有效的专业课程改革和考核监控。一是尽快取消传统的学制管理模式，实行灵活多样的职教学制，总体上看建立以学分制为主兼顾学年制的评价模式是可行的也是必需的，只要学生能完成相应的教育教学环节学校即可核发毕业证书；二是专业课程改革和考核监控，一方面职业院校的专业课程内容要得到职业资格鉴定机构的认可，另一方面职业院校专业教学与职业资格认证相关的课程考核也要请职业资格认证部门参与监控，以保证职业资格鉴定的有效性和权威性。

（4）对双证书持有者采取相应的经济补助措施，建议对职业院校学生在获取职业资格证书时适当减免鉴定费用，并优先推荐持有双证书的学生就业。同时建议企业对持有双证书的人员给予相应的补助，根据所持的学历和职业资格的高低分别设立不同的奖金数额，如对持有中职学历和中级职业资格的职工，与持有高职学历和中级职业资格证书的职工工资拉开一个档次；中职学历的职工，与高职学历和中级职业资格证书的职工工资拉开两个档次；有中职学历和高级职业资格的职工，与持有高职学历和中级职业资格证书的职工工资则可在同一个档次。相信以上这些激励性的措施，将会有效地推动双证书的相互转换。

三、在高职教育领域推行双证互通课程标准的若干思考

在上海试点开发的"高等学校学生职业资格证书"是在高等教育特别是在高职教育领域推行双证书制度的产物，标志着人们对于高技能人才的培养和双证书制度的运行有了新的认识。但是目前的这种高职教育职业资格证书还难以成为高职院校推行双证书的主流，不利于高职教育的发展和高技能人才的培养，亟待建立起良性的双证运行机制。

（1）提高思想认识，强化功能定位。第一，应该承认高职教育职业资格证书为双证书运行机制提供了抓手，既有利于教育部门实现提高高职毕业生的就业能力的调控目标，又有利于劳动部门完成提升高技能人才队伍的整体素质和综合能力的政府职能；第二，高职教育职业资格证书为双证书运行机制注入了动力，突破了仅仅依靠高职教育对职业资格证书的单向需求驱动双证书的被动局面，指明了职业资格证书制度在高技能人才的培养和鉴定领域的方向；第三，强化功能定位是推行高职教育职业资格证书的关键，它既是对职业资格证书制度的发展，丰富和完善了传统的五级国家职业资格证书系列，也是对高职教育学历证书的必要补充。

（2）明确目标任务，夯实技术基础。第一，建议教育主管部门把完善高技能人才的培养方式、提高学生就业能力作为推进高职教育改革发展的政策目标；第二，建议教育主管部门一方面与综合管理部门协调合作确立高职教育职业资格证书的地位，另一方面以此为抓手在高职教育领域大力推进双证书制度，从基础建设抓起最终构建起良性运转的双证运行机制；第三，建议教育主管部门把夯实技术基础作为推行高职教育职业资格证书的切入点，投入人力财力抓紧建立反映高职教育特点和符合高技能人才规模化培养规律的职业岗位群分类标准和专业标准，以此引领高职教育课程改革。

（3）总结地方经验，扩大试点范围。第一，建议总结上海等地在大学生中推行高校学生职业资格证书的经验，在有条件的地区扩大试点，以此形成在全国范围推广的基础；第二，建议在试点过程中坚持体现高职教育职业资格证书的内涵特征，坚持高技能人才开发重在综合能力的培养；第三，建议由教育部相关部门在全国范围内统一证书名称、统一发证机构、统一证书管理，并建立专门证书网站进行信息披露、交流经验、指导试点工作；第四，建议发挥财政经费投入的

导向作用，对进行试点的高职院校和学生进行补贴，以降低双证书的运行成本，提高学校和学生积极性。

（4）加强部门合作，确立证书地位。一是建议加强与劳动保障部门和人事部门等综合管理部门之间的沟通合作，共同开发和完善国家职业资格证书体系；二是建议将高职教育职业资格证书正式纳入国家职业资格证书的序列，成为高技能人才培养和鉴定的必备等级证书；三是建议在教育主管部门、劳动保障部门和人事部门的相关司处之间建立职业资格证书管理联席会议制度，具体可以由劳动部门牵头成立高技能人才开发领导小组，也可以由教育部门牵头成立高职教育职业资格证书管理协调小组，以形成合力提高高技能人才培养效率。

（5）推进教学改革，建立标准体系。以推行高职教育职业资格证书为抓手，在高职教育领域推进课程改革。建议以《高职高专教育指导性专业目录（建议方案)》为基础，与劳动保障部门合作确定高技能人才的专业或职业岗位群的分类体系，着手建立高技能人才能力鉴定的标准体系，合作建设高技能人才鉴定站（所）；围绕高技能人才的标准体系，以工学结合模式为双证书的运行提供技术支持，着力设计相应的课程标准、选择合适的课程模式，组织双师型教师队伍全面推进高职教育课程改革；教育部牵头成立高技能人才培养标准委员会或类似的组织机构，并在各地设立相应机构广泛吸纳学校、行业企业、科研机构和劳动部门的专家学者参与，为高职课程模式开发提供切实的智力支持和组织保障。

（6）统筹财政投入，共建实训平台。加大财政投入力度，以公共实训基地建设为纽带搭建高技能人才培养的实训平台。建议根据各地经济社会发展特点和区域产业规划整合教育部门、行业部门和劳动部门三方的培训资源，统筹用于公共实训基地建设的财政经费，形成部门协作、共建共享的机制，提高资金和资源利用效率；由教育部牵头，与行业主管部门和劳动保障部门共建若干国家级公共实训基地，以此为地方各级教育主管部门、行业主管部门和劳动保障部门的同级财政合作提供示范；教育部加强与地方政府合作，针对区域经济和地方培训资源状况探索中央和地方两级财政共建公共实训基地的合作机制。

四、将实施双证互通课程标准作为高职院校课程改革的切入点

针对高职院校以就业为导向的基本办学方针和课程教学特点，我们建议将实施双证互通的课程标准作为高职院校课程改革的切入点，全面推进课程模式开发的转型。

（1）加强职业分类与职业标准的研究开发，逐步实现证书的统一管理和规范操作。高职教育必须按照职业分类和职业标准去改革教学体系和人才培养模式，首先应加强对职业分类和职业标准的研究和开发，合理划分高职教育的专业类型，制定能充分反映行业需求的专业教学标准体系；同时应考虑职业分类和职

业标准的动态性，确保职业标准能根据行业技术发展和职业岗位变化及时更新，瞄准国际先进标准不断提高我国职业标准的水平，推进职业资格证书制度与国际接轨。建议在原职业技能鉴定专家委员会的基础上，聘请职教专家共同组成实施双证书制度专家委员会，共同研究职业分类、职业标准、课程开发、技能考核内容和考核方式等。为实现证书的统一管理，规范培训、鉴定及取证的操作流程，还可考虑成立专门的国家级职业资格证书管理机构，在全国范围内开始逐步统一证书名称、发证机构、证书管理，实施宏观调控、规范管理，逐步改变证出多门、多头管理的现象。另外，有必要整顿各类鉴定发证机构，严肃鉴定与发证规则，提高鉴定的权威性和证书的信誉度；制止证书牟利行为，将考证费用限定在合理的成本范围之内；加强题库建设，努力提高鉴定内容、过程、手段的科学性、合理性、先进性，提高考评人员和管理人员的职业道德和业务素质。

（2）开展职业资格认证制度的试点实验，完善专业认证和国家职业标准体系。高职教育能否与就业准入对接，关键在于高职院校的课程内容能否涵盖相应职业资格标准的内容。既然强调就业导向，就应将那些对提高学生实践技能和就业能力有实际意义的国家职业资格标准引入高职教育的专业课程体系之中。为此，建议通过开展专业认证试点实验工作，在试点院校试行高职毕业生的职业资格认证制度，具体可由劳动部门、教育部门和相关行业主管部门共同组织专家研究确定进行试点的高职专业及其教学标准的总体框架，以确保高职院校的课程标准能够涵盖相应的国家职业资格标准，并设立专门的高职院校职业资格认证管理机构。在此基础上，参加试点的高职院校根据实际调整教学计划，制定专业教学标准，在课程与教学内容中融入国家职业标准的内容，并明确将这部分内容形成一个相对稳定的教学模块。在确保该模块的"应知""应会"要求能够覆盖相应国家职业标准的全部知识点和技能要求的前提下，以课程认证作为切入点，通过职业资格认证管理机构组织的专家认证，使学生在校学习期间就能取得国家职业资格证书，并针对高职毕业生主要面向的职业岗位群逐步开发与之相适应的综合性国家职业标准，从而完善专业认证和国家职业标准体系。

（3）将实施双证互通课程标准作为促进工学结合人才培养模式改革的重点。建议在国家示范性高职院校建设过程中，重点树立一批在双证互通课程标准开发、实施及转换中取得突出成绩的院校，放大其实践经验，宣传推广其相关举措，增强其社会影响。同时，教育主管部门与劳动部门还可以合作建立双证互通的试点单位，由学校、培训及鉴定机构、企业共同参与，探索建立深层次的双证融通和转换的课程教学体系与评价体系。此外，由于要求高职院校课程教学能够涵盖职业资格证书的内容，对专业实训教学条件具有较高要求；但由于我国职教的校企合作机制还远未发育成熟，多数高职院校基本上还是靠建设校内基地来解决学生实训，其建设、运行和发展都需要较多投入；因此各级政府应充分关注这一问题，在实训基地建设、实训指导教师队伍建设、产学研结合机制建设等方面给予更多经费和政策支持，使高职院校具备课程模式改革所必需的基本条件，切实促进课程教学质量的提高。

（4）进一步健全和完善法规制度体系，充分发挥行业协会的统筹与协调作用。国际经验表明，职业院校教育与国家职业资格证书的沟通协调要靠一套体系完整、相互配套的法规制度来支撑。因此当前我国高职院校实行双证互通课程标准，一是要鼓励和引导企业参与高职教育的相关法规，使企业从目前的人才消费主体逐步转变为消费与培养主体；二是要规范双证运行机制的相关法规，如在保障双证书制度有效运行方面制订若干具体规定等；三是要对就业市场的相关法规进行整顿，进一步规范高职院校毕业生面向的就业市场，由于现有的劳动预备制度和就业准入制度适用范围缺少普遍性而在执行过程中随意性太大，亟须监督和约束的配套法规。另外，由于社会转型和政府职能转变，必须要由一个有效、公正和权威的中介组织来发挥传递、联系、统筹、管理的功能，以适应政府在职业教育中的职能转化和弱化的问题。由此，行业协会将上升为主体，发展成为一个代表公平的中介组织，统领和管理职教发展，协调校企之间的利益关系。应积极借鉴德国等发达国家经验，由政府大力扶持行业组织发展，发挥行业协会在制定职业标准、严格就业准入、普及职业资格证书制度、岗位培训等方面的独特作用，使之能够在职教发展中扮演极为重要的协调与组织角色。

第十章 课程运行的组织：校企合作、集团发展

高等职业教育课程运行的组织，需要有比较完善的机制和制度保障。特别是由于高职教育课程模式开发必须走校企合作的必由之路，而目前在我国尚未形成一个有利于校企合作健康发展的外部环境，学校和企业双方往往是"一头热、一头冷"，迫切需要在发展政策上为之提供切实有力的保障，而组建职业教育集团就是一种较好的保障形式。

第一节 职业教育集团——校企合作课程运行的保障

职业教育的一个显著特点是与行业企业联系紧密，这一特点决定了企业和社会在职教集团内占有相当重要的地位。职教集团可行使的功能，一是集聚教育资源，包括实现中、高职院校在专业设置、课程内容、人才培养规格等多方面的衔接沟通，实现中、高职教育的联动发展；实现集团范围内的生源调剂、师资流动、硬件资源共享；集团内的学校实行弹性学制和学分制，扩大选修课程范围以适应不同的学习需求。二是构建产教联系，包括依靠行业优势，依托行业内企业和科研部门实现信息、人力、教学设施等资源的集中使用和优化配置；集团内企业与学校实现在教育培训方面的联合；企业参与课程建设，参与教材编写。三是实现就业目标和项目开发，包括集团内企业向学校师生提供实习岗位及部分就业岗位；校企合作进行科研和产品开发，实现科技转换，延伸集团的教育功能和产业功能等。

一、国内职业教育集团的核心问题分析

目前职业教育集团主要有几种颇具特色的组建模式：一是中、高职联合的结构性集团；二是以区域性为发展核心，与区域经济互动发展的区域性集团；三是依靠学校原有特色和行业背景，与相关企业组建的专业性集团；四是在组建原则上比较宽松的混合式集团等四种模式。❶ 这些集团在组建方式上，有的依靠行政命令或国家投资，经济联系比较紧密；有的通过自发自愿、对口合作或广泛参与来组成。在联合跨度上，有的局限于本行业内，有的实现了跨行业、跨地域的联

---

❶ 黄尧.职业教育集团化办学的理论研究与实践探索［M］.北京：高等教育出版社，2009：181.

合。在各方参与的层次上，有的仍限于校际，有的已经有行业企业的广泛参与。集团组建模式的多元化，切合各地区经济发展不平衡、发展模式多样化的实际，而关系到职教集团发展的核心问题可归结为三个方面：

（1）建立有效的政府引导机制。事实上，政府对职业教育管理方式的转变直接促成了职教集团的产生和发展。目前大部分行业已由政府管理改变为企业运行，行业承办职业院校不再有体制上的驱动杠杆。由于职业院校在经济上缺乏行业管理部门的有力支撑，在教育发展中缺少行业规划部门的必要指导，致使许多行业企业举办的职业教育发展逐渐滞后，规模持续萎缩，企业的改制则导致职教资源严重流失。许多职教集团就是在这样的情况下，为顺应学校求生存、求发展的要求而建立的。在集团的格局下，职业教育的自主发展能力和职业院校的自救能力确实增强了，但集团的发展仍经常需要有针对性的引导，切不可认为政府包括行业主管部门在职能转变以后对职业教育就可以卸掉包袱听任其自生自灭了。因此，政府对职业教育应采取怎样一种有效的监管、引导方式，需要怎样的财政投入的方式和渠道来提供支撑，就是一个需要加紧研究的问题。由于区域政府的特殊地位，能在宏观管理的高度充分把握区域内行业发展的趋势，在对岗位和职业人才的要求上比企业更理性、更清楚、更全面、更有前瞻性，应该凭借这方面的优势主动参与制定职教集团的宏观规划和发展政策，研究职教规划与区域经济发展的整合，研究职教集团的发展规模、经营方式。在职教集团的发展初期，更需要政府在这方面的有力指导。政府在为职教发展创造良好环境方面也有许多工作要做，包括搭建区域经济和职业教育的信息交流平台，提供动态的岗位需求信息、经济和技术发展信息、毕业生源的相关信息，制定职教资源的市场配置法规和人才引进流动政策，构建扶持职教的融资环境和税收政策。政府在财政投入上则需要研究能否逐步改变向学校分散投入的方式，采取向集团集中投入的财政支持方式。

（2）建立新型的产教结合纽带。目前一些校际联合的，以专业广泛和层次类型互通为特色的职教集团，大多是通过政府行政手段对资源进行整合后实现的。联合的大背景就是计划经济向市场经济转变后，企业因减负而不再承担办学的这部分社会责任，提供的经费支持迅速递减，再加上一些区域在发展过程中，原有分散的职业院校因受规模、资源的影响发生了生源危机，发展受到严重的制约。这些学校为了积聚力量，提高区域教育的服务力和竞争力，在政府的支持或直接干预下，实行行业内或跨行业重组。这类联合虽然可以部分实现课程教学过程的中高职教育贯通，重组后资产和资金也得到一定程度的整合优化，但集团初生伊始就与企业割断了"脐带"，在行业背景上先天不足。在集团内要建立新型的产教结合纽带，必须研究以下三类问题：第一类是教育教学的产教结合，促进产业和教育的互动。首先引导企业建立主动依靠和积极参与职业教育的意识，充分认可订单培养的模式，然后能从短期订单、零碎定单向长期订单、系统订单过渡；其次是企业从参与到介入教育教学过程，企业的技术和职业要求甚至文化理念逐步渗透到职教之中；再次是以企业的发展带动专业，企业的产品结构调整、技术提高、岗位的变化更新对专业的设置完善改造起到积极的促进作用；最后实现产、学、研的互动，专业的发展能带动企业的发展，为寻求企业新的利益增长点。第二类是企业如何深度参与集团运作和管理，建立新型的产学或校产联系，如企业在集团中的地位和功能重新审视和正确定位；企业向集团投资的方式或企业在整个集团中承担的财政职能；企业对集团的管理介入方式，建立怎样的管理组织行使企业的相应职权。第三类是企业促进职业教育向行业和企业延伸，与学校积极构建资源共享机制，包括校企联合开发项目，改造优化企业原有的职教资源，协同配置实习条件，完善有关的交换支付手段等，从而改变集团内企业向学校单向性索取的状况，不仅要钱要人要物，更要教育带来的包括技术和文化的综合效益，而企业也能向学校充分提供其独具的资源，从而实现校企互动发展。

（3）提高集团的核心聚合协调能力。目前大部分职教集团是在参与方自愿的基础上组建而成的，聚合程度比较低，这类集团的组成往往是松散型的，即所谓"三不变"：学校和企业原隶属关系不变，产权性质不变，教职工身份待遇不变。集团成员之间的教育和经济业务往来，以协作、转让、托管、租赁等多种市场化方式进行，权利和义务仅存在于局部关系和单一环节上。集团内的整合程度不高，大多还停留在各方有限合作的阶段。如共享与企业的沟通渠道，实行学生就业统筹；在招生范围、专业设置、就业途径等方面进行协调，避免重复投资和无谓竞争；结合市场需要，在专业设置、课程开发、教学研究、现代技术应用等方面联合开发，降低教育成本等。这种松散型的联合，能否真正达到协调发展、利益分配、合理互补的目的，是一个悬而未决的问题。还要考虑如何实现产学研的最佳结合，在办学层次、专业设置、教育内容与人才培养规格等方面根据产业和教育的需求实行全面统筹，以产业和教育的结合点作为集团组成的基础，突出产学研结合的特征。由于许多联合不牵涉到产权、所有制和人员问题，松散地联合在资源整合力度和协调发展方面受到较大限制，当务之急是建立推进产学研互动发展的机制，如建立研究成果的知识产权保护制度、企业占有成果时的利益分配制度、科研的奖励和资助等。此外还有一些具有共性的问题，如职教集团类型多元并存的局面有无长期共存的可能性、有无一种最佳的集团类型和组建模式、如何对集团组成的各种因素和组建渠道进行优劣分析、如何对集团发展进行危机预测、如何设计化解矛盾和危机的策略等，都是需要继续关注的。

二、上海高等职业教育集团化发展的实践探索

上海高职院校的集团化办学雏形，是在以上三种发展模式的基础上形成的。

比较典型的是高职院校与企业合作，与本科院校合作，与同类中、高职院校合作等几种形式组成的集团化办学模式。从发展实际情况看，几种形式结合在一起的综合化集团办学模式更具优势。以校企合作为主的综合性集团化办学模式是目前在运行中比较成功的一种，这种模式的特点是：紧紧依托区域内的行业和企业发展，形成了很强的行业背景和行业合作办学特色。如牵头组建上海交通物流职业教育集团的上海交通职业技术学院，其本身不仅是典型的与企业合作办学模式，而且是一种跨行业的联合办学模式，企业参与有一定的深度。以一所学院为龙头，带动一批相关学校的共同发展，是目前上海高职集团化发展的又一趋势，这样一方面可以扩大学历教育的招生规模，另一方面可以实现跨区域的资源共享，建立起相关院校的网络机构使全市资源联成一张网。

上海组建高职教育集团的重点，在于推动行业企业积极参与职业教育，创新校企合作、工学结合的人才培养模式。上海市教委在《关于本市推进职业教育集团化办学工作的意见》中明确了职教集团的性质是以专业为主要纽带，以资源共享、校企合作为重点，在人财物渠道不变的前提下，在自愿组合的基础上，可跨行业、跨地区，以示范性、国家级高职院校或职业学校为龙头，吸引相关行业企业、职业院校和其他社会组织等，进行"校企合作"或"校校合作"，是以协议、契约等形式构成的非法人组织。2007 年底，上海现代护理职业教育集团和上海交通物流职业教育集团相继正式挂牌成立，已经建成和正在组建的职教集团，其集聚功能和发展前景已初步显现。上海市教委会同有关部门着力探索四个方面的新突破：一是在坚持校企结合、工学交替、半工半读，在创新技能型人才培养模式方面要有新突破；二是坚持普职渗透、中高职衔接、职前职后并举，在推进现代职教体系构建方面要有新突破；三是坚持优质资源的辐射效应、品牌学校（专业）的带动功能，在集团化办学的管理体制、运作机制建设方面有新突破；四是坚持面向经济，服务上海、服务长三角和服务全国，在开拓职业教育服务功能方面有新突破。另外，在"十一五"期间完成建设十大行业职教集团任务的同时，也要积极探索区域性职教集团的组建和发展，为校企合作、工学结合的课程运行提供更加有力的组织保障。

第二节　一些国家和地区的职业教育集团化发展比较

一、境外教育集团化发展的几种模式

一些经济发达国家地区，其职业教育不仅受到政府的高度重视，而且也得益于企业的积极参与，职业院校与行业、企业、部分社会机构的多种形式的稳定性合作，表现出显著的集团化倾向和特征，它们的一些做法对于我国目前的高职集团化发展具有一定的借鉴意义。

（1）美国：产学合作教育模式。产学合作教育是一种由学校、用人单位、学生三方共同参与的适应现代社会需求的高等教育合作模式。1906 年美国俄亥俄州的辛辛那提大学工程学院赫尔曼·施奈德教授开创了合作教育的理论。在近百年的发展中，产学合作教育已广泛为各发达国家所接受，在国内外的高等院校中有了蓬勃的发展。它的本质特征是通过相关三方的合作，实现教育与实践、学校与社会的结合，提高高等教育的效果。这种产学合作教育实际上就是一种集团化办学的思路，是学校和社会大环境中的企业的宽泛合作，是一种广泛的、模糊了边界的集团合作倾向，是一种广义上的合作方式。而最主要的是一种理念上的、教育形式上的、内涵上的合作，因此也可以被视作是高职教育集团化模式的一种类型。

（2）德国：院校合作模式。传统的德国高等教育结构比较单一，自应用科技大学（Fachhochschule）出现以来，高校结构与功能趋于多样化。但应用科技大学无论是在学校权益、教授待遇还是在文凭的学术价值和水平上都与传统的综合性大学（Universität）相距很远，因此近年来应用科技大学不断加强与综合性大学的衔接合作，使这种情况有了本质的变化，成绩优异的应用科技大学毕业生可直接攻读博士学位，"学士—硕士"学位（Bachelor-Master）制度的引入也进一步扩大了学生转学的机会。这种院校衔接模式是通过合作提高竞争能力、回避法律障碍、开拓学生发展通道的一个有效探索，是在很强的功利驱动下形成的，与我国集团化发展的动因有很大的相似性，可视之为大集团化发展中的一个重要表现形态，对我国高职教育的集团化发展有一定的借鉴意义。

（3）澳大利亚：校企联合办学模式。其重要举措是推动企业行业参与，采取联合办学，充分利用企业行业雄厚的资金、先进的设备和企业管理经验、现代化生产基地资源优势，来弥补高职教育的不足。同时该国政府在调整、组建高职院校方面注意采取规模化、集团化、一校多制的联合办学形式，为政府直接主持、规划、管理集团化的职业教育提供了一个典范。作为高职教育办学主体的 TAFE 学院，是一个以企业为中心的，集职业培训、行业培训、技术培训和专业培训为一体的最大培训供给者。在办学过程中，充分利用学院占地面积大、在校人数多、硬件设备资源集中、生源渠道宽、产教结合紧、经济效益好、办学规模大等资源优势形成规模效益，具有典型的集团化发展特征。政府在职业教育的多渠道联合中发挥了统领的作用，对我国发展高职教育集团的价值是显而易见的。

二、高校战略联盟与合作的模式比较

为了实现新的发展，世界上许多大学都在积极寻求新的战略思路和方法，以应对经济社会及各方面的挑战。从联合的方式上看，各大学都在谋求战略联盟、寻找合作伙伴方面力求创新，志在突破，目前国外高校战略联盟与合作已形成几种比较稳定的联合模式。

（1）契约模式。这是指合作双方签订协议，根据协议向对方学生提供特定的课程，协议双方都有相应的权利和义务。一般在协议中规定了提供课程的内容。这种模式多见于英国、新西兰、澳大利亚等国家。比如，英国的开放大学就与许多大学签订了合作协议，这些协议中包含许多跨部门的特权条款，规定在开放大学牵头下，由地方继续教育学院向其学生提供大学学位基础课程。

（2）经纪模式。这是高等院校联盟的又一种方式，是契约模式的一种特殊形态。在契约模式中，不同高校可能就某一课程项目签订合同或协议，这种模式是双边的协议。而在经纪模式下，各方签订广泛的协议，形成教育网络，并在网络范围内提供广泛的教育课程。在这一模式中，一些非大学的教育机构也能得到充分发展的机会，为升格成为大学奠定基础。

（3）协作模式。在该模式中，各不同高等教育机构结成广泛的协作关系，各方的协作协议并不像契约模式那样正式，而更多的是以各方签署谅解备忘录的形态出现。这种合作关系在英美国家特定区域的有关机构中出现较多，人们普遍认为参与合作的各方都能从中获益。如新西兰奥克兰大学和曼努考理工学院之间进行课程开发、联合研究、师资和设备共享、互相承认学分等诸方面的联合，理工学院的学生同样能够学到大学课程并获得承认的学分。

（4）确认模式。这是指在相互确认法律效力的协议下，学生可以获取相关大学颁发的证书或者来自一个受到承认的大学的部分证书。这与契约模式特别授权的合同或协议有些不同，特别授权的契约模式强调的是特别授权大学内部本身的课程，而确认模式中的课程是由非大学教育机构讲授的，通过确认具有法律效力，大学承认并接受一些非大学教育机构教授的课程具有与大学教育的课程同等效力。故该模式用于那些不具有学位授予权，但具有杰出贡献的非大学教育机构，其运行需要有特定教育机构之间特别的关系和协作。

三、中等职业教育与高等教育的课程衔接模式

中等职业教育与高等教育的课程衔接模式有以下几种。

（1）单元衔接法。英国创立的这种中等职业学校与高等学校课程教学单元衔接方式，是以职业能力为基点，以核心技能课程为内容进行衔接。它把中职课程与高校课程统一制订成数千个教学单元，并分成5个层次，中职的教学单元占第1~3层次，高校教学单元占第3~5层次。第一层次的单元与初中课程衔接，相邻层次的单元之间也可以衔接。学校依据所学单元总数的最低值向学生颁发毕业证。由于教育单元之间逻辑顺序清晰、相互衔接紧凑，因而课程教学的适应性比较强。

（2）分类衔接法。在法国，一般由职教机构对中职学校毕业生进行专门补

习，使其达到升入高校的学历标准，并用课程分类法来实现中职与高校课程真正有机地衔接。具体操作是：将中等职业教育按行业、职业分为 17 类，每一类都有统一的课程设置标准，高等教育的各专业分别对应其中某一类，以该类的课程标准为基础设计高校课程，从而实现中职与高校课程上的衔接。这种形式使高校课程有较高的专业起点，有利于提高高等教育的质量。实现单元衔接法和分类衔接法的欧洲国家在中职教育阶段实行统一标准的国家考试，不再设置进入高校的入学考试。

（3）直接衔接法。这是以中职和高职的教学大纲或课程一体化直接将中职教育与高等教育衔接起来，以美国和俄罗斯为代表。美国实行的是将中等教育与高中后技术准备教育紧密连接在一起的教育体制，并统一制定出中等与高等教育课程衔接的教学大纲，采用以应用为导向的综合课程的中高职衔接方式。具体的操作是：建立以应用为导向的高中综合体系，将学科知识与职业知识的学习有机结合起来，变高中的职业课程为高中后技术教育的准备课程，采用"2+2"职教课程衔接方式。为使技术准备课程与社区学院、技术学院的实用技术课程建立内在联系，高中职业科教师与社区学院教师共同研究开发课程，并不断修改衔接方案，社区学院也开设一定数量的技术准备课程供高中学生选学。大纲与课程衔接的形式，既可减少重复学习，节省学时，有利于强化实践训练，又使中职学校毕业生搭上了进入高等教育的"直通车"。

（4）学校衔接法。以学校为中心的办学机构的衔接是指同一类型、不同层次的学校之间的连接，或者是一所学校套办两个阶段课程的教育。在英国和美国，中职与高校两个层次教育的课程可以在同一所学校或学院内完成。法国的职业院校之间也建立了课程衔接关系。如法国职业高中，既实施中职教育课程，也设立短期高职教育课程，招收职业高中会考毕业生，开展高级技术员证书课程教学，进行高级技术员培训，毕业证书等同于其他两年制高等教育机构颁发的文凭。澳大利亚职业学校之间衔接更规范、更灵活，其职业教育培训体系是以全国84 所 TAFE 学院为主构成的，该体系几乎发挥了全部的职业教育课程功能，包括主要职前和职后的学历职业教育，各类为学校、社会和企业提供的培训。

总之，世界各国中等与高等教育院校的衔接，往往采取相同或相近专业学生对口招生，中等与高等学校联合办学，或由高校举办预科班等多种学校衔接形式，从而使中职学校毕业生在世界各国升入高校的比例越来越高。如比利时、丹麦、希腊、爱尔兰和英国的比例高达 60%。中等与高等职业教育的有机衔接，不仅极大地促进了世界高等教育大众化的进程，满足了求学者的需求，也为高等职业教育多种类型的集团化运作奠定了重要基础。

四、对我国高职教育集团化运作发展的若干启示

对我国高职教育集团化运作发展的启示有以下几点。

（1）提供合作平台，激励企业参与职业教育的集团化办学。在世界上经济比较发达的国家和地区，行业企业在高职教育集团化发展中都发挥着举足轻重的作用。比如，澳大利亚的行业在 TAFE 中的主导作用就十分明显，具体表现在以下几个方面：主导有关职业教育和培训的宏观决策、参与 TAFE 学院办学的全过程、负责课程教学质量评估、投资岗位技能培训等。鉴于此，我国的高职教育集团化发展中，也应该首先改变行业企业领导的价值观念，并通过相关措施、优惠政策的制定等，强化行业企业参与职业教育的积极性。在进行国家的经费补助的基础上，通过集团化的手段，吸引企业关注职业教育，提高行业企业领导参与职业教育的意识，在企业中建立推进教育和培训课程运行正常开展的保障机制。

（2）加强职业教育的法制建设，构建政府重视、法制健全的良好保障局面。发达国家和地区职教的集团化发展有力促进了经济社会的发展和产业结构的提升，从而得到了各国政府的重视和支持，纷纷制定政策法规及增资拨款来保证集团化的实施和发展。例如德国高校总法以及各州的高等教育法中都做出专门规定；美国在 1963 年通过《职业教育法案》对职教的对象、经费和时间安排都予以放宽，1968 年通过《职业教育法修正案》进一步对职教增资拨款扩大范围；澳大利亚政府规定只有取得 TAFE 证书才能从事相关专业的技术性工作，且 TAFE 文凭证书既是就业的必备条件又可与大学学位沟通等。这些国家和地区政府部门以立法和制定政策法规来保证职教健康发展和确立地位，对我国当前正在探索的高职教育集团化运作方向都具有很好的借鉴意义。

（3）积极谋求合作伙伴，以协议或约定的方式形成教育网络。作为高职院校自身来说，为实现集团化发展的目标，必须通过各种有效的方式和途径，积极寻找企业、中职、大学等合作伙伴，使集团的运转能够首先在规模上占据一定的优势。通过合作伙伴的确立，高职学校可以借助协议或者约定的方式，与对方建立起明确的、稳定的合作伙伴关系，协议或约定双方都有相应的权利和义务，从而在形式上首先形成一个教育网络。合作各方，特别是与一些本科院校的合作，可以通过互认学分使高职院校这样的非大学教育机构也能利用大学优势得到充分发展的机会，使学生有机会获得大学的学位或证书。合作的对象往往还可以突破地域的界限，甚至可以是国外的大学，在英国和印度的部分高校就具有这样的模式。

（4）进一步理顺教育体系，使中职与高职的课程衔接更加顺畅。高职教育集团化格局中，中职学校是其中重要的一块，它也是整个集团运作的重要合作者，同时中职学校通过加入高职教育集团，可以实现由高职带动中职的连带发展效应，强化自身的发展优势和竞争能力。但就我国目前的教育体系来看，由于中高职的课程衔接尚不顺畅，无法实现平顺的、有效的沟通与衔接，是直接导致高职教育集团组建难以运作的体制性障碍。在国外，许多国家的职校与高校之间可以实现良好沟通，衔接顺利，使高职教育集团化特征比较突出。基于此，在我国高职教育集团化发展的同时，必须通过政府的强有力支撑，进一步理顺教育体系的条块关系，疏通职教体系的屏障，使中高职课程容易实现实际意义上的衔接。

（5）构建区域产学合作中心，适应不同区域经济的发展需求。必须注意吸取先进国家或地区的有益经验，针对区域经济发展需要组建既有辐射作用又能高度集约的高职教育集团，避免重复建设、资源浪费和恶性竞争，使集团化发展少走弯路。由于我国区域经济发展不平衡，且产业结构呈多样性，因此可以根据各区域经济发展状况和产业结构的不同而相应设置有产业特色的高职教育集团，例如既可在一个城市范围内组建不同高职教育集团，也可组建跨地区的、大规模的高职教育集团。可以由这一区域办学实力较强的院校牵头，通过集团的纽带集聚各院校资源，形成集团网络，为提升产业升级和经济发展服务。

第三节　以课程为抓手推进高职教育集团化发展

目前高职教育在规模不断扩大的同时，普遍存在办学水平不高、社会认可度不高的问题，通过集团化办学有利于推动高职院校发展与企业的深度合作，以有限的物力和人力有效地解决这些问题。组建高职教育集团的总体思路：一是充分发挥高职院校的行业背景优势，重建产教结合带；二是紧贴区域经济，扩展高职教育的功能；三是实现资源优化配置，引入节约型发展模式；四是突出高职教育品牌效应，带动职业教育整体水平的提高。

一、高职教育集团化发展的意义

发展高职教育集团化有以下现实意义。

（1）有利于中、高职教育的衔接沟通与协调发展。目前中高职的衔接沟通，一是采取专业面很窄的对口招生的衔接形式，二是采取中职学校挂靠某一高职学院举办高职班的衔接形式。事实上两者都没有做到实质意义上的衔接沟通。高职教育集团化办学，可以通过集团统筹，在继续办好中职教育的同时，采取五年制、"三二"分段、中高职连读和专科本科连读等多种形式举办高职教育，实现中高职教育在专业设置、办学层次、课程内容、人才培养规格等多方面的衔接沟通，促进中高职协调发展。

（2）有利于各类职业教育资源的重组和互补。加入高职教育集团的学校可以实现校舍、设备、实验实训条件的共享和互补，如建立集团的中心图书馆、中心实验室等，能够避免重复建设，减少投入，从而降低办学成本提高办学效益；教师实现相互流通、相互调剂、优化组合，教学科研上有更大的发展空间。融合教学科研资源优势，可以提高教学科研的整体水平；招生、就业实行统筹，可以充分发挥各自优势，形成合力，拓展生源和就业渠道等。可见这种做法，在不需要增加大量投入的情况下，通过资源的重组和互补，就可以上规模、出效益，形成享有盛誉的"品牌"。

（3）有利于加强专业和课程建设。目前高职院校在专业和课程建设上大都门类较多，造成院校专业设置和课程设置的"小而全"，难以形成各自优势和特色，也难以提高课程质量。组建高职教育集团，可以通过集团统筹实现专业和课程建设上的分工。集团内的学校可以依据各自多年办学中形成的行业关系、师资力量、实验实训条件、招生就业渠道等优势，集中力量办好自己的特色专业和特色课程，并且做精、做强，避免学校之间专业和课程上的重复建设，同时也减少生源上的交叉。几所院校的若干个特色专业和特色课程的形成，也就形成了集团的办学优势和特色。

（4）有利于课程改革和教学科研。组建高职教育集团后，可以开展多方面的课程改革和教科研活动。集团内学校可实行弹性学制和完全学分制，实现学分或成绩的互认，以适应不同生源对象的学习需求；根据市场需求和个人志向，学生在学期间可调整专业方向，选择集团内学校就读非原报专业；在集团统筹下，各校根据自己的优势和特色可开设更多选修课程，由集团内学校分别承担教学任务，以充分提供学生对选修课程的选择余地；集团的中高职学校合格毕业生，可分别直接对口升入集团内的高职或其他高校继续学习，实现中高职连读或专科本科连读。为搞好课改和教研，提高课程教学质量，还可以集团内高职学院为核心组织若干专业委员会，并吸收企业参加，开展与行业企业密切相关的教科研活动。

（5）有利于促进校企合作和技术开发。加入集团的院校可利用自己的行业背景，在资金、实验实训条件、实习基地、校办产业及学生就业等方面，吸引企业为学校提供支持服务。组建集团后还可扩大办学的行业背景，更有利于实现这种优势的互补与拓展。随着集团的组建，不同行业企业的实验实训条件和实习基地可以共享；集团内的行业企业可为学校提供双师型教师；学校可更加贴近企业需求培养人才，并在更大范围内与企业联合开发新产品新项目，推广科研和技术服务成果；通过集团调控和行业支持，各校在校办产业方面可实现合理分工，充分利用现有条件形成集团校办产业的特色和优势；多家行业企业的参与可形成集团内学校毕业生的就业网络，有利于毕业生的就业与推介。

二、组建高职教育集团的途径探析

组建高职教育集团的途径有以下几种。

（1）院校之间的联谊发展模式。不少高职院校由于在组建过程中是以原来的行业举办的中专或职工大学为基础，形成了几所院校行业背景相同或相近，设置的专业相似的局面。虽然这些学校已经逐步形成了各自的特点，但在课程教学目标和专业方向上有许多互通性，有可能通过集团化办学来形成更强的办学实力。这类集团依托参与双方或多方原有的教育培训条件和特色，形成系列化、多层次的办学规模，力求发挥以下优势：一是实现行业特色在专业设置、办学层次、课程内容、人才培养规格等多方面的综合效应；二是在专业调整、师资流动、资源共享、生源调剂等方面体现合作的优势；三是集团内的学校实行走读选修和学分制互认，开设更多的选修课程，以适应不同生源对象的学习需求，有利于学生的个性化发展和创新能力的培养。

（2）高职联合中职的带动型发展模式。目前不少中职整体办学水平较高，但由于其课程教学层次偏低而在市场上缺乏竞争力，报考的学生逐年减少。中、高职学校通过集团方式进行联合，是可能实现双赢的一种选择。还有一种组建集团的途径是以原有的中高职一体化实体为基础，其由于原有的建制基础可以形成更为紧密的合作关系，在全国已有一些具有这种雏形的院校具备了组建集团的先天条件。这类集团依托中高职教育各自的课程优势，可形成系列化、多层次的办学规模，使课程计划得到整体优化，实现合理教学分工以发挥各自优势：中职主要从事职业基础教育，而高职则全面提升学生的文化素质、专业理论和专业技能，节省下来的重复课时用来实现高职教育目标，有利于学生有足够的时间既取得高等教育的学历证书，同时又拥有国家认可的相应的专业岗位的职业资格证书。

（3）学校与企业合作的产教结合型发展模式。我国企业和社会对职教的重视和技术稳定程度不如发达国家，产学研结合还不可能一下子走上"企业为主、学校为辅"的轨道，只能先选择"以院校教育为主，以企业和社会实习、实训为辅"的模式。这类集团的发展可发挥以下优势：一是继续依靠原有的行业或企业优势，集团包括行业内企业和科研部门，在信息、人力、教学设施等资源的集中使用上得以优化配置；二是集团内企业与学校以契约、订单、有偿服务等形式实现在教育培训方面的联合；三是行业管理部门和行业协会参与集团的发展规划和运行指导；四是建立直接面向在职员工的企业学院；五是企业参与教材编写、提供培训师资，保持集团教育水平的先进性；六是企业为学校学生的实习和就业提供优惠条件。

（4）高职院校与大学本科的联盟发展模式。本科大学二级学院举办高职教育，能够借助大学宝贵的无形和有形资产进行办学。凭借其母体的无形资产、社会声誉和国内外合作渠道，有利于开拓办学路子。还可凭借其母体较高的专业技术水准吸引政府的重点建设资金，有利于与行业企业的合作。二级学院凭借与大学的天然联系，可与大学内的有关系所合作组建高职教育集团，也可与其他大学的有关系所组建集团，依托大学品牌优势和办学与科研实力，弥补二级学院在这些方面的弱势。这类集团力求发挥以下优势：一是实现大学品牌效应，用大学和相关院所的优势，推进对专业的优化和二级学院的科研能力；二是在引进师资、资源共享、科研活动互动等方面体现合作的优势；三是集团内的院所参与专业建设、课程设计、教材编写和教师互派；四是集团内的院所向二级学院提供学生科研实习的场所。

三、通过校企合作的课程组织推进高职教育集团化发展

推进高职教育集团化发展的举措，应以校企合作的课程组织为抓手，努力营造适宜职教集团发展的环境，推动集团健康持续发展。除了针对外部环境的措施，如加强对高职集团筹建的领导、探索建立集团化办学管理机构以突破管理体制、加快制定相关法规和扶植政策如建立职教集团基金等以外，关键在于针对内部环境的措施，坚持"共建、共享、共赢"的原则，通过狠抓校企合作的课程组织以加快集团一体化建设，提高集团的综合竞争力。

（1）实施精品拓展战略，推进高职课程整体水平的提高。一是统一指导思想，在集团内实现成员学校的教育教学一体化战略，提高整体水平，在这一基础上实现创新和突破；二是统一课程计划，集团内成员对课程与教学计划加以统一，有利于专业管理和优质专业的带动作用；三是统一课程教学大纲，课程标准所体现的是培养目标的规格要求，以及为实现培养目标而设置的课程结构、体系、模式及质量技术要求；四是统一课程教材，通过统一的开发降低成本，组织编写完善、符合教学大纲规定的教学目标要求的教材，包括模块教材、学习包或补充讲义；五是统一课程教学考核标准，建立集团专业课程质量监控的预警机制；六是统一德育工作，主要是建立规范的德育工作制度，设立德育工作的考核标准，经常交流德育工作经验，突出集团的德育工作特色并做出成效。

（2）引入节约型发展模式，共建共享各类职教课程资源。可以采取优选重点、集中投入的办法。在集团内，学校有条件、有可能做到"有所为，有所不为"，有可能对特色专业的课程建设专心致志、做精做细，资金也可以集中投入、发挥规模效应。对课程教学设备和实训场地的建设也可遵循这一原则。在集团范围内采用定点集中使用的原则，设备和场地的效能将得到更好发挥。还可对一些陈旧、废弃、闲置的设备和场地进行整合或重新配置，在集团内进行等价交换，交换成本较低，整合效果更好。"局部自主、全局协调"也是一条重要的原则，如招生和就业这两个口子是学校利益的集中点，集团需要从全局考虑对各校进行必要的协调安排。同时，集团也要尊重各保一方的局面，使各方参与者各安其位，允许集团内成员之间进行单项合作，或成员单位与集团外的单位进行单项合作。

（3）提升企业在高职教育集团内的地位，推动企业在课程组织中发挥更大

作用。在这种新型的校企联合模式下要着重关注以下环节：一是应探索更多的产学研结合途径。如要研究如何引导企业从单向的订单、委托迈向全面参与教育培训全过程。学校要在向职后培训和继续教育延伸过程中与企业建立广泛的联系。学校还可与企业共同开发项目，实现产学研这一高层次的结合。二是要研究各种可行性，寻找新的发展增长点。如在适当时可以利用现有的与企业紧密联系的先天条件，尝试采用在学习领域和工作领域之间往返交替的灵活学制。部分学生根据就业的实际情况，可改全日制为业余制。三是要探索建立一种如职教集团之类的新型教育实体的可能性，通过搭建一个平台来实现中高职课程的衔接。在体制上为中职与高职学制上的贯通和课程的对口衔接排除障碍。集团通过行业可以引入国家职业资格标准，在社会培训机构和考证机构等配合下，同时落实高职院校毕业生的双证融通。

（4）加快构建完善高职教育集团管理体系，适应课程运行变化的实际需要。集团的管理体系的建设有一个提高轴心聚合力的问题。在集团内，一般采取财务分开，分体承包的方式，以利于明确责任，提高内部各环节的运作效率。虽然这样有利于发挥各方的积极性，但往往对课程运行中各类教育教学相关因素的整合层次较低，范围有限。在资金投入、利益分配以及采购、后勤等方面，如何保持公平性、合理性，实现可持续协调发展，有许多需要加快探索的地方。从目前的发展情况来看，高职教育集团除了具有宏观决策功能的集团管理委员会或董事会外，还需要有一个指挥、处理大量具体事务，协调各类课程资源调配、流通的管理机构，才能有效地强化集团的聚合功能。一些职教集团为适应课程变化的实际需要设立专业指导委员会和就业指导委员会，在董事会领导下负责集团政策和决策的贯彻推进工作，其人员构成除了有各成员学校代表参加外，企业的领导和工程技术人员及能工巧匠们也都参加进来，他们对职业院校课程模式开发全过程各个环节都全方位地介入，并直接提供各种实质性的支持，为保障课程运行的组织起到了非常重要的作用。

第三部分　史论篇

第十一章　1862~1980 年：萌芽初始期
——在百年沧桑巨变中孕育[1]

中国的高等职业教育，作为一种教育类型是从什么时候开始的？一般学者认为，从法律意义上说是从 1903 年清政府颁布的《奏定学堂章程》（又称"癸卯学制"）中规定有中学后的"高等实业学堂"开始。100 多年来，我国历代政府对此类较短年制高等教育的称谓和办学宗旨，虽然有过不同的规定，但其主流趋势都是向培养实务型的应用型人才方向引导的，所以我们可以把它们作为今天所称"高等职业教育"的一条主线进行研究[2]。基于这种思考，本书将从 19 世纪 60 年代清朝末年洋务学堂（即实业学堂的前身）的诞生，到 20 世纪 80 年代"高等职业教育"这一崭新的教育概念出现之前的百余年历史，作为我国高等职业教育的萌芽初始时期，或者说作为中国高等职业教育的"前史"来进行回顾。

第一节　清朝末年的实业教育和高等实业教育（1862~1911 年）

一、从古代职业教育的起源到近代高等教育的发轫

"中国现代职业教育发端于 150 多年前古老中国的封闭大门被西方列强用坚船利炮无情地轰开之时。她历经艰难创生、大规模兴办和建设、蓬勃发展并走向成熟等几个重要历史阶段。她是中华民族那段不堪回首的屈辱史、艰苦卓绝的抗争史的重要组成部分，是中华人民共和国成立近 60 年来所进行的前无古人的社会主义革命和建设事业取得辉煌成就的重要组成部分，是中国共产党领导中国人民开始改革开放进程以来整整 30 年间开展的波澜壮阔的创新实践的重要组成部分。在她的身上寄托着中华民族实现伟大复兴的梦想，承载着一个备受凌辱的半封建半殖民地的国家在获得民族解放之后向富强民主文明和谐的社会主义现代化国家迈进的坚强意志与不懈追求。"[3] 这是 2008 年开馆的中国现代职业教育史馆铭刻在展示墙上的一段话，它同样可以用来作为我们研究中国高等职业教育发展

---

[1]　第三部分的第十一、十二、十三章内容均选自《中国高等职业教育史纲》（郭扬著，科学普及出版社 2010 年版），2010 年获第二届中国职业技术教育科学研究成果一等奖。

[2]　杨金土．以史为鉴谈高职的人才培养规格 [J]．中国职业技术教育，2007（25）：5-8.

[3]　东弓．中国首家职业教育史馆的角色期待 [J]．职业技术教育，2008（36）：52-55.

史的开场白。

　　所谓"职业教育",从现实来看,乃是当今社会经济发展的必然需要;而从历史来看,则是现代教育可以追溯到的最原始的根本起源。教育,作为人类所特有的一种社会现象,实际起源于人类传授物质生产经验和社会生活经验的需要。当人们在生产和生活中积累了经验、获得了技能以后,就需要通过父母带子女、长辈带晚辈的教育形式将其传播下去,以此保证社会的延续和进化。我国原始社会的教育,主要就是在原始生产与劳动生活的实践中进行的技能培训和经验传授,也可以说就是中国最原始的职业教育形式❶。从这个意义上讲,中国的职业教育源远流长,不仅为中华民族创造了高度的古代物质文明和精神文明,而且也促进了整个人类科学技术事业的进步与发展,为包括高等职业教育在内的现代职业教育事业奠定了早期的基础。

　　职业教育的概念当然是在近代才产生的,但职业教育这类实践活动在中国古代就早已存在了。在我国已经发现的原始人群时期的猿人化石和石器之类的遗物中,有近百万年前的"元谋人""蓝田人"、近50万年前的"北京人"、20万年前的"河套人"等。他们的生活虽然极其简单,但仍需要授予后代如何制造和使用简单的石器劳动工具的技能,以及集体采集和狩猎的生产活动方式❷。中国远古的生产劳动技术教育与培训,就是这样在人与自然长期艰苦的斗争中开始创造起来的。我国古籍中记载了传说中的伏羲氏"教民以猎""教民畋渔",神农氏"制耒耜教民农作""教民耕种",后稷氏"教民山居,随地造区,妍营种之术"和"教民稼穑,树艺五谷,五谷熟而民人育"等传说,可以说就是属于职业教育的萌芽。

　　当氏族公社制度崩溃以后,中国在公元前两千多年便实现了向奴隶制社会的过渡。我国奴隶社会的经济以农业为主,而畜牧业已从农业中分离出来,手工业也逐渐发达起来,大批奴隶在不同的作坊中分为不同门类的职业进行生产。其中最重要的是青铜工业,冶铸技术大大提高了,陶器制作技术也达到了很高的水平。商、周时期,这些脱离了农业和畜牧业、单纯依靠加工技艺而生活的手工业者,被称为"百工"。仅从"百工"这一名称上看,就充分表明了当时的手工业技艺分工的精细和手工业队伍的兴盛❸。当然,"百工"的职业技能都是父子、师徒之间相传世袭的,正如《礼记·学记》所记载的"良冶之子,必学为裘;良弓之子,必学为箕",说明子继父业是中国古代社会职业技术劳动力更新的一贯传统。他们并没有专门的学校,而是在"百工"集中的城镇里进行,即《论语·子张》中所述的"百工居肆以成其事"。当他们通过"百工教育"掌握了各

❶　黄尧. 职业教育学——原理与应用 [M]. 北京: 高等教育出版社, 2009: 13.

❷　毛礼锐, 瞿菊农, 邵鹤亭. 中国古代教育史 [M]. 北京: 人民教育出版社, 1979: 4-5.

❸　董纯朴. 中国成人教育史纲 [M]. 北京: 中国劳动出版社, 1990: 8.

类职业技能之后，便率领并指导着奴隶们进行手工业生产劳动❶。这样，在其手工业作坊里就开始孕育着学徒制培训的职业教育形式。不过，这一切当然都是与学校教育毫无关系的。

春秋战国时期，中国社会由奴隶制向封建制过渡，生产力得到了进一步的发展。农业技术已达到相当高的水平，铁制工具和牛耕已大量使用，水利灌溉也已被广泛利用，冶金、煮盐、纺织、木工等手工业更为发达。春秋初年的政治改革家管仲，实行"处工，就官府；处商，就市井；处农，就田野"的农工商之教，主要就是培养职业技术人才，并强调要由国家以行政力量来推行，以便官府能够控制手工业，这种属于社会教育范畴的教育活动可谓中国古代教育史上最早的职业教育❷。而战国初期的政治思想家墨翟，自己就曾是个精于制造车、械的手工艺人，其思想则代表"农与工肆之人"利益，他主张"有道者劝以教人"，就好比天下人不懂得耕种，善于耕种者就应设法使人们都学会耕种，而不应仅仅是自己"独耕"❸。墨翟同时也是一位卓越的百工教育家，在长期聚徒讲学活动中培养了 300 名既有过硬技术本领又有浓厚行会思想的弟子，并通过这些弟子培养出大批优秀的技工。同时，墨翟对弟子不独负教学责任，并须代为介绍职业；而这些弟子以来自"农与工肆之人"的子弟居多，他们也认为介绍职业是老师当然的责任❹。虽然以孔、孟为代表的儒家学说看不起百工之人，但历代王朝仍不得不承认他们自己的衣食住行与百工所从事的职业息息相关，因此还是能够注意通过"劝课农桑"等手段来对劳动者进行一定的知识和技能教育，以维护和巩固其自身的统治。

在古代，中华民族曾经培养造就了一大批世界第一流的科学家、发明家、工匠和技师，其中有设计并监造了世界第一座大跨度单孔石拱桥——赵州桥的隋朝石匠李春，有世界上最早发明活字印刷术的北宋锻工毕昇，还有元朝广泛传授纺纱织棉技术的农妇黄道婆、著有《梓人遗制》的木匠薛景石，以及明朝木工出身的建筑家蒯祥、著有《髹饰录》的漆工黄大成等；北宋建筑名师喻皓在传艺过程中写成的《木经》三卷，成为工匠传艺的教本；传说中春秋战国时期的鲁班更是被尊为土木建筑的祖师爷，他不但有许多独特的发明创造，而且对于传播工匠技艺也是卓有成就。在封建社会的鼎盛时期，唐朝成为东方文化教育的中心，从中央到地方的各类专业教育和技能培训空前发展。当时规定在有关的行政部门附设培训机构或用带徒弟的方式开展职业教育，如官方的"少府监"和

---

❶　吴玉琦. 中国职业教育史［M］. 长春：吉林教育出版社，1991：4.

❷　陈学恂，张瑞璠. 中国教育史研究·先秦分卷［M］. 上海：华东师范大学出版社，1991：233-235.

❸　孙培青. 中国教育史［M］. 上海：华东师范大学出版社，1992：110-111.

❹　顾树森. 中国历代教育制度［M］. 南京：江苏人民出版社，1981：48.

"将作监"都被赋予了训练艺徒的职责，前者"掌百工技巧之政"，后者"掌土木工匠之政"❶，而这种职业学校雏形的出现比欧洲的实科学校早了整整 1000 年。但是总的来说，我国封建社会中的职业教育只是零星、自发、无组织地发展的，这与当时整个社会生产力长期处于缓慢发展的低水平是直接相关的。

现代意义上的职业教育，都是随着近代西方工业革命的兴起应运而生的。由于使用机器的社会化大生产的出现，带来生产条件、内容和组织结构的根本变化，传统的父子或师徒相传的方式，无论其规模、速度和内容都不能适应形势发展的需要了，于是才从 19 世纪末到 20 世纪初在一些发达的资本主义国家出现了各种职业学校。中国没有经过资本主义社会阶段，而是自 1840 年鸦片战争失败后就开始沦为了半殖民地半封建社会。因此，尽管中国历史上早已有了职业教育的因素，但近代职业教育事业是自 1843 年上海开埠后才刚刚开始起步的，当时一些西方国家的教会在上海相继创办了护士、农业、印刷等各类职业学校。最早有记载的几所，一是英国伦敦会的传教士洛克哈脱（M. W. Lockhart）1844 年创办西医馆（即后来的仁济医院）时附设的护士培训机构，"招收生徒"为医院培养护理人员，即后来的上海仁济护士学校；二是法国天主教会在徐家汇举办土山湾孤儿院时附设多种门类的工艺工场，实施技艺培训，使收容孤儿"获一技之长，以利谋生"；三是美国传教士琼司（Emma Jones）在虹口创办的文纪女校，专门收养灾民女童，在进行传教的同时"教以纺织、女红等技艺"❷。

而现代意义上的高等教育，在中国则是随着洋务运动的开展和洋务学堂的兴办而发轫的。1860 年第二次鸦片战争失败后，清政府被迫与西方列强签订了一系列不平等条约，进一步加深了中国的半殖民地化。至此，在经历了"千古之奇变"后，"稍变成法"的革新思想开始形成一种社会思潮，于是便展开了持续 30 年的洋务运动。从 19 世纪 60 年代开始，先后在全国各地开设了一批学习"西文"和"西艺"的洋务学堂。所谓"西文"即西方的语言文字，"西艺"则是指西方的科学技术。中国最早创办的一所洋务学堂，是 1862 年在北京开设的京师同文馆，专门培养"为边务储才""备翻译差委之用"的"译员"和"通事"，课程弃四书五经等传统经典而列入了不少自然学科和实用学科，在教学组织形式上则采用了西方的教学制度，实行了分年课程和班级授课制。从京师同文馆 1876 年公布的"八年课程计划"来分析，前 5 年的课程近似中学程度，侧重学习外国语；后 3 年的课程则相当于大学专科程度，侧重学习科学技术知识。

1862 年京师同文馆的创办，在中国教育史上第一次改变了旧的封建传统教育，迈开了向西方学习科学技术知识的第一步。随即，上海广方言馆和广州同文

---

❶ 毛礼锐. 中国教育史简编［M］. 北京：教育科学出版社，1984：326-328.

❷ 上海职业技术教育志编纂委员会. 上海职业技术教育志［M］. 上海：上海社会科学院出版社，2005：2-8.

馆也于 1863 年和 1864 年相继开办。此后开办的同类外国语学堂还有新疆俄文馆、珲春俄文书院、湖北自强学堂等。学界普遍认为，作为中国近代最早的一所新式专门学堂，京师同文馆成为中国近代高等教育的发轫❶。一方面，京师同文馆的"西文"和"西艺"课程最终可达相当大学专科程度，体现了其教育层次上的"高等"性特征；另一方面，它所专门针对的"译员"和"通事"培养目标，则可以体现出其教育类型上的"职业"性特征。据此，本书即将 1862 年京师同文馆的创立这一标志性的历史事件，作为长达百余年的中国高等职业教育萌芽期的最初开端。

二、从各类实业学堂的兴办到实业教育制度的建立

如果说，以京师同文馆为代表的外国语学堂主要还是施行"方言"教育，作为高等职业教育的雏形还不是十分典型的话；那么，随着一批施行"武备"教育和其他各类西方科技教育的实业学堂的陆续兴办，则标志着洋务学堂办学的重点从"西语"到"西艺"的转变，其职业教育的性质特征由此得以凸显。事实上，如果说把"西语"引入学堂是为了熟悉各国情形，"方不受人欺蒙"的话；那么学习"西艺"则是为了"西法可衍于中国"，"俾中国得转相授受，为永远之利"❷。因此也可以这样说，自从 1866 年开始实业学堂的兴办，才切实孕育了中国高等职业教育的早期胚胎，意味着高等职业教育机构在我国作为一种办学实体的真正起步。

清末实业救国论的主要倡导者张謇解释说："实业者，西人赅农工商之名""实业在农工商，在大农大工大商"❸。由于中国历来轻视工商，视工艺为"雕虫小技"，以孔孟之道、四书五经为立国之本，求学者皆以仕途为目标，然而鸦片战争一声炮响惊醒了一批实业教育的先驱者，他们开始"以夷为师"寻求自强救国之道，认为中国之所以落后就是因为不重视实业教育之故，因此他们反复强调实业教育的重要性。李鸿章曾在上筹议海防折中，主张"设立洋学局，分为格物、测算、兴图、火轮、机器、兵法、炮法、化学、电气学数门，选择通晓时务大臣为主管，延请博学西人为教师"；康有为提出"人智之民多则国强"，应令"各省州县遍设艺学书院，凡天文、地矿、医律、光、化、电、机器、武备、驾驶，分立学堂，而测量图绘，语言文学皆学之"；孙中山也认为："窃尝深维欧洲富强之本，不尽在船坚炮利、垒固兵强，而在人能尽其才，地能尽其利，物能尽其用，货能畅其流，此四事者富强之大经，治国之大本也"，而"所谓地尽其利者，在农政有官，农务有学，耕耘有器也。"这些朝野上下的有识之士不但多

---

❶ 郑登云. 中国高等教育史（上册）[M]. 上海：华东师范大学出版社，1994：33-36.

❷ 陈学恂，田正平. 中国教育史研究·近代分卷 [M]. 上海：华东师范大学出版社，2001：46.

❸ 刘桂林. 中国近代职业教育思想研究 [M]. 北京：高等教育出版社，1997：34-35.

方宣传提倡实业教育，而且积极创办了各类实业学堂。

中国近代的第一个实业学堂，是 1866 年左宗棠奏请在福州马尾设立福建船政局，下设马尾造船厂的同时所创办的福建船政学堂。学堂分为前后两部分，前学堂学制造，后学堂学驾驶，初名为"习学洋技之求是堂艺局"。1867 年，福建船政学堂在马尾开学，前学堂聘法国人教制造，用法语授课，要求达到能够按图纸自行加工制造的水平；后学堂聘英国人教驾驶，用英语讲课，要求达到船长所必须具备的知识和能力。学堂本着"师夷之长技以制夷"的办学宗旨，教学上注重理论与实践的结合，十分重视操作能力的培养。造船科学生在学习的后几年，每天安排一部分时间在船厂各个工作部门参加实际工作，因为"习制造者，非亲至厂中不能窥其奥窍"；学驾驶的特别重视实习，学校专门配有"练船"，学生在学堂学习初具根底后，即派入练船，他们认为"周涉海洋，阅历风沙，演试炮弹，盖海上交绥，非枉席风涛者，不能确有把握耳"。由于船政学堂办学颇有成效，船政局不久便辞退了大部分外国技师和工头，改由自己培养的技术人员主持设计自造船舰。1869 年第一艘成船下水时，船上的舵工、水手及管理机器的人员都是中国人；1887 年制造的铁胁兵船，据称其制造水平相当于外国的新式兵船；到 1895 年已建造成船 19 艘[1]。不仅如此，福建船政学堂作为近代洋务学堂中办学时间最长、毕业学生最多、质量最高、影响最大的军事技术学校，还培养出了严复、邓世昌、魏之翰、刘步蟾、萨镇冰等近代中国的著名人物，彪炳于我国近代高等教育和职业教育的史册。

另一个非常著名的实业学堂，出自李鸿章会同曾国藩于 1865 年奏请在上海设立的江南制造总局。当时洋务派认为，"彼机巧之器非不可以购求学习以成中国之技""机器制造一事，为今日御侮之资、自强之本"，所以主张设厂制造船炮以外，应建立学堂，妥置课程，选聪颖子弟随同学习[2]。1867 年，曾国藩奏准于江南制造局内设机器学堂，培养机器制造方面的人才[3]；1869 年上海广方言馆移入江南制造局；1874 年，机器学堂改为操炮学堂，由此正式宣告成立江南制造局操炮学堂，成为中国近代最早设立的学习操练火炮的军工学堂，后又改为炮队营；1898 年，江南制造局总办林志道奏请附设工艺学堂，将炮队营裁并其中。自此，江南制造局工艺学堂分设化学工艺和机器工艺两科，仿照日本大阪工业学校的章程，"一专教分化物质诸理法，一专教重力汽热诸理法，而以本局各厂制造就诸生所学为实习实验之地"[4]。工艺学堂的章程规定，学堂的办学经费由江南制造局自行负责，与广方言馆无涉。1905 年广方言馆结束后，工艺学堂改为

❶ 高奇. 职业教育概论 [Z]. 天津职业技术师范学院职业技术教育研究室，1984：7.
❷ 曲世培. 中国大学教育发展史 [M]. 太原：山西教育出版社，1993：279.
❸ 孟广平. 当代中国职业技术教育 [M]. 北京：高等教育出版社，1993：24.
❹ 董宝良. 中国近现代高等教育史 [M]. 武汉：华中科技大学出版社，2007：23-24.

工业学堂，不久又改为兵工学堂。

这一时期陆续创办的实业学堂还有：1876 年设立的福州电气学塾、1880 年设立的天津电报学堂、1882 年设立的上海电报学堂，以及 1895~1897 年间分别设立的山海关铁路学堂、南京铁路学堂、南京储才学堂、杭州蚕学馆、直隶矿务学堂、商部高等实业学堂等。1898 年戊戌维新后，实业学堂又有了进一步的发展。由于维新派和革命派人士比洋务派更加注重教育，而且都力主实施实业教育，虽然变法最终并未成功，但由他们所掀起的实业教育思潮仍推动着各地纷纷建立起新的实业学堂，湖北农务学堂、广西农学堂、福建蚕桑公社、广东商务学堂、汉阳钢铁学堂、山西林学堂、北京工业专门学堂、湖南高等实业学堂、京师高等实业学堂、直隶高等工业学堂、江西高等农业学堂等相继诞生。总体来说，这些各地零星设立的实业教育机构可以认为是我国近代高等学校教育和职业学校教育的雏形。不过，由于当时的入学者很多是秀才出身，所以这类学堂大多也很难严格界定究竟是高等实业学堂还是中等实业学堂。

值得一提的是，当时的实业教育很注意师资的问题，其做法一是聘外籍教师，二是选派留学生出国学习，三是设立实业教员讲习所自己培养。1899 年，清廷谕令出洋学生分入各国农工商业学堂："向来出洋学生学习水陆武备外，大抵专意语言文字，其余各种学问，均未能涉及。即如农工商及矿务等项，泰西各国讲求有素，夙擅专长。……嗣后出洋学生，应如何分入各国农工商等学堂专门肄业，以备回华传授。"为此还颁布了有关出洋学生肄习农工商矿实学章程，并为解决留学经费困难而提倡留学日本："查选派学生出洋，如至西国，每生约需学费旅费千数百两，如至日本，每生止需学费旅费四百余元，选派学生一二十名，需款尚不甚多，不如此则实业学堂，永无办法，无论如何为难，各省务于一年内办妥。"而实业教员讲习所，则附设在国内农工商大学或高等农工商学堂之内，招收中学堂或初级师范学堂毕业生。讲习所分三种：一为农业教员讲习所，2 年毕业，所习科目有 13 种。二为工业教员讲习所，完全科 3 年毕业，简易科 2 年毕业；前者又分金工科、土木科、染织科、窑业科、应用化学科、工业图样科，后者则分金工科、木工科、染色科、机织科、陶器科、漆工科；科目有必修课和随意课。三为商业教员讲习所，2 年毕业，所习课目有 15 种。各讲习所学生在学一切费用均由官方供给，但毕业后须有 6 年的服务期。

进入 20 世纪，中国社会半封建半殖民地化进一步加速，清政府明令各省兴办学堂，把过去的书院分别改为大学堂、中学堂和小学堂，并先后停试八股，废除科举制度。1902 年，清管学大臣张百熙拟定《钦定学堂章程》（即"壬寅学制"）颁布，虽未及实行，但确定了我国近代的第一个学校教育学制系统。在这一学制体系中，实业教育已经成为整个国家教育制度的一部分。第二年即 1903 年，张之洞、荣庆与张百熙在此基础上又共同拟定了《奏定学堂章程》（即"癸卯学制"）。学制规定了初等实业学堂、中等实业学堂、高等实业学堂的学习年限和入学要求，其中高等实业学堂相当于高等学堂及大学预科，学制 3 年，另加预科 1 年，招收中等学堂毕业生❶。在《奏定实业学堂通则》中指出："实业学堂，所以振兴农工商各项实业，为富国裕民之本计，其学专求实际，不尚空谈，行之最为无弊，而小试则有小效，大试则有大效，尤为确实可凭，近来各国提倡实业教育，汲汲不遑，独中国农工商各业，故步自封，永无进境，则以实业教育不讲故也。"这一论述集中反映了清末的"实业教育救国"思想。

三、高等实业学堂：从章程的完善到功能的异化

癸卯学制首次将实业教育在学校系统中确立下来，形成了纵向分为初、中、高三个等级，横向分为农、工、商、船等科的独立的实业学堂系列，并另设有艺徒学堂作为补充。其中法定的"高等实业学堂"，明确分为农业学堂、工业学堂、商业学堂、商船学堂四类。概括其办学宗旨的共同要求，就是学习有关产业的学理和技术，毕业后能够分别经营各类产业。在《高等农工商实业学堂章程》中，对各类高等实业学堂的培养目标、入学要求、学习科目和毕业年限等都做了具体规定：一是高等农业学堂，以授高等农业学艺，使将来能经理公私农务产业，并可充各农业学堂之教员管理员为宗旨，以国无惰农，地少弃材，虽有水旱，不为大害为成效，每星期授课 36 小时，预科 1 年毕业，农学 4 年毕业，森林学、兽医学、土木工学 3 年毕业。二是高等工业学堂，以授高等工业之学理技术，使将来可经理公私工业事务，及各局厂工师并可充各工业学堂之管理员教员为宗旨，以全国工业振兴、器物精良、出口外销货品日益增多为成效，学生每周授课 36 小时，3 年毕业，高等工业堂分为 13 科：应用化学科、染色科、机械科、建筑科、窑业科、机器科、电器科、电气化学科、土木科、矿业科、造船科、漆工科、图稿绘画科。三是高等商业学堂，以施高等商业教育，使通知本国外国之商事商情，及关于商业之学术法律，将来可经理公私商务及会计，并可充各商业学堂之教员为宗旨，以全国商业振兴，贸易繁盛，足增国力而杜漏危为成效，每周授课 36 小时，预科 1 年毕业，本科 3 年毕业。四是高等商船学堂，以授高等航海机关之学术、技艺，使可充高等管驾船舶管理员，并可充各商船学堂之教员管理员为宗旨，以轮船管驾司机各业，不必借才外国为成效。每周授课 34 小时，航海科 5 年半毕业，机轮科 5 年毕业。1910 年因中学实行文实分科，将高等商船学堂改为 4 年毕业。

这一章程对高等实业学堂的入学资格做了较为灵活的规定："入高等各实业学堂之学生，必其已毕业官立公立自立中学堂，并经该学堂监督出具保结，证明

---

❶ 郝克明. 当代中国教育结构体系研究 [M]. 广州：广东教育出版社，2001：76.

其品行端谨，学力优等，身体强健者，可不须考验而使入学；其有志愿入学，自行投考者，则须年在 18 岁以上，经本学堂临督考验，实系身体强健，品行端谨，学力与中学同等者，始准入学。但此时创办，难得此合格之学生，应变通选年 18 岁以上，22 岁以下，品行端谨，身体强健，文理明达者，先补习中等普通学堂 2 年，再升高等各实业学堂。"

由于实业教育强调实习环节，在《高等实业学堂章程》中对实习也做了具体的规定。如农学科，开设理论课程 21 门，开设实习课 25 门：耕牛使役法、农具使用法、家畜饲养法、肥料制造法、干草法、农用手工、农具构造、养蚕法、排水及开垦法、制麻法、制丝法、制茶法、榨乳法、牛酪制造法、养蜂法、制糖法、炼乳制造法、干酪制造法、粉乳制造法、蔬菜果实干燥法、罐藏法、制靛法、淀粉制造法、酱油制造法、酿造法。对实习所需要的条件，章程中规定：高等农业学堂，则当另备肥料制造坊、农事试验场、各种实验室、农具室；高等工业学堂，则当另备工艺品陈列所、各种实习工场；高等商船学堂，则当另备练船坞及实习练船；高等商业学堂，则当另备商品陈列所、商业实践室、商品样本。

1906 年清政府颁发"忠君、尊孔、尚公、尚武、尚实"的教育宗旨，体现了当时"中学为体，西学为用"的思想。前者要求"无论何等学堂，均以忠孝为本，以中国经史之学为基，俾学生心术壹归于纯正"；后者主张"方今环球各国竞尚实利，尤以求实业为要政，必人人有可农可工可商之才，斯下益民生，上裨国计，此尤富强之要图，而教育中最有实益者也"。据统计，光绪、宣统年间，全国各级各类实业学堂从 1907 年的 137 所增长到 1909 年的 254 所，学生数从 8693 人增长到 16649 人。从当时实业学堂每年 40% 左右的增长率来看，可见实业教育的发展速度是相当快的。另外在高等教育领域，1909 年，全国官立大学 3 所，省立高等学堂 23 所，高等实业学堂 13 所。从高等实业学堂占到整个高校数的三分之一来看，比例也是比较高的，但实际上当时高等实业学堂本身的结构已经出现了某种异化。因为 1906 年后，高等实业学堂在原有的农业、工业、商业、商船四类学堂的基础上，又陆续增设了法政学堂、巡警学堂、方言学堂、财政学堂、医学堂等多种类型。然而由于我国"学而优则仕"的传统思想长期影响，走惯了读书做官这条老路的人们依然视教育为猎取爵禄的终南捷径，于是造成法政学堂在数量规模上发展过快，到 1909 年竟占到高等实业学堂总数的 62.7%❶。高等实业学堂结构的失衡造成其功能的异化，严重影响了高等实业教育培养实务型应用型人才的数量和质量。

应该看到，清政府举办实业教育近半个世纪来，虽然花费了不少钱财，但收效并不大，培养出来的学生有真才实学的太少，梁启超在《学校余论》中说：

---

❶ 杨金土. 以史为鉴谈高职的人才培养规格［J］. 中国职业技术教育，2007（25）：5-8.

"未尝有非常之才出乎其间，以效用于天下。"究其缘故，梁启超认为是："督理非人，教习充数""其聘用西人者，半属无赖之工匠，不学之教士"。更何况外籍教员上课需要翻译，而翻译十有八九不通实业，误译颇多，学生学不到真本领。因此有人讥讽实业学堂成了"失业学堂"，宗旨虽好，设想虽美，规章虽全，都未能达到预定的教育目标。李端棻则分析认为："诸馆皆徒习西语西文，而于治国之道，富强之源，一切要书皆未涉及，其未尽一也。学院不分斋院，生徒不治专门，其未尽二也。不备仪器，不遗游历，无自致用，其未尽三也。利禄之路，不出斯途，俊慧子弟率从事帖括，以取富贵，其未尽四也。今十八行省，只有数馆，每馆生徒只有数十，功课不精，成就无几，其未尽五也。"❶ 应该说这些看法都有一定道理，基础薄弱、师资不良、生源较差、经费困难、装备简陋等都是造成实业教育质量不高的原因，但究其最根本的原因则是清政府的腐败，在内忧外患、日薄西山的困境下，教育方面的设想再好也只能成为泡影。据专家考证，1911 年 6 月清政府学部召集的中央教育会议，是我国近现代自废科举、兴办新教育以来最早的一次全国性教育会议，在会上讨论的若干教育提案中就有《振兴实业教育案》，可见当时他们还是试图通过振兴实业教育来挽回大清覆灭命运的，然而却为时已晚，穷途末路的清王朝气数已尽。

第二节　民国时期的职业教育和高等专门教育（1911～1949 年）

一、从实业教育体制的改变到中华职业教育社的诞生

1911 年 10 月，辛亥革命推翻了腐朽的清王朝，结束了几千年的封建君主专制制度。孙中山指出："今国政改革，诸君求学之心思亦宜变革……则当用其所学，为平民谋幸福，为国家图富强。诸君须知此后求学之方针，乃期为全国人民负责，非为一己攘利权。"他特别重视实业教育，认为"学校之目的，于读书学问智识之外，当注重双手万能，力求实用"，强调"尽其聪明才力，各分专科""按其性之所近，授以农、工、商、技艺，使有独立谋生之材。卒业以后，分送各地服务，以尽所能。"1912 年，民国教育部颁布了新的教育宗旨："注重道德教育，以实利教育、军国民教育辅之，要以美感教育完成其道德。"这是我国历史上第一次提出德智体美四育和谐发展的方针，是反对封建教育所取得的一大胜利。首任教育总长蔡元培在说明提倡实利主义教育的意义时指出："实利主义为智育""以人民生计为普通教育之中坚，其主张最力者，至于普通学术，悉寓于林艺、烹饪、裁缝及金、木、土工之中。此说发轫于美洲，而近亦盛行于欧陆。我国地宝不发，实业界组织尚稚，人民失业者至多而国甚贫，实利主义之教育固

---

❶　忻福良. 高等专科教育学［M］. 太原：山西教育出版社，1993：266-267.

当务之急也。"

　　教育部于 1911 年在北京召开临时教育会议，制订学制，第二年公布了"壬子学制"，第三年又公布了各种学校令与规程，对学制略有修正和补充。由此，至 1913 年综合成为一个学校系统，即"壬子癸丑学制"❶。这个学制一直沿用到 1922 年新学制产生时才废止。其中实业教育"分甲、乙两级。乙种实业学校招收年在 12 岁以上初小毕业程度者，修业期 3 年；甲种实业学校招收年在 14 岁以上高小毕业程度者，修业期预科 1 年和本科 3 年，但得延长 1 年以内。实业补习学校招 12 岁以上初小毕业程度或初小未毕业已过年龄者，修业期由设立人订定。"而高等教育则分"大学预科 3 年，本科 3 年或 4 年；专门学校预科 1 年，本科 3 年或 4 年。"由此可见，这个"壬子癸丑学制"与清末的"癸卯学制"相比较，虽然学校名称有所不同，但是基本的双轨三级体系并未改变。其中的乙种和甲种实业学校，即分别相当于原来的初等和中等实业学堂；专门学校，则相当于原来的高等实业学堂。

　　1912 年 10 月，教育部颁布了《专门学校令》，规定"专门学校以教授高等学术，养成专门人才"为宗旨。专门学校类别为：法政、医学、药学、农业、工业、商业、商船、美术、音乐、外国语。随即，教育部又陆续公布了《公私立专门学校规程》，以及法政、工业、医学、商船、外语、商业、农业等专门学校规程。值得注意的是，由于"壬子癸丑学制"把高等实业学堂改为专门学校，至少是在名称上不再强调它的实业教育性质（实业教育只分甲、乙两级，即只有初等和中等教育，更加偏重传授技艺而不予升学机会）；而要求专门学校"程度与大学齐"，教授的内容上也开始强调"高等学术"。从此，高等实业教育逐步呈现一种"学术化"的倾向。事实上，由于中国的传统文化历来重视的是"学而优则仕"，强调"劳心者治人，劳力者治于人"，鄙薄生产劳动和职业技能。在这样的背景下，面向实务型和应用性职业的实业教育当然是难登"大雅之堂"的东西，若想要在正规的教育体系中占有一席之地，就一定要努力强调自己在学历上与普通学校学历的"等价"，而这又必然要以强化学术性知识来体现自己的"正统"地位❷。因此这一时期专门学校教育和实业教育走向"学术化"，可以说具有一定的历史必然性。

　　实业教育体制得到根本彻底改变，是随着 1917 年前后中国现代职业教育的奠基而实现的。"职业教育"一词，在我国首见于 1904 年时任山西农林学堂总办姚文栋所写的公文中："论教育原理，与国民最有关系者，一为普通教育，一为职业教育，二者相成而不相背""职业教育为东西洋各国所最重，生等出洋后自

---

❶　陈景磐. 中国近代教育史［M］. 北京：人民教育出版社，1983：196.
❷　王琴，陈嵩，张家寰. 我国高职教育模式转型的历史思考［J］. 教育发展研究，2009（09）：59-62.

知之，予不必言也，普通教育与职业教育，相需为用，缺一不可"❶。进入民国时期后，教育界与实业界有识之士纷纷探索实业教育的出路，出现了学习西方各种教育学说和教育理论的热潮，"职业教育"一词开始越来越多地为人们所接受和运用。1914 年，黄炎培在《学校采用实用主义之商榷》一文中提倡实用主义教育，主张教育应以实用为归。1916 年 9 月，在黄炎培主持下，江苏省教育会附设了职业教育研究会，成为中国第一个以研究和发展职业教育为任务的机构❷；在此基础上，他于 1917 年 5 月联合全国各界知名人士在上海发起成立了中华职业教育社，成为我国最早建立的研究、宣传、交流、试验与推广职业教育的全国性机构，同时创办了《教育与职业》杂志，作为研究与宣传职业教育的重要阵地；此后又创建了上海中华职业学校，这是我国最早以"职业"命名的普通多科性职业学校，也是为中华职业教育社推广职业教育的办学实践场所。黄炎培大声呼吁："今后之富国政策，将取径于职业教育"，并主张将实利主义、实用主义教育口号改为职业教育口号。他说虽然"职业教育犹是实用教育也"，但"语以抽象的实用主义教育，不若语以具体的职业教育之惊心动目，而职业教育之声喧腾众口矣"。

从 1917 年与黄炎培共同创立中华职业教育社的 48 位发起人来看，不但有教育界的蔡元培、张伯苓、蒋梦麟、沈恩孚、陆费逵等，也有文化界的梁启超、严修、史量才等，更有实业界的张謇、宋汉章、聂云台、穆藕初等，以及政界的唐绍仪、王正廷等名流。由此可见，中华职业教育社自诞生之日起就有着极其广泛的社会联系，这是它不同于近代中国任何一个教育社团的显著特点。黄炎培认为"职业教育机关的本质，是十分富于社会性的，所以职业教育机关唯一的生命——是怎么？就是——社会化。"❸ 这种认识反映了伴随着大工业生产而出现的职业教育的本质特点，中华职业教育社正是在黄炎培的倡导下形成了一套与社会各界沟通联络、了解社会需求的行之有效的制度，即使是在国难和战乱的年代里也得以坚持下来。

尽管进入民国以后，已有较大发展的民族资本主义迫切需要各种专门技术人才，而借以跻身于官场的科举旧路又早已被堵绝，但社会上习惯于"学而优则仕"的人们很快找到了学习法政这一新的进身之阶以取代之。据当时的调查，1913 年南京、苏州等五地，公私立法政大学和专门学校共计 15 所之多，在校生4742 人，而江苏全省新立的农、工、师范学校仅 6 所，招生 471 名，人数只有前者的十分之一。另外，即使是那些实业学校和专门学校，同样存在着严重脱离实际、脱离生产的状况，"其设置拘统系而忽供求""其功课重理论而轻实习""其

---

❶ 欧阳河，等. 职业教育基本问题研究 [M]. 北京：教育科学出版社，2006：176-177.

❷ 黄嘉树. 中华职业教育社史稿 [M]. 西安：陕西人民教育出版社，1987：19.

❸ 中华职业教育社. 黄炎培教育文选 [C]. 上海：上海教育出版社，1985：182.

学生贫于能力而富于欲望""所用非其所学，滔滔皆是"。针对上述种种教育的空疏无用，中华职业教育社提出的任务，一是推广职业教育，二是改良职业教育，三是改良普通教育。黄炎培在 1917 年提出职业教育目的有三："为个人谋生之准备，一也；为个人服务社会之准备，二也；为世界、国家增进生产力之准备，三也。"1934 年经中华职业教育社公订"职业教育的目的：一为谋个性之发展；二为个人谋生之准备，三为个人服务社会之准备；四为国家及世界增进生产力之准备"。基于上述认识，黄炎培将职业教育的终极目标确定为"使无业者有业，使有业者乐业"❶。正是由于中华职业教育社和全国职业学校联合会等组织的大力宣传、推进，职业教育思想一时蔚然成风，成为一种崭新的教育思潮。

二、从"大职业教育主义"的理想到"失业教育"的现实

中华职业教育社成立前后这一时期，职业教育思想、平民教育思想与乡村教育思想汇合，形成了一股推进中国教育改革的思想洪流。黄炎培为首的中华职业教育社、陶行知为首的中华教育改进社、晏阳初组织的中华平民教育促进会等分工合作，大力推进教育改革实验，并促使当局修订学制。1921 年，第七次全国教育联合会提出了"改革学制草案"。在此基础上，教育部于 1922 年在北京召集学制会议，讨论并通过了以北洋政府总统名义公布的《学校系统改革案》（即"壬戌学制"）。该学制的一大变动，就是以职业教育制度取代了实业教育制度。该学制方案规定："因学科及地方的特殊，可以设立专门学校，招收高中毕业生，修业年限 3 年以上""大学和专门学校可以附设专修科，修业年限不定。凡志愿学习某种学术或职业，而又有相当程度的文化科学水平者，可以入专修科学习""为了补充初级中学师资的不足，可以设置 2 年制的师范专修科，附设在大学的教育科或师范大学里。招收师范学校毕业生或高中毕业生入学"。新学制系统还将乙种实业学校改为初级职业学校，甲种实业学校改为职业学校或高级中学农、工、商科。至此"实业学校"名称不复存在，职业教育的地位得以正式确立，职业教育开始成为国家教育体系的一部分。其后，随着各类职业教育法规、章程的颁布，较为完备的职业教育制度建立起来，职业教育科类逐步扩展。这个学制基本上一直沿用到 1949 年中华人民共和国成立时为止❷。

1922 年的壬戌学制主要是仿照美国的学制，其中，"依旧制设立的甲种实业学校酌改为职业学校或高级中学农工商等科；依旧制设立的乙种实业学校得酌改为职业学校"。职业学校课程"得酌量各地学校实际情况定之"，学生入学只规定年龄下限为 12 岁，修业年限和年度也不作硬性规定，为当地需要和职业性质的差异留有伸缩余地。同时在普通教育中，"小学课程得于较高年级斟酌地方情

---

❶ 胡宇彬. 黄炎培的职业教育目的观对现代高职教育的启示［J］. 职教论坛，2003（05）.
❷ 李蔺田. 中国职业技术教育简史［M］. 北京：北京师范大学出版社，1994：29.

形增置职业准备的教育；初级中学得单设并得视地方需要兼设各种职业科；高级中学则分为普通、农、工、商、师范、家事等科，但得视地方情况，单设一科或兼设数科"。这改变了清末民初的学制中于初小后即分流的普职并列系统，试图将职业学校、师范学校与普通学校混合成为一种"综合中学"。在高等教育阶段，则规定"大学4年或6年，不设预科，实行选科制；专门学校3~4年。大学、专门学校得设专修科，年限不等"。

壬戌学制中有关职业教育的规定，在很大程度上体现了黄炎培建立中国职业教育制度的构想，职业学校数量和普通学校职业科的数量都持续增加，但在当时的实践中，职业教育脱离社会生产和生活实际的倾向却十分严重，其原因既有师资、设备、经费、课程等职业教育本身的问题，更有外寇压迫、军阀混战、社会腐败、民不聊生、民族工商业凋敝，以及人们思想观念陈旧等外部因素，反而造成大量职业学校学生"毕业即失业"。残酷的现实使黄炎培进行了深刻的反思，认识到职业教育不能是脱离社会和民众的"象牙之塔"，而要让社会和广大民众参与到职业教育中来。于是，他提出"（一）只从职业学校做工夫，不能发达职业教育；（二）只从教育界做工夫，不能发达职业教育；（三）只从农、工、商职业界做工夫，不能发达职业教育"，因此"办职业学校的，须同时和一切教育界、职业界努力的沟通和联络；提倡职业教育的，同时须分一部分精神，参加全社会的运动"，这就是他主张作为职业教育方针的"大职业教育主义"。这种"大职业教育"观，没有否认克服职业教育实践中的弊病要从职业教育本身力求改进，但它的价值更在于引导人们看到职业教育并不是孤立的教育现象，而是与整个社会的政治、经济、民生问题紧密联系着的❶，因此时至今日依然能够对我们的职业教育包括高等职业教育事业发展提供诸多具有现实意义的启示。

第一，职业教育具有鲜明的职业性。黄炎培认为职业学校的办学模式应该是向职业界开放的，他指出："办理职业教育事前必须有缜密调查，以决定社会需要、职业趋向、环境要求，事后尤须有详细考查，以占所造就人才是否能适应职业的环境，切合职业界的要求"，职业学校"设什么科，要看职业界的需要；定什么课程，用什么教材，要问问职业界的意见；就是训练学生，也要体察职业界的习惯；有时聘请教员，还要利用职业界的人才。"同时，他还主张职业教育的责任"不唯教育界负之，当与职业界共负之耳"，特别是提出了"把教育和实业联为一体，一方安插人才，解决生计；一方即是开发地方产业"的校企合作办学思路，甚至明确指出"要办职业学校，当先办工场；欲办工校，先办工场……就现成工场附设工业教育，也是可以的。若是工场办不好，敢断言工校也是办不好的"。

❶ 董仁忠. 论黄炎培"大职业教育主义"思想及其启示 [J]. 教育与职业，2007（23）：5-7.

第二，职业教育具有鲜明的社会性。黄炎培认为职业教育必须加强与社会的联系，考虑社会的需要，职业学校"内部工作的努力不用说了，对外还须有最高的热诚，参与一切；有最大的度量，容纳一切"。他反复强调"职业教育是绝对不许关了门干的，也绝对不许在书本里讨生活的"，也"绝对不许理想家和书呆子去干"，这正是其"大职业教育"观的出发点和落脚点。他旗帜鲜明地指出"方今教育上最大问题，无过于学校与社会隔绝"，认为"从前职业教育，仅视为教育方面所有事"，为此必须认识到"职业学校的基础，是构筑于社会的需要上"，而职业教育"从其本质来说，就是社会性；从其作用说来，就是社会化"。所以"办职业教育，必须注意时代趋势与应走之途径，社会需要某种人才，即办某种职业学校"；职业教育"必须同时与社会经济结构相配合，与社会生活相配合，才能兴旺发达"。

第三，职业教育具有鲜明的人民性。黄炎培明确指出"职业教育是为人人，关注人人"，"办职业教育，须下决心为大多数平民谋幸福"。他主张把职业教育办成普及性的平民教育，使社会上的每个下层老百姓都有机会接受职业教育，学到赖以谋生的知识和技能。从职业教育的对象看，"宜从平民社会入手"，尤其不能忘记处于社会底层的妇女、贫儿、灾民、伤兵等各种特殊群体；从职业教育的范围看，乡村职业教育与城市职业教育同样重要，但职业教育工作的中心更应转向广大农村；从职业教育的类型看，不仅要重视正规的职业学校，更要重视职业补习教育和职业指导，适时举办面向不同人群的不同层次和形式的职业教育。他认为："如果办职业教育而不知着眼在大多数平民身上，职业教育无有是处。"

为了实现"使无业者有业，使有业者乐业"的职业教育终极目标，黄炎培的"大职业教育主义"用一根强调理论联系实际的主线，将整个职业教育的人才培养过程贯穿起来，这就是"手脑并用，双手万能"。他说，职业教育就是要"使读书的动手，动手的读书，把读书和做工并起家来"，让学生"一面做，一面学；从做里求学，从随时随地的工作中间得系统的知能"，使之"学而习，习而复学，使其所学与社会需要相配合，免蹈一般学非所用的流弊"。在黄炎培早年的职业教育办学实践中，就已在探索校企合作、工学结合的人才培养模式方面积累了不少宝贵的经验。它适应了行业企业和经济社会发展的需求，反映了社会大众生存发展的需要，也体现了职业教育必须强调理论联系实际的内在规律。

尽管在民国时期，一般都认为职业教育与实业教育是目的相同而范围不同的，职业教育不包括高等学校教育，而实业教育则是有高等学校教育的。但是，黄炎培的"大职业教育主义"思想仍然对我国的整个教育体系包括高等学校教育体系产生了积极的影响。一方面，黄炎培认为职业教育在整个教育体系中的地位是"一贯的""整个的"和"正统的"。所谓"一贯的"，是指职业教育应贯穿于全部教育过程和全部职业生涯，建立起"职业陶冶—职业指导—职业教育—

职业补习和再补习"的完整体系；所谓"整个的"，是指各级各类教育都要与职业教育相互沟通；所谓"正统的"，则是指职业教育的地位应与普通教育等价等值，破除以升学为正统、以就业为偏系的传统教育观念。另一方面，黄炎培由德国工科博士"始在小学习工，继在中学习工，最后在大学习工，前后习工十余年，乃得一学位"得到启发，认为"中国之得工科学位者，小学未尝习工也，中学未尝习工也，大学预科未尝习工也，仅入大学本科未尝习工业理论三四年，而专门之工学士成矣……"，这样的高等教育显然缺乏足够时间的专业训练，难以造就高水平的高级专业技术人才，所以他提倡初、中、高等职业教育能够实现相互衔接的"专科一贯主义"❶，这一思想也因此而成为后来我国发展中等职业教育与高等职业教育贯通学制的重要理论基础之一。

在黄炎培、陶行知、杨贤江、陈嘉庚等职业教育先驱的积极推动下，至1925年，全国职业学校数从1921年的842所增加到1548所，达到了中华人民共和国成立以前的最高峰。然而由于内外因素的阻滞，职业教育又迅速沉寂下来。当时职业教育实践中存在的本质问题，是职业学校脱离生产生活实际，培养的学生不实用，其原因就在于黄炎培所概括的"职业教育普通化"的现象，学生"但知以升学为荣"，学校迫于压力只好压缩职业课程而增多普通课程，根本背离了职业教育的宗旨。当时很多人批评职业学校，和普通学校"简直没有两样，不过挂了一块职业学校的招牌，其实和设校的宗旨，青年的志趣，一些没有顾到"；而且"职业学校终日读书，绝少实习，纵然实习，亦多属敷衍了事"。这样形式上的职业教育当然是与民生完全脱节的，学生毕业时"以为学问充足有余，对于社会服务，或不免具有骄傲态度，于职业界确有隔膜之处"，因此职业界普遍不雇佣职业学校毕业生，如当时有调查表明"南京职业界，有百分之九十九，仍然采用陈旧的徒弟制"，这固然与职业界的观念陈旧也有关，但职业学校办学质量差、与职业界沟通太少则是更为重要的原因❷。于是，职业学校毕业生不受社会欢迎，就业难的问题持续时间久而且分布面广，自然导致职业教育声誉和地位的下降，到1929年，全国的职业学校仅存194所。为此职业教育界进行了深刻的反思，黄炎培认为"我们所希望，百分之七八十没有达到"。

事实上，我国近代教育体制自清末建立以来，就一直存在着脱离现实、脱离社会的弊病，结果是普通学校数量和学生越来越多，而毕业即失业的人也越来越多；本来应该与经济社会紧密联系的职业教育却发展缓慢，职业学校学生毕业后找不到工作或者学非所用、用非所学的现象也日益严重。自20世纪20年代后期起，越来越多的人认为中国的学校教育制度包括职业教育是失败的，而在学制上"列职业教育与正系之旁，名为提倡职业教育，实则反阻碍它的进行与普及"，

---

❶ 严雪怡. 论职业技术教育 [M]. 上海：上海科学技术文献出版社，1999：196.
❷ 刘桂林. 中国近代职业教育思想研究 [M]. 北京：高等教育出版社，1997：197-199.

为此大声呼吁要解决教育脱离国情民生的弊端，因地制宜地改进职业教育存在的问题，并提出职业教育要下延至初等教育、上溯至高等教育。后来，国民政府教育部先后于 1928 年和 1932 年两次修改学制，相继提出一些改革职业教育制度的措施，使职业学校数量和学生规模开始逐渐回升，但职业教育深层次上的问题依然无法解决。正如中华职业教育社所言："科举既废，习俗未更，民生益困""我国承十余年重文积习，科学未精，产业落后。既已食众而生寡，遂至财尽而民穷"❶。1932 年的《职业学校法》和 1935 年的《修正职业学校规程》颁布后，职业学校调整为招收小学毕业生的初级职业学校和招收初中毕业生的高级职业学校两个阶段，职业教育形成逐级分流的格局。此后的十几年时间里，就全国而言职业教育基本上处于停滞不前的状态。截至 1949 年，全国仅有中等职业学校 564 所，学生 7.7 万人❷。

历史证明，我们虽然有着黄炎培这样的先贤之士和"大职业教育主义"这样卓越的思想理论，却始终未能在中国的土壤上催生出有利于职业教育发展的社会环境，无论是中等职业教育还是高等职业教育都一直是步履艰难，往往是有了好的理念却很难引出好的实践，即便是有了好的开端也很难得到好的结果。特别是在半殖民地半封建的旧中国，由于经济发展十分缓慢，现代工业太不发达，职业教育不可能受到真正重视，因而职业学校普遍教学设备简陋、缺乏实习场所，再加上指导教师缺乏实际操作技能与经验，结果只有走普通教育的老路。大多数职业学校一方面难以达到规定的能力培养要求，另一方面为了体现职业学校与普通学校学历的等价，又往往以教学中对学科知识的强化来强调职业学校的"正统"地位。职业教育脱离生产生活实际、不切实用的弊端，导致学生毕业后出路问题严峻，许多学生毕业即失业，职业教育不可避免地又沦为了"失业教育"。

三、高等专门教育：从"专门学校"到"专科学校"

自 1912 年起，高等实业学堂改称为"专门学校"，明确了高等专门教育作为高等教育的一个组成部分，并要求专门学校"以教授高等学术、养成专门人才为宗旨"。由于此后民国政府 1917 年颁布的《修正大学令》和 1922 年的"壬戌学制"都允许建立单科大学，结果一度出现滥设大学的现象，设备简陋、师资不足的私立高等学校纷纷建立。这种状况也促使专门学校在教学上更进一步偏重学术，在办学方向上则更加热衷于升格办大学。于是，专门学校数量及其学生规模急剧下降。1912 年，全国共有专门学校 111 所，学生 39633 人，占高校学生总数

---

❶ 楼世洲. 职业教育与工业化——近代工业化进程中江浙沪职业教育考察 [M]. 上海：学林出版社，2008：48-53.

❷ 杨金土. 职业教育兴衰与新旧教育思想更替——百年职业教育回顾 [J]. 教育发展研究，2004 (02)：1-4.

的 98.8%；而到了 1925 年，专门学校数已减至 58 所，学生数则减至 11034 人，占高校学生总数的比例下降到 30.4%，高等专门教育的发展陷入了低谷。

1928 年 5 月，在南京举行第一次全国教育会议，会议通过了修改学制的系统案，但未经公布，基本上仍继续实行 1922 年公布的学制。不过后来系统案中的一些改革措施还是陆续得到了实施，如 1932 年废止了综合中学的制度，分别设立中学、师范、职业三种学校❶。而在高等教育方面，系统案说明："中国自采行专门学校制度后，趋重政法一途，流弊滋多，嗣又因受改变大学运动的影响，对专门学校益不注重，乃改为设立专科学校的制度，以注重实科。"此后，"专科学校"的名称开始取代了"专门学校"。

1929 年 8 月，民国政府在颁布《大学组织法》的同时颁布了《专科学校组织法》，正式将"专门学校"改名为"专科学校"。这两个组织法明确规定高等教育机关分为大学、独立学院、专科学院和研究院（研究所）四类，大学和独立学院可附设专修科，如师范学院可附设体育、音乐、图画、劳作、家政、社会教育等专修科。《专科学校组织法》共 13 条，第一条规定了专科学校以"教授应用科学，养成技术人才"为宗旨；第二、三条将专科学校分为国立、省立和市立、私立三类；第九条明确专科学校的修业年限为 2 年或 3 年。为防止学校滥设，规定"专科学校之设立变更及停办，须经教育部核准"。为保证基本的教学力量，规定专科学校的兼任教员总数不得超过全体教员的三分之一。

1931 年 4 月，民国政府教育部为具体贯彻落实《专科学校组织法》，公布了《修正专科学校规程》，进一步明确专科学校以"教授应用学科，养成技术人才"为目标。同时，对专科学校的入学和转学资格、学习年限、种类和课程等作了补充规定，将专科学校分为甲类（即工科）、乙类（即农科）、丙类（即商科）、丁类（即医药、艺术、体育、商船及其他），明确专科学校采用学分制，但学生每学期所修学分须有限制，不得提前毕业。此外，还规定了各类专科学校开办费及每年经常费之最低限度。1939 年 5 月，教育部颁发《独立学院及专科学校行政组织补充要点》，明确了专科学校行政机构设置及其职责；同年 6 月又明确专科学校"除原有 2 年制及 3 年制外，可另设 5 年制专科学校，招收初中毕业及具有初中毕业同等学力之学生""新学制自 1939 年度起，先由音乐、艺术、蚕丝、兽医等科试行"。

但是，由于传统势力强大的惯性作用影响，专科教育并未因此而立刻复苏，专科学校的学生数在《专科学校组织法》公布后仍继续减少。至 1937 年，专科学校数仅剩 24 所，学生数仅有 3262 人，占高校学生总数的比例仅为 10.5%。抗日战争的爆发，促使人们重新重视专科教育的实用性和应急功能，当时教育部制

---

❶ 高奇. 中国现代教育史［M］. 北京：北京师范大学出版社，1985：118-119.

订战时各级教育实施目标时就提出："专科学校教育应为培养各业专门技术人才之教育，应由省市视需要在企业之附近地区设立各种专科学校，以造就各项事业应用之专门人才。"所以在抗战期间，专科教育规模反而有了较大幅度增长。到抗战胜利后的 1947 年，专科学校数量已增加到 77 所，学生数 23897 人，占高校学生总数的比例为 15.4%[❶]。

1948 年，国民政府颁布《大学法》和《专科学校法》。《大学法》第 28 条规定："大学各学院得附设专修科，招收高级中学或其同等学校毕业生或具有同等学力者，修业 2 年，但应呈请教育部核准后设立之。"《专科学校法》则重申了 1931 年提出的办学宗旨，即"以教授应用学科，养成技术人才"；并规定"专科学校修业年限 2 年，医科 3 年，但医学生及师范生应另加实习 1 年；音乐、艺术等学校宜提前修习者得招收初级中学毕业生，修业年限 5 年"。可以说，从整个民国时期此类教育的办学宗旨和培养目标来分析，当时的专科学校，以及大学和独立学院的专修科所承担的教育，大都具有高等职业教育的性质，其学制有高中后 2 年、3 年和初中后 5 年三种。

从民国时期比较有名的专科学校来看，建立较早的是 1911 年诞生的国立吴淞商船专科学校、江苏省立苏州工业专科学校、江苏省立医药专科学校、江西省立工业专科学校等。刘海粟 1912 年创办的上海美术专科学校是我国近代第一所美术专科教育机构，设有西洋画、国画、艺术教育、音乐、工艺图案等专业，梁启超、袁希涛、沈恩孚、黄炎培等人为校董，美术方面聘有黄宾虹、潘天寿、张大千等国画名家讲学，音乐方面请了黄自、贺绿汀、谭抒真、丁善德、马思聪任教，并较早实行了男女同校，教学上敢于顶住社会压力大胆采用裸体模特，为国家培养了众多的美术人才。另外，庞醒跃 1918 年创办的东亚体育专科学校、陈嘉庚 1920 年创办的集美水产航海专科学校、唐文治 1920 年创办的无锡国学专科学校、潘序伦 1937 年创办的立信会计专科学校、黄炎培 1943 年创办的中华工商专科学校等，也都是办学成就比较突出、享有一定名望的专科学校。但就总体而言，由于旧中国的政治腐败和经济落后，专科教育与职业教育一样地位低下、命运多舛，据原上海工业专科学校的老校友回忆："由于旧社会对专科的歧视，致使专科教育一向很坏，教师嫌专科名微利薄，不愿在工专任教，即使到校任教者，不是亦教亦商，就是兼课数校，专任教师很少。学校设备很差，号称全校最好的机电科金工厂也仅有十几部车床和二十几把老虎钳，造船科和纺织科根本没有什么设备"[❷]，可见旧中国高等专门教育办学之艰难。

1921 年中国共产党成立后，在运用多种形式来教育群众和培养党的干部的同时，也开辟了一个进行新民主主义教育探索的新时代。从毛泽东创办的湖南自

❶ 杨金土. 以史为鉴谈高职的人才培养规格 [J]. 中国职业技术教育, 2007 (25): 5-8.

❷ 忻福良. 高等专科教育学 [M]. 太原: 山西教育出版社, 1993: 275-277.

修大学到邓中夏、瞿秋白、张太雷、蔡和森等人创办的上海大学❶，从广州的农民运动讲习所到瑞金的苏维埃大学，从红军大学到中国人民抗日军政大学，从陕北公学到鲁迅艺术文学院，从延安大学到华北联合大学，中国共产党始终坚持以马克思列宁主义为指导，在革命斗争实践中坚持理论联系实际，坚持教育为革命的现实斗争和生产斗争服务的原则，为我国高等专门教育的发展做出了历史性的贡献。

第三节　中华人民共和国成立后的技术教育和高等专科教育（1949~1980 年）

一、从接管改造"职业教育"到建设发展"技术教育"

在中华人民共和国成立前夕，1949 年 9 月召开的中国人民政治协商会议第一次全体会议上，制订了《中国人民政治协商会议共同纲领》，作为当时的临时宪法规定了中华人民共和国教育的性质和教育工作的方针任务，同时也针对改造旧中国遗留下来的职业学校和建设发展新的中等技术学校，明确要求"注重技术教育，加强劳动者的业余教育和在职干部教育……以应革命工作和国家建设工作的广泛需要"。这里，以"技术教育"的称谓取代了"职业教育"。

1949 年 10 月 1 日中华人民共和国的诞生，标志着我国的高等教育和职业教育都开始进入了新民主主义教育的新阶段。黄炎培坚决认定："职业教育，在今后中华人民共和国成立大计的需要上必然的很广大而且很急迫""是今后增加生产、繁荣经济的国策实施时所必要采取的措施"❷。但是，由于当时"职业教育"这一名词被认为是资本主义制度下的产物，于是人们便不再提"职业教育"的概念，而参照苏联使用的名词而改称其为"技术教育"。在这样的大势下，黄炎培也不得不解释说："'职业教育'在今天人民政府之下，是不适合的了，因为今天的人民政府一切都有整个计划，按照计划进行各项建设，教育计划是根据经济计划所需人才而订立的，培养出来的人才是不愁没有出路的"❸。

根据中央指示精神，政府对全国原有的公立和私立职业学校的接管改造工作至 1951 年全部完成。1949 年 12 月，教育部在北京召开第一次全国教育工作会议，提出要改变旧中国遗留下来的教育类型比例失调、技术学校数量太少的现状。据当时统计，东北区和华北区中等技术学校所占中等教育的比例分别仅为

　　❶ 潘懋元. 高等教育学（下）[M]. 北京：人民教育出版社/福州：福建教育出版社，1985：280.
　　❷ 中华职业教育社. 黄炎培教育文选 [C]. 上海：上海教育出版社，1985：330-331.
　　❸ 南京工业职业技术学院黄炎培职业教育思想研究中心. 溯源与创新——弘扬黄炎培职业教育思想，推进新时期高职特色发展 [C]. 北京：高等教育出版社，2007：85-86.

7.2%和5.6%❶。因此会议在总结报告中指出：为了培养大批中级建设干部，今后若干年内应着重发展中等技术学校。同时，要积极发展高等专科教育。1950年6月，教育部长钱俊瑞在全国高教会议上指出："我们教育部门和各业务部门密切配合起来，大量举办专科学校，开设各种专修科、函授班、短期训练班等，来满足当前建设的需要，任何拖延、观望、矜持，都对国家建设不利。"同年8月，政务院颁布了《专科学校暂行规程》，它明确规定专科学校办学宗旨是："为适应国家建设急需，根据高等学校暂行规程第三条规定，设立专科学校，以理论与实际一致的教育方法，培养能掌握现代科学和技术的成就，全心全意为新民主主义建设服务的专门技术人才。"在具体任务中规定："适应国家建设的急需，进行教学工作，培养通晓基本理论并能实际运用的专门技术人才，如工业技师、农业技师、药剂师、财政经济干部、文艺工作人员等。"

1951年10月，政务院做出《关于改革学制的决定》。新颁布的学制基本参照苏联模式，在专门人才培养上，特别突出了中等专业学校的地位，将原来的职业学校都正式改称为中等专业学校，包括中等技术学校和中等师范学校。在高等教育方面，专科学校与专修科虽然得以保留，但其地位已经相对削弱。新学制规定，专科学校修业年限为2~3年，招收高中及同等学校毕业生或具有同等学力者；各种高等学校附设专修科，修业年限为1~2年，招收高级中学或同等学校毕业生或具有同等学力者。专科学校和大学专修科的入学年龄均不做统一规定。

与此同时，国家劳动部门也在学习苏联培养技术工人经验的基础上，开始兴办一批技工学校。自此，中等教育领域的中等专业学校和技工学校，与高等教育领域的专科学校和大学专修科一道，构成了中华人民共和国成立初期的比较完整的技术教育体系，为1953~1957年实施的我国第一个五年计划提供了技术人力资源支撑。1952年，教育部一方面要求各级各类技术学校实行专业化和单一化，规定中等技术学校"培养具有必要文化科学的基本知识，掌握一定的现代技术，身体健康，全心全意为人民服务的初级和中级技术人才"；另一方面又提出"采用短期速成和长期培养相结合，大量举办专修科、短期训练班的方针，迅速有效地为国家培养各种建设干部，并以培养工业建设人才和各级师资为重点"。在1951年第一次全国高等教育会议后，中央各部委托各大学设立了第一批专修科，并负责解决设立专修科所必要的经费和房屋设备等问题，专修科的课程则与受委托的大学协商后报教育部批准，其具体内容通常都是削减本科课程、强调实用内容，学习年限一般为1~3年，毕业后由有关部委分配工作。由于短期内迫切需要培养大批专门建设人才，大量举办2年制的专修科成为50年代初期高等

❶　纪秩尚，郭齐家，余博．中华人民共和国职业教育法实务全书［W］．北京：北京广播学院出版社，1996：21.

教育的一个主要任务，所以专修科的设置方式很快由最初的委托型转为正式的计划型。为解决专修科的教学问题，1952年10月高等教育部颁布了《关于制定高等学校工科专修科各专业教学计划的规定（草案）》，提出"专修科是适应国家建设对技术人才的迫切需要而采取的培养干部的一种速成办法，其任务为培养高级技术人员"，修业年限为2年；在课程设置与教学要求方面，提出以学习普通技术课及专业技术课为主，普通科学课一般只修习高等数学一门，外语一般不修；实习共14~18周，毕业论文（设计）4~5周。

1952年，全国138所高等学校中有103所设置了专修科，与专修科属于相同层次的专科学校有45所，包括专修科和专科学校在内的专科学生占到高小学生总数的31.3%。教育部还具体规定了专科学生在当年高校招生计划中应达到的比例指标：工科方面专修科学生及专科学校学生必须占到55%，医科方面必须实现卫生部规定专修科学生占50%的要求。以上海为例，当时上海的各所大学都在大力举办专修科，以1953年专科生在大学中所占的比重为例，上海交通大学为39%，同济大学为36%，华东纺织工学院为52%，华东师范大学为34%，而华东政法学院及华东体育学院竟高达74%❶。当时培养技术干部的状况是分为三个层次：一是中等专业（技术）学校，招收初中毕业生学习3年，培养中级技术员；二是专科学校与大学专修科，招收高中毕业生学习2年左右，培养高级技术员；三是大学本科，招收高中毕业生学习4年，培养工程师。这与苏联培养技术干部的方式不同，苏联只有两个层次：一是中等专业（技术）学校招收10年制中学毕业生学习4年，培养技术员；二是大学招收10年制中学毕业生学习5年，培养工程师。中国比苏联多了一个中间层次的原因，就是因为当时国家建设急需大批量的技术干部，只有相应缩短培养年限才能满足这一需要；而从另一个角度讲，一旦这一需要基本得到满足以后，在当时学制模式上向苏联趋近的情况下，作为临时性应急办法和过渡措施的高等专科教育也许就失去了存在的理由❷。

1953年2月，高等教育部在哈尔滨召开第三届教学研究工作会议，通过研讨形成了《关于专修科问题的决议》。决议中明确了专修科的性质及其与相关教育的关系，指出"高等学校的专修科以培养较高级的技术员为目标，专修科是高等学校的一个组成部分，属于高等学校的范围之内"。会议肯定专修科教育获得的初步成果，并提出当时专修科教育中存在的问题："其中最中心的一个问题是大多数专修科的培养目标不够明确"；因而，在教学要求上"究竟培养具有什么样知识水平的人才？其理论基础应该多厚？其专业范围应该多广？其专业知识应该多深？其专业技术水平应该多深？均甚模糊"；因此导致"不少专修科的教学计

❶ 吕鑫祥. 高等职业技术教育研究［M］. 上海：上海教育出版社，1998：92-93.
❷ 胡建华. 现代中国大学制度的原点：50年代初期的大学改革［M］. 南京：南京师范大学出版社，2001：64-66.

划是把本科相当专业的教学计划用打折扣的办法压缩而成，各种课程的教学大纲及教材也多是搬用本科教学大纲和教材，使 2 年制专修科变成了 4 年制本科的缩影。这就造成课程门类多、功课重、教学脱节、师生忙乱、教学时间增加、工作紧张繁重、教学效果不好和师生健康情况下降等严重情况"。会议批评了两种倾向："有的片面强调理论和基础课，准备让学生当工程师；有的单纯强调专业和技术，机械地限制学生只做某一件或两件事"，即要求纠正"单纯技术"和"通才教育"两种片面观点。同时，要求学习苏联中等技术学校特别班（招收 10 年制中学毕业生学习两年半）的经验，以他们的专业设置、教学计划、教学大纲和教材为蓝本来结合实际解决我国专修科的教学问题❶。这次会议后，高等教育部专门颁发《关于高等工业学校专修科问题的通知》，要求就专修科所培养的"较高级的技术员"在生产过程中的主要任务、专修科的教学计划和教学安排进一步展开讨论，并部署组织力量翻印苏联有关教学资料工作。

　　1952~1953 年间，我国高等教育学习苏联经验开展了大规模的院系调整，这对改变高校设置和专业设置的凌乱与重复状态、提高教育教学质量起到了重要的作用。但是由于在调整工作中片面认为，既然苏联不设专科学校，技术人才是分别由大学和中等专业学校培养的，那么我们也没有必要设专科学校，于是采取了一刀切的做法。当时全国除极少数俄文、师范专科学校外，其余专科学校全部拆散并入大学或学院，或者降为中专。这样的调整显然影响了高等专科教育的发展。1953 年 7 月高等教育部部长马叙伦在全国高等学校行政会议上说："为了解决迫切需要，1952 年曾在高等学校内大量举办专修科，这是完全必要的。1953 年仍需招收一定数量的专修科新生以适应最近几年国家建设的要求。同时，从国家长期建设的需要考虑，更必须培养大批真能掌握高级技术的专门人才。随着中等工业学校工作的加强，今后高等工业学校应逐步减少专科招生名额的比例，逐步做到把培养技术员的任务由中等技术学校及其附设的特别班担负起来。"

　　1954 年 9 月，政务院发布《关于改革中等专业教育的决定》；同年高等教育部制定《中等专业学校章程》，规定中等专业学校的任务是培养"中等专业干部"，工业性质的中等技术学校的学制为 3~4 年，农林、医药、经济等其他中等专业学校的学制一般为 3 年。1955 年 8 月，高等教育部又提出："根据国务院指示，专修科应及早停办。从今年起即减少专修科招生任务，大力加强中等专业教育的领导。"在第一届全国人民代表大会第三次会议上，高等教育部部长杨秀峰说："为了适应第二个五年计划期间干部质量要求，并使高等学校可以集中力量来多办和办好本科，今后除师范专科外，在其他专业，除非紧急需要，一般不再设置专修科，改以中等专业学校举办特别班来代替。"这样，我国的高等专科教

　　❶　余立. 中国高等教育史（下册）[M]. 上海：华东师范大学出版社，1994：44.

育比重又迅速下降。全国专科生数从 1952 年占高校学生总数的 31.3%，下跌到 1957 年的 10.8%；其中高等工业专科生的比重从 1953 年的 32%，下降到 1957 年的 0.5%。

总体而言，中华人民共和国成立初期学习苏联培养技术员的中等专业学校教育，以及培养技术工人的技工学校教育的模式，并以培养"较高级的技术员"的高等专科教育作为一种过渡性模式予以补充，基本适应了以 156 个重点项目为中心的"一五"计划建设培养技术人才的需求。"一五"期间，我国工业生产的成就远远超过了旧中国的100年，高等专科教育、中等专业教育和技工教育在为社会主义工业化初步奠基的历程中功不可没。然而由于当时的国家政策是重点发展中专，高专则被不断减缩，整个"一五"期间虽然高校学生总数增长一倍多，但专科学生却减少了 21%。1958 年初，全国仅存 10 所专科学校。由此带来的问题是，随着"二五"计划的开展和社会主义经济建设高潮的到来，对高等专科教育层次的职业技术人才需求作为一种客观存在重又摆到了人们的面前。另外，这一时期值得注意的还有，在 1954 年正式颁布的《中华人民共和国宪法》中又重新出现了"职业教育"的提法，自此"职业教育"可与"技术教育"同时使用，但两个词所涵盖的具体学校类型各有侧重。在一般情况下，"职业教育"主要是指当时各地城乡新办的一些农业中学、工业中学和手工业中学等❶；而在中等专业教育和技工学校教育，以及高等专科教育领域仍通常使用"技术教育"的概念。

二、从艰难探索中的大起大落到拨乱反正中的恢复发展

1958 年，开展了以勤工俭学、教育与生产劳动相结合为中心的教育革命，同时出现了"全党全民大办教育"的局面，各类学校数量剧增，出现了多种办学形式。1958 年 1 月，毛泽东在其主持起草的《工作方法六十条（草案）》中提出："一切中等技术学校和技工学校，凡是可能的，一律试办工厂或者农场，进行生产，做到自给或者半自给，学生实行半工半读。"紧接着，刘少奇在许多场合的讲话中进一步提出了实行"两种教育制度、两种劳动制度"，即一种是全日制的学校教育制度和工厂劳动制度，一种是半工半读的学校教育制度和半工半读的工厂劳动制度❷。在毛泽东"教育与生产劳动相结合"的办学方针指导下，国家鼓励学校办工厂和农场，工厂和农业合作社办学校，学生实行半工半读，普通文化课程与工农业建设等方面的课程相结合。这些改革的设想和初步实践对于突破苏联经验的局限性、创立适合国情的社会主义教育制度具有非常积极的意义，但由于是在当时急于过渡到共产主义的思想指导下进行的，因此在发展教育的方针上脱离了客观现实，方法上也偏离了办教育的基本规律。本已接近消亡的高等

---

❶ 任平. 晚清民国时期职业教育课程史论 [M]. 广州：暨南大学出版社，2009：14.

❷ 程晋宽. "教育革命"的历史考察：1966~1976 [M]. 福州：福建教育出版社，2001：140.

专科学校作为"多快好省办教育"的一条捷径，其地位再次得到政府的承认并因此而迅速膨胀❶。

不过，这一时期的高等专科教育并不像 1953 年那样以大学办专修科的方式进行，而是以各工业主管部门和企事业单位主办的形式、以半工半读的形式、以业余的形式进行的。例如，上海各工业局在 1959 年陆续建立了上海化学工业专科学校、上海轻工业专科学校、上海机电工业专科学校、上海机械工业专科学校、上海纺织工业专科学校，上海建筑材料工业学校和冶金机械工业学校也招了大专班，1960 年又建立了上海仪表电讯工业专科学校和上海邮电专科学校。在刘少奇发表有关"两种教育制度、两种劳动制度"的指示后，这些专科学校又都改为半工半读专科学校，以半工半读的形式实施专科教育。这些学校的专业设置都紧密围绕行业生产特点和要求来确定，学校的办学形式也与生产紧密相结合。有的学校把专业设在对口的大厂里，如上海仪表电讯工业专科学校的仪表专业设在上海电表厂，无线电专业设在上海无线电四厂，电阻电容专业设在上海无线电一厂和六厂，医疗器械专业设在上海医疗器械厂；有的学校虽不直接这样做，但也实行课堂教学与生产劳动交替进行的办法。与此同时，中等专业学校和技工学校规模同样也成倍甚至十几倍地发展起来，又创办了大量农业中学和农民业余学校，各级各类半工（农）半读学校更是大幅度地增长，导致整个教育事业的发展大大冲破了原定的"二五"计划而出现了失控。

应该看到，半工半读的教育制度将教育与生产劳动结合起来，重视受教育者政治素质的培养，重视体力劳动与脑力劳动的结合，是一个历史性的巨大进步，充分体现了中华人民共和国对新型劳动者的要求。可以说，半工半读开创了一条符合我国国情的具有中国特色的教育发展道路。它不仅有利于各类人才的培养，而且促进了社会主义教育与经济的发展，也促进了人的全面发展。然而，在具体贯彻半工半读教育制度的过程中，由于对有些理论和实践的结合问题研究不足，致使过分强调"半"工"半"读的教育形式，使半工半读教育演化为脱离书本的劳动教育，甚至把半工半读教育推向极端的劳动教育而降低了学校教育质量。因此1961~1963 年国民经济调整时期又不得不纷纷下马，如上海的专科学校全部被调整为中专。1962 年，国家计委和教育部要求："调整确定保留的专科学校，应当根据两三年内专业人才需要的不同情况，确有需要的适当安排招生任务，不需要的或需要量不大的应该暂停招生。"实际上，1962 年高等工业学校招收的学生中，专科生只有 177 人，仅占招生总数的 0.4%。此后，中央要求贯彻执行普通教育与职业教育并举的两条腿走路的方针，举办各种类型的职业学校，全日制中专学校和技工学校则改办为半工半读学校，一度被大量压缩的中等职业技术教

❶ 郝克明. 当代中国教育结构体系研究［M］. 广州：广东教育出版社，2001：89.

育又恢复到了正常规模，而农业中学在这一时期发展也很快❶。1963 年，教育部又同意一些产业部门的中专学校试办招收高中毕业生的班次，以高中后两年半的学制培养一些在技术和行政领导管理能力上要求较高的急需技术人才，此后两年又扩大了试验面和增加了招生人数。1965 年，中央提出半工（农）半读教育制度要"坚持五年试验，十年推广"的方针，要求坚持方向，积极试办，以便掌握规律。

此后的十年，党和国家在艰难探索的过程中经历了严重曲折，各级各类学校大量停办，校舍被占，资源流失。由于职业技术学校的停办造成中等教育结构的单一化，职业教育在校生占高中阶段学生总数的比例从 1965 年的 52.6% 降为 1970 年的 1.7%❷。1971 年召开的全国教育工作会议之后，中等专业学校和技工学校开始得到恢复，并逐步明确了一些具体办学中的制度规定，如进一步明确了中专学校培养的是技术员一类的中等专业人才，与培养技术工人的技工学校有明确的分工等。由于普通中学毕业生都缺乏劳动就业需要的职业技能，因此恢复招生后的中专学校和技工学校也不得不参照高校招生的办法，成为大量招收具有普通高中学历者的高中后教育，学制缩短为中专 2~3 年制、技校 2 年制。与此同时，幸存下来的部分专科学校也开始陆续招收本工业局系统工人学员入学，1975 年这些专科学校又一律被改为"七二一工人大学"，把高等专科教育降低到了产品训练班的水平。

1976 年以后，我国社会经济各项建设事业拨乱反正，职业教育和高等教育也开始走上了正常的轨道。1978 年邓小平在全国教育工作会议上讲话要求"整个教育事业必须同国家经济发展的要求相适应""使教育事业的计划成为国民经济计划的一个重要组成部分。这个计划应该考虑各级各类学校的比例，特别是农业中学、各种中等专业学校、技工学校的比例"。而在这一时期的中等专业学校，已经定位于"在相当于高中文化程度的基础上进行专业技术教育，中专的高年级与大学的低年级交叉，是介乎高中与大学之间的一种学校"❸。1980 年中共中央转发全国劳动就业会议的文件，指出"必须积极地逐步地把一部分普通中学改为职业学校"；同年国务院批转教育部、国家劳动总局《关于中等教育结构改革的报告》，要求实行"普通教育与职业、技术教育并举"的方针，"提倡城乡各行各业广泛举办职业（技术）学校。可适当将一部分高中改办为职业（技术）学校、职业中学、农业中学"；"有条件的大中城市试办职业技术教育中心，积极发展和办好技工学校，努力办好中专"等途径，使高中阶段的职业技术教育比重大大增长，并"建议各省、市、自治区建立领导小组，吸收有关单位参加，统管

---

❶ 孟广平. 中国职业技术教育概论［M］. 北京：北京师范大学出版社，1994：28-29.
❷ 李蔺田. 中国职业技术教育简史［M］. 北京：北京师范大学出版社，1994：151.
❸ 梁忠义. 职业技术教育手册［W］. 长春：东北师范大学出版社，1986：157.

中等教育结构改革和职业技术教育"❶，这一重要的举措成为新时期我国职业技术教育改革的先声。从此以后，可以覆盖原先"职业教育"和"技术教育"的"职业技术教育"一词便开始在我国流行起来，并与国际上普遍使用的"技术和职业教育"（Technical and Vocational Education）一词在内涵上取得了一致。同时，全国各地积极贯彻党中央关于进行中等教育结构改革、大力发展职业技术教育的战略方针，努力改变教育与国民经济的发展需要严重脱节的状况。

同一时期，随着1977年我国高考制度的恢复，一批独立设置的高等专科学校相继复校或新建，各地七二一大学也先后调整为职工大学。据统计，1978年全国专科学生数达379586人，占高校学生总数的44.3%；1979年专科学生数达348476人，占高校学生总数的34.2%。这两年的专科生的比例已超过了1952年31.3%的历史最高纪录。1980年，教育部又出台了《关于高等教育自学考试试行办法》和《关于大力发展高等函授教育和夜大学的意见》等文件，为广大青年求学广开门路。正是在这实行改革开放的历史新阶段，在利用各种资源推进高等教育恢复性大发展的大背景下，种种探索与实践都说明了我国高等职业教育在长达百年之久的萌芽初始时期历经沧桑磨难、几番大起大落之后已开始逐渐孕育成熟，预示着一种崭新的高等教育类型在改革开放的大潮中即将应运而生。

三、我国台湾地区的高等技职教育：从专科学校到技术学院

我国台湾地区根据联合国教科文组织的建议，将与普通教育相对应的教育类型统称为"技术和职业教育"（TVE），简称"技职教育"。1949年，当国民党政府退居我国台湾时，台湾基本上还是一个农业社会，整个产业结构尚处于劳动密集型的生产阶段，对劳动力的教育水平要求并不高，职业教育以初级职业学校（即职业初中）和高级职业学校（即职业高中）为主，依循的法规仍是1932年国民政府制订的《职业学校法》❷。直到进入20世纪60年代，台湾抓住国际经济结构大调整的有利时机，采取国际市场为导向的"出口扩张"政策，走上以轻工业为主的出口加工业方向发展的道路，产业结构逐步转向技术密集型，从而带动整个经济步入一个快速扩展时期。1966年在台湾的产业结构比重中工业首次超过了农业，到1973年工业人口又超过了农业人口。这一急剧变化给台湾教育带来了极大冲击，如何适应经济社会发展需要的问题开始突出。根据预测，当时台湾的工程技术人员中，工程师、技术员、技工的合理比例应为1:3:15，但实际比例仅为1:2:6，中、初级技术人员非常缺乏。因此专家们认为人力发展规划工作首先要把重点放在调整教育结构上，必须将教育的重心转向技术和职业

---

❶ 祁书臣. 技工教育史纲 [Z]. 黑龙江省职业技术培训学会，1990：221.

❷ 罗祥喜. 台湾教育与经济发展 [M]. 福州：福建教育出版社，1994：41.

教育，大力发展技职教育。

1968 年台湾地区实施"9 年国民义务教育"，停办初级职业学校，自此普通教育和技职教育的分流即从高中阶段开始。国民中学（初中）毕业生一部分就读高中（普通高中），另一部分就读高级职业学校（职业高中）和 5 年制的专科学校；高级职业学校毕业生可以就业，也可以升入 2 年制的专科学校继续深造；普通高中毕业生可以考入大学，也可以就读 3 年制专科学校。可见，当时台湾地区的专科学校有 2 年、3 年、5 年三种学制（简称"二专""三专""五专"），以适应不同生源的衔接。台湾的专科学校是以培养生产现场实用型技术人才为宗旨，是高等技职教育的主要办学机构。

20 世纪 70 年代中期开始，台湾地区经济进入调整发展时期，经济发展重心向技术资本密集型转化。经济发展策略的改变要求教育做出相应的调整，台湾地区教育部门在发展和完善高等技职教育方面进行了一系列主要工作：一是大力整顿专科学校，尤其是整顿私立专科学校和调整系科，并提出着重以挖掘原有学校潜力、提高教学质量来实现办学目标的指导方针；二是教育立法，1976 年修订公布《职业学校法》和《专科学校法》，确定职业学校以教育青年职业智能、培养职业道德、养成健全之基层技术人员为宗旨，专科学校则"以教授应用科学与技术，养成实用专业人才为宗旨"❶；三是建立技术学院，完善技职教育体制。1970 年召开的第五次教育会议提出"技术教育应有更多弹性，并建立系统，直至与大学平行"的教育革新原则，并确定"技术教育机构，包括职业学校、专科学校及技术学院"。据此，1974 年创建台湾工业技术学院培养本科学历层次的高级技术人才，1976 年增设学士班，1979 年增设硕士班，后来又于 1983 年增设了博士班❷，这样就建立起了台湾技职教育的一贯体系。在建立这一体系的过程中，台湾技职教育的行政管理部门也做了相应的调整，1968 年成立的专科职业教育司于 1973 年改名为技术职业教育司，简称技职司，管理专科学校和技术学院教育事项，包括政策的拟定、执行、考核等。至此，台湾地区技职教育及其行政管理均自成体系。

从台湾地区专科学校的培养目标来看，明确为各行业的技术员、工程师助理、技术师助理和领班等，以学习理论知识与操作技术相提并重为其特征。专科学校的专业设置均针对生产和工作现场的实际需要。从 1972 年开始，专科学校与大学及独立学院分开招生，待大学及独立学院招生公榜后再行招生；招生分甲、乙、丙、丁 4 组举行，甲组为理工类，乙组为文史类，丙组为医学类，丁组为法商类；夜校部另行招生。专科学校实行学年学分制，其课程设置以专业及实习课程为重点，各类课程分必修与选修两种，必修课程不及格者不得毕业。专科

---

❶ 巫铭昌，戴剑峰，谢秀珍，杨丽秀. 台湾 50 年［J］. 职业技术教育，2003（21）.

❷ 马早明. 亚洲"四小龙"职业技术教育研究［M］. 福州：福建教育出版社，1998：65.

学校应修习学分数规定如下：2 年制至少 80 学分；3 年制至少 106 学分；5 年制至少 220 学分。夜校部与日校部学分相同，因而，夜校部修业年限至少比日校部要多 1 年以上。专科学校强调学生实习，学生实习分校内实习和校外实习两种：校内实习是利用学校现有设备场地分组实施的；校外实习则是利用寒暑假期间，分配学生到专业对口的工厂、农场实习；性质特殊的专业，如师范、海事专科等结业后，还得另加实习期限。专科学校的教师分两类，一类为普通课程教师，职称分教授、副教授、讲师及助教四级；另一类为专业及技术教师，职称按工程技术级别评定。专科学校还聘请有实际经验的技术人员担任专业课程或技术课程的兼职教师。专职教师与兼职教师之比约为 5：4❶。

从台湾地区技术学院的培养目标来看，则是各行业的技术师。技术学院通过对学生传授科学技术应用知识，使其能够用以操作复杂精密的机器、设备、仪器和用以控制复杂的生产过程等，毕业生可授予学士学位。技术学院学制分 2 年制与 4 年制两种（简称"二技""四技"）。2 年制招收专科学校（2、3、5 年制专科学校日间部）毕业，并有 1 年以上与所学专业相关的实际工作经验者；1976年增办 4 年制，招收高级职业学校（即职业高中）毕业生；有的技术学院还举办在职进修班，招收在职的专科学校毕业生，夜间上课修业 3~6 年，毕业者均授予学士学位。1979 年技术学院增设研究所后开始举办硕士研究生班，招收技术学院大学部毕业生，其课程除在科学方面的要求较技术师更深一层外，操作的机器多半与电脑、自动控制、激光等高新技术有关，此外尚有部分管理课程，学习期限为 2 年。

从专科学校及技术学院的培养目标以及职称情况看，台湾高等技术与职业教育的学校层次与培养目标的工作层次是相对应的，即专科学校培养技术员，技术学院大学部培养技术师，技术学院研究所培养高级技术师。由此可见，台湾技术型人才的职称系列是单独的，这一举措十分有利于技术应用型人才的成长和正确考核。从 20 世纪 50 年代到 80 年代，台湾在短短 30 年中从一个典型的农业社会发展成为"亚洲四小龙"之一，这在很大程度上得益于其完善的技职教育体系，得益于其发达的高等技职教育❷。

❶ 吕鑫祥．高等职业技术教育研究［M］．上海：上海教育出版社，1998：120-125.
❷ 黄克孝．职业和技术教育课程概论［M］．上海：华东师范大学出版社，2001：269.

第十二章 1980~2005年：创业发展期
——在改革开放大潮里兴起

中国的"高等职业教育"这一概念，是在中国共产党十一届三中全会以后，随着改革开放大潮的兴起而出现的。20世纪80年代初期，一批以"收费、走读、不包分配"为特点的地方短期职业大学诞生，正是他们率先打出了"高等职业教育"的旗号。因此可以说，我国高等职业教育的"本史"是从1980年才开始的。此后，1985年《中共中央关于教育体制改革的决定》提出"积极发展高等职业技术院校"，1994年全国教育工作会议提出"三改一补"发展高等职业教育的基本方针，1996年《中华人民共和国职业教育法》和1998年《中华人民共和国高等教育法》正式确立了高等职业教育的法律地位，1999年《中共中央、国务院关于深化教育改革全面推进素质教育的决定》提出"大力发展高等职业教育"，促使我国高等职业教育在21世纪初实现了历史性的跨越式发展。据此，本书将高等职业教育从举旗起步、奠基创业，到正名定位、规模扩展这20多年的历程，归纳为我国高等职业教育的创业发展时期。

第一节 高等职业教育的诞生 (1980~1993年)

一、从短期职业大学的创立到高等专科教育的调整

"高等职业教育"这一概念，在我国是伴随着地方短期职业大学的诞生而形成的。1980年前后，随着国民经济的恢复和发展，各地为了解决地方建设人才严重缺乏的局面，纷纷开始在一部分有条件的中心城市，主要依靠地方集资兴办了一批市属的专科层次高等学校，培养较高层次的地方急需的应用型人才，这就是短期职业大学。短短几年之内，全国各省市陆续兴办了100余所这种短期职业大学性质的市办专科高校。当时，一种颇为流行的观念是："职业大学就是高等职业技术教育，高等职业技术教育就是职业大学"❶。

标志着我国高等职业教育"名至实归"的第一所短期职业大学，是1980年在南京市诞生的金陵职业大学。它是经江苏省人民政府批准，利用南京市大专、中专学校师资、校舍和教学设备的潜力创办的一所文理工科综合性全日制地方高

---

❶ 叶春生. 高等职业技术教育概论 [M]. 南京：南京出版社，1991：3.

校，是为贯彻党中央关于多种形式发展高等教育事业、加速技术人才培养而采取的一项措施。金陵职业大学"采取统一领导、分散办学的形式组织教学，主要任务是为南京市各条战线培养具有大专水平的专业人才。招生对象是城区有走读条件的非在职高中毕业生，学生一律走读，毕业后不包分配。"招生办法是在当年"高考未录取而成绩较好且有走读条件的城区非在职考生中，从高分到低分择优录取"❶。当时的背景是我国以经济建设为中心实行改革开放，各方面迫切需要大批专业人才，但国家因受财力限制对高等教育投入不足，大批高分考生无法进入高校学习，江苏每年参加高考的五六十万学生被录取的仅 1 万人左右。为此江苏省高教局与南京市领导商量提出建立市属职业大学的方案，突破当时只有中央和省一级才能办高校的办学体制，"由当地集资，在当地招生，为当地培养人才；贯彻改革精神，学生实行走读，适当交纳学费；校舍先行租借，再逐步建设，以尽快上马"。至于使用"职业大学"这个校名，主要还是为了"体现改革精神，不同于传统大学"。经过省长办公会议充分讨论，同意"批准南京市建立金陵职业大学，并提出对毕业生不实行统一分配，而实行择优推荐录用"❷。就此，金陵职业大学在全国率先打出了"高等职业教育"的旗号。

　　同在 1980 年，还有扬州市职业大学、无锡市职业大学、江汉大学（武汉）、平原大学（新乡）、合肥联合大学、杭州工业专科学校等 13 所同类型的市办高校创办，成为我国最早喊出"高等职业教育"口号的第一批短期职业大学❸。随后，鹭江职业大学（厦门）、苏州市职业大学、天津市职业大学、济南职业大学、郑州走读大学、海淀走读大学（北京）、淮阴工业专科学校、芜湖联合大学、三明职业大学、安阳职业大学、乌鲁木齐职业大学、开封大学、太原大学、昆明大学、温州大学、石家庄大学、攀枝花大学（渡口）、邕江大学（南宁）、嘉应大学（梅州）、杨陵大学（咸阳）、贵阳金筑大学、宁波高等专科学校、济南交通职业专科学校、湖南科技大学和湖南女子职业大学（长沙）等同类性质的地方专科高校纷纷建立。到 1985 年，全国短期职业大学已经达到 118 所。在此期间，湖北省在黄石、沙市、襄樊、十堰、荆门、鄂州、随州 7 个城市创办的市属高校，全部都以"职业大学"命名；而福建省仅在福州一个城市创办的就有闽江职业大学、福建华南女子职业学院、福州新闻职业专科学校、福建中华职业专科学校 4 所，另由省内地区行署办学的闽西职业大学和闽东职业大学分别设在龙岩、宁德两个县；而江苏省在沙洲县创办的沙洲职业工学院，则成为全国第一所县办高校。当时人们普遍认为，职业大学与普通高等专科学校在各方面都有

---

❶　赵绍龙. 南京创办金陵职业大学 [N]. 人民日报，1980-08-29.

❷　叶春生. 二十年的实践与探索——高等职业技术教育论文集 [C]. 北京：高等教育出版社，2004：219-220.

❸　高帜. 关于高等职业教育的改革和发展 [N]. 中国教育报，1997-10-08.

许多共同或类似之处，所不同的是职业大学作为地方举办的综合性高等专科学校，有着浓厚的地方色彩；而由于地方上"需求的一个基本特点是种类多、批量小"，因此"职业大学往往办成多科性、小而全的学校"❶。

这些职业大学所实施的高等职业教育，由于紧密结合了地方经济建设的需要，办学目标明确，专业设置上强调联系实际，毕业生能够学以致用。例如，金陵职业大学从建校伊始就强调"社会出题目，学校做文章"，明确了自己不同于老高校的办学目标和办学模式：立足地方，面向地方，服务地方。该校紧密结合南京经济建设和社会发展需要，根据自身的办学条件灵活设置专业，如当时南京建筑系统技术人员占职工总数不到2%，其中大专学历者又不足技术人员的一半，学校就针对这一情况开始了道路桥梁、给水排水、工业与民用建筑、财务会计、市政工程等对口专业，连续几年为城建单位培养技术人才。后来，学校又根据南京经济改革形势的发展，开设了审计、法律、外贸经济管理、环保、血液制品、儿童保健等。甚至南京有一家无线电元件厂需要两批分别以线路设计和元件设计为主要专长的大学生，学校也设法满足了厂家这种"多种类、小批量"的人才要求❷。又如，鹭江职业大学是1981年10月与厦门经济特区同日诞生的，在创办初期就根据厦门市和经济特区发展的初步规划办了机械工程、工业与民用建筑、计划统计、对外贸易等6个专业；第二年又应特区和海关的要求，增设了经济管理和海关专业。按照厦门经济特区的发展规划，厦门将建成海港、风景城市，重点发展电子、轻纺、食品、精密仪器仪表等工业和旅游事业，学校便相应增设电子、旅游、食品、园林等专业。他们在确定专业时还具体与有关用人部门共同商讨，如原先设置的机械制造工艺与设备专业，后与有关部门讨论后认为厦门是以轻化工业为主的城市，应侧重为轻化工系统培养设备维修管理人才和技术改造人才，因此就将这个专业改为机械工程专业，课程设置也做了相应调整。这样培养出来的学生就业后，用人单位普遍评价他们"下得去、留得住、用得上"，希望今后多培养这样的人才。1982年全国人大五届五次会议提出："要试办一批花钱少、见效快，可收学费，学生尽可能走读，毕业生择优录用的专科学校和短期职业大学"；1983年国务院又发布《关于调整改革和加快发展高等教育若干问题的意见》，提出"积极提倡大城市、经济发展较快的中等城市和大企业举办高等专科学校和短期职业大学"，对职业大学的办学成绩给予了肯定。

1983年，国务院批准教育部、财政部、国家计委、对外经济贸易部《关于利用世界银行贷款促进广播电视大学及短期职业大学发展的请示》，从世界银行争取到3500万美元的贷款，集中支持沈阳大学、哈尔滨大学、天津职业大学、济南职业大学、金陵职业大学、合肥联合大学、常州工业技术学院、广州大学、

❶ 中央教育行政学院. 高等专科教育研究［C］. 北京：高等教育出版社，1989：246-251.
❷ 叶春生. 江苏职业大学十年［C］. 徐州：中国矿业大学出版社，1991：9-10.

长沙大学、江汉大学、洛阳大学、西安金融大学、杭州高等工业专科学校、成都大学、上海大学工商管理学院、北京职业大学经济管理学院和机电学院等 17 所短期职业大学（学院）。根据后来国家教委和世界银行贷款项目对这 17 所学校毕业生质量进行的追踪调查，认为短期职业大学的毕业生质量是合格的，他们在社会的各行各业中，以思想品德良好、适应能力和动手能力较强、工作勤奋踏实和富有开拓精神深受好评与欢迎。同时，由于职业大学坚持了具有针对性、地方性、适应性的办学方向，培养出的学生能解决社会专业技术人才的匮乏问题，受到用人单位的欢迎。在专业设置方面，除了经济管理、财会、秘书、建筑、机电、环境保护、法律等传统专业外，如眼镜专业、酒店管理专业、服装设计专业、旅游专业等的设置，最大限度地满足了当地经济发展的需求。特别是职业大学以"收费、走读、学制短、职业性和不包分配、择优推荐"为自己的鲜明特色，因此在人才的培养上表现出了多快好省的优势，打破了传统模式，在较短时间内培养出大批人才，满足社会对应用型高级人才的需要❶。

在改革开放之前，无论是高校还是中专、技校学生的招生与分配都实行指令性计划，实行国家"统包统配"的制度和办法。20 世纪 80 年代开始的经济体制改革加快了劳动力市场的建立，这意味着将要打破由国家包揽学生上学和毕业分配的传统模式，转由市场自行调节劳动力的资源配置。职业大学率先实行缴费上学、不包分配、推荐就业等新的运行机制，初步克服了学校吃国家大锅饭、学生吃学校大锅饭的弊端；其办学经费实行谁办学谁出钱、谁用人谁出钱、谁上学谁交费的原则，也改变了高等教育经费完全由国家包下来的做法。然而，也正是由于职业大学实行了新的办学机制，从整个社会到教育界内部都对其缺乏足够的了解和认识，加上学校在管理归属上长期得不到明确落实，很多政策制度又难以配套，导致学校运转普遍十分困难。一方面，国家政策虽然鼓励发展高等教育，但对地方办学的职业大学缺乏指导与扶持，更重要的是在当时干部人事制度的计划体制下存在诸多的不平等。如职业大学的招生要纳入国家计划，毕业生的分配却不能纳入国家计划，还不如当时的中专和技校；普通高校和中专毕业生参加工作后都能取得国家干部的身份，而职业大学的毕业生大都实行聘任制合同制，工作后在分房、进修、提拔等方面都得不到同等的待遇；一些地方职业大学不转学生户口和粮油关系，也影响了学生特别是农村学生入学的积极性。另一方面，由于职业大学还处于艰苦创业的阶段，办学规模普遍较小，教育教学条件较差，更重要的是对究竟什么是高等职业教育还没有很明确的认识，虽然强调了专业设置要符合地方经济社会发展的需要，但教学上仍然是按照普通高等学术教育的学科模式在运行，课程体系和教学内容的改革滞后，高等职业教育的特色并不十分明

---

❶ 王千弓．高等职业技术教育之探索［C］．长沙：湖南教育出版社，1991：44~45.

显；而且，在同一时期全国各地兴办的大量地方高校中，有不少对高等职业教育这一概念也并不认同。但是尽管如此，仍有许多城市的新办院校本着体现区别于传统大学的改革精神，积极响应金陵职业大学、江汉大学等6所地方职业大学的倡议，聚集在高等职业教育的旗帜下建立了短期职业大学校际协作会，并在此基础上于1985年成立了中国职业大学教育研究会，后又经中国高等教育学会批准更名为中国高等职业技术教育研究会❶。

在高等职业教育的诞生期，原来的普通高等专科教育也正在沿着同一方向逐步进行着调整和改革。1983年，国务院批转教育部和国家计委《关于加快发展高等教育的报告》，提出要"增加专科比重"，因为"考虑到目前高等院校中，专科学生较少，而各方面所需的专门人才中又急需补充专科毕业生，因此，各类高等院校所增加的招生任务，特别是工科主要应招收专科学生"。为了调动地方办学和部门办学的积极性，国家还下放了高等教育管理权限，提出今后成立高等专科学校和短期职业大学以及其他各类短学制的院校，分别由主管的省级人民政府和中央各部委按规定的办学标准和审批程序审批，报教育部、国家计委备案。同年，教育部相继召开了三次高等工程专科教育工作研讨会和调研会，最终形成《关于高等工程教育层次、规格和学习年限调整改革问题的初步意见》，提出我国高等工程教育以分为博士研究生、硕士研究生、本科生和专科生四个层次为宜，其中专科教育是当前加速发展高等工程教育的重点，对于适应广大工矿企业，特别是中小型企业对工程技术应用人才的急需，尽快改变企业中人才结构比例失调的状况有着重要作用；明确了高等工程专科教育的"培养目标是德、智、体全面发展，具有社会主义觉悟的高级工程技术应用人才""工科专科生在业务上的基本规格是获得助理工程师或高级技术员的基本训练"。关于助理工程师或高级技术员基本训练的主要要求是：掌握本专业所必需的技术基础理论知识和专业技术、管理知识以及制图、运算、实验等基本技能和工艺操作技能，具有一定的制造、运行、维修、安装、简单设计和分析、解决本专业一般工程实际问题以及组织管理生产的初步能力，能够阅读外文资料。高等工程专科教育要切实改变在业务培养上向本科看齐的状况，努力办出自己的特色。专业一般按工程对象的范围设置，宽窄并存，强调针对性，学制2年的尤应如此；在一定的文化和理论基础上侧重工程实践和专业训练，与本科比较，基础理论教学应有较大的削弱，工程实践环节的教学周数一般应不少于教学总周数的三分之一。由此，初步回答了30年前专科教育研讨会中提出的如何纠正"单纯技术"和"通才教育"两种片面观点的问题。

---

❶ 张伟江，张民生．教育发展与教育学［M］．上海：上海人民出版社，2009：169．

二、从中专升格试办 5 年制高职到成人高校试办高职班

中等专业学校一直都是我国各类中等职业教育中的骨干力量，由于它当时定位于"在相当高中的基础上进行专业技术教育"，初中后的 4 年制和高中后的 2~3 年制实际上已与高等教育出现了交叉，但在学历和待遇等政策关系无法理顺。为此，教育部明确了中专原则上以招收初中毕业生为主，基本学制一般 4 年，少数 3 年；特殊专业可招收高中毕业生学习 2 年，不再保留高中后 3 年制；同时，严格控制中专升格改办大专❶。

1985 年 5 月发表的《中共中央关于教育体制改革的决定》中，在强调"大力发展职业技术教育"的同时，明确要求"积极发展高等职业技术院校，优先对口招收中等职业技术学校毕业生以及有本专业实践经验、成绩合格的在职人员入学，逐步建立起一个从初级到高级、行业配套、结构合理又能与普通教育相互沟通的职业技术教育体系"，并提出要"改变专科、本科比例不合理的状况，着重加快高等专科教育的发展"。为贯彻落实这一决定，国家教育委员会于当年下发通知，同意在西安航空工业学校、国家地质局地震学校、上海电机制造学校三所中等专业学校的基础上试办 5 年制技术专科学校，校名分别定为西安航空工业技术专科学校、国家地震局地震技术专科学校、上海电机制造技术专科学校。单从这三所学校的名称的改变上，就可以看出国家推动高等专科教育改革的方向思路：命名为"技术专科学校"以区别于"普通专科学校"，后来又随着我国专科学校普遍正名为"高等专科学校"而定名为"技术高等专科学校"（简称"技术高专"），突出强化其技术教育的性质。三校试点学校刚开始时均为大专与中专并存，招生时以中专名义招收初中毕业生，学生入学后前 2 年只具有中专学籍，2 年期满在全校按学习成绩及学生志愿择优选拔一部分学生升入专科，学习 3 年，期满后经考试合格者发给专科毕业证书，享受大学专科毕业生待遇。入学 2 年后未能升入专科学习的学生，继续按中专教学计划学习 2 年，完成 4 年制中专学业，毕业时发给中专毕业证书。这就是后来被称为"5 年制高职"的技术高专试点起步时"四五套办"的做法：明确 4 年制中专培养技术员，5 年制技术高专则培养高级技术员❷。试点初期学生分流进大专的比例在 30% 左右，以后逐步提高，几年后全部实行 5 年一贯制而不再分流，"四五套办"即自然消亡。

其中，原为部属重点中专学校的上海电机技术高等专科学校，早在 20 世纪 50~60 年代就以勤工俭学、增强学生动手能力而闻名，刘少奇曾为之题词赞扬其"教学生产并重，学校工厂合一"的办学特色。1985 年试办 5 年制高职后，坚持探索中职与高职的有机衔接，取得了有益的经验。由于 5 年一贯的学制周期长，

❶　闻友信，杨金梅．职业教育史［M］．海口：海南出版社，2000：115.

❷　何锡涛．实践与思考——探索五年制高职教育［M］．上海：学林出版社，2003：3.

更加需要充分发挥市场和行业的牵动作用，为此学校聘请行业企业负责人和专家为客座教授，根据市场需要进行专业建设和教学改革咨询；成立由技术和管理专家组成的专业教学指导委员会，负责专业教学计划和课程设置的审定工作；开展用人单位需求调研和毕业生追踪调查，适时调整专业结构，进行新专业建设和旧专业改造，推进学校与企业的合作。由此，学校形成了宽窄并存，稳定与灵活相结合的专业格局，培养的毕业生很受用人单位的欢迎，不少高新技术企业反映，他们厂里的一些先进仪器设备，许多应届本科生都从未见过，操作更是无从谈起，而电机技术高专的毕业生操作起来却得心应手，他们很乐意录用这样的学生❶。由于学校始终坚持面向生产第一线技术型人才的培养目标，充分利用学生入学年龄小、在校学习时间较长的特点，整体设计和统筹安排技术教育的课程结构，并突出对学生实践能力的培养，使之获得在真实职业环境下的综合职业能力，不少国际知名企业都对此有着较高的评价，并与学校建立了稳固的供需关系。

1990 年，"国家教委"在邢台军需工业学校的基础上批准成立邢台高等职业技术学校，也是实行初中后入学的 5 年制高职办学模式，这样 5 年制高职试点学校增加到 4 所。总体分析，从 5 年制高职的办学优势来看，主要在于专业训练时间比较长，学生专业意识比较强：一是整体优势，由于将中等和高等职业教育两个学习阶段结合为一个整体，避免了中高职衔接过程中因专业方向偏差和教学内容重复所造成的学时损耗，有效地提高了教育效益；二是年龄优势，由于学生入学年龄小，手脑灵活，求知欲、记忆力、可塑性强，正是接受技能训练的最佳年龄段，在正确引导下容易形成良好的职业道德和牢固的专业思想；三是时间优势，由于统筹中高职教育而避免或减少了某些课程的重复等衔接损耗，从而能在较短的修业年限内安排较多的学时用于培养职业能力的专业课程，缩短达到专科学历的修业年限。5 年制高职存在的主要问题，除了经费投入、专业建设、师资培训、校企合作、教学组织等方面外，也显出毕业生"后劲"相对不足的弱点，但是最大的困难仍在于对 5 年制高职这种办学模式地位的确认，上海电机技术高专连续举办了十几年的 5 年制高职仍一直处于"试点"期，其成功经验也未能得到较好的推广。

1986 年 7 月，在第一次全国职业技术教育工作会议上，国务院副总理兼国家教委主任李鹏指出："职业技术教育大体上可以分为高等、中等和初等三个大的层次。划分层次，应该把社会对各种人才的需要和各类学校的性质、特点结合起来考虑。我们的高等职业学校、一部分广播电视大学、高等专科学校的学生，在毕业以后，除小部分人继续深造外，大部分人要走上各种职业岗位，走上各行各

❶ 夏建国，郭扬. 职教课程模式开发 [M]. 上海：上海教育出版社，2002：200.

业的生产第一线，在基层工作。所以，这类学校应该属于职业性的高等教育，应该划入高等职业技术教育这个层次。"从此，"高等职业技术教育"一词开始正式在官方文件中被使用。

1987 年，国务院批准转发的《国家教育委员会关于改革和发展成人教育的决定》中要求："职工大学、职工业余大学、管理干部学院应当利用自己同企业、行业关系紧密的有利条件，结合需要，举办高等职业技术教育，为企业事业单位培养生产、经营管理方面的专业技术人才。"1993 年国务院办公厅转发《国家教育委员会关于进一步改革和发展成人高等教育的意见》中又要求："积极发展成人高等职业技术教育，继续开展专业证书教育，逐步建立起职业资格培训证书与学历文凭并存、并用的制度。"同年国家教委在北京召开全国成人高等教育工作会议，发布《关于改革和加强成人高等学历教育工作的若干意见》，明确成人高等学历教育要"以专科教育为主"，培养目标是"应用型或职业型高等专门人才"，指出"教学要突出理论知识的应用和实践能力的培养。基础理论的教学以应用为目的，以必需、够用为度，以掌握概念、强化应用为重点。专业课的教学内容要加强针对性和实用性，体现部门、行业的特色。职业型的专科教学还应加大专业课和实践环节的比重，突出职业能力的培养。"并要求"努力争取用人部门参与，包括制订教学计划；工厂技术、管理人员到校兼课；提供实践条件，参与评估学校办学水平；协助学校开展教学改革试点工作等。同时，有条件的学校，应积极开展实用技术研究和新产品的开发工作，逐步建立企业、部门与学校双向介入，生产、工作与教学相互渗透、相互促进的办学机制。"这些对成人高等学历教育的要求无疑都体现了高等职业教育的特征。

事实上，从 1986 年开始，上海、天津、辽宁、江苏等省市就在少数办学条件较好的职工大学试办了高等职业教育班。因为当时大量的成人高等学校举办的成人高等专科教育，与普通高等专科教育趋同化的矛盾长期没有解决，尤其是相当部分行业企业举办的职工大学反而缺乏企业化的特点，片面强调"正规化"而丧失了与企业的本来联系❶。上海几乎各个行业系统都有自己举办的职工大学，其中有 8 所设立了高职班，进行成人高职教育试点❷。除此以外，全国各地的其他各类成人高等学校，包括一些普通高校的成人教育学院，也都积极开展高等职业教育的办学探索，举办试点高职班，主要招收具有中等职业技术学校和普通高中学历的在职人员，入学参加国家统一的成人高等教育考试并参加专业知识和技能考核。成人高校高职班学员学习期满成绩合格者，颁发国家统一的大专学历毕业证书，部分学校在颁发学历证书的同时还可颁发职业资格证书或职业等级证书。

1991 年 1 月召开了第二次全国职业技术教育工作会议，同年 10 月颁布了

❶ 董明传，刘梦周. 中国高中后教育模式研究报告 [R]. 北京：高等教育出版社，1993：22.
❷ 薛喜民. 高等职业技术教育理论与实践 [M]. 上海：复旦大学出版社，2000：9.

《国务院关于大力发展职业技术教育的决定》，要求在 20 世纪 90 年代逐步"使大多数新增劳动力基本上能够受到适应从业岗位需要的最基本的职业技术训练，在一些专业性技术性要求较高的劳动岗位，就业者能够较普遍地受到系统的严格的职业技术教育，初步建立起有中国特色的，从低级到高级、行业配套、结构合理、形式多样，又能与其他教育相互沟通、协调发展的职业技术教育体系的基本框架"。国家宏观政策对职业教育的重视，推动了高等职业教育的发展。

三、高职与高专之辨：从普通专科定位到职业大学"分流"

1990 年 11 月，国家教委在广州召开的全国普通高等专科教育工作座谈会，是我国高等职业教育发展历史上一次非常重要的会议。因为自从高等职业教育这个概念在我国出现以来，关于高等职业教育与高等专科教育究竟是什么样的关系、高等专科教育究竟是否应该属于高等职业教育的问题，在教育界从来就没有停止过争论。这次座谈会后正式发布的《关于加强普通高等专科教育工作的意见》，全面阐述了高等专科教育的性质、地位和培养目标，指出"普通高等专科教育是在普通高中教育基础上进行的比本科修业年限稍短的专门教育。它同本科教育、研究生教育一样，都是我国普通高等教育体系中不可缺少的重要组成部分"，其目标是"培养能够坚持社会主义道路、适应基层部门和企事业单位生产工作第一线需要的，德智体诸方面都得到发展的高等应用型专门人才"。

在此基础上，这次会议及其文件还规定了各类高等专科教育的具体培养目标："普通高等工程专科教育的毕业生，主要去工业、工程第一线，从事制造、施工、运行、维修、测试等方面的工艺、技术和管理工作；普通高等农林专科教育的毕业生，主要去农林生产第一线、社会化服务系统和生产管理部门，从事农林技术推广应用和生产管理工作；普通高等医学专科教育的毕业生，主要去县乡、厂矿等基层医疗卫生机构，从事常见病、多发病的预防、医疗和初级保健工作；普通高等财经专科教育的毕业生，主要去基层财经管理部门和企事业单位，从事财经管理工作；普通高等政法专科教育的毕业生，主要去基层政法部门和企事业单位，从事法律事务方面的工作；普通高等文科专科教育的毕业生，主要去基层部门和企事业单位，从事文秘等方面的工作。"并特别强调："普通高等专科教育的教学要突出理论知识的应用和实际动手能力的培养。基础理论的教学要以应用为目的，以必需、够用为度，以掌握概念、强化应用为教学的重点。专业课的教学内容要加强针对性和实用性。各类课程都要精简理论的推导和讲课时数，加强各种实践性教学环节。实践教学（尤其是专业实践教学）环节要在教学计划中占有较大的比重，使学生受到较好的专业训练和实际动手能力的培养。实践教学的安排方式，可分散在教学全过程中，也可相对集中安排在一个或两个学期中进行。"文件要求纠正普通高等专科学校向本科升格的办学思想和"本科压缩型"的教学模式，虽然没有使用高等职业教育的名称，但其实质正是要求高等专科教育的改革朝着高等职业教育的方向发展❶。从此，我国的高等专科教育终于结束了几起几落的状态，开始明确了自己的正确定位，实际上转轨走上了高等职业教育的发展道路。

但是，由于这次会议是在当时经济治理整顿时期国家控制高校总招生规模的情况下召开的，对于作为地方举办的职业大学是否应该作为一种高等教育类型争议很大，因此有专家出于治理整顿的考虑提出让职业大学"分流"的意见。这个意见被会后的文件所采纳，认为"现有大多数短期职业大学在服务对象、专业设置、培养目标、培养模式、毕业生去向等方面与普通高等专科学校区别甚微，实际上是由地方举办的综合性高等专科学校：办学部门应根据本地区经济建设和社会发展的实际需要，认真研究这些学校的办学方向。一部分应办成以培养高级技艺型人才为目标的高等职业教育；一部分根据需要，经过上级主管部门审定并报国家教委批准，可以明确为普通高等专科学校。"这就是所谓职业大学"分流说"的产生❷。应该说，文件对于当时职业大学特色不够鲜明问题的指出是准确的，但"分流"的政策要求则意味着对于高等职业教育作为一种高等教育类型的否定与排斥，因此引起了高等职业教育界的震动和困惑。尽管很多地方教育行政部门、研究机构、职业大学及支持他们办学的企业对此提出很多异议和质疑，但"分流"政策还是对高等职业教育形成了严重冲击。尽管一部分职业大学仍然矢志不渝地坚持继续探索高等职业教育的发展道路，但由于国家对新办高校严格控制，不再审批建立新的地方职业大学，导致此后几年我国的高等职业学校数和在校生人数一直徘徊不前，而另一部分职业大学则借此"分流"之机转入了普通高等教育。

客观而言，1990 年在广州召开的这次座谈会，一方面确立了高等专科教育的改革要向高等职业教育方向发展的正确定位，另一方面却对本来已经走在高等职业教育发展道路上的一批职业大学造成了不利的影响。"高职"与"高专"之间"剪不断，理还乱"的关系，直到 1998 年教育部实行"三教统筹"时才最终得以理清。

第二节 高等职业教育地位的逐步确立（1993~1999 年）

一、从"大力发展专科教育"到"推动职业大学改革与建设"

1993 年 2 月中共中央、国务院印发的《中国教育改革和发展纲要》（以下简

---

❶ 孟广平. 面向 21 世纪我的教育观·职业技术教育卷 [C]. 广州：广东教育出版社，2000：372.

❷ 陈英杰. 中国高等职业教育发展史研究 [M]. 郑州：中州古籍出版社，2007：64-65.

称为《纲要》），作为指导我国 20 世纪 90 年代乃至 21 世纪初教育改革和发展的纲领性文件，是在邓小平南方谈话产生巨大影响和中共十四大确立社会主义市场经济体制为我国经济体制改革目标的大背景下产生的。《纲要》指出："必须把教育摆在优先发展的战略地位，努力提高全民族的思想道德和科学文化水平，这是实现我国现代化的根本大计""职业技术教育是现代教育的重要组成部分，是工业化和生产社会化、现代化的重要支柱。各级政府要高度重视，统筹规划，贯彻积极发展的方针，充分调动各部门、企事业单位和社会各界的积极性，形成全社会兴办多形式、多层次职业技术教育的局面""高等教育的发展，要坚持走内涵发展为主的道路，努力提高办学效益。要区别不同的地区、科类和学校，确定发展目标和重点。制订高等学校分类标准和相应的政策措施，使各种类型的学校合理分工，在各自的层次上办出特色。要大力加强和发展地区性的专科教育，特别注重发展面向广大农村、中小企业、乡镇企业和第三产业的专科教育"。同年，国务院批转了《国家教委关于加快改革和积极发展普通高等教育的意见》，要求"到 20 世纪末，初步建立起有中国特色的社会主义高等教育体系"，其中确定的两个发展重点之一就是"在层次上，大力发展专科教育，特别要着重发展面向广大农村、中小企业、乡镇企业和第三产业的专科教育"。

自此，"大力发展专科教育"成为我国高等教育经过治理整顿阶段后开始加快发展的一个重要标志。在 1994 年召开的全国教育工作会议上，国务院总理李鹏在报告中进一步明确了"今后一个时期，适当扩大规模的重点是高等专科教育和高等职业教育，注重培养广大农村、中小企业以及乡镇企业所需要的人才"；并要求使"高中毕业生除进入普通高等学校外，都能逐步接受多种形式的职业培训后进入高等职业学校。接受过各级各类职业教育的毕业生，根据本人的意愿、条件和可能，都允许接受更高层次的教育，获得继续深造的机会"。国务院副总理李岚清则提出了更加具体的发展要求："高中后的分流要多样化，培养更多的工艺型、应用型人才；发展高等职业学校，主要走现有职业大学、成人高校和部分高等专科学校调整专业方向及培养目标，改建、合并和联合办学的路子。通过三级分流和调整结构，逐步形成初等、中等、高等普通教育与职业教育共同发展、相互衔接、比例合理的教育体系。"这些表述也说明了这一时期国家高等教育结构调整的发展的总体思路，已经促使高等专科教育和高等职业教育开始在发展道路上走得越来越近。

但是在实际工作中，高等专科教育和高等职业教育两条战线上依然存在诸多认识上的不一致。一提到高等专科教育要调整方向发展高等职业教育，专科学校就认为是要把自己"降格"成职业大学；而职业大学则认为这样一来是否自己就不能算专科、不能办专科，担心自己好不容易争取到的专科地位得而复失❶。

---

❶ 叶春生. 高等职业教育的实践和探索 [M]. 苏州：苏州大学出版社，1998：34.

特别是1990年广州座谈会后要求职业大学"分流"的政策对高等职业教育产生的冲击，更加使得不少地方职业大学千方百计地设法回避或删除"职业"的名称，舍弃自己的特色而去追求普通高等教育的"学术"性，有的走上了传统的普通高等专科教育的老路，办成了本科压缩型的模式；有的则一心想要升格为本科，力求改办成为地方性的综合型大学❶。这一时期，全国各地方职业大学一部分已经改名为高等专科学校，转轨并入普通高等专科教育；另一部分则继续坚持高等职业教育的探索，并且终于在高等教育的结构调整期得到了国家的重视。

1995年，时任中共中央总书记江泽民代表党和国家在全国科技大会上提出了科教兴国的战略，使国民经济和社会发展依靠科技进步和提高劳动者素质。同年10月，国家教委发布《关于推动职业大学改革与建设的几点意见》，指出经过十几年的建设，多数职业大学已经具备了基本的办学条件，形成了一定的办学实力，教育质量逐步提高，为社会培养了30多万应用型高等专门人才，为当地的经济建设和社会发展做出了应有的贡献。但是高等职业教育在我国发展时间不长、经验不足、重视不够，以至职业大学在办学中存在政策不配套、发展不平衡、办学条件不足、专业特色不明显等困难和问题，影响了职业大学的建设和发展。为此"必须进一步明确，职业大学是我国高等教育的一种办学形式，是高等职业教育的重要组成部分。职业大学直接面向地方经济建设，面向基层，面向中小企业和乡镇企业，担负着为地方经济建设和社会发展培养高级（部分中级）实用技术、管理人才的任务。积极发展高等职业教育，推动职业大学的改革和建设，是我国高等教育进行结构调整，主动适应地方经济建设和社会发展需要的一项重大改革，因此要采取有力措施，重视和加强对职业大学的领导和管理，积极推动职业大学的改革、建设和发展。"由此，充分肯定了职业大学在我国高等教育事业发展中的地位和作用。

推动职业大学改革与建设的要求和措施，一是密切围绕培养应用型人才的特点深化教学领域改革，努力办出高等职业教育特色，要求从职业分析入手，根据一定的职业岗位（群）所需的知识能力结构并兼顾长远需要，确定培养目标，制定切合实际的教学计划；学校可根据经济发展的需要灵活设置专业，教学上以能力培养为中心，课程设置和课时安排要保证培养目标的实现；理论教学要以"必需、够用"为原则；切实加强实践性教学环节，制定行之有效的职业能力训练计划并列入考核内容，保证教学质量；逐步实行毕业文凭和技术等级证书或岗位资格证书并重的制度，根据教学需要重视和加强校内外生产实习基地的建设等。二是加强与产业部门的联合，积极实行校企结合，可建立包括企业界、科技界等方面代表组成的校董会，努力探索产教结合，大力发展校办产业，增强学校

———————————

❶ 闻友信，杨金梅．职业教育史［M］．海口：海南出版社，2000：166.

办学活力与自我发展能力；积极开展应用科技研究、技术推广以及新技术、新产品开发工作，承担成人教育和岗位训练任务，增强学校在当地经济社会发展中的影响力与影响作用。三是努力改善办学条件，提高办学水平，组织制定有关高等职业教育的质量要求和评估体系，对现有职业大学办学条件与水平进行评估；确定并采取措施，首先办好一批起示范作用的骨干学校；具备办学条件、社会又有较大需求的学校要努力扩大办学规模，限期改善办学条件；职业大学要保持相对稳定，在办学特色上下功夫，今后职业大学不再改名高等专科学校。四是加强师资队伍建设，鼓励教师特别是专业课教师钻研专业技术，对专业课教师和实习指导教师可逐步实行评定教师职称与专业技术职称的双职称制度，评聘教师职务时应将教学实绩和专业实践能力与贡献作为重要的业务条件，聘请一批富有实践经验又能胜任教学工作的工程技术人员或管理人员到校任兼职教师，做到专兼结合。五是改革职业大学的招生制度，根据培养目标的要求逐步扩大招生对象，对于操作、技能性强的专业可试点招收部分中等职业技术学校毕业生；有条件的学校结合专业特点，经国家教委批准也可举办初中后 5 年制高职专业。六是职业大学实行学生交费上学制度，根据职业教育实践性强、所需经费多的特点，其收费标准可由当地教育部门会同物价部门参照当地其他普通高校收费标准制定。

由于《关于推动职业大学改革与建设的几点意见》规定"今后职业大学不再改名高等专科学校"，并强调"职业大学属国家承认学历的全日制普通高等学校，其招生、在校生和毕业生待遇等方面执行普通高等院校有关的政策。学校主管部门配备学校领导人员，应按照普通高等学校的要求对待并力求相对稳定"，说明经过十几年艰难创业的职业大学终于得到了国家教育行政部门的"正名"，也标志着 1990 年开始的职业大学"分流说"至此结束。同时，该文件提出要切实加强对职业大学的领导，特别是要求地方政府"制定必要的政策措施，为职业大学的健康发展创造条件。要将职业大学的发展列入当地教育事业发展的规划中，保证必要的事业、基建和设备经费的投入，其生均经费当前应首先做到不低于当地普通专科学校的标准，并逐年有所提高"，为职业大学发展所需的待遇提供了政策上的依据。尽管这一政策在实际执行中由于多方面的原因并未落实到位，但毕竟在国家层面上有了第一个专门针对职业大学发展的政策文本，使得高等职业教育发展"政策缺失"的难题开始得到初步的解决❶。

二、从"三改一补"方针的提出到"三教统筹"局面的形成

1994 年，全国教育工作会议提出了"通过现有的职业大学、部分高等专科学校和独立设置的成人高校改革办学模式，调整培养目标来发展高等职业教育。

---

❶ 陈英杰. 中国高等职业教育发展史研究［M］. 郑州：中州古籍出版社，2007：104.

仍不满足时，经批准利用少数具备条件的重点中等专业学校改制或举办高职班等方式作为补充"的高等职业教育发展思路，这就是后来被统称为"三改一补"基本方针的最初形成❶。在这一年，为贯彻《中国教育改革和发展纲要》关于加快改革和发展高等教育、形成多层次职业技术教育的战略思路，国家教委专门成立了一个高职协调小组，通过深入调查和反复研讨，于 1995 年起草了《关于积极发展高等职业教育的原则意见》，又经广泛征求意见和反复修改，对发展高等职业教育的一些最基本的问题，如"为什么办高职""什么是高职""如何办高职"等进行了阐述，又经过多次征求意见和进一步修改，使各方面在对这些主要问题上的认识取得了基本一致。1996 年 4 月，该协调小组办公室起草了《高等职业教育发展几个问题的汇报》，再次明确了高等职业教育"三改一补"的发展途径。

在 1996 年 6 月召开的第三次全国职业教育工作会议上，李岚清强调："这次会议要认真研究一下发展高等职业教育的问题。现在是提出和解决这个问题的时候了。经济社会发展和教育自身发展对高等职业教育提出了迫切要求，也提供了发展的环境和条件。目前，生产、服务和管理第一线缺乏高层次的实用人才。企业高级技术工人严重缺乏，不足技术工人总数的 2%。连工人素质比较高的上海，高级技术工人也只占 3.7%，全市技师和高级技师不足 1 万人。在政府机关、企事业单位，甚至科研、执法部门等机构中，从事各种实务运作和基层管理工作的合格人才也比较缺乏。与中等职业教育相比，高等职业教育显得更不适应社会需要。发展高等职业教育，还可以为一部分高中毕业生提供接受高等职业教育的机会，有利于满足这一层次人才的需要，也有利于推迟就业时间和维护社会稳定。发展高等职业教育，要充分利用现有教育资源和设施，主要通过对现有高等学校改革、改组、改制来实施。职业大学、部分独立设置的成人高校和高等专科学校，要按社会需要调整专业设置和培养目标，改革教学内容和办学方式。办出高等职业教育特色。通过对大专层次高校的改革、改组、改制仍不能满足当地对高等职业人才需要时，可以经过评估审定，把个别重点中等专业学校改制举办高等职业教育。现在高等职业学校的名称比较混乱，经过评估审批应逐步规范为'职业技术学院'。今后国家高校招生计划，对高等职业学校应单独下达。"

在这次会议上，国家教委主任朱开轩提出"高等职业教育主要培养高中后接受两年左右学校教育的实用型、技能型人才，优先满足基层第一线和农村地区对高等实用人才的需要""今后每年国家新增的高校招生计划指标将主要用于发展高等职业学校教育"。国家教委副主任王明达则具体说明了"高等职业教育是属于高等层次的职业教育，是高等教育的一部分，是一种特殊类型的高等教育。高

❶　胡秀锦，马树超．我国高职教育发展的政策环境分析与思考［J］．职教论坛，2006（12）A．

等职业教育是指在高中阶段文化、技术教育基础上实施的专业教育"。高等职业教育特定的培养目标决定了它的主要特点，应该是"面向基层，面向生产和服务第一线，特别应面向农村和边远地区培养实用型人才；高等职业学校的专业设置必须根据社会的需求及时调整，社会有需要才办，而不应按学校有学科带头人就办；其专业教学内容应是成熟的技术和管理规范，教学计划、课程设置不是按学科要求来安排，而是按适应职业岗位群的职业能力要求来确定；基础课按专业要求，以必需和够用为度"；以及要求在校期间完成上岗的实践训练，实训所占比例较大，以使学生毕业就能基本顶岗工作；注重学校与企业紧密结合，实行学历证书与职业资格证书制度；专业设置要因社会需要而变动，师资建设要重视从企事业单位聘请有实践经验的专业教师等。

事实上，这一时期发展高等职业教育的问题，并不是由教育部门首先提出来的，而是由经济部门、行业部门和企业首先提出来的。正是由于经济界和企业界感到，一方面高校毕业生到企业第一线后思想水平和业务能力的适应性不够，另一方面新生产线和新设备所需要的一批新规格的人才却无处培养●，于是对教育界发出了发展高等职业教育、培养技术型应用型人才的呼唤。然而由于长期以来，我国的高等教育一直处于"精英教育"的阶段，在"万般皆下品，唯有读书高"的传统文化和计划体制的双重制约下，"干部"和"工人"两种身份泾渭分明的劳动人事制度重学历文凭而轻实际能力，影响了人力资本的投资类型和合理使用。当时高等教育所培养出来的学术型和工程型专业人才，其分布呈现"三多三少"的格局，即东部沿海地区多、中西部地区少，大中城市多、乡镇农村少，机关事业单位多、企业生产现场少，各行各业基层一线实用型的技术应用性人才十分短缺●。

本来，高等专科学校应该成为发展高等职业教育、培养企业所需技术应用人才的主力军，但是障碍在于其多年来形成的学科教育模式，改革开放初期强调高等教育要"多出人才、快出人才"更加强化了学科本位，使普通高等专科学校教育陷于"本科压缩饼干"的窠臼；而作为新生事物的职业大学，虽然在办学机制上突破了普通高校长期以来对国家"一包二统"的依赖，专业设置上也注重了与经济社会加强联系，但在课程教学上却依然沿用学科本位的模式，导致高等职业教育也同样难以摆脱传统高等专科学校"本科压缩饼干"的桎梏。"三改一补"的方针，特别强调对现有各类专科层次高校的改革，就是试图解决这个问题，但由于当时国家教委对于高等职业教育实行多头管理，职教司、高教司、成教司各管一块，结果是大家都在管，却都不是作为重要工作来管，更无法统一来

● 杨金土，孟广平，严雪怡，等. 对发展高等职业教育几个重要问题的基本认识 [J]. 教育研究，1995（06）.

● 马树超. 新世纪职业教育走向抉择 [M]. 上海：上海教育出版社，2002：68.

管，尽管有个协调小组也很难发挥作用，而且"三改一补"中除了高等专科学校改革成为高职以外，其他都要经过国家教委的严格审批，所受政策限制颇多；而很多一向不承认自己是高职的高等专科学校，一方面主观意识上根本不愿意改革办高职，另一方面"又转回头来声称：'大家不要再探讨高职教育了，我本来就是高职校，以后增加的招生指标应该给我。'可如果问：'你们的哪些专业属于高职呢？'他们又都缩了回去"❶。加上这一时期主管部门反复强调"发展高职千万不要发起新建高职的风"，因此从 1996 年到 1999 年，举办高等职业教育的学校数量和学生数量增长都十分缓慢，经济社会发展对于发展高等职业教育培养较高层次技术应用人才的呼唤，迟迟得不到有力而有效的回应。相对而言，成人高校举办高职教育的试点和少量中专升格举办 5 年制高职的试点开始有所扩大。

一方面，此前从 1986 年起在部分省市少数职工大学试办的"高职班"，到1994 年发展到全国 10 个省和两个部委的 41 所成人高校、4 所普通高校成人教育学院共 35 个专业的试点，高职班毕业生累计约 3500 人。自 1994 年全国教育工作会议上明确提出成人高等教育也可举办高等职业教育后，国家教委即于 1995年发布了《关于成人高等学校试办高等职业教育的意见》，决定在一部分有条件的成人高校试办高等职业教育，对此前成人高校举办的高职教育进行规范和推动。该文件将成人高等院校试办高等职业教育的培养目标界定为"实用性、技能性较强的生产、工作第一线的专科层次技术（含管理、操作、服务等）人才，毕业生应掌握职业岗位所需求的专业（技术）理论，具有较高职业技能实际工作能力"；招生对象为"具有中等专业学校、技工学校、职业高中和普通高中毕业文凭及同等学力的在职从业人员"，要求参加国家统一组织的成人高等教育招生考试，包括 3 门文化课和 2 门专业课；"专业设置应根据社会主义市场经济和社会发展的需要，结合职业岗位的需求，在大量调查和论证的基础上选择适合举办高等职业教育的专业。教学计划和教学大纲要以职业岗位规范和岗位需要为依据，由承办学校组织有关教师、企事业单位的专家、专业技术人员共同研究制定。课程设置应根据培养目标的要求，突出职业教育的特点，强化职业技能训练。课程结构可分为基础课、专业（技术）课和实践课。"其后几年，依托一批在成人高等教育评估中被评为合格学校的成人高等学校举办高等职业教育试点工作，招生对象以从业人员为主，入学考试中的 2 门专业课由试点学校自行组织命题和考试。到 1999 年，共有 383 所成人高等学校 222 个专业举办了高等职业教育，为他们后来转制为职业技术学院奠定了基础。

另一方面，国家教委于 1994 年扩大 5 年制高职试点，批准了成都航空工业学校、中国民航广州中等专业学校、九江船舶工业学校、浙江交通学校、无锡机

---

❶ 周大平. 高等职业教育：迟来的脚步能否走好［J］. 瞭望，1997（14）.

械制造学校、包头机械工业学校、北京煤炭工业学校、郑州铁路机械学校、株洲冶金工业学校、上海邮电学校 10 所中专举办 5 年制高职；1996 年又决定在大连海运学校、湖北省轻工学校、成都水力发电学校、南通纺织工业学校、山东省轻工经济管理学校、呼和浩特交通学校、吉林省交通学校、福建高级工业专门学校 8 所中专增办 5 年制高职班。对这些学校实行的政策与最初试办的 4 所 5 年制高职学校基本相同，所不同的是新试点的这些中专学校，办学层次提升了而学校规格却不提升，连中专的校名也保持不变，于是出现了由中专颁发高专文凭的现象。1995 年国家教委组织的 5 年制高职学校交流总结会认为，在中专教育长期形成的培养专业技术人才的办学经验、特色和已有较好办学条件的基础上举办高等职业学校，是投入少、见效快、质量有保证、有效利用现有教育资源发展高等职业教育的一条重要途径。"招收初中毕业生实行 5 年学制或招收中等职业技术学校毕业生学制 2~3 年，是工科类高等职业技术学校较好的办学形式"，被作为国家试办高职学校的基本经验之一。因为技术技能的形成，与知识的积累一样需要有一个循序渐进的过程，5 年制高职有充足的时间进行专业学习和训练，能通过统筹安排教学计划较好地保证较高层次技术应用型人才培养的基本质量。1996 年 11 月，试办 5 年制高职的 22 所学校在国家教委职教司的组织下，协商成立了全国 5 年制高等职业教育协会，并先后组建了公共课、专门课、德育工作三个指导委员会，通过组织课题研究认真探讨 5 年制高职的特点和规律，制定了一套较为完整的教学管理和教学开发文件，推动各校开发了一批优秀教材。总之，部分中专学校举办 5 年制高职作为发展高职教育资源短缺时的一种补充办法，增加了高等职业教育的办学渠道，探索了中、高职教育的衔接和高级技术型人才培养途径的优化，也为这些中专学校后来升格为职业技术学院积累了经验。

从 1997 年起，国家在普通高校招生计划中将高等职业学校和高等专科学校的招生合并统计，在成人高校招生计划中将高等职业教育招生计划单列❶。而教育部又于 1998 年 12 月在《面向 21 世纪教育振兴行动计划》中提出：对于学历高等职业教育，在"三改一补"的基础上，部分本科院校也可以设立职业技术学院，以举办二级学院的形式发展高等职业教育。随后，各地本科院校纷纷举办职业技术学院。这种大学二级学院办高职的模式，其最大优势在于可以凭借其母体的社会影响和学术声誉吸引学生报考，弥补当时高职教育资源不足的问题。以上海为例，尽管普通大学办高职比成人高校要晚得多，但短短两年就发展到与成人高校办高职数量上持平的规模❷。国务院于 1999 年 1 月批转了这一行动计划，指出"积极发展高等职业教育，是提高国民科技文化素质、推迟就业以及发展国

---

❶ 王明伦. 高等职业教育发展论 [M]. 北京：教育科学出版社，2004：5.

❷ 上海职业技术教育研究所. 上海高等职业技术教育发展研究 [M]. 北京：高等教育出版社，2000：34-36.

民经济的迫切要求"，决定 20 世纪最后两年"招生计划的增量将主要用于地方发展高等职业教育"，并要求在管理体制上"通过试点逐步把高等职业教育招生计划、入学考试和文凭发放等方面的责任权放给省级人民政府和学校，省级人民政府在国家宏观指导下，对本地区高等职业教育的现有资源进行统筹"。该计划还明确提出，高等教育规模要有较大的扩张，到 2010 年入学率将达到适龄青年的 15%。

此外，值得一提的是，我国劳动部门为了加速高级技术工人的培养，从 90 年代初开始选择了一些省、部级重点技工学校试办"高级技工学校"，探索技工学校办学层次的提升。至 90 年代末，全国经国家劳动和社会保障部门批准建立的高级技工学校数量已经过百，其中有一部分开始与企业合作试办技师班，并逐步发展成为"技师学院"❶。不过对于我国的高级技工学校及技师学院是否属于高等职业教育的问题，教育界内外一直有着不同的看法，教育行政部门并未将其列入高等职业院校的范畴❷。

1998 年，教育部为理顺行政关系而进行机构调整，实施"三教统筹"的管理体制改革，把原来由高等教育司、职业技术教育司、成人教育司分别主管的普通高等专科教育、高等职业教育、成人高等教育全部归并到高等教育司统一管理，并为此专门成立了高职高专教育处。后又于 1999 年 5 月成立了全国高职高专教育人才培养工作委员会，明确提出要把培养"高等技术应用型专门人才"作为高等专科学校、高等职业学校和成人高等学校的统一旗帜，要求三种形式的专科层次学校教育相互学习，形成合力，共同发展，各创特色。随着"三教统筹"局面的形成，教育部决定将覆盖了这相关的三种形式教育实体的"高职高专教育"一词作为一个综合性的统称，由此统一口径并按此进行统计与管理，在从初步实现统筹到最终融于一体的过渡阶段为全国教育界所广泛使用。在"三教统筹，抓住本质，共同探索高等技术应用型人才培养道路"的政策思路引导下，全国广大高职高专院校开始初步形成培养技术应用型专门人才的合力，这也预示了随着世纪之交国家高等教育规模扩张的战略实施，我国高等职业教育的跨越式大发展即将到来。

另外在 20 世纪末，我国相继于 1997 年和 1999 年恢复行使对香港和澳门的主权。早在香港和澳门回归之前，他们的高等职业教育发展也已经形成了各自的特点。香港于 20 世纪 60 年代末建立工业学院，至 80 年代形成了工业学校培养技术工人、工业学院培养高级工及技术员、理工学院培养高级技术员和工程师的职业技术教育格局；90 年代后工业学院提升为科技学院，又将 3 所职业技术型

❶ 陈宇. 技能振兴：战略与技术 [M]. 北京：中国劳动社会保障出版社，2009：9.

❷ 郝克明，顾明远. 90 年代中国教育改革大潮丛书·职业教育卷 [C]. 北京：北京师范大学出版社，2002：98-99.

的院校升格为大学，在全面提升办学档次的同时发展技术类研究生教育。澳门则是自 20 世纪 80 年代初开始，依托招收专科职业类学生为多的东亚大学，以及澳门理工学院等新建院校大力发展高等职业技术教育；90 年代后开办的大专以上职业技术教育课程，则主要由澳门大学科技学院、理工学院、专业培训学院、旅游高等学校等来承担❶。

三、国家立法保障：从《职业教育法》到《高等教育法》

在经济体制改革的历史性转折中，我国的各级各类教育，包括职业教育和高等教育的法制建设都取得了历史性的成就。1995 年 3 月，《中华人民共和国教育法》颁布。作为全国各级各类教育工作的根本大法，该法根据《中华人民共和国宪法》中的表述规范了有关的名称，从此开始将"职业技术教育"改称为"职业教育"，但其实际内涵不变❷。

1996 年 5 月 15 日，第八届全国人大常委会第十九次会议通过的《中华人民共和国职业教育法》颁布，同年 9 月 1 日开始实施，这是我国职业教育发展史上的重要里程碑。《职业教育法》以我国《宪法》和《教育法》《劳动法》为基本依据，对职业教育在国民经济和社会发展以及国民教育体系中的地位与作用，我国职业教育的体系结构、办学职责、管理体制和经费渠道等都做出了原则规范，确立了职业教育的法律地位，即"职业教育是国家教育事业的重要组成部分，是促进经济、社会发展和劳动就业的重要途径"，并进一步明确了"国家发展职业教育，推进职业教育改革，提高职业教育质量，建立、健全适应社会主义市场经济和社会进步需要的职业教育制度"，使职业教育走上了依法治教的健康发展轨道。它不仅为今后我国职业教育事业的改革和发展提供了强有力的法律保障，而且也为各级政府和有关部门制定职业教育配套法规提供了法律依据。中共中央、全国人大、国务院及地方各级党委、人大和政府对《职业教育法》实施工作高度重视。全国 27 个省、自治区、直辖市从地方实际出发，相继制定了实施《职业教育法》的条例或办法。《职业教育法》的颁布和贯彻落实，标志着我国职业教育的依法办学、依法管理迈上了一个新的台阶。而全国各省、自治区、直辖市和有关部门也都制定和出台了贯彻落实《职业教育法》的地方法规和文件，由此初步形成了依法治教、依法推动职业教育发展的良好局面。

应该看到，《职业教育法》是在加快建立社会主义市场经济体制、深化教育改革和加快教育法制化建设的形势下产生的，是在总结了中华人民共和国几十年职业教育发展的成绩与借鉴国外职业教育立法的经验基础上制定的，也是我国职业教育自身发展实际需要的具体体现。尽管它作为一个国家职业教育的基本大法

---

❶ 冯增俊. 走向新纪元的粤港澳台教育 [M]. 北京：人民教育出版社，2003：308-317.
❷ 袁吉林，胡耀华. 当代职业教育大趋势 [C]. 北京：高等教育出版社，1999：4.

还远未完善，很多地方亟待根据我国现代化建设事业发展的实际进行必要的修订，还有更多的问题需要依靠形成配套的政策体系才能得到切实的解决，但它毕竟是迄今为止我国教育史上体系最为完整、内容最为全面、法律行为最为明显的一部职业教育法规❶。特别是顺应当代历史发展的潮流，针对经济社会发展和科技进步广泛应用引起的对各级各类职业技术人才的不同层次需求，将建立完整的职业教育体系作为《职业教育法》的一项重要内容并给予了明确的规定，从法律上确定了职业教育的基本形式为"职业学校教育"和"职业培训"两种类型，明确了"职业学校分为初等、中等、高等职业学校教育""高等职业学校教育根据需要和条件由高等职业学校实施，或者由普通高等学校实施"。这在我国历史上第一次把高等职业学校教育以法律形式固定下来，第一次确立了高等职业教育和高等职业学校在我国教育结构中的法律地位。

1998 年 8 月，第九届全国人大常委会第四次会议通过的《中华人民共和国高等教育法》颁布，1999 年 1 月 1 日起实施。《高等教育法》明确将高等教育界定为"在完成高级中等教育基础上实施的教育"，规定了"高等教育的任务是培养具有创新精神和实践能力的高级专门人才，发展科学技术文化，促进社会主义现代化建设"；并特别指出"国家按照社会主义现代化建设和发展社会主义市场经济的需要，根据不同类型、不同层次高等学校的实际，推进高等教育体制改革和高等教育教学改革，优化高等教育结构和资源配置，提高高等教育的质量和效益"。在高等学历教育中，《高等教育法》规定"专科教育应当使学生掌握本专业必备的基础理论、专门知识，具有从事本专业实际工作的基本技能和初步能力"，其基本修业年限为 2～3 年；实施专科教育的高等学校，经国务院授权，也可以由省、自治区、直辖市人民政府审批。最后，还特别说明了"本法所称高等学校是指大学、独立设置的学院和高等专科学校，其中包括高等职业学校和成人高等学校"，从而进一步明确了高等职业教育和高等职业学校在我国高等教育体系中的法律地位。

第三节　高等职业教育的跨越式发展（1999～2005 年）

一、从高等教育大扩招到高职院校专业设置规范化

1999 年 6 月，在改革开放以来召开的第三次全国教育工作会议上，颁布了《中共中央、国务院关于深化教育改革，全面推进素质教育的决定》（以下简称《决定》），指出"实施素质教育，就是全民贯彻党的教育方针，以提高国民素质为根本宗旨，以培养学生的创新精神和实践动手能力为重点，造就'有理想、有

---

❶ 孙琳. 转型时期中国职业教育的改革与发展 [M]. 北京：高等教育出版社，2007：45.

道德、有文化、有纪律'的德智体美劳全面发展的社会主义事业建设者和接班人"。这一《决定》肯定了《面向21世纪教育振兴行动计划》的方向，提出了包括"大幅度扩大高中阶段教育和高等教育的招生规模"在内的一系列重大决策，要求"通过各种形式积极发展高等教育"，并明确指出"高等职业教育是高等教育的重要组成部分，要大力发展高等职业教育"。这标志着我国高等职业教育开始进入一个规模急剧扩张、走上高等教育大众化发展道路的历史新阶段。

江泽民在这次会议上的讲话中指示："对于不能进入高等教育行列进行学习的城乡学生和其他群众，应通过大办各级各类职业技术学校，广泛吸收他们学习和掌握一门或几门生产技术与管理、服务方面的技能。而不要造成未能进入高等学校学习的普通中学生，只是带着一般的语文和数、理、化知识回到了农村和城市。由于所学的这些一般的基础知识还不足以使他们在农村和城镇的生产活动中进行新的创业，不少人就加入了四处流动的求职大军，以致带来影响社会稳定和社会秩序等方面的问题。如果能学到一门或几门实用的专业技能回去，就拓宽了他们的立业创业之路，对农村和城市的发展与稳定将会起到重要的推动作用。因此，努力办好各级各类职业技术教育，是一篇大文章。现在，中等职业技术教育虽然已经有了发展，但总体来说，还刚刚开始做。各地各部门要狠狠抓它10年、20年，必会大见成效。在大力抓好九年义务教育、普通高中教育和各种中等职业技术教育的同时，根据需要和可能，采取多种形式积极发展高等教育，特别是社区性的高等职业教育，扩大现有普通高校和成人高校的招生规模，尽可能满足人民群众接受高等教育的要求。也可以动员社会的力量办一点民办高校，作为现有高校的补充。"在时任国务院总理朱镕基的讲话中，则专门强调了扩大招生"是一举多得的事情。这样，既可以减缓升学压力，为素质教育创造良好环境，满足广大学生和家长对教育的需求，提高国民素质和社会文明程度；又可以扩大教育消费和投资，拉动国内需求，促进经济持续增长，还可以减轻就业压力。"因此要"积极调整现有教育体系结构，扩大高中阶段教育和高等教育的规模，大力发展各级各类职业技术教育，拓宽人才成长的道路。"

第三次全国教育工作会议的召开，正式拉开了我国高等学校大幅度扩招的序幕。当年全国高等教育即扩张46%。2000年1月，国务院授权将审批设立高等职业学校的权力下放到各省级人民政府，这一管理体制的重大改革极大地调动了地方政府办学的积极性，同年3月教育部又颁布了《高等职业学校设置标准（暂行）》。自此，各地根据经济社会发展需要自行设立职业技术学院，开始了高职院校数量规模的大发展。1998年我国高等教育的毛入学率仅为6.8%，2002年即达到了高等教育精英化阶段和大众化阶段的临界点15%，到2005年已上升至21%，其中高等职业教育的快速发展起到了基础性与决定性作用。2000年5月，江泽民为上海第二工业大学建校40周年亲笔题词："发展高等职业教育，为四化建设培养合格的专业人才"❶，对高等职业教育战线的广大师生员工是一个很大的鼓舞。

从学校数量看，自1980年高等职业教育在我国诞生到1999年开始大发展之前，将近20年间高职院校数量增长的速度一直比较缓慢，1998年全国普通高校中独立设置的高职高专院校仅有432所，而在此后的7年间却以每年20%~40%的速度迅猛增长，2002年达到767所，2003年升为908所，2004年又增至1047所，到2005年已达1091所之多❷，是1998年的2.5倍，占普通高等学校总数的60.9%；从招生情况看，全国普通高校高职高专教育招生人数从1998年的43万人增长到2005年的268.1万人，年均增长率为29.5%，增长了5.6倍，而同期全国普通本科招生的增长是3.6倍，高职高专招生占全国普通高校本、专科招生数的比例由1998年的39.8%提高到2005年的53.1%，年均递增1.9个百分点；从在校生规模看，全国普通高校高职高专教育学生数从1998年的117万人增长到2005年的713万人，增长了5倍多，年均增长率为28%，2005年高职高专学生数占本、专科在校生总数的45.7%，比1998年提高了11.3个百分点。在学校数和招生人数不断壮大的同时，高职高专院校的校均规模也相应扩大，2002年校均规模为2523人，至2005年增加到3909人❸。高等职业教育的规模迅速增长，不仅对我国高等教育进入大众化阶段发挥了决定性的作用，也为大众化后的高等教育持续健康发展起到了重要作用。

有学者指出，从1999年开始的高等职业教育大发展，是在思想理论、政策研究、物质资源条件都不够充足的情况下进行的，加上当时面临解决高考落榜生问题和延缓新生劳动力就业时间的任务，以及"拉动消费"的需求和"三不一高"政策的影响等，高等职业教育在不少人心目中处于应试教育失败者无奈选择的"二流教育"地位。然而，即使在这样外界环境并不十分有利的条件下，高等职业教育发展依然取得了历史性的巨大成就，这从根本上讲正是因为它顺应了我国经济建设和社会发展的客观需求。由于改革开放20多年来经济快速发展，各行各业生产一线和工作现场的技术应用型人才极度短缺，迫切要求培养大批与之相适应的高校毕业生以优化企业人力资源结构；同时，长期积累而成的"高等教育资源荒"自90年代开始严重积聚，普通高等教育的规模增长几乎连续十年处于停滞状态，与人民群众日益增长的经济物质条件及其追求更高层次学习深造的需要严重脱节。在这样的形势下，我国政府及时做出高等职业教育大发展的决策，对各方面都可谓"久旱逢甘霖"，调动了用人单位选择一线岗位实用人才的

❶ 上海职业技术教育研究所.上海高等职业技术教育发展研究［M］.北京：高等教育出版社，2000：272.

❷ 胡秀锦.高职教育发展的特征分析［J］.教育发展研究，2006（10）A.

❸ 马树超.高等职业教育现状特征和发展趋势［N］.中国教育报，2006-09-14.

积极性、广大学生及其家长选择接受高等教育的积极性、地方政府增加新生劳动力就业前学习年限的积极性、民营企业家投资办高校和中等职业学校升格办高校的积极性等，汇聚成了推动高等职业教育大发展的合力和基本前提。

这一时期高等职业院校的大发展，奠定了三大资源基础。一是基本具备了高职教育发展前期的教学设施条件，为进一步加强学校基础能力建设奠定了硬件资源基础。至 2005 年，全国独立设置高职高专院校具有产权的占地总面积达 59.4 万亩，校均占地面积已经超过 500 亩；具有产权的校舍建筑面积 13762 万平方米，生均校舍建筑面积为 33.3 平方米，比普通本科院校还要多 3.6 平方米；其中生均教学行政用房面积 16.6 平方米，比本科院校多 3.5 平方米，一批新建院校还有较大拓展空间，反映了高职教育硬件资源良好的发展态势。校均固定资产总值超过 1.2 亿元；教学、科研仪器设备资产总值达 241 亿元，生均 5492 元；生均图书拥有量为 65 册，这些指标都基本接近本科院校的水平。二是初步形成了一支理论与实践相结合、专职与兼职相结合的高职教育师资队伍，为深化教学改革奠定了人力资源基础。至 2005 年，全国独立设置高职院校拥有教职员工近 44 万人，其中专任教师 26.8 万人，生师比为 15∶1。专任教师中，具有双师素质的教师 5.7 万人，占 21.3%；拥有外聘教师 6.8 万人，其数量占专任教师数的 25.3%，一些大城市高职院校的外聘教师人数甚至超过了专任教师人数。在外聘教师队伍中，有 1.6 万人具有双师素质，占外聘教师总数的 23.4%。三是逐步出现了办学主体和办学模式的多元化局面，为进一步办出高职教育特色奠定了结构性资源基础。2005 年，独立设置高职院校中的民办院校数已占近五分之一，招生人数和在校生人数的比例也分别达到了 16% 和 14%，成为我国高职教育不可缺少的重要力量。民办高职院校的兴起，进一步拓宽了高职教育的功能，丰富了多种办学模式，为探索中国特色高职教育的发展道路提供了有益经验。另外，由于高职教育机会的区域配置水平趋向协调，为区域统筹发展也做出了重要贡献。这一时期全国绝大部分地市已至少各有一所独立设置的高职院校，从招生情况看，区域间招生录取率比较平衡，高职招生人数占适龄人口数的比例，2004 年全国平均为 10% 左右，近七成地区的招生录取率在 8%~12% 之间；从在校生情况看，每万人口中的高职在校学生数，其地区间差异要小于普通高中、中等职业学校和义务教育学校。以全国各省、自治区和直辖市为样本进行统计分析，对近年各级各类教育的每万人口在校学生数的方差值进行比较结果表明：普通高中为 3.67，中职学校为 4.94，义务教育为 4.18，而高职院校的方差值仅为 3.26，是各类教育中最小的❶。可见，高等职业教育机会的区域配置水平比较平等，区域分布比较协调，有利于推进区域经济社会的统筹发展。

---

❶ 陈嵩，郭扬. 我国高职教育十年发展的成就与经验 [J]. 教育发展研究，2006（10）A.

应该看到，随着科学技术发展和产业结构调整，整个经济社会的专业结构不断改变，直接服务于经济社会发展的高等职业教育专业设置也必然要发生很大变化。但在我国高等职业教育进入高速增长阶段的初期，由于没有统一规范的高等职业院校专业目录，从而出现专业设置混乱甚至无序的状态。有些专业名称相同，但培养目标、课程设置和教学内容存在很大差异；有些专业内涵相同，名称却有区别，如计算机类、汽车类的相关专业名称就各达到好几十个。各专业之间内容重复、边界不清、内涵混乱、意义模糊，既不利于高职院校的招生和毕业生就业，也不利于有关数据统计和企业招聘选拔专业人才。2004 年，教育部高等教育司在进行大量调研分析和广泛征求意见的基础上颁布了《普通高等学校高职高专教育指导性专业目录（试行）》。该目录的专业设置与划分，体现了以服务为宗旨、以就业为导向的高等职业教育特色：一是职业性与学科性结合，以职业岗位群或行业为主兼顾学科分类，共设农林牧渔、交通运输、生化与药品、资源开发与测绘、材料与能源、土建、水利、制造、电子信息、环保气象与安全、轻纺食品、财经、旅游、公共事业、文化教育、艺术设计传媒、公安、法律 19 个大类，管理类专业则分属各大类之中以体现职业教育特点；二是适应性与针对性相结合，宽窄并存；三是灵活性与科学性相结合，在指导性目录框架内，大类及二级类相对稳定，第三级专业名称供各地教育行政部门和学校在审核备案和设置时参考使用，学校可在相关二级类中增设目录外的专业，也可依据第三级目录中的专业名称标出专业方向或本校该专业内涵的特色；四是多样性与普遍性相结合，同一名称的专业，不同地区不同院校可以且提倡有不同的侧重与特点，设置有本校特色的课程和实习实训环节。同时，教育部高等教育司还制订了《普通高等学校高职高专教育专业设置管理原则意见（建议方案)》，规定各省级教育行政部门和有关高职院校，可以根据本地区经济社会发展的需要，在高职指导性专业目录之外设置专业，但须报所属省级教育行政部门审核备案，教育部对各省上报的专业进行协调。同时，教育部还根据社会需求和专业设置情况，对高职教育专业目录进行动态调整。在关于高职教育专业设置管理的原则意见中，规定了高职院校自主设置和调整专业应具备的基本条件。文件要求各省级教育行政部门可根据本地区的具体情况，制定相应的高职教育专业设置的管理实施办法，切实加强对本地区各校专业设置的宏观管理和指导。

高等职业教育专业目录和相应管理办法的制定，使高职院校的专业设置逐步规范，渐渐走出传统学术教育学科分类的桎梏，开始体现了高职教育的特色。2005 年全国独立设置的 1091 所高职院校开设专业共 767 个，平均每个专业的招生规模为 2300 人，在校生规模为 5600 人。其中，财经、电子信息、制造、文化教育 4 个大类在校生规模均超过 50 万人，总计达 274 万人，占 19 个大类在校生总数的 64%；土建、医药卫生、艺术传媒、交通运输、旅游 5 个大类在校生规模均在 10 万人以上，但都不到 30 万人；法律、农牧、生化、资源、环保等 10 个大类在校生规模均在 10 万人以下❶。而另据当年对全国 26 个省份 361 所高职院校的抽样调查，在其所设专业中引入职业资格证书、实施"双证书"制度的有 335 所，占 92.6%❷。此外在校企合作方面，对全国 385 所高职院校的抽样调查表明，有企业参与教学指导委员会的专业平均为 14 个，有企业参与教学计划、教学大纲、教材等教学方案建设的专业平均为 15 个❸。

二、从明确教学工作思路到开展人才培养水平评估

在 1999 年 11 月召开的第一次全国高职高专教学工作会议上，教育部部长陈至立强调："提高教学质量是学校教学工作一个永恒的主题，高职高专教育是否能够适应经济社会发展的需要、受到社会欢迎，主要取决于高职高专院校毕业生的质量"，所以"如何在扩大招生规模的同时，认真抓好人才培养质量，是摆在各级教育行政部门和学校领导面前应该认真考虑的重要问题"。这次会议后于 2000 年 1 月下发的《教育部关于加强高职高专教育人才培养工作的意见》（以下简称《意见》），指出"从高职高专教育人才培养工作的全局看，发展还很不平衡，还存在着办学特色不甚鲜明、教学基本建设薄弱、课程和教学内容体系亟待改革等问题"，为此确定了高职高专教育人才培养工作的基本思路，就是"以教育思想、观念改革为先导，以教学改革为核心，以教学基本建设为重点，注重提高质量，努力办出特色。力争经过几年的努力，形成能主动适应经济社会发展需要、特色鲜明、高水平的高职高专教育人才培养模式"。

作为全国高等职业教育教学工作的指导性文件，该《意见》明确了："高职高专教育是我国高等教育的重要组成部分，培养拥护党的基本路线，适应生产、建设、管理、服务第一线需要的，德、智、体、美等方面全面发展的高等技术应用型专门人才；学生应在具有必备的基础理论知识和专门知识的基础上，重点掌握从事本专业领域实际工作的基本能力和基本技能，具有良好的职业道德和敬业精神。"并指出高职高专教育人才培养模式的基本特征，是"以培养高等技术应用型专门人才为根本任务；以适应社会需要为目标、以培养技术应用能力为主线设计学生的知识、能力、素质结构和培养方案，毕业生应具有基础理论知识适度、技术应用能力强、知识面较宽、素质高等特点；以'应用'为主旨和特征构建课程和教学内容体系；实践教学的主要目的是培养学生的技术应用能力，并在教学计划中占有较大比重；'双师型'（既是教师，又是工程师、会计师等）教师队伍建设是提高高职高专教育教学质量的关键；学校与社会用人部门结合、

---

❶ 张家寰，郭扬 . 全国高职院校专业布局结构与调整策略研究 ［J］. 职教论坛，2006（12）A.
❷ 郭扬，黄芳 . 高职院校实施"双证书"制度的初步分析 ［J］. 职教论坛，2006（12）A.
❸ 董奇，郭苏华 . 高职院校开展校企合作办学的现状分析 ［J］. 职教论坛，2007（12）A.

师生与实际劳动者结合、理论与实践结合是人才培养的基本途径。高职高专不同类型的院校都要按照培养高等技术应用型专门人才的共同宗旨和上述特征，相互学习、共同提高、协作攻关、各创特色。"另外，该文件还专门附有两个附件，一是《关于制定高职高专教育专业教学计划的原则意见》，提出了制定教学计划的基本原则，并对教学计划的构成和时间安排做了规定；二是《高等职业学校、高等专科学校和成人高等学校教学管理要点》，对建立教学管理组织系统、教学计划管理、教学运行管理、教学质量管理与教学评估、师资队伍管理、教学基本建设管理、教学管理和教育理论研究提出了具体的要求。

如果说 1999 年之前高等职业教育的发展目标还不是十分清晰的话，那么自《教育部关于加强高职高专教育人才培养工作的意见》首次明确提出培养"高等技术应用型专门人才"的根本任务，并要求各种不同类型的高职高专院校都要按照这一共同的培养目标协作攻关之后，可以说高等职业教育教学工作终于有了指向一致的根本性目标。随后，教育部启动了"新世纪高职高专教育人才培养模式和教学内容体系改革与建设项目计划"，在全国高职院校中广泛开展了专业教学改革试点工作；2002 年，教育部又批准了 62 个专业为第一批国家高职高专精品专业建设项目，并下发了《教育部办公厅关于加强高职（高专）院校师资队伍建设的意见》，还与劳动和社会保障部、人事部联合下发了《关于进一步推动职业学校实施职业资格证书制度的意见》，全面提高职业学校包括高等职业学校毕业生的综合素质和就业能力；2003 年，教育部将开展高职高专精品课程建设列为"高等学校教学质量与教学改革工程"的四大内容之一，并根据劳动力市场技能型人才的紧缺状况和相关行业人力资源需求预测，与劳动保障部、国防科工委、信息产业部、交通部、卫计委联合发出通知，提出优先在数控技术应用、计算机应用与软件技术、汽车运用与维修、护理等四个专业领域实施"职业院校制造业和现代服务业技能型紧缺人才培养培训工程"。特别是从 2002 年 10 月到 2004 年 2 月不到一年半的时间里，教育部连续三次召开高等职业教育产学研结合的经验交流会，数百所学校交流产学研合作培养人才的经验，对于大力推进高职院校人才培养模式改革起到了积极的促进作用，教育部部长周济每一次都出席并做重要讲话，提出高职教育要走产学研结合改革发展之路，培养数以千万计的高技能人才，办让人民满意的高职教育。

2004 年 4 月，教育部下发《关于以就业为导向，深化高等职业教育改革的若干意见》，统一和明确了我国高等职业院校必须坚持的办学方针和培养目标，这就是："高等职业教育应以服务为宗旨，以就业为导向，走产学研结合的发展道路。高等职业院校要主动适应经济和社会发展需要，以就业为导向确定办学目标，找准学校在区域经济和行业发展中的位置，加大人才培养模式的改革力度，坚持培养面向生产、建设、管理、服务第一线需要的'下得去、留得住、用得上'，实践能力强、具有良好职业道德的高技能人才。"正是由于"三教统筹"后上述一系列相关政策措施的制订与调整，把高等职业教育逐渐地引导到以就业为导向的轨道上来，推动高等职业院校依托行业和企业走产学结合的道路，逐步形成了适应地方经济社会发展需要的办学优势和教学特色。也就是从2004年起，"高等职业教育"一词开始拓宽了词义，丰富了内涵，逐步取代了"三教统筹"之初作为过渡阶段统称的"高职高专教育"一词。

推进高等职业教育人才培养模式改革需要机制上的保障，其中建立高等职业院校人才培养质量的评价机制至关重要。由于我国高职教育的跨越式发展在很大程度上是反映国家意志的政策驱动的成果，而对于广大高职院校自身来说则往往是从理论到物质准备都不充足。因此在高职教育大规模发展之初，许多高职院校对什么是高职、为什么要发展高职、怎样发展高职等最基本的问题认识都不清楚，迫切需要一个能够具体指导基层院校办学和人才培养工作的"指挥棒"，高职高专教育人才培养工作水平评估就是这样应运而生的❶。最初，是在教育部高教司制定《高职高专院校人才培养工作评估方案（试行）》和《高职高专院校人才培养工作评估指标体系（试行）》的基础上，于2003年2月下发《关于开展高职高专院校人才培养工作水平评估试点工作的通知》，提出"以评促建、以评促改、以评促管，评建结合，重在建设"的评估原则，决定从当年开始计划在5年内完成全国一千多所高职院校的评估。2004年4月，教育部下发《关于全面开展高职高专院校人才培养工作水平评估的通知》，全面正式启动了高职高专院校人才培养工作水平评估。水平评估由各省区教育部门组织实施，对评估进行规划，并成立专门的组织机构，由教育部组织专家每年抽查50所高职院校进行评估。评估方案确立后，全国普遍开展了5年一轮的院校评估制度，力图使得高职教育的办学目标和要求更加清晰和明确。很多院校将评估指标体系当作一本如何搞好学校教学工作的基本规范，带动了高职院校的教学基本建设。从2005年对53所高职院校的评估情况来看，被评院校的办学指导思想均被评定为合格以上，优秀率达到71.7%，另有69.8%的院校做到了特色鲜明❷。

应该看到，尽管当时的评估存在着标准过分强调统一而未能充分体现高职教育特点和模式转型要求等问题，但在21世纪之初高职教育规模跨越式发展的条件下，开展人才培养工作水平评估意义正是在于将国家的有关政策要求显性化、标准化、通俗化、大众化，并通过积极宣传和引导，把规范化的文件格式转化为容易被人接受的、能够深入人心的评估指标，使基层院校知道高职教育的人才培养工作应该怎么去做，使教育部规定的高职院校设置标准和原则能够物化为实际

---

❶ 郭扬，王琴．高职院校人才培养模式改革综述［J］．职教论坛，2008（01）A．

❷ 杨应崧．高职高专院校人才培养工作水平评估实践回顾与思考［J］．中国职业技术教育，2006（16）．

办学条件和教学条件的要求，确实能够在举办高职教育之初对学校建设进行有效的引导。研究表明，根据教育部《高等职业学校设置标准（暂行）》《普通高等学校基本办学条件指标（试行）》和《高职高专院校人才培养工作评估指标体系（试行）》的相关要求，对 2005 年度的 1071 所高职院校基本办学条件取 9 项关键指标进行分析，发现其中办学条件较好的学校占 13.2%，达到基本办学条件指标的占 48.8%；而从各单项数据的排名情况看，则发现深圳职业技术学院都名列前茅，而且出现在各项指标前三位的频次也相当高❶，说明该校确实在近年来涌现的一批具有较高办学水平的高职院校中颇具代表性。

创办于 1992 年的深圳职业技术学院，由于深圳市政府高度重视、积极投入，学院坚持高等职业教育方向、加强基础能力建设，很快发展成为国内一流的高职院校，到 2005 年已为社会培养了 1.5 万余名毕业生，毕业生就业率连年达到 95% 以上。其特色体现至少可归纳为以下十个方面：一是"五位一体"的学校定位特色，即成为生产、建设、服务和管理一线的高素质应用型技术人才和管理人才的培养基地，成为高级工、技师和高级技师的培训考核基地及在职人员的职业技术培训基地，成为广东省及周边地区中等职业教育师资培养基地，成为新技术、新工艺推广和普及的"生产力促进中心"，成为国外先进技术的反求、消化、吸收、转移和创新的基地；二是"大学水平的能工巧匠"或"能工巧匠型的大学生"的培养目标特色，即培养既有大学程度的专业知识又有高级技能技艺，善于把工程图纸转化为物质实体，并能在现场进行技术实施和管理的所谓"灰领"人才；三是"深圳的经济增长点在哪里，我们就把专业办到哪里"的专业建设特色；四是融合职业资格标准、突出职业综合能力培养的课程建设特色；五是贴近生产、贴近工艺、贴近技术的校内实训基地建设特色；六是全方位合作、全过程参与、多层次推进的产学结合特色；七是教、学、做合一的教学方法特色；八是教育、养成与训导相结合的职业素质教育特色；九是全程监控、全员评价的教学质量监控与保证体系特色；十是"教授手上要有油"的师资队伍建设特色。2005 年 9 月，时任国务院总理温家宝视察该校时说："深圳办起了一所两万人的职业技术学院，这是一件大好事，是市委市政府领导有远见的表现。我相信，它将促进深圳的工业化、现代化进程，促进就业问题的解决。"❷

三、三次全国职教工作会议：从"大力推进"到"大力发展"

21 世纪初，我国职业教育开始进入一个前所未有的良好发展时机。随着经济体制、经济结构、经济增长方式进入全面转型的重要时期，我国经济社会发展遇到了基层一线高素质技术技能人才严重短缺的严峻挑战。由于世界科技革命迅

❶ 张家寰.高职院校综合办学能力分析 [J].教育发展研究，2006 (10) A.
❷ 叶晓滨.南海又听春潮声：温家宝总理考察深圳纪实 [N].深圳特区报，2005-09-16.

猛发展，使传统生产技术体系跨入了理论技术体系的新阶段，突出表现为从科学技术到产品生产的周期缩短，高新技术的产业化和产业结构的提升加快，对劳动者的技术应用能力提出了智能化、复合性的综合要求，需要拥有一大批以技术科学为指导、掌握各种理论技术和智力技能的技术型和技能型创新人才。特别是在我国加入世界贸易组织、融入经济全球化大潮的背景下，日趋激烈的国际竞争更加要求加快调整人才类型结构，构建适应知识经济时代的创新型人才培养模式。于是，大力推进与先进制造业、新型服务业和现代农业相适应的中等和高等职业教育，培养一大批高素质的劳动力和实际工作第一线的技术技能专门人才，满足提高企业竞争力和第三产业发展，以及我国与世界之间"引进来"和"走出去"对人才的需求，成为我国实现全面建设小康社会宏伟目标的迫切需要❶。从 2002 年到 2005 年短短三年间，中央政府连续召开了三次全国职业教育工作会议，明确把职业教育作为"经济社会发展的重要基础和教育工作的战略重点"。"十五"期间我国职业教育重要战略地位的确立，对于高等职业教育的发展具有极其重大的意义和十分深远的影响。

2002 年 7 月，国务院召开了第四次全国职业教育工作会议，"大力推进职业教育改革与发展"是这次会议的主题。朱镕基在题为《职业教育要在新形势下取得更大发展》的大会讲话中指出："职业教育的特殊性决定着必须把它摆在更加重要的位置""推进职业教育的改革与发展，提高劳动者素质，是经济发展和现代化建设新阶段的迫切要求，必须高度重视，切实抓好"；并特别强调"各级政府要高度重视职业教育工作，要像重视普通教育那样重视职业教育，把职业教育纳入当地经济和社会发展的总体规划，作为实施科教兴国的大事来抓"。李岚清则要求要"推进职业教育管理体制改革，逐步建立'在国务院领导下，分级管理、地方为主、政府统筹、社会参与'的新的职业教育管理体制"。值得注意的是，这次全国职业教育工作会议明确了由财政部设立职业教育专项资金，其中一部分用于支持高职高专发展。教育部高教司决定利用这批资金建设高职高专优质工程，建设一批示范性高职高专院校、精品专业、示范性实训基地，共启动了32 所示范性高职高专院校、62 个精品专业、12 个实训基地的工作。国家投入资金约 9000 万元。2003 年又以 1.2 亿元人民币的高职专项经费，重点支持了 40 所示范性职业技术学院建设❷。

第四次全国职业教育工作会议发布了《国务院关于大力推进职业教育改革与发展的决定》，明确要求"扩大高等职业教育的规模"，并提出"'十五'期间，

---

❶　程方平，毛祖桓. 中国教育问题报告——入世背景下中国教育的现实问题和基本对策［R］. 北京：中国社会科学出版社，2002：261.

❷　余祖光，孙琳. 新世纪初我国职业教育发展——2001～2003 年职业教育发展现状与政策研究［C］. 北京：高等教育出版社，2005：33.

职业教育要为社会输送2200多万名中等职业学校毕业生，800多万名高等职业学校毕业生”的发展目标。为此，“大中城市和经济发达地区要在继续发展中等职业教育和职业培训的同时，积极发展高等职业教育，有条件的市（地）可以举办综合性、社区性的职业技术学院”“有条件的大型企业可以单独举办或与高等学校联合举办职业技术学院”；并要求规范高等职业学校的名称，体现职业特点，“高等专科学校和成人高等学校要逐步统一规范为‘××职业技术学院’”。另外，还要“加强中等职业教育与高等职业教育，职业教育与普通教育、成人教育的衔接与沟通，建立人才成长‘立交桥’。扩大中等职业学校毕业生进入高等学校尤其是进入高等职业学校继续学习的比例，适当增加高等职业教育专科毕业生接受本科教育的比例。适度发展初中后五年制高等职业教育；在高中阶段开展职业教育与普通教育相沟通的综合课程教育试验，建立中等职业教育与高等职业教育相衔接的课程体系；高等职业学校可单独组织对口招生考试，优先招收中等职业学校优秀毕业生；注重专业知识、职业技能的考核，对取得相应中级职业资格证书的中等职业学校毕业生，可以免除技能考核。”

2004年6月，距离第四次全国职业教育工作会议召开时间不足两年，教育部、国家发改委、财政部、人事部、劳动保障部、农业部、国务院扶贫办又经国务院批准，在南京联合召开了第五次全国职业教育工作会议。这次会议召开的主要背景，是2002年中共十六大提出为全面建设小康社会、加快推进社会主义现代化而“造就数以亿计的高素质劳动者、数以千万计的专门人才和一大批拔尖人才”，2003年十六届三中全会首次把高技能人才的培养作为人才培养的重点，时任中共中央总书记胡锦涛在全国人才工作会议上指出“高技能人才是推动技术创新和实现科技成果转化的重要力量；要通过学校教育培养、企业岗位培训、个人自学提高等方式，加快高技能人才培养”，以及为落实党和国家提出的这些战略任务而出台的教育部《2003～2007年教育振兴行动计划》和劳动保障部《三年五十万新技师培养计划》等❶。为此，国务委员陈至立在讲话中指出，发展职业教育是教育工作落实科学发展观，落实“三个代表”重要思想的重要体现；要改变“重普通教育、轻职业教育”“重文化知识、轻技能培养”的倾向，确保职业教育和普通教育之间的协调发展，并要求“高等职业教育在高教招生规模中应占一半以上”；还要“在全国选择一批高职院校建立高技能型紧缺人才示范性培养基地和实训基地，实行校企合作和产学合作开放式培养人才的新模式”。

第五次全国职业教育工作会议发布的《教育部等七部门关于进一步加强职业教育工作的若干意见》，要求“巩固和加强现有职业教育资源，促进职业院校办出特色，提高质量，中等职业学校不再升格为高等职业院校或并入高等学校，专

❶　职业技术教育编辑部. 关于六次全国职业教育工作会议的报告［J］. 职业技术教育，2006（09）.

科层次的职业院校不再升格为本科院校""坚持以能力为本位，优化教学与训练环节，强化职业能力培养，高等职业教育专业实训时间应不少于半年""认真落实教育部、财政部关于加强职业教育实训基地建设的意见，切实改善职业院校的实训条件，力争到 2007 年，分期分批在重点专业领域建成一批条件较好、专业种类齐全、适应技能人才培养需要的实训基地"等。这里提到的关于加强职业教育实训基地建设的意见，是指 2004 年 4 月教育部与财政部联合颁布的采用中央财政资金引导方式推动各地实训基地建设的文件，当年中央财政拨款 1.1 亿元，分两批支持了 9 个省市 50 所职业院校的实训基地建设，其中 32 所是高职院校；此后几年，中央财政支持高职院校实训基地建设的项目数每年都在 100 多个，比较有效地吸引了地方建设资金；据对该专项计划启动最初 3 年立项的 337 个高职院校实训基地项目的统计，在总共 6.5 亿元中央财政资金的引导下，拉动的地方投资建设金额达到了 9.2 亿元❶。

2005 年 10 月初，正值"十五"期末、"十一五"即将开局之际，中共中央召开十六届五中全会，提出"要坚定不移地以科学发展观统领经济社会发展全局，坚持以人为本，转变发展观念、创新发展模式、提高发展质量，把经济社会发展切实转入全面协调可持续发展的轨道""坚持教育优先发展，全面实施素质教育，普及和巩固义务教育，大力发展职业教育，提高高等教育质量，深化教育体制改革，加快教育结构调整，促进各级各类教育协调发展，建设学习型社会。加强人力资源能力建设……抓紧培养专业化高技能人才和农村实用人才。"随即，10 月 28 日，《国务院关于大力发展职业教育的决定》正式颁布；11 月 7 日，国务院召开第六次全国职业教育工作会议，温家宝做了题为《大力发展中国特色的职业教育》的重要报告。在这次会议上，职业教育的战略地位被提到了空前的高度。会议首次提出，要发展中国特色的职业教育，建立和完善有中国特色的现代职业教育体系；首次提出我国职业教育的根本任务，就是培养适应现代化建设需要的高技能专门人才和高素质劳动者；首次提出要逐步增加公共财政对职业教育的投入，并明确在"十一五"期间中央财政带头投入 100 亿元，重点用于支持职业教育实训基地建设、充实教学设备、资助贫困家庭学生接受职业教育；首次提出要加强职业教育基础能力建设，并以"四项工程""四大计划""四项改革"等非常具体切实的措施来保证职业教育的健康发展。在"大力发展中国特色的职业教育"的总动员令下，中国高等职业教育迎来了一个空前的大好战略机遇，面向未来全面推进高等职业教育人才培养模式转型的新时期就此到来。

---

❶ 张家寰，郭扬. 高职院校实训基地建设的重点项目分析 [J]. 职教论坛，2007 (12) A.

第十三章 2005～2010年：战略机遇期
——在科学发展道路上前进

"十一五"是我国高等职业教育发展重要的战略机遇期，也是全面推进高等职业教育人才培养模式转型的关键时期，亦可称之为中国高等职业教育发展的"今史"或"新史"。这一时期与前几个时期的最大差别，在于坚持科学发展观与统筹发展、全面推进现代化建设进入可持续发展轨道的迫切需求。中共中央在关于制定国民经济和社会发展"十一五"规划纲要的建议中，就教育事业的发展提出了"普及和巩固义务教育，大力发展职业教育，提高高等教育质量"三大战略决策。其中，横跨职业教育和高等教育两大领域的高等职业教育就占了两个：既要"大力发展"又要"提高质量"。在以人为本，全面、协调、可持续的科学发展观指导下，高等职业教育在规模扩展和内涵提升有机统一的基础上全面推进人才培养模式改革与创新，在这一处于历史转折重要关头的战略机遇期取得了突破性的新成就，并将由此开创中国特色高等职业教育的历史新篇章。

第一节 全面推进人才培养模式的转型（2005～2006年）

一、从"精英教育"到"面向人人、关注人人"

进入21世纪以来，中国高等职业教育取得了举世瞩目的发展，伴随着中国经济的跨越而实现了高等职业教育自身规模上的跨越，培养了数以百万计的高素质技能型专门人才，为我国经济社会发展和实现高等教育大众化做出了重要的贡献。中央政府大力发展高等职业教育的战略决策，适应了21世纪初我国经济社会发展的总体趋势，成为中国教育发展史上的一个重要里程碑。从我国高等教育的毛入学率来看，1996年仅为6%，2005年已达到21%，10年间年均递增1.5个百分点，其中起到决定性作用的就是高等职业教育❶。正是由于高等职业教育的蓬勃发展阶段，扭转了多年来高等教育资源极度短缺的局面，为全社会尤其是广大适龄青年接受高等教育提供了更多的机会。

但是，中国的基本国情是人口众多，经济相对落后，工业化水平较低，发展不平衡，特别是劳动力市场的就业压力很大。在高等教育处于"精英教育"的

---

❶ 马树超. 高等职业教育现状特征和发展趋势［N］. 中国教育报，2006-09-14.

阶段，普通高等专科的毕业生不必担心就业问题，因为在大学"正餐"严重匮乏、供需"菜谱"配比失调的环境下，不讲营养口味而能确保热量耐饥的"压缩饼干"依然可以受到社会的广泛欢迎。而当高等教育进入大众化发展阶段后，由于全国普通高等教育招生人数由 1998 年的 108.4 万猛增到 2005 年的 504.5 万人，给高校毕业生就业带来了巨大的压力。据权威部门分析，"十一五"期间我国城镇新增就业岗位每年为 1000 万左右，而按同期我国以制造业为主体的产业结构及相应的就业结构，新增就业岗位中传统意义上的"白领"岗位比例仅约为 25%，即每年 250 万左右的规模。这就意味着每年 500 万~600 万高校毕业生中的大部分将无可能进入这样的"白领"岗位，而必须直接进入基层企业、进入工作现场、进入生产与服务第一线的就业岗位。从这个意义上说，中国高等职业教育对于我国高等教育大众化的贡献，绝不仅仅在于其数量占了高等教育的"半壁江山"，而更在于其培养基层一线"高素质技能型专门人才"的目标定位❶。

事实上我国高校毕业生的就业形势最终取决于经济发展的形势，而现实中出现的就业困难原因主要是结构上和选择上的问题。解决结构性问题，不仅要根据产业结构的变化及时调整专业结构，更重要的是要转变单一的精英教育培养目标，高职院校尤其要加强应用性、技术性、职业性，办成"适销对路"的"新高职"而不是本科压缩型的"老大专"；解决选择性问题，则要转变传统精英教育所形成的进城当干部做"人上人"的思维定式，制定有利于毕业生走向基层一线成长为高技能人才的政策❷。2005 年 10 月，胡锦涛视察常州高等职业教育园区，观看学校实验室并与学生亲切交谈，要求学校多培养具有自主创新技能与精神的人才。同年 11 月，温家宝在第六次全国职业教育工作会议指出："我国就业和经济发展正面临着两个大的变化，社会劳动力就业需要加强技能培训，产业结构优化升级需要培养更多的高级技工""同时，大学毕业生就业难的问题越来越突出，每年有上百万名大学毕业生不能及时找到工作。而社会对各类技能型人才需求量却很大，近些年来一直供不应求"；因此"十一五"期间要重点发展中等职业教育，使中等职业学校招生和普通高中招生规模大体相当，并"要相对稳定普通大学招生规模，重点发展高等职业院校，扩大高等职业教育招生规模，到2010 年，使高等职业教育招生规模占高等教育招生规模的一半以上。"

温家宝在这次全国职业教育工作会议上的讲话中特别强调："职业教育具有鲜明的职业性、社会性、人民性。我国职业教育的先驱黄炎培先生曾把职业教育的目的概括为：'使无业者有业，使有业者乐业'。职业教育应该是面向人人的教育，使更多的人能够找到适合于自己学习和发展的空间，从而使教育事业关注

---

❶ 马树超，范唯. 中国特色高等职业教育再认识［J］. 中国高等教育，2008（13/14）.

❷ 潘懋元. 中国高等教育大众化的理论与政策［M］. 广州：广东高等教育出版社，2008：8.

人人成为可能。"这不但与我国职业教育先驱的思想一脉相承，也与世纪之交联合国教科文组织召开的第二届国际技术与职业教育（TVE）大会上提出的"全民职业教育（TVE for all）"的口号相一致。由于现代意义上的职业教育已经从正规学校教育的一个特定阶段，转变为终身学习的重要组成部分，其服务面向得到广泛的扩容，职业教育的对象大大增加，它不仅为在校学生提供就业技能培训，更为社会上各种不同年龄段的所有人群，包括现实劳动者和潜在劳动者在内提供终身学习的机会，亦即"面向人人、关注人人"，接受职业教育因此而成为一项基本人权❶。因此，《国务院关于大力发展职业教育的决定》中首先强调的就是"落实科学发展观，把发展职业教育作为经济社会发展的重要基础和教育工作的战略重点"，并将职业教育改革发展的目标明确为："进一步建立和完善适应社会主义市场经济体制，满足人民群众终身学习需要，与市场需求和劳动就业紧密结合，校企合作、工学结合，结构合理、形式多样，灵活开放、自主发展，有中国特色的现代职业教育体系"。温家宝还对此专门解释道："我们说的职业教育是个统称，它既包括技术教育也包括技术培训，既包括职业教育也包括职业培训，既包括中等职业教育也包括高等职业教育"。

这一时期，各地高等职业院校也在探索根据不同专业的实际需要，以不同学习年限完成高职学历教育的多种途径，改变单一固定的高中后 3 年学制。一是已经多年试点的初中后"5 年制高职"，以及作为其变式的中、高职衔接"3+2 模式"；二是为加快技能型紧缺人才的培养而进行的高中后"2 年制高职"试点，强调能力本位、就业导向而大幅度地改革教学体系，避免 3 年制专科容易往 4 年制本科靠的状况；三是高等教育后的"第二专科"，如上海公安高等专科学校根据公安战线第一线人才层次高移、技能复合的需求提高入学门槛，专门招收高职高专及以上学历者接受 1 年半的公安专业继续教育，毕业后由市公安局定向分配并办理公务员录用审批手续，现在该校大部分学员入学前就早已是本科生和研究生，社会上的"专升本"热潮到了这里却演变成了"本升专"的新貌；四是由原来的高职高专院校升格的一批新建本科院校，虽然在其归属上已不再纳入教育部的高职教育管理范畴，但也在举着"技术本科"或"应用型本科"的旗帜，在本科教学实践中坚持沿着高职教育的路子继续探索❷。而在发挥高等教育的育人、科研、服务三大功能方面，许多高职院校注重发挥自己的资源优势，主动面向行业企业、面向基层社区、面向"三农"、面向社会提供技术服务、培训服务，以及重大事件的应急服务，真正体现了"面向人人、关注人人"。事实上高职院校为社会服务本身就是一种教育过程，不但有利于学校在服务中拓展自己的

❶ 郭扬，张家寰. 现代职业教育在未来终身学习体系中的几个特征 [J]. 教育发展研究，2006（12）B.

❷ 郭扬，王琴. 高职院校人才培养模式改革综述 [J]. 职教论坛，2008（01）A.

发展空间，更是为学生走向社会、培养公民责任感和社会使命感创建一个重要环境，也是对高职院校人才培养质量的检验和展示。

2006年8月，胡锦涛在主持中共中央政治局第34次集体学习时强调："普及和巩固义务教育，大力发展职业教育，提高高等教育质量，是'十一五'规划纲要对教育事业发展提出的三项主要任务，必须切实抓实抓好。"很显然，由于高等职业教育横跨了职业教育和高等教育两大领域，既要坚持"大力发展"，又要努力"提高质量"。同年11月，温家宝在主持教育工作座谈会时再次强调："职业教育是面向人人的教育，国家要把发展职业教育放在更加重要、更加突出的位置来抓。要进一步采取切实有效的政策措施，把职业教育同职业资格认定、职业等级评定及就业准入紧密结合起来，增强中等职业教育和高等职业教育的吸引力。"并宣告"职业教育已经列入中南海的议事日程"。此外，中共中央办公厅、国务院办公厅还于当年印发了《关于进一步加强高技能人才工作的意见》，动员社会各方面力量开展高技能人才培养工作。

二、从"本科压缩饼干"到"校企合作、工学结合"

2005年10月《国务院关于大力发展职业教育的决定》明确指出，要"大力推行工学结合、校企合作的培养模式。与企业紧密联系，加强学生的生产实习和社会实践，改革以学校和课堂为中心的传统人才培养模式。中等职业学校在校学生最后一年要到企业等用人单位顶岗实习，高等职业院校学生实习实训时间不少于半年。"2006年3月《教育部关于职业院校试行工学结合、半工半读的意见》再次强调，要"进一步加强校企合作，加快推进职业教育人才培养模式的根本性转变""加快推进职业教育培养模式由传统的以学校和课程为中心向工学结合、校企合作转变"；同年11月《教育部关于全面提高高等职业教育教学质量的若干意见》进一步明确，要"积极推行与生产劳动和社会实践相结合的学习模式，把工学结合作为高等职业教育人才培养模式改革的重要切入点，带动专业调整与建设，引导课程设置、教学内容和教学方法改革"，并指出"人才培养模式改革的重点是教学过程的实践性、开放性和职业性，实验、实训、实习是三个关键环节"，要求"高等职业院校要按照企业需要开展企业员工的职业培训，与企业合作开展应用研究和技术开发，使企业在分享学校资源优势的同时，参与学校的改革与发展，使学校在校企合作中创新人才培养模式"。

校企合作、工学结合的本质，就是职业教育通过市场与社会需求紧密结合，这也是世界各国高等职业院校培养技术应用型人才的成功经验。我国很难照搬发达国家或让企业直接参与职业教育并提供大量经费，或主要依靠财政投入来推动职业院校适应企业需求的做法，因为一方面我国在政策法规上缺乏对企业参与职业教育的有效制约，一些企业也缺乏参与职业教育的热情；另一方面我国人口多底子薄，不具备主要由财政投入来推动校企合作的条件。由于缺乏学校与企业深度合作的制度环境，我国高等职业教育在校企合作的实践中面临着诸多难题：如何使校企双方都能够积极主动地参与，尚缺乏制度和法律的制约；如何使校企合作切实深入到教学和科研领域，还缺乏具体的方案和监控制度；如何使校企双方在合作过程中受益，也缺乏具体的实施规则等❶。在这种情况下，积极鼓励高等职业院校主动面向地方经济社会发展，充分发挥自身应有的社会服务功能，努力按照企业需要开展企业员工的职业培训，与企业合作开展应用技术开发和实用技术服务，使企业在分享学校资源优势的同时，加大对学校的支持力度，使学校在校企合作中创新人才培养模式，提高技能型人才的培养质量。例如，在学校人才培养过程中，企业不但可以提供场地和设备等，还可以派专业技术骨干参与实践教学管理，参与教学质量评价，逐步完善以学校为核心、政府引导、企业和社会参与的人才培养质量保障体系。特别是高等职业教育推行工学结合，就要按照《国务院关于大力发展职业教育的决定》提出的"高等职业院校学生实习实训时间不少于半年"，让学生毕业前有机会顶岗实习半年以上，这在培养模式改革中具有根本性和方向性的意义，不仅会极大地提高学生的职业能力，有利于提高毕业生的就业率与就业质量，也有利于缓解贫困家庭学生的经济困难❷。由于人才培养模式改革的重点是教育教学过程的开放性和职业性，这就必须重视校内学习与实际工作的一致性，校内评价与企业评价相结合，探索课堂与实习地点的一体化。部分高职院校积极推行订单培养，探索任务驱动、项目导向等有利于增强学生能力的教学模式，取得了很多值得进一步推广的经验和成效。

我国高等职业教育坚持"以服务为宗旨，以就业为导向，走产学结合发展道路"的办学方针，要求广大高等职业院校切实把握人才培养模式转型的主要特征。因为从传统的学科本位的学院模式，即所谓"本科压缩饼干"的模式，转向政府主导下的就业导向模式，是高等职业教育适应经济社会发展的重要举措，而这种模式转型对高职院校的目标、学制、课程、资源等各方面都将提出新的要求。例如，在培养目标上，从偏重文化和专业理论知识转向重视就业技能和发展能力；在学习制度上，从学校为核心、全日制教学为主体转向学校与企业合作，重视工学结合，实施弹性学制，职前与职后相结合；在教学内容上，从校内课程为主，重视学科性与专业性转向重视校内学习与工作经验的一致性，行动导向重于书本知识；在证书制度上，从学历证书转向注重学历证书和职业资格证书融通的"双证书"制度；在教学评估上，从重知识考试、重学科标准转向重就业能力、重社会评价，注重校内评价与社会评价的一致性；在学习方法上，从教室、

❶ 马树超．积极探索校企合作的新模式——金华职业技术学院办学的实践与思考 [J]．求是，2006 (05)．

❷ 范唯，马树超．切实解决提升高职教育教学质量的关键问题 [J]．中国高等教育，2006 (24)．

图书馆和实验室作为主要学习地点，以书本学习为基础转向教室与实习地点一体化，注重工学结合，就业成为促进学习的重要动力；在学习过程上，从系统地学习经过组织的主题材料，为进一步学习打基础转向满足经济界和生涯发展的双重需要，为提高就业技能打基础；在专业教师的要求上，从学科知识理论型转向强调"双师型"教师队伍建设，重视聘请行业企业专家作为兼职教师；在决策管理方面，教育行政部门从重决策向重服务转变，更加重视企业用户的意见❶；等等。

在传统的人才培养模式中，学科本位的课程强调知识结构的系统性、完整性，重视知识的传授和记忆，课程易于编制，有助于学生打好理论基础，发展学生的认知能力。因此许多高职院校在创办初期，教学内容的安排几乎都会刻意拷贝和复制普通高校的学科课程，因为大家都觉得只有这样才是正宗的大学教育，结果必然是形成"本科压缩饼干"模式。典型的情况是理论脱离实际，各学科自成系统而缺乏相互联系，增加了知识的冗余量和学习时间，造成学生就业无门。在"以服务为宗旨，以就业为导向"的高职教育方针指引下，人们日益认识到过分偏重理论的教学内容并不适应高职院校特定的培养目标，必须进行课程体系的改革，由学科本位转向就业导向，建立理论教学与实践教学并行互动的教学内容体系。特别是强调注重实践环节，通过生产性实训和顶岗实习增强学生就业能力，有效地提高了毕业生的就业率和企业的认可度。许多高职院校将企业的要求和标准引入教学中，使教学过程与产品生产过程紧密结合，围绕企业一线生产标准和工作要求，把课堂搬到车间和地头，实行半年以上的顶岗实习。许多高职院校为满足就业导向的人才培养要求，与企业共同进行课程开发，在对职业岗位进行调查分析的基础上制订教学计划。如宁波职业技术学院的模具设计与制造专业从地区经济发展的实际需要出发，立足宁波这一"模具之都"，从模具行业实际工作的职业活动分析入手，与企业共同开发工学结合的课程体系，把企业所要求的职业素养、职业能力和职业知识作为课程的主要内容，并融入职业资格证书所要求的内容，与企业合作建设集教学、生产一体化的实训和研发中心，共同实施教学和管理。中国工程院多名院士在考察该学院后兴奋地说："我们从这里看到了工程教育价值的回归。"❷

另外，在学科本位的"本科压缩饼干"模式下，高职院校都是采用"公共基础课+专业基础课+专业课"的三段式课程结构；而在模式转型的条件下，变稳定的学科课程为灵活的模块化课程，逐步成为高职教育界的一个普遍共识。在广大高职院校的实践中，有的以行业企业为主进行工作岗位任务分析，确定典型工作任务和对应的行动领域，以此为依据设计模块化的专业课程内容，有的根据

❶ 马树超 . 工学结合：职业教育模式转型的必然要求 [J] . 教育发展研究，2005（08）B.

❷ 郭扬 . 近年来高职教育人才培养模式的七大转变 [J] . 中国高教研究，2009（06）.

岗位职业标准进行模块化的课程开发和建设，有的专业邀请行业企业一起建立新的职业标准，引领行业发展。由此突破传统的三段式的学科课程结构，形成以优质核心课程为中心的模块式课程系统，并灵活多样地实施这些模块课程❶。这样培养出来的学生，在就业市场的激烈竞争中仍能得到较高的社会认可度。据统计，1998年全国高职高专毕业生首次就业率仅为42%，大扩招后的2003年上升到55%；2004年在全国增加32万高职毕业生的情况下提高了6个百分点，达到61%，北京、浙江等地区甚至达到80%左右，与本科生基本持平；2005年高职毕业生又较上一年增加20余万人，但就业率又比上一年提高了1个百分点，达到62%；2006年普通高校本专科毕业生总计达到377.5万人，而高职毕业生就业率继续上升至73.8%❷。这些由于人才培养模式转型而取得的人才培养新成就，标志着高职教育成为我国高等教育事业发展新的增长点，也是我国职业教育事业发展新的闪光点。

三、国家示范：从完善研究设计到开始计划实施

2005年《国务院关于大力发展职业教育的决定》的一大亮点，是提出"实施职业教育示范性院校建设计划，在整合资源、深化改革、创新机制的基础上，重点建设高水平的培养高素质技能型人才的1000所示范性中等职业学校和100所示范性高等职业院校。大力提升这些学校培养高素质技能型人才的能力，促进他们在深化改革、创新体制和机制中起到示范作用，带动全国职业院校办出特色，提高水平。"为了落实国务院的这一决定，教育部和财政部经过组织专家深入研究、反复讨论、完善设计，制订了"国家示范性高等职业院校建设计划"。2006年11月，《教育部、财政部关于实施国家示范性高等职业院校建设计划，加快高等职业教育改革与发展的意见》发布，宣告将按照地方为主、中央引导、突出重点、协调发展的原则，"重点支持100所国家示范性高等职业院校"，其总体目标是通过计划实施，"使示范院校在办学实力、教学质量、管理水平、办学效益和辐射能力等方面有较大提高，特别是在深化教育教学改革、创新人才培养模式、建设高水平专兼结合专业教学团队、提高社会服务能力和创建办学特色等方面取得明显进展。发挥示范院校的示范作用，带动高等职业教育加快改革与发展，逐步形成结构合理、功能完善、质量优良的高等职业教育体系，更好地为经济建设和社会发展服务"。

如此大规模的高等职业院校建设计划，是我国历史上第一次针对职业教育进行大规模投入的专项建设计划，体现了党中央、国务院对高等职业教育事业发展的高度重视。周济在国家示范性高等职业院校建设计划视频会议上表示："如果

---

❶ 郭扬，张晨. 我国高职教育模式转型的现状分析 [J]. 教育发展研究，2009（09）.

❷ 马树超，郭扬. 高等职业教育——跨越·转型·提升 [M]. 北京：高等教育出版社，2008：49.

说'211 工程'是国家面向 21 世纪高等教育的发展工程，那么'示范性高等职业院校建设计划'也是国家新时期新阶段高等职业教育的改革工程和质量工程，要带动全国高等职业教育的改革和整体质量的提高。"因为相对于现代化建设对高技能人才的迫切需要和广大人民群众对良好教育的迫切需求，我国高等职业院校的办学理念、师资力量、基础能力、人才培养质量都远远不能适应，迫切需要加快建设一批理念先进、特色鲜明、质量优秀的品牌高职院校，作为发展的典范、改革的先锋来引领全国高等职业院校办出特色、提高质量。他肯定了"高等职业教育是我国高等教育发展中的一个新类型，具有明显的中国特色和时代特征：它既有高等教育的属性，又有职业教育的特色；既区别于传统的专科教育，又比国外的职业技术教育更有优势"，但就整体而言我国高职院校还处于发展的初级阶段，迫切需要有一批优秀的高职院校走在前头，积极地探索实践，使高职教育先进的办学理念内化为制度。通过实施这一计划将建成一批世界先进水平的高职院校，有利于凝聚全社会重视高职教育的共识，优化高职教育的改革发展环境，提高高职教育的社会认可度，引领高职教育的持续健康发展。因此他特别强调："这次建设的示范性高职院校，绝不仅仅是投资建设的示范，更应该是发展的示范，改革的示范，管理的示范。"

示范院校如何才能成为"发展的示范，改革的示范，管理的示范"？关键在于端正办学思想，明确培养目标。具体而言，一是在"高素质技能型专门人才"的培养目标中，"高素质"首要的基本的必备的素质是职业道德，"技能型"是要强调动手能力和实践教学，"专门化"则要求加强和深化专业建设，三者结合在一起就要求高职教育大力推行校企合作、工学结合的人才培养模式改革；二是要强化良好的职业道德和熟练的技能，教导学生"把仁爱之心带到自己的职业当中"，这就要求高职院校首先要注重培养学生的思想和精神，有了这种精神再加上熟练的职业技能，培养高素质技能型专门人才的目标才不会落空；三是以专业建设为龙头，打造校企深度融合的平台，要用开放的思路和方法去建设专业，也就是向学校所服务的产业和社会开放；四是强调"双师结构"，优化师资队伍建设，建设思路是把静态的"为我所有"转变为动态的"为我所用"，这就可以在高职院校的校企合作平台上不断吸纳生产一线的技术骨干，从而掌握最新的技术技能要求而真正实现校企深度融合❶。

"十一五"期间，加快示范性高职院校建设具有重要的政策环境和基础条件。首先是党和国家的战略决策，为建设示范性高职院校指明了方向；而地方政府的责任落实，则为示范院校建设提供了良好条件。由于我国高职教育已形成以省级地方政府统筹管理为主、国家进行宏观调控和质量监控的两级管理格局，增

❶ 张尧学. 端正思想，建设好首批国家示范性高等职业院校 [J]. 中国高等教育，2007（03/04）.

强了高职教育为区域经济和社会发展服务的能力。中央财政集中财力，有选择地建设一批高水平的优秀高职院校，就可以发挥重要的示范、引导、辐射作用，并拉动地方政府、学校、企业和社会各界的积极投入，带动高职教育改革走上健康发展之路❶。其次，广大高职院校积极进行人才培养模式转型的改革探索，也为示范院校建设奠定了重要基础。这一时期，"以服务为宗旨，以就业为导向，走产学研结合的发展道路"已经开始成为全国高职教育战线的共识和自觉行动，并取得了初步的成效。

国家示范性高等职业院校建设计划的具体实施，采取地方部门推荐、专家评审立项、年度绩效考核、分期安排经费的方式，按照预审申报、评审立项、验收挂牌的操作程序，分年度、分步骤实施。教育部和财政部要求各地推荐的示范院校为独立设置的高职高专院校，并具备五个基本条件：一是领导能力领先，即学校领导班子办学理念先进，具有战略思维、科学决策能力和较强的资源整合能力；二是综合水平领先，即学校办学定位准确，具备较好的师资、设备、经费等条件，教学质量好，就业率高，有较高的社会认可度；三是教育教学改革领先，与区域经济社会发展联系紧密，形成产学研结合的长效机制，以就业为导向，人才培养模式改革成效显著；四是专业建设领先，专业建设理念先进，特色鲜明，在教师队伍建设、实习实训基地建设、推行"双证书"制度、课程和教材建设等方面取得明显进展；五是社会服务领先，即积极承担面向区域产业发展的社会培训，主动为行业企业提供应用技术开发等科技服务，在区域高等职业教育发展中具有明显的带动作用。示范建设按照这一政策导向，通过严把入选院校资质关，比较有效地保证了示范建设的整体质量。

示范建设自启动之日起，就带着中央政府强力推动的鲜明印迹。《教育部、财政部关于实施国家示范性高等职业院校建设计划，加快高等职业教育改革与发展的意见》不仅对示范建设的目标任务进行了明确的规定，点明了高职教育深化改革提高质量的主题；而且从制约高职院校发展的经费问题这一长期薄弱环节切入，投入中央财政专项资金，"真金白银"地支持和引导改革，有效地激励了地方政府和院校主办方的参与。与这一文件相呼应，两部又接连出台了一系列相关政策，对示范建设进行了系统规范，使中央部门的政策主导成为确保示范建设的顺利实施先决条件和政策基础。作为示范建设启动阶段的操作性指导文件，两部办公厅下发的《关于做好 2006 年度国家示范性高等职业院校建设计划项目申报工作的通知》明确中央和各地政府在示范建设中的责任，同时进一步细化了示范建设的工作任务与建设内容及其各操作环节，要求示范院校要以专业建设为核心重点抓好实验实训条件建设、高水平的"双师型"专业教师队伍建设、课程体

---

❶ 范唯，马树超. 关于加快建设示范性高职院校的思考 [J]. 教育发展研究，2006（10）A.

系和教学内容建设这三项工作。

示范建设由中央政府政策主导，但主要的建设和管理责任在地方政府。自从1999 年国务院授权将发展高职教育的权利和责任交给省级人民政府后，2005 年《国务院关于大力发展职业教育的决定》又进一步明确了职业教育实行在国务院领导下分级管理、地方为主、政府统筹、社会参与的管理体制，由此形成了以省级政府统筹管理为主、国家进行宏观调控和质量监控的两级管理格局。因此，在经费投入方面，示范建设明确了地方为主的投入责任，同时规定了中央财政专项资金的使用范围，要求"建设计划的实施，以地方投入为主，积极吸纳社会、企业资金，中央财政进行引导和推动"；规定"'十一五'期间，中央财政安排专项资金，主要支持示范院校改善教学实验实训条件，兼顾专业带头人和骨干教师培养、课程体系改革，共享型专业教学资源库建设等"；还要求地方政府在提高生均预算内经费标准、降低收费标准、敦促院校举办方筹措资金等方面，给予示范院校支持。在政策支持方面，示范建设也对各地政府提出了一系列具体要求，如要求"各地要制定相关政策，优先安排招生录取批次，鼓励开展单独招生试点，保证生源质量。支持示范院校根据经济社会发展需要灵活设置专业，逐步扩大跨省招生规模，示范院校跨省招生比例不低于30%，中部和东部地区示范院校对西部地区的招生比例不低于10%，提高服务社会的能力。加大对贫困家庭学生的助学力度，优先落实国家奖助学金资助政策"等。而在改革创新方面，示范建设同样对各地政府提出了推进改革的要求，如"改革示范院校办学机制，创新高等职业教育人才培养模式。各地要引导示范院校科学合理地调整和设置专业，改革课程体系和教学内容，将职业岗位所需的关键能力培养融入专业教学体系，增强毕业生就业竞争能力；积极改革以课堂和教师为中心的传统教学组织形式，将理论知识学习、实践能力培养和综合素质提高三者紧密结合起来，提高学生就业能力；根据区域和行业人才需求状况以及职业技术与职业岗位的特点，积极探索弹性学制和以学分制为主要内容的灵活的教学管理制度，加快区域和行业高技能紧缺人才培养"等。

第二节 百校示范建设与千校质量提升（2006~2008 年）

一、从启动示范建设计划到首批 28 所示范院校立项

国家示范性高等职业院校建设计划于 2006 年 11 月正式启动。如何使示范建设专项投入取得良好成效并具有扩大效应？这就要让大家都真正理解：示范院校是"建"出来的，而不是"评"出来的。所以教育部和财政部特别强调，要以示范院校建设方案的编制和论证为抓手，来引导院校长的观念变革，强化学校的绩效意识。为此，示范建设创造性地建立了"以信息采集和绩效监控"为抓手

的项目运行机制，这是公共财政优化专项资金绩效管理的重要政策导向。示范建设计划从2006年至2010年实施，按年度、分地区分批推进，稳步发展；中央财政对入选的示范院校实行经费一次确定、三年到位，项目逐年考核、适时调整的做法；对年度绩效考核不合格的院校，终止立项和支持。中央财政预留部分资金，对项目执行情况好的院校实行奖励。因此，示范建设从诞生之日起，就伴随着公共财政投入和经费绩效监控管理的双重刺激，规定了绩效监控的制度安排，并成为确保示范建设顺利实施的重要制度基础。

首先，创新运行机制。2007年6月，在示范建设启动半年后，教育部、财政部及时推出《国家示范性院校建设计划管理暂行办法》，对示范建设的目标任务、各方职责、实施流程、资金管理、监察验收等各个方面做了较为系统的明确规定，建立了较为完善的管理机制。这是对公共财政专项建设项目资金管理方式的一次重大改革创新，明确了对示范建设专项资金实行绩效考核的公共财政政策导向。建设计划实行中央、地方（包括项目院校举办方）和项目院校分级管理的方式，以院校管理为基础，地方管理为主。由于明确了示范建设的各方职责，中央政府、地方政府和项目实施层面等相关单位各司其职、各谋其事、各负其责。示范建设在制度安排上设计了良好的项目运行和管理机制，并以两部文件的形式规定下来，这一做法本身就具有导向和示范作用。

其次，落实绩效监控。为了确保公共财政专项资金的使用绩效，两部管理办法在明确各方职责的同时，对专项资金管理做出了具体规定，并且要求建立监控系统，建立部际联合监督检查、地方监管和项目院校自我监测的三级监控考核体系，对项目院校建设计划的实施实行事前充分论证、事中监控管理指导、事后效益监测评价的全过程监控和考核。在制度设计层面，明确了建设计划领导小组办公室、省级教育与财政部门、项目院校举办方和项目院校等各方在监控考核系统中的责任。在制度执行层面，示范建设的绩效监控也没有停留在文件纸面上。建设计划领导小组办公室委托有关机构建立了示范建设信息采集与绩效考核监测系统，对示范院校的建设情况进行了"事中监控管理指导"，并发挥了积极作用。从目前已经进行过的中期检查和年度检查情况看，绩效监控系统发现了示范建设中的一些现象，对建设单位提出了有针对性的改善建议。但是，更为重要和具有现实意义的是，通过绩效监测系统的实际运行，向示范建设的相关各方发出了明确的政策信号，这就是"要树立对公共财政专项资金的责任意识"，由此激发了建设单位自觉遵守有关政策和承诺、认真履行相关责任和建设任务的主动性❶。

2006年12月，教育部、财政部确定了28所高职院校为首批"国家示范性高等职业院校建设计划"立项建设单位，项目建设期为3年，并要求各地按照《教

❶ 张晨. 国家示范性高职院校建设的政策设计及其成效［J］. 职教论坛，2009（05）A.

育部、财政部关于实施国家示范性高等职业院校建设计划，加快高等职业教育改革和发展的意见》和《教育部关于全面提高高等职业教育教学质量的若干意见》的要求，坚持以服务为宗旨，以就业为导向，走产学结合的发展道路，切实加强教育教学改革和内涵建设，引导高职院校把改革与发展的重点放到提高教育质量上来，不断提高本地区高职教育整体水平。中央财政将根据项目建设进度安排专项资金，以专业建设为核心，主要支持立项建设单位重点建设专业的教学实验实训条件的改善，兼顾专业带头人和骨干教师的培养、课程体系和教学内容的改革等，专款专用，不得用于基础设施建设和专职人员引进等其他用途；地方政府有关部门按职责划分对立项建设单位进行重点支持，确保资金及时、足额到位。

2006年度中央财政支持的国家示范性高等职业院校建设计划首批28所立项院校是：天津职业大学、邢台职业技术学院、山西财政税务专科学校、辽宁省交通高等专科学校、长春汽车工业高等专科学校、黑龙江建筑职业技术学院、上海医药高等专科学校、南京工业职业技术学院、无锡职业技术学院、浙江金融职业学院、芜湖职业技术学院、福建交通职业技术学院、威海职业学院、黄河水利职业技术学院、平顶山工业职业技术学院、长沙民政职业技术学院、湖南铁道职业技术学院、番禺职业技术学院、南宁职业技术学院、重庆工业职业技术学院、成都航空职业技术学院、四川工程职业技术学院、杨凌职业技术学院、兰州石化职业技术学院、新疆农业职业技术学院、青岛职业技术学院、宁波职业技术学院、深圳职业技术学院。

纵观这批示范建设院校，普遍具有四个方面的特点：一是拥有一个坚强的领导班子，特别是有一个能干的院校长，他们具有先进的办学理念和领导能力，并且在院校长岗位上工作时间较长，相对稳定，在学校改革发展中起到了十分重要的作用。两部之所以要求入选建设院校的首要条件是"领导能力领先"，正是因为我国高职教育的发展历史还不长，高职院校的社会认可度还不高，投入机制与学校运行机制还不完善，高职院校的发展空间很大，但是任务却更加艰巨，这样对院校长领导能力的要求就更高，不仅要有先进的办学理念、战略规划与战略实施能力、很强的资源整合能力，还要能够将更多的精力投入到学校的发展与管理中去。二是这些示范建设院校往往形成了独特的办学特色和良好的办学模式，尤其是注重与社会、企业的联系，积累了培养高素质技能型专门人才的宝贵经验，取得了明显成效，突出反映在学校具有良好的社会认可度，招生规模大都在2000人以上；毕业生一次就业率高，全部在91%以上，其中19个院校超过95%；并初步形成了具有"双师结构"特征的专业教师队伍。三是这些示范建设院校都有一个良好的发展基础，并在区域合作与社会服务等方面形成了特色，主要表现为校园基础建设已经基本完成，招生规模相对稳定，具备了较好的设备、经费等条件；专业建设与区域经济或行业发展联系紧密，并且已经在区域合作与社会服务等方面形成了特色。大部分建设院校都积极开展区域合作，受到西部地区职业院校的欢迎。四是这些建设院校都能够准确理解并认真编制建设方案，将建设重点落在人才培养上，为示范院校建设奠定了重要的基础。

在示范建设计划启动初期，很多学校对"为什么要建示范、建什么样的示范、如何建示范"这三个问题的理解并不准确，片面理解为就是为了争取中央财政投入，于是将"建设方案"制定成了"预算方案"或者"投入方案"，只看到中央财政重点支持的专业建设资金，而看不到学校整体建设的目标，看不到示范院校建设的落点是在人才培养上。通过对建设方案的修改研制，大部分学校几经"磨难"，最终对示范建设方案有了比较全面、正确的认识。这个过程，既是对院校长领导能力的考验，也是对学校全体教职员工战斗力的考验，更是对学校通过"建设方案"研制提升办学理念、科学规划学校发展战略与提升学校执行力的一次大培训和大提高。不少院校长深有感触地说，原来以为国家示范性高职院校是"评"出来的，就像水平评估那样在"优秀"的基础上评出"示范"来，现在才真正理解示范院校是"建"出来的。进入示范建设院校的行列，只不过是得到了一张进入竞技场的"入场券"，真正的比赛还没有开始，自己还必须要对建设方案所确定的目标与监测指标负责任❶。因此，这首批立项的 28 所院校对其他高职院校最大的借鉴作用，就是如何保证高职院校持续改革发展的有效运行机制。它将使越来越多的学校认识到，由于经济社会的快速发展，中央政府对职业教育日益重视，预示着我国高职教育的教学改革将以更快的速度进行；否则，高职院校将跟不上高速发展的时代变化，跟不上快速发展的知识技术变化。而示范院校的建设过程，正是推进高职教育改革发展、催人奋进的一种机制。

二、从三批示范院校立项完成到示范建设阶段性成果形成

2007 年 8 月，列入国家示范性高等职业院校建设计划的第二批 42 所立项建设院校名单确定，它们是：北京工业职业技术学院、北京电子科技职业学院、天津中德职业技术学院、承德石油高等专科学校、石家庄铁路职业技术学院、山西工程职业技术学院、内蒙古建筑职业技术学院、沈阳职业技术学院、长春职业技术学院、黑龙江农业工程职业学院、上海公安高等专科学校、上海工艺美术职业学院、江苏农林职业技术学院、常州信息职业技术学院、苏州工业园区职业技术学院、浙江机电职业技术学院、温州职业技术学院、金华职业技术学院、安徽水利水电职业技术学院、安徽职业技术学院、漳州职业技术学院、九江职业技术学院、山东商业职业技术学院、淄博职业学院、商丘职业技术学院、武汉职业技术学院、武汉船舶职业技术学院、永州职业技术学院、湖南交通职业技术学院、广

---

❶ 马树超. 能力·理念·基础·水平——首批国家示范性高职建设院校特点评述［N］. 中国教育报，2007-04-17.

州民航职业技术学院、柳州职业技术学院、重庆工程职业技术学院、四川交通职业技术学院、四川建筑职业技术学院、贵州交通职业技术学院、云南交通职业技术学院、西安航空职业技术学院、甘肃林业职业技术学院、青海畜牧兽医职业技术学院、宁夏职业技术学院、克拉玛依职业技术学院、大连职业技术学院。其中值得一提的是，由地市级政府和企业共同举办的苏州工业园区职业技术学院，作为一所民办性质的股份制高职院校首次被列入示范建设计划，标志着国家对发展民办高职院校的积极支持。

2008 年 7 月，第三批 30 所立项院校名单确定，它们是：北京农业职业学院、北京财贸职业学院、天津医学高等专科学校、天津电子信息职业技术学院、河北工业职业技术学院、包头职业技术学院、辽宁农业职业技术学院、吉林工业职业技术学院、大庆职业学院、黑龙江农业经济职业学院、上海旅游高等专科学校、南通纺织职业技术学院、徐州建筑职业技术学院、浙江警官职业学院、日照职业技术学院、山东科技职业学院、河南职业技术学院、湖北职业技术学院、武汉铁路职业技术学院、湖南工业职业技术学院、广东轻工职业技术学院、海南职业技术学院、重庆电子工程职业学院、绵阳职业技术学院、四川电力职业技术学院、昆明冶金高等专科学校、西藏职业技术学院、陕西工业职业技术学院、宁夏财经职业技术学院、新疆石河子职业技术学院。另外，根据这一轮的评审结果，还有 9 所院校作为国家重点培育（扶持）的高等职业院校进行建设，其中重点培育的 8 所是山西煤炭职业技术学院、上海医疗器械高等专科学校、安徽机电职业技术学院、福建信息职业技术学院、江西现代职业技术学院、顺德职业技术学院、广西机电职业技术学院、新疆轻工职业技术学院，重点扶持的 1 所是酒泉职业技术学院。

至此，总共三批 100 所建设院校立项完成，重点支持了先进制造业、现代服务业和农林牧渔业等 440 个专业点建设，总共 109 所示范和重点培育及扶持院校正式组成了国家示范性高等职业院校方阵。截至 2008 年中期，中央财政资金累计到位 17.8 亿元，带动了地方财政投入 20.30 亿元（未含 2008 年金额），以及行业企业专项投入 5.5 亿元，重点支持立项院校的人才培养模式改革和建设。在地方财政的大力支持下，示范建设院校生均预算内经费由原来的 4031 元增长到 4736 元❶。通过信息采集与绩效考核监测系统 2008 年中期调查的情况分析，从前两批 70 所示范建设院校的情况来看，整体进展良好，已形成阶段性成果并得到社会的广泛关注，肩负重任的中国高等职业教育第一方阵的示范作用开始彰显。

一方面，各项信息采集与绩效考核监测指标显示良好。两年中，在建设资金

---

❶ 马树超，郭扬. 中国高等职业教育——历史的抉择 [M] . 北京：高等教育出版社，2009：228.

投入方面，中央财政专项投入 14.8 亿元，地方财政专项投入 20.3 亿元，加上行业企业和高职院校自身的专项投入，专项投入资金总量达到 56.3 亿元；在与行业企业合作方面，与示范院校有合作协议的企业由 8900 家增至 15700 多家，合作企业对学校投入的设备总值由 6.7 亿元增至 9.2 亿元，来自行业企业的兼职专业教师数量由近 9300 人增至 18400 人，兼职教师授课总时数由 81.41 万个课时增至 157.10 万个课时，合作企业接收实习实训学生由 48 万人次增至 80 多万人次；在招生和实习就业方面，示范院校跨省招生的比例由 14.82% 增至 23.72%，在西部招生的比例由 18.09% 增至 22.44%，学生半年以上顶岗实习占应届毕业生的比例由 79.8% 增至 92.75%，学生顶岗实习报酬由人均 527.9 元增至人均 733.7 元，毕业生一次就业率由 94.1% 增至 96.2%❶。另据 2008 年中期的监测数据显示，一是生均预算内拨款水平普遍有所提高，在前两批立项的 70 所项目院校中，有 59 所生均预算内经费拨款比示范项目立项前有所提高，生均预算内拨款提高幅度超过 10% 的院校有 41 所，其中增长幅度超过 50% 的有 5 所；而从拨款水平来看，生均预算内拨款标准超过万元的有 4 所；从项目院校与所在省市的本科院校相比，有 10 所项目院校生均预算内拨款水平超过本科水平，有 3 所与本科持平。二是招生政策落实，生源质量提高，2008 年单独招生试点涉及 120 个专业，计划招生 3745 人，报考学生却达到 32160 人；而从生源质量看，随着项目深化，70 所院校中有四分之三的招生质量有所提高，集中表现在"录取分数高于三本分数线的学生比例"上升，超过 10% 的项目院校有 50 所，超过 50% 的有 28 所，超过 90% 的院校有 6 所，其中 6 所院校为 100%。三是对口支援与社会服务等工作开展顺利，首批立项的 28 所院校已对口支援 395 所院校，对口培训师资 9364 人次，为合作企业科技开发与技术服务提供经费 1.6 亿元；全部 70 所院校共计拥有校内实训基地 1908 个，增加了 442 个，校外实训基地 14454 个，增加了 4909 个❷。

另一方面，重点专业建设取得阶段性成果。一是在实践层面上，丰富了工学结合人才培养模式，项目院校结合自身优势和专业特点探索出各具特色的人才培养模式，部分院校的模式已具有可推广、可复制的示范意义。二是在机制层面上，建立了多种形式的校企合作渠道，项目院校通过各种方式把学校和企业"捆绑"在一起，多数学生对学院校企合作的状况也表示认可。三是在教学层面上，基于"工作过程"的课程开发模式得到推广，尤其是一些院校能够根据专业特点、相关行业企业发展需求和工作岗位任务进行课程建设，有的以行业企业为主进行工作岗位任务分析，确定典型工作任务和对应的行动领域，以此为依据设计

❶ 职业技术教育编辑部. 非常盼——2009 中国职业技术教育预测与战略 ［J］. 职业技术教育，2009（06）.

❷ 张晨. 国家示范性高职院校建设的政策设计及其成效 ［J］. 职教论坛，2009（05）A.

专业课程内容，有的根据岗位职业标准进行课程开发和建设，有的专业甚至邀请行业企业一起建立新的职业标准，引领行业发展。四是在管理层面上，形成了学校为主、企业参与、校企互动的管理模式，项目院校与企业的合作实践不断深化，多数院校与企业共同制定实习学生考核标准对学生进行管理考核，部分院校已经探索出实现顶岗实习教学功能的不同方式。五是在教学评价层面上，行业企业参与教学评价的深度有所增强，部分院校在这方面采取了较为新颖的方式，或变革考试形式、或重构考核内容、或建立新的考核体系等。

总之，从 2006~2008 年，示范建设在项目启动头两年取得的总体成效是显著的。一是强化了以服务为宗旨、以就业为导向的高职教育理念，围绕区域产业发展特点和需要办学，提升了高职院校服务地区社会经济发展的能力；二是确立了校企合作、工学结合的人才培养模式改革方向，吸引行业企业参与专业建设和人才培养，根据高技能人才培养特点改革培养模式，高职教育从"本科压缩饼干"向"校企合作、工学结合"的模式转型取得明显成效；三是强化职业道德教育，突出职业能力培养，毕业生就业率和就业质量显著提高，示范院校毕业生一次就业率达到 96.2%，毕业生平均起薪为 1846.5 元；四是通过开展对口支援，推动优质高职教育资源跨区域共享，为全国高职教育协调发展做出了贡献；五是教育政策环境得到进一步改善，积极推进高考选拔制度改革，高职院校单独招生试点工作取得进展，高技能人才培养的生源基础得到明显改善；六是示范院校建设项目绩效管理日趋科学，运行状态良好，有成效。示范建设从无到有、从小到大，在实践过程中积累了丰富的经验，并且正在逐步形成行为规范和制度。

三、战略思路：从"实施国家示范"到"全面提高质量"

"十一五"期间，我国高等职业教育的主要任务是加强内涵建设，提高教育质量。要完成这一战略任务，一方面是指导全国 1000 多所高等职业院校办出特色，全面提高质量；另一方面就是实施国家示范性高职院校建设计划，集中力量重点建设 100 所示范院校。这两者应当是辩证统一、相互促进的关系：高职教育质量的整体提高，将为示范院校建设打下良好的基础；而示范院校通过建设，将在办学实力、教学质量、管理水平和办学效益等方面有很大提高，特别在深化教育教学改革、创新人才培养模式等方面能够取得明显进展，发挥积极的楷模作用，总结出可借鉴可推广的经验、模式和制度，带动全国的高职院校加快改革和发展，在普及的基础上提高，在提高的指导下普及。因此，几乎就在《教育部、财政部关于实施国家示范性高等职业院校建设计划，加快高等职业教育改革与发展的意见》发布的同时，紧接着就推出了《教育部关于全面提高高等职业教育教学质量的若干意见》，标志着国家高职教育政策在强化特色、加快改革、提高质量三个方面的重点引导。事实上仅从这两个文件的标题上看，"实施国家示范性高等职业院校建设计划""加快高等职业教育改革与发展""全面提高高等职业教育教学质量"这三句话，本身就显示了政府主导下形成政策合力、推动高职教育人才培养模式改革的思路和决心❶。

《教育部关于全面提高高等职业教育教学质量的若干意见》首次明确了"高等职业教育作为高等教育发展中的一个类型，肩负着培养面向生产、建设、服务和管理第一线需要的高技能人才的使命，在我国加快推进社会主义现代化建设进程中具有不可替代的作用"，可谓具有划时代的意义。它不仅从政府层面确认了高等职业教育作为一种类型教育的地位和作用，更进一步说明了高等职业教育"以服务为宗旨，以就业为导向，走产学结合发展道路，为社会主义现代化建设培养千百万高素质技能型专门人才"的方针和目标，以及"适当控制高等职业教育招生增长幅度，相对稳定招生规模，切实把工作重点放在提高质量上"的明确要求。文件要求深刻认识高等职业教育全面提高教学质量的重要性和紧迫性；加强素质教育，强化职业道德，明确培养目标；服务区域经济和社会发展，以就业为导向，加快专业改革与建设；加大课程建设与改革的力度，增强学生的职业能力；大力推行工学结合，突出实践能力培养，改革人才培养模式；校企合作，加强实训、实习基地建设；注重教师队伍的"双师结构"，改革人事分配和管理制度，加强专兼结合的专业教学团队建设；加强教学评估，完善教学质量保障体系；切实加强领导，规范管理，保证高等职业教育持续健康发展。

以服务区域经济和社会发展为目标，针对区域经济发展的要求，灵活调整和设置专业，这是高等职业教育的一个重要特色。通过2004年以来中央财政支持职业教育实训基地的建设过程使人们认识到，各地的高职教育专业建设一定要加强与地方经济社会发展的需要相结合。因此，教育部要求各级教育行政部门及时发布各专业人才培养规模变化、就业状况和供求情况，调控与优化专业结构布局；高等职业院校则要及时跟踪市场需求的变化，主动适应区域、行业经济和社会发展的需要，根据学校的办学条件，有针对性地调整和设置专业，并根据市场需求与专业设置情况建立以重点专业为龙头、相关专业为支撑的专业群，辐射服务面向的区域、行业、企业和农村，增强学生的就业能力。国家将在"十一五"期间选择一批基础条件好、特色鲜明、办学水平和就业率高的专业点进行重点建设，优先支持在工学结合等方面优势凸显以及培养高技能紧缺人才的专业点；并鼓励地方和学校共同努力，形成国家、地方（省级）、学校三级重点专业建设体系，推动专业建设与发展。同时，发挥行业企业和专业教学指导委员会的作用，加强专业教学标准建设，逐步构建专业认证体系，与劳动、人事及相关行业部门密切合作，使有条件的高等职业院校都建立职业技能鉴定机构，开展职业技能鉴

❶ 郭扬. 近年来我国高职教育改革发展的政策导向［J］. 职教论坛，2009（05）A.

定工作，推行"双证书"制度，强化学生职业能力的培养，并明确要求"使有职业资格证书专业的毕业生取得'双证书'的人数达到80%以上"。

课程建设与改革是提高教学质量的核心，也是教学改革的重点和难点。如果说办学模式的改革，重在完善高技能人才培养模式的外部形态建设；那么课程建设与改革则触及了高技能人才培养的内核。这就是突破以学科知识为本位、以学校课堂为中心的传统课程，探索符合高技能人才培养规律的、以就业为导向的新型课程体系❶。《教育部关于全面提高高等职业教育教学质量的若干意见》要求高职院校积极与行业企业合作开发课程，根据技术领域和职业岗位（群）的任职要求，参照相关的职业资格标准，改革课程体系和教学内容。建立突出职业能力培养的课程标准，规范课程教学的基本要求，提高课程教学质量；并提出国家在"十一五"期间将启动1000门工学结合的精品课程建设，带动地方和学校加强课程建设，改革教学方法和手段，融"教、学、做"为一体，强化学生能力的培养；还要加强教材建设，重点建设好3000种左右国家规划教材，与行业企业共同开发紧密结合生产实际的实训教材，并确保优质教材进课堂；重视优质教学资源和网络信息资源的利用，把现代信息技术作为提高教学质量的重要手段，不断推进教学资源的共建共享，提高优质教学资源的使用效率，扩大受益面❷。很多高职院校在这方面都做出了努力和探索。他们根据专业特点进行工作岗位任务分析，确定培养目标，并通过典型工作任务分析确定对应的行动领域，以项目为载体设计专业课程内容；注重翔实可靠的企业调查和产业行业调研，开发具有权威性和科学性的专业教学标准，以及具有区域特性和规范性的课程标准；课程开发基于工作过程而高于工作过程，在基于现实的同时考虑未来行业发展趋势和要求，以及国际先进的创新理念、产品、手段和工作方法，来实现工作过程系统化设计的思路。总之，必须以满足行业用人需求为宗旨，邀请企业专家参与，从职业岗位分析入手，融合职业资格标准，通过行业引导制定人才培养标准，在培养学生的职业能力的同时提高学生的发展能力。

推行与生产劳动和社会实践相结合的学习模式，把工学结合作为人才培养模式改革的重要切入点，带动专业调整与建设，引导课程设置、教学内容和教学方法改革，是教育部对高等职业教育人才培养模式改革的总体要求。具体要求则是：要重视学生校内学习与实际工作的一致性，校内成绩考核与企业实践考核相结合，探索课堂与实习地点的一体化；积极推行订单培养，探索工学交替、任务驱动、项目导向、顶岗实习等有利于增强学生能力的教学模式；引导建立企业接收高等职业院校学生实习的制度，加强学生的生产实习和社会实践等。而通过校

❶ 郭扬，张晨. 基于"高技能人才"培养目标的高等职业教育课程目的解析 [J]. 中国职业技术教育，2008（27）.

❷ 黄尧. 职业教育学——原理与应用 [M]. 北京：高等教育出版社，2009：395.

企合作加强实训、实习基地建设，是高等职业院校改善办学条件、彰显办学特色、提高教学质量的重点。教育部要求高等职业院校按照教育规律和市场规则，本着建设主体多元化的原则，多渠道、多形式筹措资金；紧密联系行业企业，厂校合作，不断改善实训、实习基地条件；特别是"积极探索校内生产性实训基地建设的校企组合新模式，由学校提供场地和管理，企业提供设备、技术和师资支持，以企业为主组织实训；加强和推进校外顶岗实习力度，使校内生产性实训、校外顶岗实习比例逐步加大，提高学生的实际动手能力"。还要求充分利用现代信息技术，开发虚拟工厂、虚拟车间、虚拟工艺、虚拟实验；并提出国家将于"十一五"期间在重点专业领域选择市场需求大、机制灵活、效益突出的实训基地进行支持与建设，形成一批教育改革力度大、装备水平高、优质资源共享的高水平高等职业教育校内生产性实训基地。按照周济的具体要求，高职院校实践教学课时应占总学时的50%以上，生产性实训占实训教学总学时的80%以上，学生顶岗实习不少于半年。2008年的全国职业院校技能大赛首次分高职和中职两个组别进行，成为我国职业教育规模最大、规格最高、覆盖面最广的一大赛事，这也清晰地传递出高等职业教育加强校企合作、深化工学结合、强化技能训练、创新培养模式的改革理念和实践经验正在逐步形成制度化。

而教学过程管理作为提高教学质量的重要手段，高职院校如何加强实践教学过程管理的问题被特别提了出来。教育部要求高等职业院校"强化质量意识，尤其要加强质量管理体系建设，重视过程监控，吸收用人单位参与教学质量评价，逐步完善以学校为核心、教育行政部门引导、社会参与的教学质量保障体系"；并要求各地教育行政部门完善5年一轮的高等职业院校人才培养工作水平评估体系，在评估过程中要将毕业生就业率与就业质量、"双证书"获取率与获取质量、职业素质养成、生产性实训基地建设、顶岗实习落实情况以及专兼结合专业教学团队建设等方面作为重要考核指标。同时，充分发挥国家示范性高等职业院校建设单位的带头作用，使中央财政投入的引导资金实际上成为一种"种子资金"，以有效地推动高职院校按照新时期的新要求进行改革，进一步推动人才培养模式的转型❶，引领全国高等职业院校与经济社会发展紧密结合，强化办学特色，全面提高教学质量。各地要加强对高等职业教育的统筹管理，加大经费投入，制定政策措施，引导高等职业院校主动服务社会，鼓励行业企业积极参与院校办学，促进高等职业院校整体办学水平的提升，逐步形成结构合理、功能完善、质量优良、特色鲜明的高等职业教育体系，保障高等职业教育持续健康发展。

在2007年召开的全国人大十届五次会议上，温家宝在做政府工作报告时指

---

❶ 马树超，郭扬. 关于我国高职教育发展的战略及对策思考 [J]. 职教论坛，2008（01）A.

出："要把发展职业教育放在更加突出的位置，使教育真正成为面向全社会的教育，这是一项重大变革和历史任务"；要"深化职业教育管理体制改革，建立行业、企业、学校共同参与的机制，推行工学结合、校企合作的办学模式"。这是历届政府工作报告中谈到职业教育话题和要求篇幅最大、最有深度，也最有力度的一次，从中可以使人体会到职业教育在整个教育发展中处于优先发展地位的意义。2008 年全国人大十一届一次会议上，温家宝又在政府工作报告中再次强调要"大力发展职业教育。加强职业教育基础能力建设，深化职业教育管理、办学、投入等体制改革，培养高素质技能型人才"。此外，他还在许多场合多次指出"只有职业教育才是真正面向人人的教育"，体现了职业教育应有的开放办学理念。事实上这一时期高等职业教育人才培养模式转型所取得的初步成就，正体现了我国高等职业院校逐步从封闭走向开放的历程。

所谓高等职业教育办学理念的"开放"，主要包含了体系开放、机制开放和模式开放三个层面的含义。一是教育要真正面向全社会，要求高职教育体系的开放。一个处于相对封闭状况下的教育体系是无法胜任"面向人人"的重任的，因此高职院校的办学由封闭转向开放，将是一个重大的历史转变。二是行业、企业、学校共同参与，要求高职教育机制的开放。现实的改革可以说是把十几年前将职业院校从企业剥离又转向学校与企业的重新融合，这种变革的路径呈现一种螺旋式的上升❶。而国家示范性高职院校建设计划的实施，更加证明了高职教育发展的重要依据是经济社会的发展要求，是产业的发展要求。三是工学结合、校企合作，要求高职教育模式的开放。教育部提出高职院校学生毕业前要进行半年时间的顶岗实习，而企业面临的问题是不可能按照学校教育的规律和教学秩序来接受学生培训。在这种情况下，高职院校再也不能封闭在教室里培养人才了，必须加快实行学分制等弹性学习制度。部分示范院校根据专业特点，以工程作业施工期或农作物生长周期来安排教学周期，突破传统教学制度的约束，在强调高职教育教学开放性的同时，采用灵活的学制管理方式，有效提高了实践教学的质量。同时，办学理念的开放还进一步要求高职院校根据区域产业发展谋划自身发展，增强服务地方经济的能力，2008 年汶川大地震后一些示范院校主动为遭受重创的企业提供生产场地和技术培训服务，帮助他们灾后尽快恢复生产，发挥了企业生产预备基地的重要作用。示范院校高职教育服务功能的充分发挥，引领和促进着广大高职院校人才培养质量的全面提高，也使得高职教育的社会声誉不断提高。

2007 年 10 月，胡锦涛在中共十七大报告中进一步明确了"促进国民经济又好又快发展"的战略任务，同时提出了"加快推进以改善民生为重点的社会建

❶ 教育发展研究编辑部. 开放：中国特色职教发展的必由之路 [J]. 教育发展研究，2007（12）A.

设"的六大任务。第一大任务就是"优先发展教育，建设人力资源强国"，其中包括"大力发展职业教育，提高高等教育质量"；第二大任务则是"实施扩大就业的发展战略，促进以创业带动就业"，其中包括"健全面向全体劳动者的职业教育培训制度"。面对这样的新形势、新任务，高等职业教育事业要更好地为现代化建设服务、为人民服务，就必须紧紧抓住落实教育优先发展战略地位的大好机遇，在我国从高等教育大国向高等教育强国的迈进中加快推进人才培养模式的转型，全面提升高等职业教育的教学质量，实现高等职业教育自身的又好又快发展，从而更好地推动建设人力资源强国和扩大就业的发展战略，推动经济社会的又好又快发展。

第三节　国家政策导向下的可持续发展（2008~2010 年）

一、从"水平评估"到"工作评估"

2008 年 4 月，教育部印发《高等职业院校人才培养工作评估方案》，宣告新一轮的高职院校人才培养工作评估正式启动。这次的"工作评估"方案，是在对 2003 年起实施"水平评估"工作进行全面总结和反思基础上推出的一套全新的方案，其目的是为了在新形势下切实促进高职院校加强内涵建设，深化校企合作、工学结合的人才培养模式，推动教育行政部门完善对高职院校的宏观管理，逐步形成以学校为核心、教育行政部门为引导、社会参与的教学质量保障体系，促进高职教育持续、稳定、健康发展。教育部要求各地从 2008 年开始，原则上应依据这个新的"工作评估"方案来开展独立设置的高职院校评估工作，而该方案公布前已进行过"水平评估"的院校和国家示范性高职院校立项建设单位则可在 2010 年后安排评估。同时，要求所有独立设置的高职院校自该"工作评估"方案发布起，每学年度均须按要求填报《高等职业院校人才培养工作状态数据采集平台》；本科院校中举办的高职教育也可根据所在地省级教育行政部门要求，参照此"工作评估"的标准进行建设。

从"水平评估"到"工作评估"，似乎只是字面上少了"水平"二字，但实际上却是对评估内容和范围的拓宽。因为强调"水平"，必然着重对过去的成绩和目前发展状况的评价；而"工作"的内涵却远不仅是"工作水平"所能涵盖的，它既着眼于学校人才培养工作的历史和现状，又更加关注学校人才培养工作未来发展的潜力如何，学校是否能够设计出既有创新意义又符合客观实际的可持续发展思路、目标、战略和规划，而这正是高职教育落实科学发展观的关键之所在❶。因此，新的"工作评估"方案内容不但突出地强化了高职教育"以服务为

---

❶　郭扬．高职院校评估如何从"水平评估"转向"工作评估"[J]．中国高教研究，2008（06）．

宗旨，以就业为导向，走产学结合发展道路"的办学要求和"以评促建、以评促改、以评促管、评建结合、重在建设"的评估方针，而且提出了"静态与动态相结合"的评估原则，明确要求"既要考察人才培养效果，又要注重人才培养工作过程，还要关注学校发展潜力"。开展"工作评估"的基本任务是，围绕影响高职院校人才培养质量的关键因素，通过对人才培养工作状态数据采集平台上的数据分析，辅以现场有重点的考察，全面了解学校的实际情况，对人才培养工作的主要方面做出分析和评价，提出改进工作的意见和建议，引导学校加大对工学结合模式改革的投入，使不断提高人才培养质量成为学校的自觉行动。

与"水平评估"的老方案相比，"工作评估"新方案的重大突破在于已不再是对整个学校的评估，学校多大面积、多少楼房、多大的图书馆等因素只是作为参考数据，不在评估范围之内。教育部高教司将新方案对高职评估的基本定位概括为"评软不评硬，评动不评静"两句话。所谓"评软不评硬"，软的就是人才培养模式，尤其要突出德、才两个方面：一评是否有利于培养学生良好的职业道德，二评是否有利于培养学生的动手能力，要使学生会干活、干好活；而所谓"评动不评静"，则是指评估人才培养模式改革成效，要从人才培养的全过程去考察高职院校和社会经济发展的结合程度，这就需要考察一个完整"时间段"的动态变化情况，而不是仅仅考察评估当时的"时间点"的静态状况❶。为此，新方案运用现代信息技术，建立网络数据库系统，把评估指标的一些关键因素和重点考察内容转化为信息采集点，根据情况变化及时输入和变更相关数据，从而实现了对高职院校人才培养模式的动态评估和立体监测。这样不仅有效解决了大量基础评估信息的采集和整理工作，而且避免了形式主义，把学校和评估专家从材料的海洋中解放出来，把主要精力集中到发现问题、分析原因和研究对策上来，而且有效防止了造假，又不影响师生的正常教学和实践活动。

推出"工作评估"新方案的重要目的，就是要彻底扭转"水平评估"老方案中"本科压缩饼干"的评估导向。第一，在办学方向上，不少高职院校一直在认识上对"升本"与否存在着激烈的争论。刚开始搞示范性院校建设项目时，很多学校"脚踏两条船"，一方面着手准备申办示范性高职院校，另一方面着手准备一旦申报不成便另走升本科的路子。办学目标导向的不明确，导致学校总是在犹豫，而在犹豫的过程中又自觉或不自觉地照搬了本科的人才培养模式。第二，在硬件建设上，许多高职院校的校园校舍和大楼跟普通本科根本没有什么区别，生产实训基地和实验室则大都是在已经盖好的楼房内再去打墙，或者设在很高的一层层的楼房里面，有的交通类院校的路桥实验室、河流、水道的实验室等在盖楼房之前还根本没考虑到要盖成什么样的。第三，在师资队伍上，部分高职

❶ 张尧学. 在新指标体系下扎实开展高职人才培养工作评估［J］. 中国高等教育，2008（15/16）.

院校在师资建设时，总是强调要多少硕士、多少博士、多少教授，而忽视了对实践技能方面的要求。新方案对此进行了改进，强调基础课程和实践课程的两个系统建设，在评估指标体系上从绩效切入，而且是从评估主体对高职院校办学绩效的判断切入，这就将原来的 CIPP 评价模式改变成为一个绩效评价的方案❶。

原来的"水平评估"方案中，评估结论分为优秀、良好、合格、不合格四个档次；新的"工作评估"方案则只分为"通过"和"暂缓通过"。就全国来讲，暂缓通过的学校是极少数，绝大多数的学校都应该是通过的。但是通过了不等于就没有压力，采集平台给学校的压力是长期存在的。另外评估专家给学校的评估结论是根据学校自定的目标来评价的，也就是说，无论学校定出的目标是高还是低，评估专家就用学校自定的目标来衡量学校，为学校查找问题与不足、分析原因并找出对策。由于老方案是在学校提供材料基础上的现场考察，把学校准备的迎评材料作为评估的主要依据；新方案则是建立在状态数据信息采集平台上的现场考察，强调原始、即时、公开、独立四大原则，这也是现代质量管理理念所强调的。所谓"原始"，即每个教师的信息必须由本人负责采集，学校某些职能部门的信息务必指定具体的人负责；"即时"，即信息生成之后必须在一周或者三天内完成输入，要把信息采集平台做成"摄像头"，需要的时候可以随时调出来，另外由于即时的信息构成了连续图像而防止了作假的可能性；"公开"，即信息采集平台面向全社会开放，教育主管部门、学校、教师、学生、家长以及用人单位等都可以看到采集平台，营造"同行看同行，内行看内行"的局面，这就把原来 5 年一轮评估产生的间歇式激励转向持续激励；"独立"，即学校领导不能干预信息采集平台，独立的信息系统与学校内网不能相互替代，若内网需要有相同的信息是由其向信息采集平台索取，而不是相反。

相比"水平评估"指标的"面面俱到"，"工作评估"的方案转为"跳出教育评教育"，真正站在评估主体需求的立场上，根据高职教育面临的形势列出了7 个主要评估指标（即领导作用、师资队伍、课程建设、实践教学、特色专业建设、教学管理、社会评价），主要是把《教育部关于全面提高高等职业教育教学质量的若干意见》中得到大家认可的办学方向和落实这些意见的措施方法，系统地设计成评估指标体系。从结构上看，老方案的评估指标体系是由 7 个一级指标、15 个二级指标和 36 个观察点组成的；新方案的评估指标体系则是 7 个"主要评估指标"、22 个"关键要素"，围绕每个关键要素都有"说明""建议重点考察内容"和"数据库相应编号"。从指标体系内容上看，原方案中的"实践教学""课程建设"由二级指标提升到新方案的一级指标；原一级指标"教学效果"改为"社会评价"，"特色创新"改为"特色专业建设"；并在"实践教学"

❶ 杨应崧. 高等职业院校人才培养工作评估新方案解读 [J]. 中国高等教育评估，2008（04）.

一级指标下，增加了"双证书获取"和建议重点考察内容"特色专业建设规划"。

评估的根本目的是为了发现问题、解决问题，推进学校工作。针对以往存在的有的学校比较看重评估结论、总想要优秀的情况，新评估方案不设"优秀"等级，甚至"通过"和"不通过"的决定权也放在省里，由各省教育主管部门根据当地的实际情况，设定各地的标准。专家组在新评估方案下开展工作的重点是帮助学校诊断和检查写实情况。新的评估指标体系本身是一个模板和系统。它并不具体规定达到多少量化标准，但按它指引的各项努力去做就可以做出特色来。如同样一个专业，有的学校实习可能要一年半，有的学校实习可能只有半年，时间长短应该根据实际需要，既不能强求统一，也不能简单地把时间长短作为评价依据，而应该按指标体系规定的要求输入信息采集系统进行"写实"。这样做的目的要最终实现信息公开，让社会、家长、学生乃至同行等都能够看到，让各方根据公开信息进行判断、得出结论。这是高职教育开放办学思想的体现，也是使评估走向公开、公平、公正，实现预定目标，并取信于师生、取信于社会的关键所在。另外，由于不少负责评估的主管部门和学校仍有很深的本科情结，往往在有意无意中还是想"量化"一些指标朝着本科走，所以新方案在评估指标体系的突出位置明确了高职院校的"办学目标与定位"，要求全日制中职、"三校生"单招、"5年一贯制""3+2"招生、专升本学生、成人高职学历教育学生规模逐渐减少，比例未超过国家规定的上限要求；未举办委托全日制或各类成人本科（含专升本）教育，未组织在校高职生参加各类成人专升本学历教育。这也成为评估高职院校领导的一条重要指标❶。

新的高等职业院校人才培养工作评估方案的实施，标志着高等职业教育人才培养评价机制开始逐步走向完善与成熟，其最明显的特征就在于进一步强化了高职院校人才培养的特色，即凸显它所区别于普通高等教育的特色。从这个意义上讲，特色就是生命，就是竞争力，就是质量。因此，正确认识和把握高职教育的特色，并在高职院校人才培养的实践和人才培养工作评估中强化这些特色，是全面提升高职教育人才培养质量的基础，也是高职教育健康持续发展过程中的重点。

二、从"双师素质"到"双师结构"

高等职业教育要培养社会经济发展需要的高素质技能型专门人才，必须实行开放式办学，社会化是必由之路，因此，教师队伍结构也必须多样化、社会化。学校要向社会开放，根据需要广泛聘任企业专业技术人员担任兼职的专业教师，

---

❶ 张晨. 以人才培养工作评估推进高职院校改革的政策思路［J］. 职教论坛，2009（06）A.

这样：一是有利于解决急需，特别是技能方面有特殊要求时能够提供满足要求的实践教学；二是有利于保证具有较高、较先进的专业水平；三是有利于适应专业迅速变换的需要，提高办学效益和教学效益；四是有利于增进学校与社会的联系，打破学校封闭的办学体系，形成以社会需要为中心的办学机制，促进校企合作❶。因此，高职院校要在密切产学合作的基础上建立稳健的"双师结构"教学团队，使学校专任教师和企业兼职教师逐步实现相对分工合作、术有专攻、各司其职，同时建立有效的人事分配管理机制，规范考核、激励措施，保证教师队伍不断充实力量、完善结构、提高水平。

由于受传统高等学校教师队伍建设的影响，长期以来我国高职院校教师以学术、研究型为主，缺乏企业实践和技能；教师注重课堂理论知识传授，强调知识的系统性、完整性，而忽视职业素养和职业能力培养。随着经济和产业技术的快速发展，企业对人才要求发生了变化，高职院校生源也发生了很大变化，而传统专科教育的教师结构、教学方法、考试内容发展滞后；教材编写、出版周期过长，内容陈旧。教学改革与发展滞后于现代技术发展和社会进步，满足不了学生发展的需要，传统的教师队伍及能力结构很难适应新的要求。因而必须在密切产学合作的基础上，建立"双师结构"的专业教学团队，以适应工学结合教学的需要❷。"双师结构"建设的重点，一是聘请行业企业的专业人才和能工巧匠担任兼职教师，加大兼职教师的比例，提高行业企业专家兼职授课的比例，同时制定对兼职教师的比例和聘用管理办法，使之具有制度保障。二是增加专业教师中具有企业工作经历的教师比例，既要重视安排现有专业教师到企业顶岗实践，积累实际工作经历，提高实践教学能力；同时又要加大人才引进工作的力度，根据办学特点和专任教师队伍建设的需要，通过向社会公开招聘、引进等方式，特别注重从生产一线引进或聘用一批学历层次高、实践经验丰富的专业技术人才。三是建立"双师结构"队伍的保障制度，一方面逐步明确高职院校教师的企业实践经历要求，拓宽在职教师提高社会实践能力的培训渠道；另一方面建立"双师素质"教师的资格认定与职称评审，明确兼职教师的激励政策和措施，完善兼职教师的比例结构以及聘用制度，逐步建立"双师结构"教师队伍的制度保障体系。同时，要加快改革专任教师与兼职教师的人事分配管理制度，充分发挥兼职教师作用，鼓励行业企业参与高职教育办学与教学。在这方面，国家高等教育主管部门相继制订与完善了一系列的政策措施，形成了积极的政策导向。

第一，国家级优秀教学团队建设项目。这是教育部、财政部在高等学校本科教学质量与教学改革工程中设立的，2007 年开始实施时高职院校与普通本科院校采用同一基本要求。自 2008 年起，在国家级优秀教学团队的评审要求中开始

❶ 杨金土，孟广平，严雪怡，等．论高等职业教育的基本特征 [J]．教育研究，1999（04）．

❷ 郭扬，陈娟．高职院校师资队伍建设水平的初步分析 [J]．职教论坛，2007（12）A．

将本科院校和高职院校分开单列，突出了高职教育教学团队与本科不同的特点与要求。一是"'双师结构'的团队组成"，主要由学校专任教师和来自行业企业兼职教师组成，以专业（群）建设作为开展校企合作的工作平台，开发、设计和实施专业（群）人才培养方案，人才培养和社会服务成效显著。二是"专兼结合的制度保障"，通过校企双方的人事分配和管理制度，保障行业企业兼职教师的来源、数量和质量以及学校专任教师企业实践的经常化和有效性；根据专业（群）人才培养需要，学校专任教师和行业企业兼职教师发挥各自优势，分工协作，形成公共基础课程及教学设计主要由专任教师完成、实践技能课程主要由具有相应高技能水平的兼职教师讲授的机制。三是"带头人"，善于整合与利用社会资源，通过有效的团队管理，形成强大的团队凝聚力和创造力；能及时跟踪产业发展趋势和行业动态，准确把握专业（群）建设与教学改革方向，保持专业（群）建设的领先水平；能结合校企实际、针对专业（群）发展方向，制订切实可行的团队建设规划和教师职业生涯规划，实现团队的可持续发展。四是"人才培养"，在实施工学结合人才培养过程中，团队成为校企合作的纽带，通过学校文化与企业文化的融合、教学与生产劳动及社会实践的结合，将学校教学管理延伸到企业，保障学生半年顶岗实习的效果，实现高技能人才的校企共育；专业（群）毕业生职业素养好，技能水平高，深受用人单位欢迎，社会认可度高。五是"社会服务"，依托团队人力资源和技术优势，开展职业培训、技能鉴定、技术服务等社会服务，具有良好的社会声誉。从 2008 年开始将高职教学团队基本要求单列可以看到国家在政策层面指明了高职师资队伍建设的改革方向，尤其是突破了仅仅要求教师个人具备"双师素质"的认识局限，而对整个教学团队提出了"双师结构"要求，这是在日新月异的技术革新和产品升级环境下，通过完善教师团队的知识技能结构，保持高职教育"先进性"的重要手段，在认知层面一举突破了高职师资队伍建设的瓶颈制约，使高职教育的就业导向性特征和产业性、职业性、实践性特征充分得以显现。同时，明确了专业带头人必须具备资源整合能力和专业建设能力，强调了教学团队在工学结合人才培养中的纽带作用和社会服务功能，并突出了高职教师来源的"专兼结合的制度保障"要求。这些对于高职院校的教师聘任和教师管理制度建设，都起到了良好的政策导向作用。

第二，高等学校教学名师奖评选表彰工作。这是教育部从 2003 年开始组织实施的，2006 年曾下发了一个作为征求意见稿的评选指标体系，但并没有本科院校与高职院校的指标体系的区分；2007 年修订后的评选指标体系分为本科部分和高职高专部分，高职院校的教学名师评选开始有了自己独立的评选指标和标准；2008 年，教育部对高职高专部分的评选指标体系又进行了一次新的修订，进一步凸显了高职院校教学名师的特点，对高职教育师资队伍发展的导向作用非常明显。例如，强调了教学名师的教学经历，新增了"具有5年以上高职高专教学经历"的要求，以及"与行业企业合作""统筹规划专业顶岗实习安排，落实相应教学与管理""积极探索校企合作、产学结合的教学组织形式""在工学结合、生产性实训、顶岗实习等方面有创新举措"等整合资源和教学创新的能力。特别是在2008年新版的指标体系中，对旧版的指标内容进行了大量的修订和完善，新增了重视教学队伍"双师结构"建设，能够有效吸引行业企业一线技术骨干积极参与专业技能人才培养；指导专业教师及时跟进一线用人部门对本专业技术领域高技能人才的能力需求，切实履行制度要求，帮助落实专业教师定期到相应企业进行生产实践等多项内容，使教学名师的责任更加具体，更加注重了教学名师对于"双师结构"教学团队建设的引领和提升作用❶。

第三，高等学校精品课程建设项目。最初，高职院校也是与本科院校共用一套精品课程评审指标体系，到2007年专门制定一套独立于普通本科课程的高职高专精品课程评价标准，再到2008年对高职精品课程评价标准的修订，国家高职精品课程的职业性特点更加鲜明，更加体现了政策对高职教育课程改革的导向作用。从2008年度的高职国家精品课程评审指标来看，更加突出了工学结合的特色。其中对于教学队伍的评价，除了主讲教师评价以外，突出了教学队伍结构的评价，主要就是考察课程的"双师结构"和专兼职教师比例，评价的标准是被评价课程的专任教师中"双师素质"教师和有企业经历的教师比例、专业教师中来自行业企业的兼职教师比例符合课程性质和教学实施的要求；行业企业兼职教师承担有适当比例的课程教学任务，特别是主要的实践教学任务❷。

总之，在校企合作的管理平台下，高职教育的师资队伍建设既要重视专任教师"双师素质"的培养，更要将打造"双师结构"专业教学团队作为重点，这样才能优化形成一支实质性的"双师型"队伍。随着课程体系与教学内容改革的深入，传统的教师队伍及能力结构都明显不能适应新的要求，成为制约高职教育持续发展的最根本的障碍。只有在密切产学合作的基础上建立稳健的"双师结构"专业教学团队，使高职院校专任教师与来自行业企业第一线兼职教师相结合，形成新的师资队伍组织模式，才能实现高职院校在人才培养问题上的质的突破。这样，根据专业（群）人才培养需要，学校专任教师和行业企业兼职教师发挥各自优势，逐步实现分工协作、术有专攻、各司其职，形成公共基础课程及教学设计主要由专任教师完成、实践技能课程主要由具有相应高技能水平的兼职教师讲授的机制，同时创建有效的人事管理制度，规范考核、运用激励，保证教师队伍不断充实力量、完善结构、提高水平，有效提高人才培养质量。因此，提出"双师结构"概念及折算方式，是高等职业院校人事、师资队伍建设的重大

---

❶ 胡秀锦. 关于高职院校教师队伍建设的政策变革［J］. 职教论坛，2009（05）A.

❷ 胡秀锦. 高职院校国家精品课程评审中体现的政策变化［J］. 职教论坛，2009（6）A.

制度性改革，对于推进高等职业教育科学发展具有重大的意义❶。

三、育人为本：从"学会生存"到"面向未来"

高等职业教育与其他各级各类教育一样，立德树人是其最为根本的任务，必须坚持育人为本，德育为先，促进学生全面发展。高等职业教育特定的培养目标，是面向生产、建设、服务和管理第一线需要的高素质技能型专门人才。从对用人单位进行的多次调研情况来看，绝大多数企业对这类人才的第一要求并非知识和技能，而是职业道德方面的水准，他们总是将人品、敬业、责任感作为聘用员工的先决条件。这就是说，职业道德素质已经成为高等职业教育人才培养的第一质量。因此，高等职业院校必须把职业道德教育融入人才培养的全过程，重视培养学生的诚信品质、敬业精神和责任意识，在此基础上强化学生的实际操作训练，帮助学生掌握职业岗位（群）所必备的技术应用能力，增强就业竞争力。在努力提高职业道德教育的针对性和有效性的同时，为了提高学生在未来社会的持续发展能力，还要教育学生树立终身学习理念，提高学习能力，让学生在掌握必需、够用的基础知识和专门知识的基础上，学会学习，学会交流沟通和团队协作，提高创新精神、实践能力和创业意识，增强社会适应能力。

2008年下半年起，由于受全球金融危机的影响，我国全年GDP增幅明显回落，高校毕业生就业压力陡然增大。由于国际金融危机加速从虚拟经济向实体经济、从发达国家向新兴经济体和发展中国家蔓延，对我国经济和就业的影响更加明显。教育部从有关省市和高校初步了解到的毕业生需求情况看，当前经济形势变化对一些地区、行业的高校毕业生就业已经产生一定程度的不利影响。而全国高校毕业生总量压力继续增加，就业所面临的形势十分严峻，工作任务十分艰巨。2009年1月，温家宝主持召开国务院常务会议对做好高校毕业生就业工作进行专门部署，指出必须把高校毕业生就业摆在就业工作的首位并研究确定了加强高校毕业生就业工作的7项措施，其中包括在高等职业院校实施毕业证书和职业资格证书"双证书"制度。教育部在深入学习实践科学发展观活动中，也把积极促进大学生就业作为教育为人民服务、办人民满意教育的重要举措，以"非常时期、非常决心、非常举措"全力以赴促进高校毕业生就业，在各部门和各地政府的共同努力下取得显著成效，其中的重点工作之一就是高等职业教育的改革进一步深化，毕业生就业率有了较大幅度提升。由于高职院校进一步以就业为导向深化教育教学改革，大力开展校企合作、订单式培养、顶岗实习，强化实践环节，毕业生就业能力不断提高；同时各高校不断加大投入，积极开拓就业市场，大力加强就业指导，使得高职毕业生初次就业率逐年增长，全国一半以上省份的

❶ 马树超，范唯. 以专业改革与建设践行高职教育科学发展［J］. 中国高等教育，2009（08）.

高职就业率已经超过本科就业率。根据2009年4月人大会议《国务院关于职业教育改革与发展情况的报告》，全国高等职业院校共有1184所，年招生规模达到310多万人，在校生达到900多万人，毕业生首次就业率达到68%，其质量得到行业企业和社会的广泛认同。

2009年1月，温家宝在江苏考察工作时来到常州市高等职业教育园，当他听到介绍说这个高职教育园区建立了100多个实习、培训基地和技术研发中心时高兴地说这条路走对了，又鼓励常州信息职业技术学院的同学们"在职业学校学习，不仅要懂知识，还要掌握技能，更要学会生存。"❶ 他说："职业教育是我们整个教育中非常重要的组成部分，如果说，从小学到中学到大学，能够面向人人的，就是职业教育。为什么？因为职业教育直接为经济社会发展服务，为着每个学生的就业。职业教育还可以使在职的工人和技术人员进行深造，实行终身教育，所以它是面向全社会，面向人人的教育。过去很长一段时间，社会上对职业教育不是那么重视，有些同学也认为上职业学校比上一般大学好像要低一点，其实不然，在应对金融危机以及扩大就业这个问题上，职业教育就显示出它的优势，因为你们不仅懂得理论，懂得知识，你们还会动手，还会技术，这是你们的优势，你们（教室）后面写了三句话：学会聆听、学会沟通、学会学习，还不够，还要学会生存。在任何条件下，特别是在艰难困苦的情况下，要学会生活。"他认为"职业学校的学生，应该是会动脑和会动手的人，是知识与技术相结合的人，是复合型的人才，你们从校门出去后，企业马上就可以用，甚至不用通过实习和见习的阶段，这就是你们的优势。"并鼓励说："你们是高等职业学校，你们培养高层次职业生产技能人才，我们还要在全国办许多多层次的职业技术学校""在职业学校出来的同学们，会涌现大批的人才，你们懂得知识，懂得技能，懂得生存的道理，而且有克服困难的勇气，在学校几年学习过程中还磨炼了意志，这对于你们一生都是有益的。"❷

事实上，"学会生存"本来就应当是职业教育的题中应有之意。高职教育如何使学生真正学会和掌握生存的本领，关键取决于高职院校以就业为导向的深化改革和内涵发展。金融危机以后，劳动密集型的低端产品必然会逐步退出市场，企业必然要考虑怎样生产自主创新的高质量产品，这样高职院校培养的高技能人才就必然会有用武之地。人才市场的变迁不可避免地会大浪淘沙，使高职院校中的"金子"显露出来，进而淘汰掉表面上令人眼花缭乱的各种虚幻的东西，切切实实地提高学校的办学能力，从而使学校进入内涵式发展的轨道。许多高职院校的负责人已经在思考这一问题，在盯紧就业率的同时，也盯着学生的就业质

❶　赵承，郭奔胜.温家宝在江苏：让扩内需、保增长的各项措施早见成效——温家宝总理在江苏考察工作纪行［N］.人民日报，2009-01-12.

❷　郭扬.促进高职院校毕业生就业的政策导向［J］.职教论坛，2009（06）A.

量，就业质量和学生可持续就业能力才是真正体现高职作用的地方，这也正是我国高职教育未来的方向。

贯彻落实科学发展观，核心是以人为本。以人为本，体现了发展的根本目的，也体现了发展根本的动力所在。人们常说，就业工作是民生工程，高等职业教育必须坚持为人民服务的根本宗旨，坚持以就业为导向办好人民满意的教育，而抓好学生就业工作就是办好人民满意的高职教育的一个重要方面。如何满足人民群众对高等教育大众化的需求，努力提供"高质量、低收费、好就业"的高等职业教育，广大高职院校正在积极进行探索实践，通过加强校企合作，由学校为企业提供人才，企业帮学校创新人才培养模式，使学生在以就业为导向的教育教学过程中实实在在地"学会生存"。从国家示范性高职院校建设计划的实施情况来看，各示范院校都正在积极努力地探寻校企合作的切入点，进一步推进工学结合人才培养模式，不断提高高职院校的社会服务能力。这不仅是为了在金融危机蔓延的情况下帮助学生应对就业难关，更是为了面向未来，为了长远的学生个人职业生涯和整个国家经济社会的可持续发展❶。高职院校的根本任务是立德树人，培养高素质技能型专门人才必须坚持德育为先，将社会主义核心价值体系融入教育全过程，特别是要联系学生就业实际加强职业指导和就业服务工作。高职院校要切实尊重学生的主体地位，坚持将育人作为高职教育的出发点和落脚点，高度重视学生的职业生涯规划设计，强化职业指导和就业服务工作，以充分发挥学生主体性，激发学生学习主动性，促进学生自我教育、自我管理、自我发展，提高就业质量。

2009 年，在金融危机给我国经济和就业带来严重不利影响，而普通高校毕业生总量达到 611 万的历史新高的情况下，全国一半以上省份的高职毕业生就业率超过或与本科毕业生就业率持平，高职院校毕业生就业率达到 90% 以上。其中，百所国家示范性高职院校毕业生的一次就业率超过 96%。自 2006 年国家示范性高职院校建设计划实施 3 年来，中央财政分期投入 24.3 亿元专项资金，带动地方财政投入 60 余亿元，以及行业企业投入近 15 亿元，重点支持这些立项院校改革和建设，取得了明显成效。高职院校单独招生试点的报考人数达到计划招生数的 5.3 倍，教学仪器设备总值由原来的 17 亿元增长到 90 亿元，增长了 4.3 倍❷，并且实现了 4 个方面的翻番：一是和示范院校有合作协议的企业数翻番，由 1.2 万个增长到 2.4 万个，充分体现了校企合作在整个高职教育改革中的旗帜作用；二是示范院校中来自行业企业的兼职教师数及其任课时数翻番，兼职教师

❶ 马树超，郭扬，等. 中国高等职业教育——历史的抉择 [M]. 北京：高等教育出版社，2009：300.

❷ 李丹. 百所示范高职院校就业率达 96%，一半以上省份高职就业率超本科 [N]. 中国教育报，2009-11-27.

由 1.35 万人增长到 2.6 万人，其任课时数从 140 万增长到 207 万，标志着高职院校 "双师结构" 的教学团队建设迈出了实质性步伐；三是示范院校为企业的研发科技服务翻番，整个研发科技服务的资金总量从 2.7 亿元增长到 6.7 亿元，高职院校的社会服务能力得到显著增强；四是示范院校对口支援的地区数和院校数都实现了翻番，对口支援的地区数由 247 个增长到 495 个，学校数从 460 个增长到 920 个，这对实现跨区域优质高职教育资源共享、促进地区间高职教育协调发展具有重大战略意义❶。另据一项调查，示范性高职院校毕业生的创业比例达 1.5%，明显高于本科毕业生 0.8% 的创业比例，说明示范建设取得的成就在一定程度上改变了学校抱怨企业对校企合作不热心的尴尬，也为开展创业教育创造了良好条件，为毕业生创业打下了坚实基础❷。总之，社会各界对示范建设效果反应良好，可以说初步确立了一条符合我国国情、适应我国社会经济可持续发展需要的高等职业院校建设发展之路。2009 年 12 月，胡锦涛在广东考察工作时专门前往珠海市高级技工学校，在实训室与正在进行操作练习的学生和在这里接受培训的退役士兵深入交谈，勉励他们不断提高就业本领，更好地适应社会需要；在实习工厂关切询问中德职业培训中心的德国籍实习教员在华工作和生活的情况，感谢他为推动中国职业教育发展和增进中德友谊所做出的贡献；在一台台机床和工作台前一边听介绍一边观看学生操作，还拿起锉刀亲自锉起一个零件；并对围拢在身边的学生语重心长地说："没有一流的技工，就没有一流的产品。现在我国技术工人特别是高级技工非常匮乏。希望同学们刻苦学习文化科学知识，潜心钻研专业技能，努力成为高素质技能型人才。"❸

2010 年 2 月 28 日起，《国家中长期教育改革和发展规划纲要（2010～2020年）》（以下简称《规划纲要》）开始向全社会公开征求意见。这一规划纲要的制定工作于 2008 年 8 月底开始启动，经过一年多的时间，在动员各方面力量开展广泛深入调研的同时，通过多种形式，采取开放式的办法广纳群言、广集众智，反复论证，数十次易稿，形成了初稿。《规划纲要》"按照面向现代化、面向世界、面向未来的要求，适应全面建设小康社会、建设创新型国家的需要，坚持以育人为根本，以改革创新为动力，以促进公平为重点，以提高质量为核心，全面实施素质教育，推动教育事业在新的历史起点上科学发展，加快从教育大国向教育强国、从人力资源大国向人力资源强国迈进"，提出了 "到 2020 年，基本实现教育现代化，基本形成学习型社会，进入人力资源强国行列" 的战略目标。

❶ 谢洋. 国家高职示范校建设 3 年取得 4 个翻番 [N]. 中国青年报，2009-11-30.

❷ 袁新文. 高职生创业比例是本科生的近两倍——"自己当老板"的路有多宽 [N]. 人民日报，2009-12-16.

❸ 孙承斌，邹声. 殷殷南粤情，切切话创新——记胡锦涛总书记在广东珠海考察工作 [N]. 人民日报，2009-12-22.

教育部部长袁贵仁指出："育人为本是教育改革发展的核心，促进公平和提高质量是教育改革发展的两大工作重点，优先发展和改革创新是实现重要任务的两大重要保证。"他表示，我们国家已经实现了从人口大国向人力资源大国的转变，现在正在开始一项伟大的工作，就是实现从人力资源大国向人力资源强国迈进。由小变大，非常不容易；由大变强，改变目前我们这种"大而不强"的局面，更加艰难。实现十年的目标，进入人力资源强国行列，使命光荣、责任重大。

　　为此，《规划纲要》再次强调了"大力发展职业教育"和"增强职业教育吸引力"，提出职业教育要面向人人、面向社会，着力培养学生的职业道德、职业技能和就业创业能力。到 2020 年，形成适应发展方式转变和经济结构调整要求、体现终身教育理念、中等和高等职业教育协调发展的现代职业教育体系，满足人民群众接受职业教育的需求，满足经济社会对高素质劳动者和技能型人才的需要；并要求统筹中等职业教育与高等职业教育发展，把提高质量作为重点，以服务为宗旨，以就业为导向，推进教育教学改革，实行工学结合、校企合作、顶岗实习的人才培养模式。同时，要实现更高水平的普及教育，使高等教育大众化水平进一步提高，到 2020 年，毛入学率从 24.2% 达到 40%，新增劳动力平均受教育年限从 12.4 年提高到 13.5 年，主要劳动年龄人口平均受教育年限从 9.5 年提高到 11.2 年，其中接受高等教育的比例达到 20% 以上，具有高等教育文化程度的人数比 2009 年翻一番，从 9830 万人增加到 19500 万人。高等教育在学总规模要从 2979 万人增加到 3550 万人，在校生从 2826 万人增加到 3300 万人，其中研究生从 140 万人增至 200 万人，高等职业教育在校生从 1280 万人增至 1480 万人。从业人员继续教育，则要从 16600 万人次增加到 35000 万人次。还要不断优化高等教育结构，优化学科专业和层次、类型结构，重点扩大应用型、复合型、技能型人才培养规模，加快发展专业学位研究生教育；并促进高校办出特色，建立高校分类体系，实行分类管理，发挥政策指导和资源配置的作用，引导高校合理定位，克服同质化倾向，形成各自的办学理念和风格，在不同层次、不同领域办出特色，争创一流。而在完善高等学校考试招生制度方面，则提出了逐步实施高等学校分类入学考试的新思路："高等学校普通本科入学考试由全国统一组织；高等职业教育入学考试由各省（自治区、直辖市）组织"，并要求"探索高等职业学校自主考试或根据学业水平考试成绩注册入学；探索自主录取、推荐录取、定向录取、破格录取的具体方式；探索缩小高等学校入学机会区域差距的举措等"，体现了国家层面上加强制度设计、改革考试办法、强化政策引导，逐步形成体现终身教育理念、中等和高等职业教育协调发展的现代职业教育体系，促进职业教育与高等教育、继续教育的衔接，构建人才成长的"立交桥"，满足人民群众的多样化学习需求。

　　面向未来，面向世界，面向现代化，中国高等职业教育事业正站在一个新的历史起点上。在深入贯彻落实科学发展观、加快经济发展方式转变、构建社会主义和谐社会、建设人力资源强国和高等教育强国的历史新阶段，我们的高等职业教育必须继续坚持以服务为宗旨、以就业为导向、走产学研结合发展道路的办学方针，努力构建学校与企业合作育人、合作办学、合作就业、合作发展的长效机制，深化改革，加强建设，提高质量，优化结构，强化特色，凸显成效，完善工学结合培养模式，增强学生就业创业能力，逐步形成具有世界水平的中国特色社会主义现代高等职业教育体系，为经济建设和社会发展提供强有力的高素质技能型专门人才支撑和智力支持。

第十四章　2011~2020年：走进新时代
——高职教育质量发展与展望

自《国家中长期教育改革和发展规划纲要（2010~2020年）》要求"建立高等学校质量年度报告发布制度"后，2011年《教育部关于推进高等职业教育改革创新　引领职业教育科学发展的若干意见》即提出"各地和各高等职业学校都要建立人才培养质量年度报告发布制度"，当年共有20个省（直辖市、自治区）和新疆生产建设兵团以及237所高等职业学校撰写并在中国高职高专教育网上公布了人才培养质量年度报告。全国高职高专校长联席会议和教育部职业教育与成人教育司委托第三方机构成立了报告调研编写工作组，运用实证研究的方法，在开展大量实地考察、查阅资料、数据分析、访谈交流等多种活动基础上撰写完成了第一份《中国高等职业教育人才培养质量年度报告》（后更名为《中国高等职业教育质量年度报告》）❶，并首次以第三方视角向全社会发布。由此，在国家层面上也开始形成了每年公开发布系列年度报告的制度。2017年，国务院总理李克强对《中国高等职业教育质量年度报告》的相关报道做出批示，指出高职院校对促进就业创业提供了有力支撑，并要求教育部会同有关部门进一步完善政策措施，积极支持高职院校提升办学质量，培养更多符合社会需要和产业升级方向的技术技能人才，这也利于推动脱贫和社会公平。❷

第一节　高职教育概览与历程——质量年报首发的背景(2011年)❸

2011年是我国高等职业教育人才培养质量报告发布的第一年，将与1980年、1999年和2006年共同记入中国高等职业教育发展的历史。200多所高职院校和20多个省级教育部门公开发布高等职业教育人才培养质量报告，中央财政重点

---

❶　该报告系由教育部职业教育与成人教育司和全国高职高专校长联席会议委托的年度系列研究项目（主编：马树超、王伯庆，编委：郭扬、张晨、郭文富、任君庆、经贵宝、李建民、肖鹏程、王启龙等），自2012年至2019年持续八年公开发布，并于2015年获第三届中国职业技术教育科学研究成果一等奖，2016年获第四届全国教育科学研究成果三等奖。

❷　上海市教育科学研究院，麦可思研究院.2018中国高等职业教育质量年度报告［R］.北京：高等教育出版社，2018：97.

❸　本节内容为参与主要执笔的《2012中国高等职业教育人才培养质量年度报告》（上海市教育科学研究院、麦可思研究院编著，外语教学与研究出版社2012年版）"概览与历程"部分。

支持专业建设由点到面，部分院校纵向科研经费大幅增长，有的院校突破 2000 万元，标志着高等职业教育努力贯彻落实《国家中长期教育改革和发展规划纲要（2010～2020 年）》，全面提升质量，增强服务能力，走上新的历史起点。

高等职业教育是我国教育改革发展中产生的高等教育新类型。中国特色的高等职业教育横跨了高等教育和职业教育两大领域，为广大适龄青年提供进入高等学校并掌握就业技能的机会，为中国高等教育由精英教育阶段进入大众化教育阶段发挥了决定性作用。

一、中国的高等职业教育

中国的高等职业教育具有以下特点：

（1）高等教育中主要实施专科学历教育的高等学校教育。中国特色的高等职业教育，是建立在高等学校教育框架基础之上的，目前处于普通高等教育（全日制高等学校教育）中的专科学历层次，这是基于中国基本国情的战略选择。近年来，中国大力发展高等职业教育，2011 年具有普通高等学历教育招生资格的高等职业学校❶数量达到 1276 所，占普通高等学校总数的 60%。

（2）职业教育中以招收应届高中毕业生为主的全日制教育。高等职业教育主要面向广大适龄青年，是为他们提供进入高校学习并获得就业技能机会的职业学校教育。招收对象主要是应届高中毕业生和中等职业学校毕业生，学制一般为 3 年；学生毕业后颁发正规的高等学校学历证书。2011 年全国普通高职院校招生数为 325 万人，占普通高等学校招生总数的 47.7%。

（3）培养目标是生产、建设、服务、管理一线的高技能人才。高等职业教育作为高等教育发展中的一个类型，其肩负的使命是培养面向生产、建设、服务和管理第一线需要的高素质技能型专门人才，在我国推进工业化、城镇化和新农村建设中具有不可替代的作用。高技能人才处于技能型人才的高端，故又被称为高端技能型人才。他们首先要具备以德为先的基本素质，同时要具备通过职业教育掌握的就业技能，以及通过高等教育积累的专门化知识底蕴。

（4）以政府为主导，以学校为主体，校企合作共同育人。高等职业教育正在不断完善"政府主导、依靠企业、充分发挥行业作用、社会力量积极参与，公办与民办共同发展"的多元办学格局。积极推行与生产劳动和社会实践相结合的学习模式，带动专业调整与建设，引导课程设置、教学内容和教学方法改革，不断推进合作办学、合作育人、合作就业、合作发展的体制机制，形成了以学校为主体、校企合作共同育人的基本培养模式。

（5）以服务为宗旨，以就业为导向，走产学研结合发展道路。高等职业学

———————————————

❶ 本系列报告中"高等职业学校"指独立设置的各类全日制高职高专院校，包括高等专科学校、职业技术学院和职业大学等。

校主动适应经济和社会发展需要，以就业为导向确定办学目标，找准学校在区域经济和行业发展中的位置，坚持培养面向基层生产第一线与实际工作现场所需要的"下得去、留得住、用得上"，实践能力强、具有良好职业道德的高技能人才。同时，高等职业学校注重与行业对接，坚持走产学研结合的办学道路，产学研结合的理念、机制和途径在办学过程中得到充分的体现。

二、从举旗起步到法律地位确认（1980~1998 年）

改革开放初期，为解决地方应用型人才严重匮乏和高等教育资源严重短缺问题，部分中心城市举办了一批以"收费、走读、不包分配"为主要特点的地方短期职业大学，率先打出了"高等职业教育"的旗帜。1985 年，《中共中央关于教育体制改革的决定》明确要求积极发展高等职业技术院校，改变专科、本科比例不合理的状况。1994 年，全国教育工作会议提出"通过现有的职业大学、部分高等专科学校和独立设置的成人高校改革办学模式，调整培养目标来发展高等职业教育。仍不满足时，经批准利用少数具备条件的重点中等专业学校改制或举办高职班等方式作为补充"，即后来被统称为"三改一补"的基本方针，拓展了高等职业教育的发展路径。

1996 年《中华人民共和国职业教育法》颁布，明确职业学校教育分为初等、中等、高等职业学校教育，"高等职业学校教育根据需要和条件由高等职业学校实施，或者由普通高等学校实施"，在我国历史上第一次确立了高等职业教育和高等职业学校的法律地位。1998 年《中华人民共和国高等教育法》颁布，进一步明确了高等职业教育和高等职业学校在我国高等教育体系中的法律地位。

三、从规模扩张到发展方向定位（1999~2005 年）

世纪之交，我国经济快速发展、社会加快转型，人民群众对高等教育需求和高等教育资源供给的矛盾日趋突出。1999 年，《中共中央国务院关于深化教育改革全面推进素质教育的决定》明确提出"高等职业教育是高等教育的重要组成部分，要大力发展高等职业教育"，高等职业教育成为高校扩招的主力军，招生规模连年增长。

2004 年，《教育部关于以就业为导向 深化高等职业教育改革的若干意见》明确了高等职业院校必须坚持的办学方针和培养目标，即以服务为宗旨，以就业为导向，走产学研结合的发展道路，主动适应经济和社会发展需要，以就业为导向确定办学目标，找准学校在区域经济和行业发展中的位置，加大人才培养模式的改革力度，坚持培养面向生产、建设、管理、服务第一线需要的"下得去、留得住、用得上"，实践能力强、具有良好职业道德的高技能人才。2005 年，国务院召开第六次全国职业教育工作会议，提出建设百所示范性高等职业院校，高等职业教育迎来了重要的战略机遇期。

四、从示范引领到全面质量提升 (2006~2011年)

2006年，《教育部 财政部关于实施国家示范性高等职业院校建设计划 加快高等职业教育改革与发展的意见》和《教育部关于全面提高高等职业教育教学质量的意见》联袂颁布，标志着国家高职教育政策在强化特色、加快改革、提高质量方面的重点引导。示范性高等职业院校建设计划的实施，促进了人才培养模式改革，强化了高职教育模式改革的政策导向，引领高等职业教育走出一条不同于普通大学的类型之路，高等职业学校显示出空前活力和勃勃生机。在金融危机给我国经济发展带来严重不利影响和普通高校毕业生总量达到历史新高的双重压力下，高等职业教育显示出其特有的生机活力，高等职业学校毕业生就业率连年提高。

2011年，为贯彻落实《国家中长期教育改革和发展规划纲要（2010~2020年)》关于建设现代职业教育体系的要求，教育部先后发布《关于推进中等和高等职业教育协调发展的指导意见》和《关于推进高等职业教育改革创新 引领职业教育科学发展的若干意见》等重要文件，提出高等职业教育要以提高质量为核心，以增强特色为重点，以合作办学、合作育人、合作就业、合作发展为主线，努力建设中国特色、世界水准的高等职业教育。中央财政投入20亿元，实施全国高等职业学校提升专业服务能力项目，以点带面，在示范建设的良好基础上普遍提高专业的社会服务能力，高等职业教育进入全面质量提升的历史新阶段。

第二节 建立国家高职教育质量年报制度的
探索 (2012~2013年)❶

进入21世纪的第二个十年，我国职业教育改革发展的政策重点，正在从以规模发展为重转向现代职业教育体系建设。这是我国经济社会发展新形势对职业教育的新要求新期待，反映了新时期发展职业教育的新型质量观，迫切需要形成新型的职业教育评价体系。

一、建立国家高职教育质量年报制度的宏观背景

2011年，中央经济工作会议要求加快推进经济结构调整，增强自主增长能力，壮大实体经济，把经济发展建立在提高人力资本质量的基础上；2012年，

❶ 本节内容选自2012~2016年参与教育部哲学社会科学研究重大课题攻关项目"职业教育质量评价体系研究"（编号：11JZD038，总课题组长：周志刚）的制度和政策专题研究报告（子课题组长：马树超），以"建立国家职业教育质量年报制度的实践探索"为题发表于《职教论坛》2013年第25期。

国务院《质量发展纲要（2011~2020年）》（国发〔2012〕9号）提出到2020年，建设质量强国取得明显成效，质量基础进一步夯实，质量总体水平显著提升，质量发展成果惠及全体人民。当前，人民群众对质量的需求正在日益增长，衣、食、住、行各方面都讲求质量，很多社会问题的发生也与质量密切相关，产品质量、工程质量、服务质量、管理质量、生活质量都是社会关注的焦点。作为与经济社会发展紧密相关、以培养高素质技术技能型人才为主要目标的职业教育，需要进一步加强质量评价工作，推进标准化、认证认可以及检验评估能力建设，不断完善有利于职业教育质量发展的体制机制。

自1985年《中共中央关于教育体制改革的决定》提出要"调整中等教育结构，大力发展职业技术教育"后的20多年来，我国职业教育实现了"跨越—转型—提升"式的发展❶。但是，由于经济高速发展、社会快速转型等诸多原因，我国的职业教育发展还是处于"兴奋式"发展阶段，或可称为相对缺乏科学而完善的顶层设计的发展阶段❷。比如，由于地方部门对国家大力发展职业教育的方针政策认识不足，在投入安排上严重滞后于规模急剧扩张的要求，导致职业学校生均资源快速稀释，按教育部2001年颁布的《中等职业学校设置标准（试行）》的相关规定，在2009年全国1.4万余所中等职业学校中，各项办学条件全部达到标准要求的仅有148所，学校的专业课教师比例、生均校舍建筑面积、教学仪器设备条件等不达标，影响了学校的办学质量基础❸。党的十八大报告提出"加快发展现代职业教育"，正是为了促进人的素质全面提高，尽快把经济增长从依靠增加人力资本数量转变到依靠提升人力资本质量上来，最终使得国家经济发展建立在提高人力资本质量的基础上。因此，提高职业教育人才培养质量，一方面将满足高中阶段教育和普通高等教育这两个"半壁江山"的全日制在校学生接受优质职业教育的愿望；另一方面将优化经济社会发展的人力资源服务环境，让千百万家企业成为受益者。

《国家中长期教育改革和发展规划纲要（2010~2020年）》（以下简称《纲要》）明确提出，到2020年要形成一个适应转方式调结构要求、体现终身教育理念、中高职协调发展的现代职业教育体系。人们对于构建现代职业教育体系的重视，反映了新时期发展职业教育的新型质量观，而新型质量观的树立需要形成新型的职业教育评价体系，这就要求建立起行业、企业和社会第三方参与的质量评价机制，建立健全职业教育质量保障体系。因此在建设现代职业教育体系的新时期，加强顶层设计、统筹多方建立新型职业教育评价体系的条件已经形成。由于政策制度对职业教育质量评价的发展具有规范、引导、保障的作用，是职业教

---

❶ 马树超，郭扬. 高等职业教育——跨越·转型·提升 [M]. 北京：高等教育出版社，2008：1.
❷ 马树超，范唯，郭扬. 构建现代职业教育体系的若干政策思考 [J]. 教育发展研究，2011（21）.
❸ 国家教育督导报告：关注中等职业教育 [R]. 中国教育报，2011-07-05.

育质量评价运行的基本依据，我们研究职业教育质量评价的制度建设问题，对于全面贯彻落实《纲要》精神，充分发挥教育评价"以评促改、以评促建、评建结合、以建为主"的功能，促进政府转变职能创新职业教育管理机制，推动职业教育质量评价实践走向规范化、制度化、科学化具有重要意义。正是在这样的大背景下，首部《中国高等职业教育人才培养质量年度报告》（以下简称"高职质量年报"）于2012年7月在北京正式发布，引发了积极的社会反响。

二、首次高职质量年报编制工作的初步探索实践

高职质量年报是受全国高职高专校长联席会议和教育部职成教司的委托，由上海市教育科学研究院和麦可思研究院作为第三方研究机构联合调研编写的。其依据之一是2010年发布的《纲要》要求"建立高等学校质量年度报告发布制度"，二是2011年8月《教育部关于推进高等职业教育改革创新 引领职业教育科学发展的若干意见》要求"各地和各高等职业学校都要建立人才培养质量年度报告发布制度"，三是2012年4月教育部副部长鲁昕在给全国高职高专校长联席会议的批示中具体要求"从今年起每年都要发一份年度发展报告"。由此形成了一个包括学校版、省级版、国家版三个层次在内的高职教育质量年报的完整体系。由于中国高等职业教育是在"前无古人"的道路上摸索前行，需要政府把握全局并从政策高度给以引领，需要各院校如实地收集和分析数据，需要对数据进行跨校、跨地区、跨年的比较，需要从这些比较中找出破解普遍性问题的对策，作为成功的办学经验加以推广。而满足这些需要的关键在于：建立起高职院校对人才培养的出资方——政府和老百姓负责的质量年度报告制度。因此2012年首部高职质量年报的重要创新之一，就在于形成了由"院校年度报告系统+深度个案分析+政策跟进"构成的高职质量年报"三部曲"新框架❶。

一般而言，学校教育的质量报告可以分为两种形式：一种是内部版的"咨询报告"，主要是学校内部各部门通过收集信息对培养过程进行诊断，根据信息反馈和诊断结果改进教学等培养环节，供学校推进改革作内部参考，这也是我们大家都比较熟悉的形式；而另一种则是公示性的"问责报告"，是要向社会公布，回答政府、学生和家长的问责的，如2011年10月北京大学等"985院校"陆续公布《本科教学质量报告》就具有这种公示性，其本来目的就是要编写一份年度问责报告，但很可惜最终是虽有"公示"却无"问责"。而我们现在最缺乏的，恰恰不是前者而正是后者，我们迫切需要形成一种向全社会公布的、能够接受各方监督和问责的，并且可以与国际接轨的年度报告制度。这种性质的教育质量年报，其要点是必须回答：学校每年来自政府和社会各方面的投入有多少？这

---

❶ 郭娇. 高职人才培养质量年度报告：发布制度的三部曲［N］. 中国教育报，2012-07-13.

些投入是怎么使用的？使用的效果怎么样？对所在地区及行业的贡献如何？特别是，学校学生的发展情况如何？他们对学校的满意度如何？他们毕业后的就业状况如何？以及用人单位对他们的评价如何？等等。

2012 年度的高职质量年报❶作为第一个面向全社会公开发布的国家版职业教育质量报告，试图在这方面能够有所突破。其研究的数据资料基础主要来自四个方面：一是全国 20 多个省级版和 200 多个学校版的 2011 年度高职质量报告，二是麦可思研究院多年来有关大学生就业质量分析的报告和资料，三是教育部高职院校人才培养工作评估的数据平台的数据，四是通过其他的公开版或内部版以及相关现场调研的数据和资料。整个报告围绕"发掘高职学校不可替代的生命力和竞争力"❷ 这一主题，结合高职学校服务经济社会发展、服务学生发展的大量实例和第三方机构的调查数据，让读者看到高等职业教育是具有中国特色，并且适应中国基本国情的一种新型的教育类型。作为新兴的高等学校，高职教育对于区域经济社会发展以及学生的发展具有特殊的贡献，已经具备了不可替代的生命力，其服务域和发展域将更加清晰。

报告的总体结构分为概览与历程、学生与发展、学校与改革、政策与项目、成效与贡献、挑战与展望等六个部分，其逻辑思考主线基于首次公布国家高职教育质量报告的考虑，有必要将"概览与历程"作为第一部分以告诉读者：中国的"高等职业教育"（technical and vocational higher education）❸ 是怎么回事，它为什么是具有中国特色并适应中国基本国情的一种教育模式，并说明了 2011 年是国家高职质量报告发布的第一年，"由点到面"的质量全面提升，将有可能与 1980 年的"举旗起步"、1999 年的"规模扩张"和 2006 年的"示范引领"共同载入高等职业教育发展的历史。其余五个部分则是作为质量年报相对稳定的常规部分。

第二部分"学生与发展"实际体现了高职教育发展改革的灵魂在于学生的发展，因为高职和其他类型教育一样必须把育人作为起点又是终点。这里有很多重要的发现，例如：88.1% 的 2011 届高等职业学校毕业生为家庭第一代大学生，并且连续三届稳定在这一比例。按照此比例推算，近三年高等职业教育为全国近 850 万家庭实现了高等教育学历"零"的突破。2011 届高等职业学校毕业生中，有 12.7% 来自贫困地区，22.2% 来自西部地区，16.2% 来自民族地区。来自以上三类地区的高等职业学校毕业生 23% 是在本市入学，83% 在本省入学。对于这些

---

❶ 上海市教育科学研究院，麦可思研究院. 2012 中国高等职业教育人才培养质量年度报告 [R]. 北京：外语教学与研究出版社，2012.

❷ 范唯. 发掘高职学校不可替代的生命力和竞争力 [N]. 中国青年报，2012-02-13.

❸ Shanghai Academy of Educational Sciences, MyCOS Institute. 2012 Annual Report on Technical and Vocational Higher Education in China [R]. Beijing：Foreign Language Teaching and Research Press, 2012.

地区的老百姓来说，高等职业教育不但帮助他们的孩子圆了"大学梦"，又能够在自己的"家门口"读书，而且"上得起"。2011届高等职业学校毕业生半年后的就业率为89.6%，与本科毕业生的就业率基本接近，实现连续两届较快的增长。2011届高等职业学校学生毕业半年后平均月收入为2482元，实现两届连续上升。面向一线职业岗位的高等职业学校德育工作尤显重要。这不仅关系到用人单位对毕业生职业道德的满意程度，也关系到中国未来整个社会核心价值体系的支撑。过半数的2011届高等职业学校毕业生认为自己在校期间在人生的乐观态度（59%）、积极（58%）、关注社会（55%）、包容精神（50%）方面得到了提升。

第三部分"学校与改革"作为学生发展质量提升的重要平台，重点从院校的均衡合理化布局开始入手。2011年，950所公办高等职业学校立项建设1753个专业。各地重点建设专业结构为先进制造业（19.6%）、战略性新兴产业（27.2%）、生产性服务业（11.7%）、生活性服务业（5.1%）、现代能源产业和综合运输产业（7.6%）、现代信息技术产业（7.6%），着力于专业建设多样化发展与区域重点产业布局相适应、与国家总体产业布局相协调的发展格局。校企合作办学水平进一步深化，学校更加注重校企合作的质量和规范。校企共同开发课程比例达到8.1%，其中专业核心课程校企共同开发比例为12.5%，均比上年有所提高；来自行业企业的兼职教师人数达到5.8万人，比上年增长20%。2009年全国高等职业学校生均预算内教育经费达到5410.85元，只占普通本科学校生均预算内教育经费的65%；全国只有辽宁省高于普通本科生均预算内教育经费，不到当地普通本科50%的有重庆、青海、海南、安徽和上海5个省市。按照教育部2011年文件要求，"高等职业学校逐步实现生均预算内拨款标准达到本地区同等类型普通本科院校的生均预算内经费标准"，江苏省、浙江省宁波市等地区已经明确要进一步加大对高等职业教育的投入力度。

第四部分"政策与项目"重点分析质量提高的一个重要理念，即政府主导、政策合力以及项目的推进共建。从政策导向上说，明确以提高质量为核心，并且通过项目实施推进改革与创新。2011年教育部颁布了《关于推进中等和高等职业教育协调发展的指导意见》《关于推进高等职业教育改革创新 引领职业教育科学发展的若干意见》和《关于充分发挥职业教育行业指导作用的意见》三个重要文件，引导高等职业学校人才培养质量的全面提高。从2010年开始，教育部、财政部在建设100所国家示范性高等职业院校的基础上，实施进一步推进国家示范性高等职业院校建设计划，中央财政投入20亿元，分三批建设100所骨干高等职业学校，2011年有30所院校启动骨干建设项目。2011年，中央财政投入20亿元，重点支持高等职业学校专业建设，实施"支持高等职业学校提升专业服务产业发展能力"项目。这是中央财政第一次面向全国所有的公办高等职业学校，每个学校重点支持 1~2 个专业建设，成为中央财政支持高等职业教育的"普惠项目"。

第五部分重点讲人才培养质量提高的"成效与贡献"，重点突出的不是业内熟知的已对人才培养有较大贡献的国家示范院校，而突出引导的在于：一是高等职业学校在服务新农村、促进农村经济持续发展、培养农村"赤脚科技员"中发挥了不可替代的引领作用。2011 年，全国涉农高等职业学校达到 343 所，占高等职业学校总数的比例为 27%，其中农业类专业点 1042 个。尤其是 200 所国家示范（骨干）高等职业学校中农业类院校接近 10%，成效显著。二是全国高等职业学校毕业生有近六成在 300 人以下规模企业就业，在 50 人以下规模企业就业的毕业生约占三成，成为促进区域产业向中高端发展，推动中小企业产业集聚发展的一支生力军，其中不少已成为企业建设生产服务一线的骨干。全国 100 所骨干高等职业学校中，超过 50 所位于地县城市，个别院校还是当地仅有的高校，他们不仅肩负着为当地经济建设和社会发展培养高素质技能型专门人才的重要使命，而且担负起促进当地文明建设、推进和谐社会发展的重大任务。三是为高职院校所在地区贡献人才和为西部民族贫困地区等贡献了较多的实用型人才，2011 届高等职业学校毕业生有 35% 在院校所在市就业，68% 在院校所在省（含本市）就业。这两项比例连续三届均明显高于本科，为本地经济和文化发展提供了重要的人力资源支持。所取得的这些突出成效，为国家下一步区域均衡发展战略将做出重要的贡献。

第六部分分析当前的"挑战与展望"。未来 5 年，是我国全面建设小康社会的关键时期，是深化改革开放、加快转变经济发展方式的攻坚时期。加强高等职业教育内涵建设、提高人才培养质量，是落实科学发展观、建设人力资源强国的必然要求，是增强学生发展能力、提升就业质量的重要举措，是增强服务"三农"、服务中小微企业、服务三线城市能力的重要基础。高等职业教育毕竟还很年轻，还存在很多问题，面临很多挑战。展望未来，中国高等职业教育将以其独特的活力、不可替代的服务领域和重要的社会价值，赢得政府和全社会更多的关注。

挑战一是师资队伍不适应产业发展要求。国家经济发展方式转变和产业升级，迫切需要高等职业教育不断提升行业服务能力，但目前师资状况很难满足产业发展要求。教师的科研服务和攻关能力普遍欠缺，为企业发展提供的研发服务非常有限。能成为行业知名人士，凭借专业能力与行业领军人物建立稳定合作关系的专业带头人更是凤毛麟角。高等职业学校自身价值和校企合作中的吸引力无法彰显。在教学上，专业教师追踪产业发展意识淡薄，知识更新和技术进步跟不上行业发展对高素质技能型专门人才培养的要求。而随着未来 5~10 年适龄生源尤其是应届普通高中毕业生源的不断下降，高等职业学校生源结构将发生很大变化，很多教师的专业教学能力、教学手段和方法不能适应培养模式转型的要求。专业带头人的行业影响、教师专业化水平和科研服务能力，日益成为高职院校提升自身服务能力的主要制约因素。挑战二是管理能力不适应内涵建设要求。随着办学自主权的增加，投入力度的加大，以及各种社会资源的不断丰富，高等职业学校迫切需要提高综合管理能力，加强学校领导的战略规划和顶层设计，充分利用各类政策资源设计管理制度，避免管理的随意性和主观性；迫切需要加强资源整合能力，充分运用好各种社会资源，建立起密切、稳定的产学及校企合作关系；迫切需要加强多渠道筹措经费的能力，改变坐等教育经费投入的惯性，使学校募集到更为充裕的办学资金；迫切需要提高财务预、决算能力，保证办学经费及其他各项资金收入的正确使用方向，提高资金利用率和经费使用效益，使学校教育教学条件建设能够得到有力的保障，促进人才培养质量的持续提升。挑战三是办学理念不适应现代职教体系建设要求。建设现代职业教育体系要求职业教育既适应经济发展，又体现学生发展理念，还要实现中等和高等职业教育协调发展。高等职业教育理念上的价值冲突使其面临两难选择，迫切要求解决好教学与岗位"无缝对接"的功利性与学生终身发展的育人性的矛盾，迫切要求解决好坚持"以就业为导向"的办学理念与构建中高职衔接带来的就业和升学的矛盾，迫切要求解决好用人单位对高职毕业生首岗胜任能力要求的针对性与增强学生发展潜力和岗位迁移能力的矛盾，实现满足国家中长期发展需要、企业当下人力资源开发需要和学生个人综合素质提高需要之间的动态平衡。

展望一是更加重视产业适应性，服务学生可持续发展。面向未来，高等职业教育将更加贴近地方产业，积极主动与行业企业合作，努力为经济社会发展服务，培养数以千万计的高端技能型人才，为加快我国工业化进程，加快发展先进制造业、现代服务业和现代农业提供重要的人力资源。国家示范高等职业院校建设、高等职业学校提升专业服务产业发展能力以及共享型专业教学资源库等项目建设将取得明显成效，进一步发挥重点建设专业对专业群及学校整体发展的引领辐射作用，促进高等职业学校更好地服务区域支柱产业、重点产业和特色产业。在主动适应产业发展要求中，高等职业学校将更加重视培养学生的学习能力和发展能力，培养学生的职业道德、职业技能和就业创业能力，着力激发学生的创新能力和对未来职业的憧憬，增强学生的可持续发展能力。展望二是更好引领"三农"，服务城镇化和新农村建设。基于国家区域均衡发展战略的迫切要求，引领"三农"、服务中小微企业、面向三线城市，成为高等职业教育的重要"服务域"，也将是高等职业教育的重要"发展域"。高等职业学校具有与城镇、现代农业、新农村建设直接对接的天然优势，已在推动我国城镇化建设、传统农业向现代农业转变，提高农业综合生产力，尤其是增加农民收入方面发挥着不可替代的作用。高等职业教育将进一步明确服务于"三农"领域，加大培养能够留在本地的有文化、懂技术、会经营的新型农民；提高解决农业生产、农民增收过程中的技术问题；强化农村劳动力职业技能培训，提高农民的科技文化素质，通过发展农民专业合作组织等方式，进一步发挥高职院校在城镇化建设、农业增收、农民致富等领域的高端引领作用。展望三是有效助推中小企业，服务结构调整和产业升级。中小微企业是为骨干企业提供产品配套和服务外包的核心力量，对解决就业问题、提升产品质量、提高区域经济发展水平具有重要作用。高等职业教育为解决中小微企业技能人才匮乏、技术研发力量薄弱、管理水平不高等方面的问题发挥了积极作用。高等职业学校将通过搭建技术服务平台，与企业共同组建技术研发中心，为处在产业低端的中小微企业提供新产品开发服务，向中小微企业推广先进技术，增强中小微企业集聚地区的技术研发能力；加强中小微企业的实用性技术培训，帮助中小微企业及时掌握信息和技术，提高中小微企业的生产效率和产业竞争力，提升服务产业转型升级的能力。展望四是促进协调发展，服务国家区域战略。"十二五"期间，加快三线城市发展，提升地县城市发展水平，是国家推进区域发展战略的重要举措。我国高等职业教育已基本形成地级市各有一所高等职业学校的布局结构，三线城市的高职院校为区域经济发展提供多样化人才服务，在促进区域职业教育均衡发展等方面发挥了独特作用。进一步优化院校布局，找准高职院校在区域发展中的定位，充分发挥其了解区域发展需求、学生区域认同感强等优势，专业对接产业，更多更好地培养区域发展急需、"下得去、留得住、用得好"的高技能人才；为区域产业转型升级提供技术与咨询服务，积极开展职工技能培训，搭建终身学习平台，满足学习者的多样化要求，在区域发展战略急需而"英才阳光"难以照射到的区域、产业和企业中发挥其不可替代性，成为推进我国区域发展战略的重要力量。展望五是涌现一批具有国际水平的高职院校。随着国际交流和合作步伐的加快，我国高等职业教育将在教育国际化趋势中"学会共存"，进一步瞄准国际职业教育的办学方向，进一步拓展中外合作办学渠道，进一步加大国际职业资格证书、职业标准和评价标准的引进力度，高等职业教育中外优秀教师、跨国公司专业技术人员来校授课的比例将不断增加，国际化工艺流程、产品标准、技术标准、服务标准等将进一步融入教学内容。一批具有国际视野、通晓国际规则的高等职业学校将在国家"走出去"发展战略中发挥积极作用，成为向东盟、非洲和南美洲国家等输出教育资源的重要教育类型，也为发展中国家更多人接受高等职业教育和技能培训创造条件；境外学生、跨国公司员工到高等职业学校留学、访学和培训的比例将不断提高，中国高等职业教育的国际影响力也将不断扩大。

《2012 中国高等职业教育人才培养质量年度报告》发布后反响强烈，数十家媒体争相报道，对我国高职教育承担的社会责任及其在服务经济社会发展方面的价值给予了中肯的评价，尤其是"近三年来全国 800 多万家庭出现了第一代大学生"这样的新闻眼，确实非常有助于社会从一个角度去发现高职"不一样的价值"。教育部袁贵仁部长专门批示充分肯定该报告，认为报告内容全面深入，对于成绩、效果以及面临的挑战都相当完整、准确，并建议中国教育报全文转发该报告；鲁昕副部长也批示肯定该报告的体例、结构、文字，并要求研究深度报道高职质量报告成果，同时还亲自策划了首个中职的学生发展与就业报告❶。自此，国家职业教育质量年报制度的建立开始走上完整、系统、规范、制度化的轨道。为什么一本薄薄的小册子会引起这样积极的反响，能够得到社会的高度重视和领导的充分肯定？静心思考，可能首先因为它是中国历史上第一次面向社会的教育质量报告。其实作为首个质量年报肯定会有很多不足的地方，但任何事情都是从开始做再到逐渐完善，现在我们开始做了，这就是最大的意义，今后每一年都将努力做得更好。因为是面对社会，研究者作为第三方机构有利保证它的客观性和科学性。而这个报告的一个重要特点，就是并不完全用形容词来进行总结描述，报告中所有的观点都是以数据、案例来做支撑的，而且这些数据、案例都是经过基层学校确认的，不需写手妙笔生花，而要求经得起社会和历史的检验。

三、高职质量年报首发一年来的新成果和新思考

2012 年度的国家版高职质量年报发布后，各地教育行政部门和各高职学校积极跟进，主动接受社会监督。至 2013 年初，全国已有 29 个省份通过中国高职高专教育网公开发布了省级版的高职质量年报，而公开发布学校版高职质量年报的高职院校则从 200 多所增加到了 500 多所。新的一年来，面对全面建成小康社会的新使命、加快转变经济发展方式的新要求、努力办好人民满意教育的新任务，高等职业教育的人才培养质量有何新的"增量"？2013 年 7 月发布的第二份中国高职质量年报❷再度讨论了这一核心问题。报告认为，旨在提高师资队伍水平和院校管理能力的一系列中央财政支持高职教育发展重点项目，引导高职院校更加注重适应经济发展与学生发展两个需求，更加注重人力资源开发与学生综合素质提高之间的动态平衡，一定程度上应对了上一年度提出的挑战。同时，许多地区开始设立省级财政专项支持高等职业教育发展，涉及示范院校、重点专业、实训基地建设和师资培训等多方面，使中央财政专项建设进一步发挥了引导示范效应。高职教育发展全局开始由重点引领转向全面辐射，地方政府发展高职教育的积极性明显提高，体现出一种理念的传递、重点的传递、机制的传递和精神的传递。

❶ 2012 中国中等职业学校学生发展与就业报告编写组 . 2012 中国中等职业学校学生发展与就业报告 [R] . 北京：外语教学与研究出版社，2012.

❷ 上海市教育科学研究院，麦可思研究院 . 2013 中国高等职业教育人才培养质量年度报告 [R] . 北京：外语教学与研究出版社，2013.

正如 2012 年度高职质量年报所认为的，高等职业教育在某种意义上成为让老百姓能够"在家门口上大学"的高等教育扶贫工程，学生负担、财政投入、培养质量正是检验该项"工程"的重要尺度。为此，2013 年度高职质量年报进一步推出了各地区高职学生学杂费负担、生均财政教育经费投入水平等评价排序，以及培养质量"计分卡"，期待能够更客观地描述高职教育发展状况。2013年度的质量报告共分为学生成才成长、学校改革发展、政府项目引导、合作共赢发展、建议与期待五个部分，整个报告篇幅更加简练，观点更加鲜明。尤其是该报告首次尝试向学生及其家庭提供高职质量"记分卡"的创新之举，让毕业生给高职院校的培养过程"打分"，并通过纵向对比反映趋势。通过跟踪调查，在反映培养质量的关键指标上，2012 届高职毕业生高于 2011 届的基线水平：半年后的就业率为 90.4%，比上届上升 0.8 个百分点，与同届本科毕业生 91.5%的就业率基本接近；半年后的月收入为 2731 元，比上届上升 10%；所从事的工作与专业相关度、对母校的满意度、对自己价值观提升的认可度、自主创业的比例等都比上届有上升。而被调查的 2009 届高职毕业生，毕业三年后月收入为 4160元，比毕业半年后的月收入增加 2270 元，涨幅为 120%；有 56%的毕业生三年内发生过职位晋升，略高于本科毕业生职位晋升 52%的比例；毕业三年后自主创业的比例则为 5.3%，比毕业半年后的该比例增加了 2.3 倍，高出本科毕业生该比例 2.0 倍的增长倍数。

2013 年度的高职质量年报还显示，高职院校布局适应了国家工业化和城镇化良性互动、城镇化与农业现代化协调发展的人才需求。2012 年全国 1297 所高职院校中，设置在地级市及以下地区的超过 630 所。此外，还有近 200 所高职院校在县里办学，150 多所高职院校办在工业园区和开发区、科技园区，布局上比较适应区域经济社会尤其是三线城市和县域经济发展需要。2012 年高职院校新增 1318 个专业点，让学生面向新型工业化、信息化、城镇化和农业现代化建设，可望具有更好的发展空间。同时，高职院校校企合作育人走向深化，与企业合作开发专业课程与教材、企业兼职教师数量及其承担的课时量、校外实习基地数量和企业接受顶岗实习学生数量等指标均呈现增长；高职院校运用信息化数据平台进行质量监控的能力增强，开放式、常态化的质量分析制度正在逐步推进，教师队伍结构有所改善，教师培训工作稳步推进，部分地区高职中外合作办学项目和招收海外留学生比例明显增加；示范院校建设项目引领作用显著，全国已组建约700 个职业教育集团，覆盖了 90%的高职院校，并以国家示范校为主体积极推进中高职协调发展，加快现代职业教育体系建设；"支持高职院校提升专业服务产业发展能力"项目、职业学校骨干教师素质提高计划、新立项建设 8 个专业教学资源库等由政府部门实施的建设项目，有效地带动了高职院校提升专业建设水平、加强师资队伍建设、扩大优质教学资源共享范围等。此外，高职教育为我国新型城镇化建设、农业现代化建设和中小企业发展贡献了大量人才。第六次全国人口普查数据显示：2000~2010 年，全国蓝领职业岗位人口总量中，大专及以上文化程度人员 10 年增加了近 1800 万人，其中商业、服务人员增加了近 1000 万人，工人里增加了 600 万人。近 10 年来，全国具有大专及以上文化程度的农民由 42 万人增加到 199 万人，增长 374%；畜牧类技术人员中具有专科学历的比例由 9% 提高到 20%。2012 年，全国在 300 人以下规模企业就业的高职毕业生有近六成，在 50 人以下规模企业就业的高职毕业生约三成，成为促进区域产业向中高端发展、推动中小企业产业集聚发展的一支生力军。

由此，2013 年度高职质量年报提出四个方面的建议与期待。第一，紧贴地方产业发展。高职院校植根于地方、适应产业发展、服务产业升级，是地方政府的期盼。四川省绵阳市政府主要领导表示，如果高职院校能够以一个专业带动地方一个支柱产业，出多少钱政府都可以支持；山东省枣庄市委主要领导赞赏枣庄职业技术学院努力把更多学生留在当地就业发展，为当地加快产业升级发挥作用的做法。期待高职院校根据地方产业结构、产业政策、产业发展和人才规格的需求，找准契合点，建立专业设置动态调整机制，形成专业结构与区域重点产业布局相适应、技术技能人才培养与区域产业对技能人才需求相协调的发展格局，成为政府促转型和企业谋升级的智慧库与技术技能人才摇篮，期待本科院校举办的高职高专教育加快改革学科性教学模式，紧贴当地经济发展要求，为毕业生创造更多的就业机会和发展空间。第二，融入"新四化"建设。面对"新四化"建设对技术技能人才的大量需求，高职教育可以成为工业化和城镇化良性互动、城镇化和农业现代化相互协调的重要推手，为工业化和城镇化培养一大批高素质现代产业工人，促进务工农民"市民化"，为农业现代化培养大批农业科技带头人和新型农民。高职院校还可以为县域中职学校提供师资培训、专业建设和课程开发指导等服务，通过设立县校合作校区、产教园区等方式，共建一批具有地方特色的专业，为县域经济发展、产业转型升级和企业技术创新培养发展型、复合型和创新型的技术技能人才。第三，落实政府投入责任。多数地区还未制定高职院校生均经费拨款标准，生均预算内拨款水平与本地区同等类型普通本科院校有较大差距，高职学生的学杂费负担仍然较重，规模扩张成为部分高职院校维持生计之道，影响了高职教育人才培养质量。期待各级政府建立高职院校生均经费拨款标准，提高拨款水平，建立以政府投入为主、学生合理分担、社会资助等多渠道投入机制，改变高职院校主要依赖学费求生存的办学现状。第四，激发学校办学活力。高职院校办学自主权仍然没有落实，政府直接插手高职院校具体事务的现象依然存在，一些地方政府同时扮演着高校的举办者、管理者和办学者的多重角色，影响了高职院校的办学效率，挫伤了办学积极性。期待各级政府转变职能，落实办学自主权，把中层干部任免、教师招考、职务评聘、机构设置、专业设置等权限交给学校，形成政府依法管理学校、学校依法自主办学的格局，激发高职教育办学活力。

应该看到，职业教育人才培养质量的评价和结果必须来自社会、面对社会，因此必须要积极推进形成职业教育人才培养质量年度报告的三级发布制度，组织委托第三方研究机构调研编写每年的国家版职业教育质量年报是必要的也是可行的。当前，我国经济正进入一个新的重要转型期，党的十八大明确提出到 2020 年"全面建成小康社会"的战略目标，要求我们努力办好人民满意的教育，加快发展现代职业教育，深化教育领域综合改革。这是全面建成小康社会赋予职业教育的新使命，是中国特色新型工业化、信息化、城镇化、农业现代化建设赋予职业教育的新任务。在当前经济增长由"数量型增长向质量型增长"转变的阶段，人力资源成为地方经济产业发展的基础性力量，需要大批能够在当地"下得去、留得住、用得好"的高素质技术技能型人才。职业教育面临区域转型和产业提升的历史新机遇，其发展重心亟待转向"服务当地经济社会发展"和"服务学生终身发展"并重，在凸显"依存度"、突出"地域性"上下功夫，逐步建立起地校一体、合作共赢的长效机制，不断完善校企合作、工学结合的人才培养质量保障体系。同时，我们认为质量年度报告所面对的主要对象并不是教育行政部门，也不是职业教育战线内部，而是社会大众，尤其是学生、家长和用人部门。人才培养水平是衡量质量的首要标准，人才培养质量评价和结果必须来源于社会，必须面向全社会。为此，我们的国家版、省级版、学校版人才培养质量报告都应该充分体现出职业学校的办学观、质量观和评价观，都应将毕业生就业率、就业质量、企业满意度、创业成效等作为衡量人才培养质量的重要指标，共同探索建立和完善学校、行业、企业、研究机构和其他社会组织共同参与的职业教育质量评价机制。

第三节　中国高职教育质量年报要点节选（2014～2019 年）[1]

中共十八大以来，以习近平同志为核心的党中央面对国内外环境的深刻变化提出一系列新理念新思想新战略，形成了习近平新时代中国特色社会主义思想。2014 年 6 月 23 日，习近平就加快发展职业教育做出重要指示："职业教育是国民教育体系和人力资源开发的重要组成部分，是广大青年打开通往成功成才大门的重要途径，肩负着培养多样化人才、传承技术技能、促进就业创业的重要职责，必须高度重视、加快发展。要树立正确人才观，培育和践行社会主义核心价值

---

[1]　本节中各"年度报告要点"均为参与主要执笔的历年《中国高等职业教育质量年度报告》（上海市教育科学研究院、麦可思研究院编著，高等教育出版社 2014～2019 年版）"前言"和"挑战与展望"部分。

观，着力提高人才培养质量，弘扬劳动光荣、技能宝贵、创造伟大的时代风尚，营造人人皆可成才、人人尽展其才的良好环境，努力培养数以亿计的高素质劳动者和技术技能人才。要牢牢把握服务发展、促进就业的办学方向，深化体制机制改革，创新各层次各类型职业教育模式，坚持产教融合、校企合作，坚持工学结合、知行合一，引导社会各界特别是行业企业积极支持职业教育，努力建设中国特色职业教育体系。要加大对农村地区、民族地区、贫困地区职业教育支持力度，努力让每个人都有人生出彩的机会。各级党委和政府要把加快发展现代职业教育摆在更加突出的位置，更好支持和帮助职业教育发展，为实现'两个一百年'奋斗目标和中华民族伟大复兴的中国梦提供坚实人才保障。"● 2017年，中共十九大报告宣示"中国特色社会主义进入了新时代，这是我国发展新的历史方位"，并对职教战线提出了"完善职业教育和培训体系，深化产教融合、校企合作"的新要求。

一、2014年度报告要点

本报告自2012年首发以来，始终坚持第三方的独立性，力求面向社会大众，从"学生发展是根本，学校工作是重点，政府引导是保障，服务地方是特色"四个维度，每年对高等职业教育的质量状况进行分析，客观评价高等职业教育的成就和问题。2013年是国家改革开放事业进程中的重要一年，中共十八届三中全会对全面深化改革做出了重要战略部署，提出加快现代职业教育体系建设的要求。作为高等教育改革发展最活跃的部分和职业教育改革发展的牵引力量，中国高等职业教育最近一年来上述四个方面的质量指标表现如何？有何增量？问题何在？通过对全国1139所独立设置高等职业学校、31个省级教育行政部门、新疆生产建设兵团向社会公开发布的高等职业教育质量年报进行汇总分析，以及对约9万份2013届高职毕业生的抽样问卷调查和对其他相关情况的调研分析，我们认为，2013年中国高等职业教育质量呈现以下主要特点：

（1）高等职业学校学生发展总体保持提升态势。高等职业学校毕业生在"计分卡"5项反映培养质量的关键指标，连续三届保持增长，特别是在月收入方面，扣除通货膨胀因素后依然实现持续上涨；近三届毕业生三年后的月收入都比毕业半年时翻了一番，且三年内的薪资增速高于城镇单位在岗职工的平均水平；高等职业学校毕业生对母校各项工作的满意度均有提升，师生交流程度、核心课程有效性指标值高于全国新建本科院校●平均水平；毕业生创业取得新进展，连续三届有85%左右的毕业生是为了抓住机遇而非就业困难进行创业。

● 加快发展现代职业教育——全国职业教育工作文件汇编 [C]. 北京：高等教育出版社，2014：3.
● 全国新建本科院校主要是指1999年以来，随着我国高等教育规模扩张和改革深化，由多所不同层次、不同类型学校合并或专科学校独立升格的新型本科学校。

（2）高等职业学校教学资源整体呈现改善趋势。用"资源表"分析教学资源水平发现，高等职业学校生师比进一步向好，双师素质专任教师比例上升，生均校内外实习实训时间、生均教学科研仪器设备值等指标均比上年有所增长，但不同区域、不同性质高等职业学校间存在不平衡现象；产教融合的深度和校企合作的广度持续增加，呈现出合作单位多元化、合作模式多样化的发展趋势；信息化建设由基本条件、基础资源建设进入到提高信息化资源应用水平，推进教学改革的新阶段；国际合作与交流呈现多样化，合作办学、招收留学生、援外培训和专业教学标准的国际对接等取得新进展；治理能力建设成为高等职业学校改革新的重点。

（3）政府以财政专项引导高等职业教育的改革与发展，通过项目管理模式创新提升治理高等职业教育的能力和水平，成为 2013 年的亮点；各地积极探索以省级政府统筹为主的高等职业学校招生制度改革初显成效；地方支持高等职业教育发展的政策取得突破；质量监测手段和保障体系建设不断完善；但是高职生均经费投入仍然低于普通本科院校，且地方差异明显。

（4）高等职业学校在服务产业能力提升和区域发展方面具有不可替代性。通过专业对接产业、服务区域发展，形成了一批专业特点突出的优秀高职院校群体；高等职业学校注重发挥自身优势，根据区域差异，服务城镇化建设，服务"三农"，形成了学校与地方合作共赢、伴生发展的多种模式，技术服务与产学研一体化能力稳步提升。

（5）面对新时期改革发展的新形势与新要求，高等职业教育在质量提升的同时依然面临严峻挑战：

1）就业与生源供需变化挑战高职办学模式。山东畜牧兽医职业学院 2013 年举办的毕业生就业"双选会"上，被称为中国肉牛产业科技先锋的山东布莱凯特科技有限公司却没能招到毕业生，学院领导对企业雇主说。"你不能等到学生毕业时才来招聘，你得提前介入参与人才培养。"伴随我国人力资源结构出现的变化，企业对技术技能人才的需求量明显上升。2013 年，全国劳动年龄人口9.20 亿人，比上年减少 1700 余万，连续两年出现下降❶。有专家称这是廉价劳动力时代的结束❷，企业对职业院校毕业生的需求迅速升温。与此同时，伴随经济发展方式转变和产业结构调整要求，产业竞争日趋激烈、升级步伐不断加快，对企业发展形成巨大压力和倒逼机制，技术技能人才"用工荒"频频见诸报端，技工时代、专业人才时代初露端倪。面对企业对毕业生需求剧增的高等职业教育"卖方"市场，校企合作的数量效应如何转向质量效应，如何规范合作企业的资质，有效推动高等职业教育校企合作、产教融合深度发展，成为亟待解决的问

---

❶ 数据来源：《2011~2013 年国民经济和社会发展统计公报》。

❷ 厉以宁. 廉价劳动力时代已过要发展技工优势 [N]. 经济参考报，2012-11-22.

题。随着高校入学适龄生源数量的减少，以及人们选择高等学校的机会和途径增多，专科层次高等职业教育面临着生源危机，对高等职业学校教育教学带来严峻的挑战。2013年，全国约有3/4的省份出现高考人数下降，在高校中学历处于最低层次的专科高职院校首当其冲，多家高等职业学校的第一轮填报志愿收取率为"零报考"❶。同时，在终身学习制度的框架下，高校学习者的年龄、身份、学习基础等差距也在拉大，学生选择升学与职业生涯发展道路更趋多样化。生源结构变化引起的高校生源争夺渐趋激烈，低水平院校的生源危机有可能直接导致财政危机，进而演变为学校的生存危机。市场配置资源的决定性作用越大，要求市场活动的规范性越高。期待政府部门引导建设好制度环境，加强规范管理和监督指导，制定校企合作规范，引导学校与企业开展全方位、深层次、多形式、高水平的合作，推动产教融合深度发展，这也是高等职业学校发展的迫切需要；而高等职业学校通过专业、课程的调整、优化，以提升能力、提高质量、增强吸引力，这是国家经济社会转型发展的要求。

2）"升本"五大诱惑挑战高职院校层次定位。面对生源数量下降给高等职业学校招生带来现实压力，"升本"成为部分高等职业学校的期盼。东部地区地级市的一所国家示范性高等职业学校改革发展取得了优异成绩，新上任的市领导听取该校汇报时当即表示，办得这样好的专科学校应该升格办本科。对专科层次高职院校而言，"升本"至少有五大诱惑：一是可获得本科院校较高额度的生均拨款；二是能有更高的生源吸引力和社会认可度；三是教师在职称评聘等方面空间更大；四是学校各级领导干部的行政级别有可能得到相应提升；五是部分地方领导的政绩观使然。无论在现代职业教育体系建设中，还是在创新发展高等教育大局中，专科层次高等职业学校的作用都具有不可替代性。期待政府和社会对职业院校与普通院校同等对待，引导高等职业学校以质量"升级"的理念取代办学层次"升格"的思想，调整相关政策，优化发展环境，建立分类设置、评价、指导和拨款制度，鼓励每一类型和层次的教育都在坚持自身定位的前提下争优创先，形成各层次职业教育争创优秀的局面，让高等职业学校继续承担培养面向生产、建设、服务和管理第一线技术技能人才的使命，为国家和地区经济社会发展创造更多的人才红利。

3）应用本科转型发展挑战高职院校独立空间。随着改革推进，国家将"引导一批普通本科高校向应用技术型高校转型"❷，这既是建设现代职业教育体系的重要部署，也是职业教育尤其是高等职业教育改革发展的新的增长点，将为推动职业教育发展注入新的活力。但同时也应看到，本科院校的加入，将对本就处于"弱势"尚需培育发展的专科高等职业学校形成竞争压力，进而挤压其生存

---

❶ 全国高招约3/4的省份考生人数下降高职生源告急［N］. 光明日报，2013-08-22.

❷ 李克强主持召开国务院常务会议部署加快发展现代职业教育［N］. 中国教育报，2014-02-27.

和发展的空间，可能会有五个方面冲击。一是资源配置的竞争，如果招生、投入等向应用型本科学校倾斜，专科高等职业学校如何获得更多的资源支持？二是同类生源的竞争，选择技术技能发展通道的学生愿意进入专科还是直接进入本科？三是优秀教师的竞争，高水平双师素质教师、企业技能大师会在多大程度上被分流？四是毕业生在就业市场的竞争，同样是技术技能人才，企业是否会更加看重本科生在入学门槛、学习时间和学历层次方面的优势？五是话语权的竞争，应用型本科学校是否会在顶层设计、政策导向、专业建设等方面拥有更多话语权？应该看到，高等职业学校尤其是以国家示范院校为代表的一批优秀的高职院校群体，经过十多年的改革探索，已经形成了面向行业、面向企业、面向社会的办学理念和模式、深度融合的产学合作关系、双师的理念和机制、紧跟市场的观念和体制等，"他们不仅可以向自己同类院校或专业示范，也可以向各个层次的专业教育示范"❶。期待他们继续发扬办学重心稳定、服务产业、服务地方、服务学生的特点，提高质量，办出特色，在加快发展现代职业教育和经济社会转型进程中，与应用型本科学校一道创新高等职业教育，获得新发展。

2014 年全国职业教育工作会议召开，明确了加快发展现代职业教育的全面部署，高等职业教育将在新的起点上迎来发展的新机遇。"一分部署、九分落实"，高等职业教育能否把握机遇、提高质量、创新发展，我们拭目以待。

二、2015 年度报告要点

2014 年，中国经济发展进入新常态，伴随着"一带一路"建设、京津冀协同发展和长江经济带等一系列重大战略布局的形成，新产业、新业态、新商业模式不断涌现，互联网+、大众创业、万众创新，给经济社会发展带来前所未有的冲击和机会，也给高等职业教育发展提出新的任务，带来新的机遇和挑战。职业教育发展进入新的黄金时期，国务院召开 21 世纪以来第三次全国职业教育工作会议，习近平就加快发展职业教育做出重要指示，《国务院关于加快发展现代职业教育的决定》（以下简称《决策》）和《现代职业教育体系建设规划（2014~2020 年)》发布，"一分部署、九分落实"，创新发展高等职业教育的路径更加清晰。面对 2020 年全面建成小康社会、实施"中国制造 2025"的战略目标，面对新一轮科技革命与产业变革的新形势，面对"中国制造"升级为"优质制造"和新型城镇化创造人才开发红利的新任务，面对依法治教、依法治校的新要求，高职教育基于综合改革与本土实践的质量观正在形成，人才培养工作取得新进展。

（1）学生发展：家庭第一代大学生比例上升，促进了教育公平；贫困生比

---

❶ 查建中. 专业教育应面向职场 [N]. 光明日报，2014-03-20.

例上升，实际发挥了更多教育脱贫、阻断贫困代际传递的作用，学生资助需求增加应该引起注意。毕业生就业率稳中有升，月收入持续增长，专业相关度保持稳定，就业现状满意度连续上升。毕业三年后月收入明显增长，毕业三年内职位晋升达到六成。选择自主创业的毕业生增多，高职毕业生创业吸纳了较多的社会劳动力。

（2）教学改革：高职院校撤销的专业点数多于新增数，新增专业主要瞄准新产业和新业态，更加关注民生。创新"政行企校"合作机制，提升校企合作有效性，成为产教融合"新亮点"。信息化教学资源呈现建设与应用并重，线上线下结合的新特征，信息技术应用推动高职院校改革教学模式、创新管理手段。国际合作呈纵深化发展趋势，"走出去"与"引进来"协同推进，成为国家"一带一路"倡议的人力资源开发平台。越来越重视营造育人文化，探索促进职业技能与职业精神融合的有效途径。教学资源指标继续呈现向好趋势。职业教育国家级教学成果奖首次单独分类评选，获奖成果主题范围广、地域覆盖面大，呈现多元合作特点和协同育人特征。

（3）政策保障：国家出台重大政策为高等职业教育发展提供了良好的政策环境和支撑。项目引导、绩效考核推进高等职业教育创新发展的政策指向更加明确，各地加强专项投入引导特色发展，但仍存在制度性安排欠缺、管理相对粗放等问题，也面临中央对地方转移支付制度改革的新要求。教育部开展对高职教育质量报告的合规性评价，引导各地各校依法治教、依法治校。高等职业院校办学经费首次有了国家制度保障，部分省份制定生均经费拨款标准。生均公共财政预算教育经费支出有增长，但与本科院校相比仍有较大差距。学生学费负担有加重苗头，应引起足够重视。

（4）服务贡献："服务贡献表"引导地方性院校聚焦地方发展办学，行业性院校聚焦行业需求办学，成为高职教育服务贡献的亮点和重要特点。高职院校办学经费来源与毕业生就业去向之间呈现投入与产出的相关性。注重服务贫困地区和乡镇建设，院校区域分布特点成为服务贫困地区和乡镇建设的优势。坐落在乡镇地区的院校创新了高校服务新型城镇化和农业现代化的模式。高职院校与中小城市紧密融合，呈现出服务县域经济发展、服务中小城市未来的新特点。

（5）面临挑战：新形势下高等职业教育仍面临亟待重视的严峻挑战，依法行政挑战地方教育治理，依法治教要求院校规范管理，产业升级呼唤院校特色发展，生源变化期待深化教学改革。

1）依法行政挑战地方教育治理。在中部地区同一城市，地级市举办的职业学院生均财政经费不足2000元，是另一所省属职业学院生均财政经费的五分之一；在东部地区同一省份，不同发展水平地级市的职业学院生均财政投入水平差异超过8倍。地级市高职院校的经费投入与教师编制不足，制约着高职教育内涵发展和服务能力提升，对省级政府统筹高职教育发展能力形成挑战，也对地市级政府举办高职教育依法按照生均经费标准足额拨付办学经费的能力形成挑战。1996年《职业教育法》颁布实施，2014年财政部、教育部印发《关于建立和完善以改革和绩效为导向的生均拨款制度 加快发展现代高等职业教育的意见》（财教〔2014〕352号），然而至今仍有近三成的省份尚未制定职业院校生均经费标准；而制定了生均标准的省份，也存在对地方高职院校生均拨款中支出责任层层下放的现象，大部分财政困难的地市州无法落实，出现了把法律条文写在文件上、却不能落实在行动上的现象。依法行政，就是要按照"法定职责必须为"的原则，把该管的管好，该服务的服务好，该协调的协调好❶。1999年经国务院授权，把发展高等职业教育的权力以及责任交给省级人民政府，形成了高职院校布局重心下移、服务当地经济社会发展的可喜局面。期待省级政府能够以"促进教育公平发展和质量提升"为主题❷，深化教育统筹改革，提升教育治理能力，注重公共教育资源配置公平，提高地级市高职院校的人才培养质量，进一步发挥他们在我国如期全面建成小康社会、服务新型城镇化建设中的不可替代作用。

2）依法办学要求院校规范管理。我国高职院校办学时间不长，具有改革热情和发展激情，同时也期待外部政策对其有更多的推动和支持。面对政府部门"简政放权"后的治理环境，高职院校需要通过制定战略计划、制定中长期改革目标与规划，并据此作为自我评估的依据，逐步走向理性发展。而检验改革目标与规划合理性的一个重要方式，就是引入第三方评估，来评价其是否符合国家的规范要求。高职院校负责任地面向社会发布高职教育质量年度报告，是国家教育规划纲要提出的内涵建设的重要举措，也是国务院推进现代职业教育发展《决定》的要求。这次高职教育质量年度报告的"合规性"评价，就是考量高职院校能不能在国家顶层设计的基础上，向社会展示高职教育的投入质量（办学资源条件）、过程质量（政府引导和校企合作）和结果质量（学生发展和服务贡献）。一些省份和院校未能按照教育部文件规定的要求展示关键信息，一些院校在专业设置、招生、学籍、日常教学、实习实训特别是校外实训等方面管理不够规范，与依法办学要求还有较大差距。全面推动依法治校、依法办学，要求高职院校加快实现治理能力现代化。期待高职院校以管理转型升级推动整体高质量发展，面向社会依法办学，以制定章程为主线建立健全学校管理制度标准体系、建立质量年度报告制度接受政府与社会的监督问责、实行"清单管理"（一种更加精细的流程化管理方式，能够显著增强管理过程的规范性和统一性，有利于形成稳定的预期和常态化的操作规程，避免采用"运动模式"推动相关工作，也大大减少

---

❶ 袁贵仁. 全面加强依法治教 加快推进教育现代化［N］. 中国教育报，2015-02-12.
❷ 张力. 政府工作报告释放了哪些教育政策信号［N］. 中国教育报，2015-3-18.

了"人治"因素的影响❶）推进信息公开等，提高管理规范化、科学化、精细化，形成自主管理、自我发展、自我约束的长效治理机制，提升院校社会美誉度、自身吸引力与核心竞争力。

3）产业升级呼唤院校特色发展。中国经济发展进入提质增效升级的新常态，产业结构的改善和产业素质与效率的提高，将改变就业方向，对人力资源开发提出新的要求。高等职业教育人才培养改革必须基于体制机制的变革，但是，行业指导和企业参与高职教育缺乏动力和有效性，已经成为制约现代职业教育产教融合内涵发展的瓶颈问题。产教融合、校企合作是高等职业教育改革发展的生命线。面对行业（企业）所属高职院校划归教育行政部门的管理体制，如何在解决财政投入渠道的同时保持校企之间的天然血脉，值得关注。国务院《决定》提出要健全企业参与职业教育制度，发挥企业重要办学主体作用，为高职院校特色发展、对接产业升级、提高质量提供了重要的政策导向。传统产业升级和高新技术产业发展呼唤高职院校办出特色。期待有更多的优秀企业成为教育型企业，作为高职院校特色发展的重要合作伙伴，推动高职教育专业设置、专业课程内容与产业升级发展及职业标准相衔接，面向社会共同发布具有主体作用的高职教育质量报告，发挥企业在高职教育特色发展中的重要办学主体作用。

4）生源变化期待深化教学改革。近年来，人口出生规模下降和本科院校超计划招生导致高职教育生源萎缩，生源短缺已经成为伴随高职院校发展的常态。国务院《决定》提出"适度提高专科高等职业院校招收中等职业学校毕业生的比例、本科高等学校招收职业院校毕业生的比例。逐步扩大高等职业院校招收有实践经历人员的比例"等措施，对高职院校来说，面对生源从单一走向多元，如何坚持"服务发展、促进就业"的办学方向，进一步提高人才培养质量，是高职院校面临的持续性挑战。加快推进高职院校考试招生与普通高校相对分开，国务院明确 2015 年通过分类考试录取的学生要占高职院校招生总数的一半左右，2017 年成为主渠道。高职院校不仅要加快改革主要面向普通高中毕业生的专业教学模式，以适应和满足多元化生源的多样化需求，而且要重视和把握高职教育受众正在从主要面向适龄人口转向面向所有学习者的现实，顺应学历社会向学习型社会过渡的需求，面向适龄青年、面向在职培训、面向终身学习，创新办学模式，深化教学改革。面对国家加快构建现代职业教育体系的发展机遇，面对大众创业、万众创新的历史潮流，期待"劳动光荣、技能宝贵、创造伟大"真正成为时代强音，高度重视提高劳动者素质，培养宏大的高素质劳动者大军；高度重视提高全民族文明素质，是民族发展的长远大计。在这一历史洪流中，高职教育

---

❶ 实行"清单管理"推进依法治校——专家解读《高等学校信息公开事项清单》［N］．中国教育报，2014-11-15.

应成为推动建设宏大的知识型、技术型、创新型劳动者大军的中坚力量，为实现中华民族伟大复兴的中国梦做出新的贡献。

三、2016 年度报告要点

2016 年是中国高等职业教育质量年度报告发布的第五年。五年来，报告落实教育规划纲要要求，以第三方视角客观记录高等职业教育在"十二五"期间的成就、问题与挑战，力图直陈事实、言之有物，得到社会广泛认可。首次面向社会发布的 2012 年报告具有开创意义，初步形成了由学生成长成才、学校办学实力、发展环境和服务贡献力构成的"四维质量观"，依此对高等职业教育质量进行客观评价，并从促进众多家庭代际向上流动等不同角度，帮助社会发现高等职业教育不可替代的价值。2013 年报告推出"计分卡"这一量化工具，是为了回应学生与家庭最关心的问题。"计分卡"选取"就业率""月收入"等五项指标反映高等职业教育人才培养质量，作为每年报告中的"就业仪表盘"，引导高等职业院校将学生发展放在首要位置。2014 年报告新增"资源表"的定量分析，明确指出高等职业教育经费投入、区域差异、"双师"队伍等方面存在的"短板"，以及在办学模式、层次定位、独立空间上面临的巨大挑战。十八届三中全会提出教育管办评分离要求后，社会对第三方视角和语境更加接受。2015 年报告在依法治教的大背景下，对 31 个省级教育行政部门、1210 所高职院校报送的年报进行了"合规性"评价，通过公布排名反映各地各校在质量报告工作方面的质量，引导高等职业院校依法依规做好质量报告，重视质量、重视管理，对社会负责。

2016 年是"十三五"规划的开局之年，也是教育现代化进入关键时期的攻坚之年。国家以创新、协调、绿色、开放、共享五大发展新理念引领职业教育质量提高，在全面建成小康社会的决胜阶段充分发挥出高等职业教育不可替代的作用，本报告持续创新，首次增加了"企业参与"部分，彰显企业在高等职业教育办学中应起到的主体作用；首次发布了"高等职业院校服务贡献 50 强"，引导院校聚焦对学生、对地方、对行业企业发展的服务贡献；新增了"政策落实表"，落实高等职业教育创新发展行动计划"进一步提高年度质量报告的量化程度、可比性和可读性"的要求。高等职业教育将如何应对挑战？

（1）问题导向。过去四年，本报告针对高等职业教育质量提升面临的主要问题，提出了一系列挑战。2012 年报告指出了制约学校发展的师资队伍、管理能力、办学理念三大瓶颈；2013 年报告主要聚焦政府经费投入和学校办学自主权的不足；2014 年报告直陈高考生源危机、"升本"诱惑和应用本科压力等问题；2015 年报告进一步指出高等职业教育面临依法行政、依法办学方面的挑战。这些挑战由内至外，提示高等职业院校及时发现并着力解决问题。

（2）注重回应。"十二五"期间，在高等职业教育战线共同努力下，各方注重认真分析研究质量问题，在实践中对各项挑战做出了积极的回应。教育部制定高等职业教育创新发展三年行动计划，从政策层面为高等职业院校应对各项挑战、提高质量做出了路径设计；积极推进高等职业教育考试招生制度改革，实施分类考试招生并使之成为今后高等职业院校招生的主渠道。为了提高院校治理和质量管理能力，教育部职业教育与成人教育司每年要求各地和院校认真发布与报送质量年报，依托第三方开展高职院校质量年度报告的"合规性"检查，并将报送情况作为确定各地申报中央财政综合奖补资金的重要依据。各省级教育行政部门围绕高等职业教育发展的主要问题，编制出台了一系列推进质量提升的政策，比如鼓励高职院校创新办学体制、深化校企合作、强化内涵建设、提高师资队伍水平，更加有效地服务区域经济和人的发展等。全国高职高专校长联席会议针对报告提到的挑战专门组织高考改革专题论坛，研讨解决生源变化等制约发展瓶颈问题的有效举措。高等职业院校努力整合行业企业和社会资源，注重多途径加强"双师型"教师队伍建设，注重提升规范管理能力，注重提高专项经费使用绩效，注重围绕产业需求实现特色发展等，为高等职业教育整体质量提升奠定了重要基础。而本报告作为社会各界了解高等职业教育发展的一个窗口，也在探索解决问题的有效策略。理念上凝聚共识、方法上形成互动、案例上注重引领，是报告编写的基本定位，也是应对挑战的主要方式。理念上凝聚共识，就是重在宣传应该共同尊崇的信念和理念，发挥导向作用，让高职院校更好地认清形势，让社会更好地了解高职教育；方法上形成互动，就是使报告超越编写本身，成为高职教育质量保证体系的组成部分，不断创造性地采用各类指标量化表、公布"合规性"评价结果、探索发布各类排行榜等多种工具，立体展现高职教育质量状况，促进问题的呈现和解决；案例上注重引领，就是把特色案例作为理念推广的实践基础，以经验的营造来应对各类挑战，引导院校更好地消化吸收和再创新，特色案例不仅来源于各地各院校质量报告，也来源于编写组成员长期走访大量院校和深入调研，具有重要的推广借鉴价值。

（3）着眼发展。高等职业教育不断改革发展，应对挑战"永远在路上"。面对"十三五"的新形势新任务，有些挑战依然严峻，需要更加积极的回应。一是推进产教融合应对办学理念挑战。曾经有企业管理者尖锐指出，职业院校真正关心产业发展要求和企业人才需求的并不多。期待高等职业院校能够真正树立产教融合的办学理念，注重人才过程与生产实践对接，推动专业设置、课程内容、教学方式与生产实践对接，推行产教融合、校企合作的应用型人才和技术技能人才培养模式。二是推进政策落实应对办学自主权挑战。"天下之事，不难于立法，而难于法之必行"❶。高等职业院校在招聘教职工、确定内部收入分配、设置内

---

❶ 源自张居正《请稽查章奏随事考成以修实政疏》，习近平同志在 2014 年 10 月 28 日《关于〈中共中央关于全面推进依法治国若干重大问题的决定〉的说明》及 2014 年 1 月 7 日《在中央政法工作会议上的讲话》中引用。

部组织机构和人员配备等方面自主权的政策仍未落地，院校办学质量受到直接影响。期待各级政府提高依法行政能力，通过简政放权、放管结合、优化服务，提升高职院校办学自主权。三是推进质量"升级"应对"升本"诱惑。应用本科转型和个别高职院校升本，极大地刺激了高职院校的"升本"热情。期待广大高等职业院校牢牢把握服务发展、促进就业的办学方向不动摇，紧跟产业发展，优化专业结构和课程设置，增强人才培养的针对性，不断升级教学内容和教学质量，不靠升格来谋前途发展。四是强化督导评估应对地方财政投入挑战。国家和地方都对高等职业院校的社会贡献有很高期望，制定了一系列推动高等职业教育发展的政策。期待国家强化督导评估，督促省、地两级政府有效提高高职院校生均经费拨款水平，重点解决地级市所属高职院校经费不足"短板"，使更多的高职院校都能分享"2017年各地高职院校年生均财政拨款水平应当不低于1.2万元"的制度保障。

四、2017 年度报告要点

2016 年，弘扬"工匠精神"成为热门话题。推动"中国制造"品质革命，需要大批爱国敬业、精益求精、引领创新发展的高素质技术技能人才。作为培育"大国工匠"后备军的重要阵地，如何将思想政治素质、职业素养和技术技能培养融合起来，成为高等职业教育立德树人的一个重要课题。供给侧结构性改革持续推进，调整产业结构，化解产能过剩，创造适应新需求的有效供给。如何对接产业结构优化高等职业教育的专业结构，深化高等职业院校内涵建设，增强人才培养与社会需求的适应性，将持续考验高等职业院校服务经济社会发展的决心和行动力。"一带一路"引领中国产业"走出去"。一批企业开始面向全球进行贸易布局、投资布局和生产布局，高速铁路、生物能源、风力发电、通信技术等产业正逐步形成世界话语权。高等职业院校在伴随"走出去"战略中努力提升国际影响力，有望成为国家软实力的组成部分。面对高等职业教育发展的新环境新挑战，高等职业教育基于综合改革与本土实践的质量观正在形成，人才培养工作呈现出以下主要特点：

（1）学生发展：立德树人在学生基本素养培育环节的成效逐步显现，高等职业院校学生逐步展现出自信自强的良好品格。毕业生就业率、月收入、专业相关度、就业满意度、工作稳定性、自主创业比例和创业存活率等指标稳中有升。

（2）教育教学：专业建设基础能力普遍增强，一批师资强、设备好、学生优秀的高水平专业正在形成。超过八成的院校校园信息化基础环境已经达到国家《职业院校数字校园建设规范》的标准，进入国际先进水平。信息化推动教学创新，提升了院校管理效能。半数以上院校的校园、校舍、仪器设备等硬件条件达到先进水平，为中国高职教育面向世界"走出去"奠定了基础。

（3）政府责任：政府引导高职院校建立质量诊断和改进制度，院校的质量保障主体意识逐步强化。但是政策落实问题依然突出，高职生均财政拨款水平达标情况差异很大。中央财政对高职改革发展的专项调控和引导力度减弱，高等教育的政策"盲区"日趋明显，轰轰烈烈的大学"双一流"建设和高职缺乏中央财政专项形成鲜明对比。

（4）国际合作：本报告首次发布高职院校国际影响力50强榜单，高职教育的国际化办学呈现"引进来"和"走出去"并重态势。中国特色高职教育模式受到发展中国家欢迎，教学质量和特色开始成为吸引国外学生的因素。在国际合作中将有更大空间，目前尚需进一步丰富核心内涵。

（5）服务贡献：本报告再次发布高职院校服务贡献50强榜单，地级市院校入选数量明显增加。高职教育服务域进一步拓展，服务国家"一带一路"倡议成为发展新空间。各种类型高职院校在服务"中国制造2025"、服务区域协调发展、服务"三农"和助力贫困地区发展等不同方面形成特色，但整体上高职教育服务贡献水平仍需进一步提升。

（6）面临挑战：高职教育的"模式优势"和"存在感趋弱"并存。

1）发展自信缺失。高等职业教育在高等教育领域被边缘化，在职业教育领域示范引领作用难以有效发挥，发展模式优势和现实存在感趋弱并存。目前，高等职业院校普遍在办学理念上缺乏方向自信，在专业教学上缺乏模式自信，在人才培养上缺乏目标自信。高等职业教育是我国首创的、以专科学历层次培养面向职场技术技能人才的职业教育新模式，服务发展、促进就业的办学方向是中国特色高职教育改革发展的宝贵经验，这已经被实践证明是高职院校推进专业内涵建设、提高人才培养质量、提升院校社会地位的不二法宝，也是中国特色高职教育面向世界提供教育方案的重要组成部分，当加倍珍惜，增强自信。高职院校领导和教师对此要有更加深刻的历史性认识，旗帜鲜明地在坚持定位、保持定力中体现出高职教育不可替代的生命力和竞争力。

2）内涵尚需提升。中国特色高等职业教育质量要进一步提高，要成为世界舞台，尤其是面向"一带一路"沿线国家职业教育发展提供中国方案，最大的挑战已经不是校园、校舍和仪器设备水平，而是缺乏具有约束力的专业与课程建设标准，缺乏学历证书与职业资格证书相对应的职业资格框架。国家"十三五"规划纲要提出要"实行国家基本职业培训包制度"，"一带一路"沿线国家已经提出要引入我国高水平职业院校专业教学标准的设想，都对产教融合的高水平院校建设和专业内涵建设提出了更高要求。高职院校迫切需要强化内涵，既要参与有关国际标准和规则的制订，开发对接国际产业调整升级要求的专业标准和课程体系，更要强化标准体系执行的规范化和制度化，切实改善师资队伍和教学管理水平，切实提高专业教学的"含金量"。

3）经费投入不足。2016 年全国高等教育经费总投入 10110 亿元，其中高等职业教育经费总投入为 1828 亿元❶，仅占 18%。同时，高等职业院校生均财政拨款水平差异很大，地级市政府和行业企业举办的高等职业院校经费严重不足，制约着高等职业教育的整体质量提升。建议地方加快落实生均财政拨款政策，实施对高等职业教育的扶贫策略，加大对贫困地区高等职业院校财政转移支付力度，扶持一批具有发展能力和潜力而缺乏经费投入的高等职业院校，促进区域高等职业教育整体发展和教育教学质量普遍提升。

4）专项引导乏力。近年来，中央财政对高等职业教育改革发展的专项调控和引导力度明显减弱，目前只剩下职业教育专业教学资源库建设一个专项，指导和推动高职教育改革发展乏力，高职教育创新发展行动计划难以在各地区有效落地，一系列支持高职院校深化改革的政策措施也难以切实到位。通过财政专项引导教育改革和市场资源配置，是发达国家和地区政府有效调控的重要经验，也是我国教育改革发展尤其是国家示范高职院校建设计划取得明显成效的重要经验。因此，当前迫切需要借鉴高校"双一流"建设经验，设计并实施有效促进高等职业教育内涵建设的新专项，加大对高职教育的引导作用，提高高职教育服务经济社会转型升级的能力，推进高水平高职院校和骨干专业建设。

五、2018 年度报告要点

2017 年，党的十九大提出"完善职业教育和培训体系，深化产教融合、校企合作"，高等职业教育质量提升迎来新机遇。中央政府就深化教育体制机制改革和深化产教融合做出重要部署，国务院教育督导委员会发布《2016 年全国高等职业院校适应社会需求能力评估报告》，高等职业教育质量提升行动深入推进，创新发展行动计划、教学诊断与改进等工作稳步推进。《中国高等职业教育质量年度报告》经过 7 年的探索，逐步形成了由学生成长成才、学校办学实力、政策发展环境、国际影响力和服务贡献力构成的"五维质量观"，并逐步探索建立不同维度质量评价的指标体系。本年度报告继发布"服务贡献 50 强"和"国际影响力 50 强"之后，新增了"教学资源 50 强"，既是高等职业院校质量提升的缩影，也是对高等职业教育强化内涵建设的引导。面向 2020 年全面建成小康社会、实施"中国制造 2025"的战略目标，面对新一轮科技革命与产业变革的新形势，高等职业教育基于综合改革与本土实践的高质量发展理念和体系正在形成，2017年人才培养工作取得新进展。

（1）学生发展：学生自信、上进等良好素养逐步形成，实践教学、社团活动的育人功能日益显现。毕业生就业率、月收入、专业相关度、母校满意度、自

---

❶　资料来源：教育部 2016 年全国教育经费统计快报。

主创业比例、毕业三年职位晋升比例等指标稳中有升。毕业生就业质量进一步提高，职业发展上升空间更大，为阻断贫困代际传递做出贡献。

（2）教育教学：首次发布高等职业院校教学资源 50 强。云计算、物联网、大数据、智能制造等相关专业快速发展，支撑新兴产业能力增强。高职院校深化产教融合过程中注重将产业先进技术等元素融入教学过程，企业的育人作用不断体现。专业教育与思想政治教育同向同行，呈现全方位育人的良好态势。信息化课堂教学渐入常态化，优质教学资源跨区域跨行业共建共享机制开始形成。

（3）政府责任：产教融合校企合作、教育脱贫攻坚等政策密集出台，优质院校建设成效显现，创新发展行动计划进一步落实。高职教育生均公共财政经费继续增长。高职院校不平衡不充分发展问题亟待解决，高水平建设更需要强化中央财政的专项引导。质量年报三级发布制度进入常态化，社会影响力增强。

（4）国际合作：国际影响力 50 强整体水平提升，服务“一带一路”呈现区域特点，开放办学持续深化，境外办学更加多样化。专业教学标准和课程标准逐步得到国（境）外认可，来华留学与培训量增长明显但仍处于起步阶段，亟待高职院校加强专业标准建设，更需要各级政府的政策引导和资源支持。

（5）服务贡献：高职教育服务脱贫攻坚呈现新态势，形成“专业支撑＋产业扶贫”“组团式扶贫”等特色模式。优质院校得到地方政府和行业领军企业的认可与支持，为中国制造注入新动力。校村合作、校镇合作成为城乡融合新模式，成为乡村振兴人才培养的新特点，一批中西部地区院校正在成为当地发展的新地标。服务贡献 50 强院校整体水平有较大提升。

（6）面临挑战：高职院校新专业的培养目标、规格与资源面临挑战，老专业的改造和融合同样面临挑战；高职院校重教书轻育人、重技能轻素质的现象仍然存在，教师队伍建设面临挑战；高职教育的政府和院校治理能力面临挑战，亟待提高。

1）产业快速发展亟盼专业建设水平提高。伴随新经济的快速发展，新技术、新产业、新业态、新模式调整和迭代周期不断缩短，对高等职业教育专业建设提出更高要求。高职院校为及时响应产业发展，开发的新专业数量多、速度快，但是新设专业的人才培养目标定位和规格跟不上职业岗位技术技能发展要求，专业教学内涵、资源和标准建设跟不上产业技术更新发展要求，对院校传统专业的改造和融合跟不上发展型、复合型、创新型技术技能人才培养的发展要求。期待各级政府拿出更多实际举措，如完善专业教学标准更新机制、实施专业认证制度等，加快落实国家关于深化产教融合的政策要求；高职院校更要积极融入区域产业发展战略，面向市场、开放办学，以产业发展需求为导向，加快专业内涵建设，提高人才培养质量。

2）深化教书育人亟须加强教师责任意识。全面贯彻党的教育方针、立德树人是新时代高等职业教育全面提高质量的重要任务。伴随高职院校贯彻从"思政课程"到"课程思政"的逐步深入，专业教育与思政教育同向同行，对教书育人提出了更高的要求。但是面对挑战，高职院校重教书、轻育人的现象仍然存在，重技能教学、轻素质提升的现象仍然存在，课程思政融入专业教学过于教条化、形式化、机械化与表面化的现象仍然存在。希望教育行政部门进一步加强高职院校师德师风教育和培养，全面提高教师教书育人能力，让教师更好地担当起学生健康成长指导者和引路人的责任。高职院校要进一步推进全员、全过程、全方位育人，将教师教书育人的责任意识落到实处。

3）提升整体质量亟待改善高职治理能力。教育教学改革和治理能力改善相结合，是高职院校人才培养质量整体提升的有效保障。政府治理能力面临挑战，表现为部分地方政府履行教育职责仍不到位，高职教育区域发展的不平衡不充分现象尤为突出。如省办高职院校的财政投入能够有保证，而地级市属、行业企业属公办高职院校的经费投入难以得到保障，与国家鼓励多元化办学的倡导方向相悖；高职院校治理能力面临挑战，虽然完成了章程制定或修订，但是在实践中自觉依法办学、按章办事存在很大差距，院校内部行政与学术、教学与科研、学校行政机关与专业院系的资源配置和教师发展上缺乏合理的分配与激励机制，与国家关于"改革不停顿"的要求相悖。建议政府部门重视本地区高职教育教学质量和服务贡献能力的提高，加强对地级市属、行业企业属公办高职院校经费投入的督导与检查，尤其要重视贫困地区高职院校对于推进地方经济社会发展的贡献和教育扶贫能力的提高，继续扶持一批具有发展能力和潜力而缺乏经费投入的院校，推进高职院校建立健全依法自主管理、民主监督、社会参与的治理结构，整体提高人才培养质量。

六、2019 年度报告要点

2018 年，习近平总书记在全国教育大会重要讲话中深刻地回答了我国教育改革发展的重大理论和实践问题，形成了系统、科学的新时代中国特色社会主义教育理论体系，把我们党对教育工作的规律性认识提升到新的高度，为做好教育工作提供了根本遵循和行动指南，职业教育翻开历史新篇章。中央全面深化改革委员会第五次会议强调，要把职业教育摆在更加突出的位置，对接科技发展趋势和市场需求，为促进经济社会发展和提高国家竞争力提供优质人才资源支撑；会议审议通过了《国家职业教育改革实施方案》，明确了职业教育是与普通教育具有同等重要地位的一种类型教育，要求启动实施中国特色高水平高职学校和专业建设计划。2019 年《政府工作报告》进一步将职业教育置顶于宏观经济政策层面，并作出高职院校大规模扩招 100 万人的重大决策，为高职教育发展提供了前所未有的机遇和空间。

《中国高等职业教育质量年度报告》经过 8 年的探索，由学生成长成才、学校办学实力、发展环境、国际影响力和服务贡献力构成的"五维质量观"及其第三方评价的指标体系正在逐步形成，今年新增"育人成效 50 强"，引导高职院校更加注重全面落实立德树人的根本任务。面向未来，全面建成小康社会的战略目标和新一轮科技革命与产业变革的新形势，要求涌现一批引领改革、支撑发展的高水平高职院校和专业（群），以有效推进中国特色职业教育到 2035 年达到世界先进水平；立足当下，我们高兴地看到 2018 年随着《高等职业教育创新发展行动计划（2015~2018 年）》（以下简称《行动计划》）收官，三年建设期间，一批优质教育资源集中呈现，标志着高职教育大规模培养技术技能人才的能力正在增强。

（1）学生发展：首次发布高等职业院校育人成效 50 强榜单，增加学生反馈表，重视学生在校期间的获得感。学生在校期间上进心明显提升，创业实践和竞赛活动参与度提高，专业核心课程内容贴近岗位需求。毕业生半年后就业率持续稳定在 92%，毕业三年后月收入增幅达到 76.2%，高职教育对于扩大就业和促进学生发展的作用日益显现。

（2）教育教学：优化教学资源 50 强指标，注重企业资源运用，体现职业教育类型特征。面向产业高端、高端产业和新兴产业打造专业群，对接技术发展趋势，与科研院所、大型企业联合培养高新技术产业落地所需的高素质技术技能人才。跨界打造优秀教学创新团队。育训结合、书证融通，课程思政作用显现。信息技术应用促进教育模式改革，提升服务师生和管理效能。

（3）政府责任：首次发布各地区政策落实评价结果。《行动计划》取得成效，现代学徒制试点项目覆盖 1000 余个专业点，2200 余家企业参与人才培养。中央财政专项支持的职业教育专业教学资源库 112 个，有效推进了优质教学资源共建共享和线上线下结合的教学方式变革。31 个省（市、区）公办高职院校年生均财政拨款水平达到 12000 元。高职质量年报制度全面落实，1344 所高职院校实现应报尽报。

（4）国际合作：继续发布国际影响力 50 强，更加注重内涵、重视质量。全日制来华留学规模达 1.7 万人，"一带一路"沿线国家成为招收留学生的主要生源地和境外办学的主要集聚地，多元协同培养模式和管理规范逐步形成。595 个专业教学标准落地国（境）外。沿边境省份院校积极发挥窗口和桥梁作用，探索"国门高职"新模式。

（5）服务贡献：高职毕业生本地就业率接近 60%，到中小微企业等基层服务的比例保持在 60% 以上。四分之一的毕业生到西部地区和东北地区就业。高职院校助力欠发达地区发展、助力乡村振兴、助力脱贫攻坚，65 所职业院校发起成立的全国职业院校精准扶贫协作联盟，引导院校教育扶贫取得成效。横向技术服务产生经济效益超过 1000 万元的院校达 150 所，进入服务贡献 50 强院校的技术服务水平提升。

（6）面临挑战：高职扩招 100 万是促进稳定和扩大就业，实现高等职业教育高质量规模发展的重大举措，高职院校在迎来发展利好的同时也面临资源"摊薄"的挑战；职业教育由参照普通教育办学模式向企业社会参与、专业特色鲜明的类型教育转变，高职院校改革与发展面临配套政策不足的挑战；高职教育在稳定和扩大就业方面的重要性和作用得到广泛认可，高职院校面临自身能力不足的挑战。

1）高质量的大规模发展面临挑战。2019 年高职院校大规模扩招 100 万人，是国家为缓解当前就业压力和解决高技能人才短缺问题做出的一个重大战略部署。在职业教育由追求规模扩张向提高质量转变的背景下，这场大扩招不同于 20 年前高等教育精英化阶段的规模扩张，是国家在外部环境复杂多变和国内经济转型阵痛凸显的历史关键时期，稳定和扩大就业的战略举措，需要高职教育高质量的规模发展。但是，目前高职院校的资源投入相对不足，面对大扩招迎来高职教育发展利好的同时，必将带来高职院校教学资源更加"摊薄"和不同生源分类培养的挑战。例如，高职院校生师比不达标、双师素质教师比例和高级职称教师比例过低等现象仍然存在，师资的专业结构和专兼结构也亟待优化；仍有相当一部分公办校，尤其是地市级公办校年生均财政拨款水平尚未达到 12000 元，还有少数省份将学费计入生均财政拨款中，行业企业举办院校的投入和民办院校举办者的投入水平更低。应对高质量的大规模发展，迫切需要各地政府提高认识、深化改革，制定有利高职扩招的优惠政策，积极支持高职院校增加教育教学资源的投入，努力改善和优化师资队伍结构，加强分类教育和教学管理。切实做好引导地方政府落实职业教育投入责任的工作，使国务院关于"中央财政加大投入的同时，地方财政也要加强支持"的要求落到实处。

2）"类型教育"配套政策面临挑战。职业教育必须坚持走产教融合、校企合作、工学结合的道路，由参照普通教育办学模式向企业社会参与、专业特色鲜明的类型教育转变。但长期以来诸多高职院校在很大程度上仍参照普通本科的办学模式，无论是学校设置标准还是教学管理和评价方式往往都参照普通教育系统的做法，缺乏行业企业的有效参与，一方面导致学生实践能力训练时间不足、场所不足、师资不足的现象比较普遍，另一方面造成高职教育改革探索取得的成功经验难以辐射推广。例如，大扩招鼓励更多应届高中毕业生和退役军人、下岗失业人员、农民工和新型职业农民等报考，而单一的学年制教学管理制度难以适应生源渠道多元化、学习需求多元化的趋势，亟待尽快完善高职分类招生改革的配套政策，通过完全学分制使学习者的各种学习成果和工作经历能够得到相应的认定、积累和转换。因此，迫切需要政府部门以大改革大发展的思路，优化调整高职院校的设置标准、资源配置标准、教学标准和管理制度等一系列配套政策，在实现专业设置与产业需求的对接、课程内容与职业标准的对接、教学过程与生产过程的对接中，真正凸显高职作为一种类型教育的特殊性，并向社会充分展示出服务地方、服务企业的不可替代性。

3）院校技术服务能力面临挑战。当前，国家对高职教育地位提升的认识前所未有，对高职教育取得成效的认可前所未有，对高职教育服务贡献的期盼前所未有。但是高职院校技术服务能力总体欠缺的现实，成为高职教育与产业发展有机衔接、深度融合的最大短板。根据各高职院校质量年度报告"服务贡献表"中技术服务到款额分析，无论是横向的社会委托服务还是纵向的政府购买服务，都有四分之三的院校不到100万元，而且约有半数院校在10万元以下，与其教学资源水平和办学基本能力不相匹配；其中，横向和纵向技术服务到款额为0的院校分别占到四成和二成，而且这种情况连续几年没有得到改变，与国家赋予高职教育的重要地位和作用不相匹配。中共中央、国务院印发的《中国教育现代化2035》明确将"职业教育服务能力显著提升"列为八大主要发展目标之一，是当前高职教育改革发展的首要任务。迫切要求各级政府对高职院校提高服务贡献能力给予更多支持，引导高职院校融入区域产业发展，在技术技能人才培养、服务企业特别是服务中小微企业、技术研发和产品升级、加强社区教育和终身学习服务等方面取得更大成效。

第四节　全国高职院校适应社会需求能力评估研究（2020年）❶

两年一轮的全国职业院校评估报告发布，是国务院教育督导委员会办公室从2016年起委托上海市教育科学研究院开展的重大项目。根据《国务院教育督导委员会办公室关于印发〈中等职业学校办学能力评估暂行办法〉的通知》（国教督办〔2016〕2号）和《国务院教育督导委员会办公室关于印发〈高等职业院校适应社会需求能力评估暂行办法〉的通知》（国教督办〔2016〕3号），在教育部督导局的协助配合下，上海市教科院职成教所项目组于2017年完成首轮评估报告，并以国务院教育督导委员会办公室的名义在教育部官网发布。2019年完成的第二轮评估报告，改以上海市教科院的名义在《中国教育报》和中国政府网等媒体发布，这是在党的十九届四中全会推进国家治理体系和治理能力现代化新形势下落实教育领域"放管服""管办评"改革的一项重要举措，成为政府部门首次以第三方机构的名义向全社会公开发布的国家层面的教育督导评估报

❶ 本节内容为主持国务院教育督导委员会办公室委托"2020年全国职业院校评估报告研究"（项目首席专家：马树超，总课题组长：郭扬，执行组长：陈嵩）中参与执笔"2020年全国高等职业院校适应社会需求能力评估报告"的相关工作说明，与郭文富、王启龙合作。

告。2020 年，贯彻落实中共中央、国务院关于《深化新时代教育评价改革总体方案》和《国家职业教育改革实施方案》精神，国务院教育督导委员会办公室委托上海市教科院继续进行全国职业院校第三轮评估工作，形成《2020 年全国中等职业学校办学能力评估报告》和《2020 年全国高等职业院校适应社会需求能力评估报告》（以下简称"2020 高职评估报告"）。

2021 年 4 月全国职业教育大会召开，充分体现了以习近平同志为核心的党中央对职业教育工作的高度重视，凸显了职业教育在国家人才培养体系中的基础性作用，习近平总书记作出重要指示："在全面建设社会主义现代化国家新征程中，职业教育前途广阔、大有可为。要坚持党的领导，坚持正确办学方向，坚持立德树人，优化职业教育类型定位，深化产教融合、校企合作，深入推进育人方式、办学模式、管理体制、保障机制改革，稳步发展职业本科教育，建设一批高水平职业院校和专业，推动职普融通，增强职业教育适应性，加快构建现代职业教育体系，培养更多高素质技术技能人才、能工巧匠、大国工匠。各级党委和政府要加大制度创新、政策供给、投入力度，弘扬工匠精神，提高技术技能人才社会地位，为全面建设社会主义现代化国家、实现中华民族伟大复兴的中国梦提供有力人才和技能支撑。"❶ 2019～2021 年，李克强总理连续三年在《政府工作报告》中提出高职百万扩招任务，体现了国家对高职教育的认可和期待。立足新发展阶段、贯彻新发展理念、构建新发展格局，亟待高职院校进一步增强服务能力，更好发挥类型教育的独特价值。因此"2020 高职评估报告"的主线，就是评价高职院校能否适应国家构建新发展格局的需要，引导高职院校全力提质培优，努力实现高质量发展。

本次评估过程主要分为评估工具修订、数据采集、院校自评、省级评估、整体评估与报告撰写等五个阶段，在坚持继承性与发展性的基础上，按照《深化新时代教育评价改革总体方案》和《国家职业教育改革实施方案》的新要求、新部署开展，主要呈现以下特点：一是坚持正确导向，聚焦"适应社会需求能力"主题，依据党和国家关于发展高质量职业教育的要求、教育部等有关高职院校资源条件的基本标准等，着力评价《高等职业院校适应社会需求能力评估暂行办法》规定的 20 项指标。与前两轮评估相比适当增加了凸显职业教育类型定位、时代特征的相关指标和采集项，如高职扩招、职业培训、专业课程教学、1+X 证书制度试点等，更加注重内涵发展要素评价，引导高职院校聚焦高质量发展，不断深化改革，凸显类型特征，提高适应社会需求能力。二是坚持客观准确，评估信息以院校网上填报的相关数据为主要基础，以公开统计数据、院校网站数据、自评报告等相关资料为辅助。报告主要依据本次采集的全国 1283 所❷高等职业院

❶ 新华社. 习近平对职业教育工作作出重要指示 [N]. 中国教育报, 2021-04-14.

❷ 2019 年，全国共有 1423 所独立设置的高等职业院校，共有 1283 所院校参评，参评率为 90.2%。

校评估数据及 1261 名院校长、19073 名专业骨干教师、76449 名学生的抽样调查问卷信息❶，以及上一轮评估的相关数据材料，并结合 2017~2019 年全国高等职业院校相关统计数据等进行了大数据复核。评估首先以国家有关高职院校的相关标准作为评估的基本依据，对于无相关标准的评估内容，则依据所有参评学校数据的中位数为基线开展评估。同时，注重与上一轮评估结果进行比较，以发现高职院校适应社会需求能力的变化情况。三是坚持科学有效，继续采取"网上评估，不进学校"的方式，不影响院校正常教学秩序。面对新冠肺炎疫情的影响，网上评估的方式也保证了本次评估按时顺利完成。评估过程中，为避免个别极值数据引起平均值波动过大而导致数据失真问题，评估以中位数代替平均数，通过描述高于或低于中位数的院校分布，优化数据统计分析评价，保障评估结果的准确性。与此同时，评估注重对数据的处理分析，分别采用描述统计、假设检验、可信度分析、相关性分析、聚类分析等多种方法，保障数据分析的有效性。

"2020 高职评估报告"认为高等职业教育取得的主要成绩，一是办学规模快速增长。2019 年，高职院校努力完成百万扩招任务，高职教育招生数达到 483.6 万人，相比上一年增加 114.8 万人，增长 31%。高等教育毛入学率达到 51.6%，高等职业教育成为推动高等教育迈入普及化阶段的决定性力量。二是专业布局对接地方经济社会发展。高职院校共设置专业点 4.3 万个，35.6% 的专业点对接当地支柱产业，覆盖在校生 399.9 万人；20.8% 的专业点对接当地紧缺行业，覆盖在校生 237.5 万人。服务新产业、新装备、新动能和民生需求的专业发展迅速。院校上网课程超过 25 万门，校均近 200 门，促进了学生自主学习，并成为疫情期间在线教学的重要基础。三是双师结构队伍建设取得成效。高职院校双师结构的教师团队基本形成，教师队伍基本呈现"两个 2：1"的结构，即专业课教师中的专兼比例为 2：1，专任专业课教师中的双师型与非双师型比例为 2：1。315 所院校参与职业培训授课的教师占专业教师的比例超过 30%，其中，116 所院校该比例超过 60%❷，形成一批能够同时承担学历教育和培训任务、适应"双岗"需要的教师。四是校企合作育人资源更加丰富。高职院校与 17.4 万家❸企业开展合作，其中当地企业 12.1 万家，平均每所学校合作企业近 100 家。高职院校探索"多校多企"合作模式，牵头成立职业教育集团 1146 个，近 2 万家企业参与职业教育集团。企业提供的校内实践教学设备值中位数达 89 万元，相比 2017 年

---

❶ 院校长问卷主要反映院校长的工作状态、办学理念、教育教学管理与校企合作实施情况等；专业骨干教师问卷主要反映专业层面的教学实施、校企合作与教师发展等；学生问卷主要反映专业教学效果、课时开设结构、学习状态与未来就业发展等。

❷ 教育部办公厅等十四部门印发的《职业院校全面开展职业培训 促进就业创业行动计划》（教职成厅〔2019〕5 号）提出，到 2022 年，培养一大批能够同时承担学历教育和培训任务的教师，适应"双岗"需要的教师占专业课教师总数 60%。

❸ 本报告中涉及合作企业的数量单位（家），基于对不同院校及其不同专业统计频次的累加。

增长 46%，263 所院校的企业提供设备值超过 1000 万元。建立企业实习实训基地 19 万个，校均 148 个。1 万多个专业点获批参加国家级 1+X 证书制度试点。五是服务区域经济社会能力提升。高职院校毕业生就业率中位数达到 97%，升学率中位数达到 4.8%，实现就业率、升学率"双增长"。毕业生到中小微企业及基层就业比例中位数 80.3%，比 2017 年提高 12 个百分点。年职业培训人次达到 1360 万人次，161 所院校年培训人次达到在校生规模 2 倍以上。技术服务到款额达 104.3 亿元，比 2017 年增长 39.7%，250 所院校超过 1000 万元，47 所院校已经超过 5000 万元。

"2020 高职评估报告"认为高等职业教育存在的主要问题，一是办学资源摊薄问题凸显。伴随高职扩招，部分院校基础办学条件进一步摊薄，经费投入未及时跟进，教学场地、仪器设备等生均值普遍下降，教师队伍数量不足问题更加突出，生师比与合格标准差距越来越大。二是专业课程设置不够规范。按照教育部关于实践性教学课、公共基础课、选修课的学时要求，高职院校课程结构达标专业比例总体偏低，反映出部分院校对于专业人才培养方案和课程设置的管理存在不足。三是校企合作效能仍显不足。虽然校企合作建设实训基地的形式已经广泛开展，但仍有超过 1/3 的院校安排校外实习时间不足国家要求时长的一半，超过 1/3 的教师认为需增加学生顶岗实习时长。院校领导和教师对于"企业提供教学设备"这种合作方式普遍缺少认可，企业提供设备值总体偏少。四是技术服务能力仍然不高。200 余所院校年职业培训人次不足在校生规模 10%，398 所院校的社会培训服务到款额、491 所院校横向技术服务到款额不足 1 万元，346 所院校基本没有开展纵向科研服务。上述基本评价，主要基于对办学规模、办学基础能力、"双师"队伍建设、专业人才培养、学生发展、社会服务能力六个方面的具体研究分析❶，由此"2020 高职评估报告"面向不同主体提出了可供选择的对策建议。

（1）面向高等职业院校的建议：深化产教融合、校企合作，培养培训适应高职教育的教师队伍，优化课程设置，提高教学质量，增强技术服务能力。一是产教融合校企合作提高育人水平。坚持类型教育基本定位，完善产教融合办学体制、创新校企合作办学机制。瞄准技术变革和产业优化升级的方向，通过产教融合、校企合作来加大教师、教材、教法改革力度，深化"岗课赛证"综合育人，完善人才培养体系，提升人才培养质量，培养更多高素质技术技能人才、能工巧匠和大国工匠。二是加大高水平教师队伍建设力度。结合扩招生源类型特点，顺应后疫情时代在线教学常态化发展趋势，有针对性地开展信息技术应用等相关培训，提高教师信息技术应用能力，推动现代信息技术与教育教学深度融合。积极

---

❶ 详见"2020 年全国高等职业院校适应社会需求能力评估报告"。

探索类型教育导向的教师考核标准，引入竞争和激励机制，提高"双师""双岗"能力。探索"固定岗+流动岗"的教师管理改革，提高企业兼职教师引进和管理的效能，重视输入企业资源对类型教育效能的增量意义，发挥学校领导作为推进校企人员双向流动与兼职机制建设的开发者、分配者和管理者功能。三是增强技术服务与培训能力。立足建设技能型社会，结合地方产业发展和院校特色与实际，优化专业结构，增强专业支撑与服务区域产业发展的能力。创新教师开展技术研发服务激励机制，把教师开展技术研究、技术升级、成果转化等技术服务，作为职称晋升、工资福利等方面评价考核的重要内容。坚持学历教育与职业培训双轮驱动，围绕现代农业、先进制造业、现代服务业、战略性新兴产业等领域，大力开展职业培训，并不断提升职业培训反哺教学的能力。

（2）面向省级教育行政部门的建议：充分了解高职院校需求并进行院校和专业的优化调整，扩大高职院校招收中职毕业生规模和比例，加大教学规范性督导检查。一是优化院校与专业布局。对接区域产业发展和人才需求，充分了解高职院校需求并进行院校和专业的优化调整，尤其是建议中部地区省份侧重先进制造业，东北地区围绕老工业基地振兴发展，京津冀、长江经济带城市围绕高端产业和新兴产业，建立并优化紧密对接产业链、创新链的高职院校布局结构和专业体系。二是扩大高职院校招收中职毕业生规模和比例。稳步扩大高职教育办学规模，尤其是西部地区和中部地区院校；调整现有高职院校招生计划生源比例，扩大招收中职毕业生比例，为更多中职学生提供发展空间。三是加大教学规范性督导检查。借助信息技术手段和第三方机构，动态监控院校课程开设与实施情况，不定期开展抽查，引导院校课程开设符合国家要求，规范实施课程教学计划。

（3）面向地方政府的建议：充分履行省级政府举办高职的职能，将高职教育纳入地方经济社会发展系统，及时落实落地国家政策，保障高职院校基本办学条件，优化高职发展环境和产教融合环境。一是及时落实落地国家政策。按照国家出台的职业教育发展政策文件要求，结合本省实际情况，出台具体落实办法或实施细则，尤其是生均经费拨款、教师编制、培训和技术服务工作量折算与收入分配、企业参与校企合作激励等方面，出真招、实招和硬招。二是保障院校基本办学投入。研制扩招社会生源成本折算办法，及时跟进追加办学资源和人员经费，充分保护开展扩招院校的积极性。缩短教师编制核定周期，统筹完善教师编制核定、兼职教师聘任和双师型教师认定等办法。三是优化高职发展环境和产教融合环境。充分履行省级政府举办高职的职能，将高职教育纳入地方经济社会发展系统，引导和鼓励院校将社会培训和技术服务作为重要办学内容之一，推动"学历教育与培训并举"的法定职责落地，完善学历教育与培训并重的现代职业教育体系。

（4）面向国家教育行政部门的建议：完善高职办学标准体系，分类指导院校多样化发展，优化职业教育发展制度环境。一是完善高职教育办学标准。随着国家区域战略深入推进，急需与区域经济发展相匹配的高等职业教育供给体系。亟待研究修订完善高职院校办学标准体系，加大社会培训相关指标权重，引导高等职业院校不断提高基本办学能力和社会服务贡献能力，适应新发展格局的需要。二是对设置标准的具体指标进行分层分类。充分考虑不同区域经济发展水平、院校办学特色、办学条件等基础，引导院校结合区域产业特点探索多样化发展路径，在不同层次、不同领域办出特色、争创一流。三是优化职业教育发展制度环境。对经济发展相对落后的西部地区和东北地区，应重点优化职业教育制度环境，提高各类奖励激励，引导和鼓励院校探索自发性改革举措，降低由于改革所造成风险和不良后果的惩戒，提高院校主动参与改革的积极性。

第十五章 述往思来——职教科研工作者间的一次学术对话[●]

第一节 心路历程：从首批"高职生"到职教学者

刘猛（以下简称"刘"）：郭所长好！很高兴你能接受我的访谈。自从前年（即2016年）在《严雪怡文集》第四卷中读到你给严雪怡先生的信，我就特别想有机会能见到你，同你交流交流。说起来有点惭愧，我从事职教研究也十年多了，三年前才发现曾经有过"上海职教论坛"这样的学术组织，有过杨金土、孟广平、严雪怡三位先生在论坛中非常活跃的学术身影。如今孟先生和严先生都已作古，健在的与他们有过交谊或书信往来的学人，我都想找机会见见，想获得"文本之外"的更多信息。清楚记得，你给严老的信中最触动我的一句话，你是放在括号里说的，就是："须知每次给你们这样的老领导老专家写信探讨理论问题，其难度绝不亚于撰写一个国家级课题的研究报告！"[❷] 第一次是无意翻着读的，读到时，我就在想这是不是太夸张了。后来认认真真读完了严老的文集四册，感觉这完全是实诚之语，因为严老和杨老都是学不厌倦、不知老之将至之人，要接得上他们的话，得和他们的思想有共振才行，要在同一个频道上才行。

郭扬（以下简称"郭"）：是的，压力很大。

刘：还有一封信，你又讲你们这个研究所的"很多任务都要紧跟教育部领导的布置安排"[❸]，于是你和马树超所长要经常马不停蹄地飞行出差，忙得不亦乐乎。这几封信都是写于2008年，而"上海职教论坛"在2004年举办十周年庆典之后，也意味着该学术研究组织的落幕。这以后一个明显的特征是职教事业发展速度快，相关政策出台多，决策者很希望相关的科研跟上，能帮助他们更好更快地理清思路，最好是能"拿来就用"的。在这样资讯快速传播的时代，似乎坐不下来静静心心地给人写信了，即便是用网络电邮进行学术思想交流的同时，还要付出真情实感就勉为其难了。

[●] 本章内容为2018年11月21日在上海市教育科学研究院接受江苏理工学院教授刘猛访谈的部分文字记录，选自《治学当问出处——学术组织中的教育思想生成》（刘猛著，上海社会科学院出版社，2021年）。

[❷] 严雪怡. 严雪怡文集（第四卷）[C]. 上海：上海教育出版社，2013：29.

[❸] 严雪怡. 严雪怡文集（第四卷）[C]. 上海：上海教育出版社，2013：25.

郭：严老是 2012 年 3 月去世的。我很遗憾他去世前两三年就很少跟他通信了，后来基本上就没有了。

刘：《严雪怡文集》中的学术论文部分我看了，很有水平，但那个书信往来，我更喜欢看，既有学术价值，也有一种人文价值。从中更能看到一个时代一群职教学人是如何不懈地思考，其中还总是伴随着一份不变的炽热情感。另外，想见你还有一个原因，是我看过你跟马所长合写的一本书《中国高等职业教育——历史的抉择》。马所长在后记里说你们这个课题做得很辛苦，又说，做的过程中郭扬都没有信心了，但最后还是坚持了下来。当时我就想，其实教育研究同其他一切科学研究一样，能最后出什么样的结果或结论，不是之前能够完全预料得到的，中途研究不下去是很正常的。我从你研究过程中表现出来的"没有信心"这一点上，不是看出你的能力不足，而是心智的诚实。

郭：确实能力不足，这是客观的没办法否认。

刘：我个人是非常在乎学者的心智诚实的。心智的诚实，用胡适说过的话，就是"有一分证据说一分话，有七分证据不说八分话"。学术不严谨还做什么学术呀。也因为有这样两个文字的机缘，我在申报教育部人文哲社课题"服务于我国职教健康发展的学术研究组织之研究"成功后，就特别想找你访谈交流。我个人 2003 年读博士之始，就一直对知识社会学，或具体一点，特定社会情境中的知识生产问题感兴趣，这次课题其实就是围绕职教学术组织来研究知识生产问题。

郭：嗯，这个角度还是很有意义的，挺新的。

刘：个人目前认为，我国职业教育学术组织比较成功的、取得一定的思想或学术成果的、知识上有突出贡献的，主要是两个：一个是民国时期的中华职业教育社，一个是新世纪之交前后的"上海职教论坛"。前者当然是以黄炎培为核心，贡献出了"大职业教育主义"的宝贵思想；后者是以杨金土、严雪怡及孟广平为代表，对高等职业教育基本特征的理论概括影响深远。郭所长，当初你也是参与了上海职教论坛的，你跟三位老先生都直接打过多次交道的，对他们的了解肯定比较深吧。

郭：实际上，改革开放四十年以来，我国职教从恢复到发展初期，这几位老先生是功不可没的，做出了非常了不起的贡献。无论是行政领导，实践办学，还是理论探索，都是可以说上几个钟头的。但要说"上海职教论坛"这个组织，我也不是从头到尾都参与的。只能就我个人从事职教研究工作的经历和认识的一些人和事，随便聊聊吧。

刘：好啊。你当时在华东师大研究生毕业是哪一年？

郭：我是 1989~1992 年在华东师大读职业技术教育学的研究生，是这个专业第一个作为在职人员考取的，而且还有点工科背景的硕士生。我父母亲都是大学中文系的教授，我自己也是从小就偏文科的，但 20 世纪 70 年代末我考高中那时候人家都说"学好数理化，走遍天下都不怕"，我爸妈就非让我报理科班不可。理科就理科吧，于是硬着头皮上就比较勉强。我是 1980 年高中毕业参加高考的，那一年上海市首批正式录取后又增加了一个市内的扩招计划，结果我后来上的就是这一批自费、走读、不包分配、择优推荐的专修科。

　　刘：那就是职业大学，是吧？

　　郭：大概差不多相当于江苏省那年出现的金陵职业大学这批地方高校吧，但是上海的情况不太一样。江苏的这类学校，一开始就旗帜鲜明自称"职业大学"，打出"高等职业教育"的旗号了。前些年我写过一本《中国高等职业教育史纲》，考证"高等职业教育"这个概念。我认为就是 1980 年以南京市创办金陵职业大学作为标志，是他们先提出来的，在这以前没听说过有这个概念。然后就是扬州、南通、苏州这样一些地级城市的职业大学先后挂牌，特征都是自费、走读、不包分配和择优推荐，学历层次绝大多数都是大专。上海那一年因为高校招生名额实在有限，所以也扩招了一批，不过没有走江苏那种单独设校的路子，而是利用了现有的大学资源举办"自费走读专修科"，所以我读的是上海交通大学办的那个专修科。上海交大那时候首批搞了一个机械制造、一个电子自动化，两个专业的全日制专科班共扩招了 240 人，我读的是机械班。所以要从严格意义上讲的话，似乎也可以归纳到最早的"高等职业教育"，但是上海当时并没有用过这个名字。因为那个时候的高等职业教育不像现在，相对是比较明确的，有大家比较公认的内涵，但那个时候并没有。实际上当初江苏省的这批地方职业大学，特别是南京作为一个地级市政府创办的金陵职业大学，那是开"高职"先河的。它跟传统高等教育的不一样就在于改革。后来整个 20 世纪 80~90 年代，全国很多省份在地级市层面上都有过这样的地方职业大学，但正因为是改革，办学上要突破很多旧的东西，而你这个"高职"当时又没什么法律依据，所以有的地方就干脆请市长或市委书记来兼任这个高职的校长，以便调动地方资源特别是教育系统以外的资源来为地方经济社会发展服务，比如习近平同志 1990 年 6 月担任福州市委书记的时候就兼任了闽江职业大学的校长。

　　刘：这事我知道，在官方媒体上公开报道过的，闽江职业大学就是现在的闽江学院的前身之一。

　　郭：所以我认为，习近平总书记也曾经是我国高职事业的早期探索者之一，因为在他当职大校长的那 6 年里，"高职"尚未得到国家法律上的承认，只是作为地方上的一种探索而已，很大程度上还是"名不正言不顺"的。巧的是习校长于 1996 年 5 月份卸任后，不到一个星期，《中华人民共和国职业教育法》颁布了，这时候高等职业教育才终于获得了应有的法律地位，人们对高职内涵的认识才开始逐步明确起来。而在金陵职大那一批地方职业大学刚刚诞生的 1980 年，当时从改革方向上来说大家能真正喊得出口的主要还是这四句话：自费、走读、不包分配、择优推荐。江苏的叶春生等一批老领导那时候就建议说，为了体现这种职业大学的改革，就把这类教育叫作高等职业技术教育吧，"高职"的概念就是这么来的。而我当时读的上海交大专科班，其实改革的特点也是这四句话：自费、走读、不包分配、择优推荐，完全一样的，只不过没有用"职业大学"这个名称而已，也没有用"高职"这个概念，总之上海从来没承认过这个自费走读专修科是属于"高职"。

刘：我估计，你们那个班在上海交大里面相当于独立设置。

郭：不是独立设置。金陵职大、闽江职大都是独立设置的地方高校，而我读的那个专修科是上海交大分别设在机械工程系、电子工程系内的几个大专班，管理上跟同系同专业的那些本科班其实也差不多的，除了体现改革的那四句话以外，所不同的就是他们四年制我们三年制了。至于课程，现在你要说高职跟本科相比，大概是理论可以弱些但实践应该更强些吧，但我读的大专就是非常典型的"本科压缩饼干"，而且它理论课和实践课是同比例压缩的，所以你不要说我的理论比本科生差了，我的实践同样比本科生差，甚至差得还更多些。你非要把我也算作最早的那批"高职生"的话，从办学形式上讲好像也能讲得通，但从实际内涵讲就很难说了。那一年，上海其他一些高校也办了不少这类自费走读专修科，像华东师范大学、上海外国语学院、上海教育学院等扩招办的一些外语类、财经类、管理类专业的大专班，当然几年后他们都停招或者合并了，包括一些类似这样的资源后来并入新成立的上海大学。反正是有一批这样的院校和专业，但主要是部分本科或专科校利用现有的资源扩招的全日制专科班，面向本地学生的。

刘：占招生计划吗？

郭：占，但扩招的计划是专门面向本市户籍生源的，因此学生不需要住宿，全是走读的，而且学校要向学生收取一定的学费，这在那个时候也是个创新了。走读三年，全日制大专文凭，然后虽然早说了不包分配，但因为当时大学生还很稀缺，基层单位普遍都比较欢迎，实际上毕业分配是不成问题的。

刘：你毕业了以后呢？

郭：我1983年毕业以后分配到上海革新电机厂工作，这是上海市机电一局下属电机公司的一家中型国有企业。刚进厂到各部门见习的时候，我感觉自己在专业上可能很难有多大发展，还是想再学点自己喜欢的东西，因为那时候只要想读书，机会还是比较多的，可以通过夜大、函授、自学考试什么的，所以当组织人事科征求个人的岗位意向时，我居然就选择了我之前并不喜欢的岗位——厂里的教育科，教书去了，其实就是企业下属的技工学校。因为这里一方面是有两个假期，暑假和寒假；另一方面呢，好像我能自己做主的时间比较多，那样我可以有点自由，读点自己喜欢的书。一般新分配来厂的大学生都想去技术部门，如工艺科、设计科、动力设备科等，要么就直接下到车间去搞管理也不错，而那时的技工学校是大学生很少有人肯去的。我说自己愿意到教育科去，组织科长高兴极了，本来他还在伤脑筋，把谁"发配"到技校去好呢，现在有人居然主动要去，正是求之不得呢。

刘：在技工学校上专业课吗？

郭：我教机械制图课。我读的那三年大专机械专业虽然成绩很一般，只是满足于及格水平。但要教技校学生还是没啥问题的。那个时候刚好是我们国家改革开放初期，所以我在厂里教书其实是从给在职工人补习培训开始的，当时国家要求企业搞"双补"：为曾经错失了学习机会的大批中青年职工补文化、补技术，我是以教技工学校的机械制图课为主，同时职工教育"双补"的课也教一点，当然还有些培训管理包括做班主任方面的事。我最早是从教初中数学开始，给那些工人师傅们上文化补习课。很有意思的：人家一般上海人当老师呢，在家都讲上海话，在课堂上总得讲普通话吧，但我刚好是倒过来的。因为我父母都是大学老师，我家也住在大学那个校园环境里面，结果呢，在家里都是讲普通话，可到了厂里的课堂上面对的都是工人老师傅，都是上海本地人，我一讲普通话他们就起哄，嚷嚷说听不懂，听不懂没办法，逼着我讲上海话。所以我那时候当老师并没经过什么正规训练，不过也许就是因为我的这种随意，反而更加容易得到厂里师傅们的认可，他们说这个大学生一点架子也没有，所以跟我关系都不错，于是我很快就入了党，公司系统的先进个人、局级新长征突击手什么的荣誉也都来了。

刘：那你后来考研，是以大专学历考的，是吧？

郭：不是，我读过成人教育的专升本。我一边教书的时候，一边又去参加高等教育自学考试。我很喜欢"万金油"的中文专业，所以看的东西比较多、比较杂，于是就边看边考，结果中文大专十门课我竟然考过了六门，不过还没考完就发现别的机会了。当时上海部分成人高校开始有"专升本"招生了，二工大（即上海第二工业大学）、二教院（即上海第二教育学院，1998 年并入华东师范大学）那时候都在办专升本，便想到二工大去读那个机械专业专升本，结果去上那个考前辅导班，上了两次我发现自己好像还真不是这块料。我估计考不上，所以我就想试试改报二教院中文系的专升本，可是领导不同意，说，你是以机械专业老师分来的，咱们又不缺教语文课的，中文专业毕业的老师多得很，教育科里都安排不了。我就跟领导说，你不是安排我做班主任吗，但我不会做思想政治教育工作啊，要不你让我读政教专业提升一下？就这样去二教院考了一个政教系的专升本，两年制的"基本业余"学制，每周脱产两个半天，其他都安排在周末或晚上去上课，我的本科文凭就这么来的。后来就有了机会去华东师大读研究生。国内的职业技术教育学专业第一个硕士点是设在华东师范大学教育科学研究所，1987 年获批准挂牌的，是江铭教授牵头的。在这之前，他们就和孟广平等老领导有过合作。那时候孟广平是我们国家教委职教司第一任司长，他觉得职业技术教育刚刚成为一个新独立出来的体系，正是急需职教理论来支撑的。江铭是搞中国教育史研究出身的老专家，他率先拉起了一支搞职教研究的队伍，在教科所里成立了一个"技术教育研究室"，1985年华东师范大学出版社还出版过一本他们编写的《技术教育概论》专著。

刘：当时没有叫"职业教育"，而叫"技术教育"，对吗？

郭：对的，因为他们在理论上是和国际通用概念接轨的，而在实践上则是以国内的中专教育为主要研究对象的，所以当时找了一批来自基层学校的兼职研究人员，就包括上海电机制造学校的严雪怡等一批老中专校长在内。他们认定中专教育在严格意义上讲不属于 vocational education（职业教育），应该属于 technical education（技术教育）。现在，你要问中专和技校有什么区别？那已经没什么区别了，都是中等职业教育了，对吧。但是你要退回到三四十年前去，那时候在计划经济体制下面，中专和技校的差别是很明显的。我在厂办技校工作过，我当然比较了解，但从教育系本科直升上来的那些研究生，他们一直在大学里读书，对这个是不了解、不明白的。第一届职教专业研究生是1988年招的，导师是江铭教授和钱景舫副教授，从教育系的应届本科毕业生里录取了两位。我是第二届的，1989年入学的就我一个，而且是第一个作为在职人员考取的。这一届没有从本科生直升的，就是他们觉得招不到合适，从总成绩看那年也只有我一个上线的。但我的软肋是外语，英语不及格，所以我是属于破格录取的，因为我专业课的成绩还不错。我入学的时候，江铭老师已经调离教科所，钱景舫老师就成了我的导师。后来学完课程开始教学实习和做学位论文的时候，黄克孝老师又接着做我的导师。所里当时受国家教委职教司孟广平司长委托，为行政部门刚刚完成了一个科研项目，就是关于中国职业技术教育体系的研究。华东师大教科所做的研究，其实对当时的行政方面有很大支撑的，因为20世纪80年代嘛，那个时候中央提出中等教育结构改革、大力发展中等职业技术教育，然后在恢复和发展中专和技校的同时，又新建了职业高中，形成了三种类型的中等职业技术学校。记得研究生入学面试的时候，钱老师和黄老师他们问我，中专和技校有什么区别？我就答：中专毕业生属于国家干部的身份，到组织人事科领工资的；技校毕业出来就是工人编制，到劳动工资科领工资的。他们说这个学生真不错，很简单两句话就讲清楚了。我比前面从本科直升上去的一直在学教育学的师兄师姐，就多了这么点优势，而且我还学过一点工科，教过几年专业课，这倒歪打正着了。多年以后，我父母觉得有点对不起我，觉得当初不该强迫我硬去念理工科。

刘：从事教育的人，哪怕是大学教授，他的教育观念大多也是随着时代潮流走的。

郭：所以我对父母说没啥对不起的，学点理工科和在厂里技校教书的经历，对我现在搞职教研究反倒变成一种优势了。文科怎么搞研究的，我从那两年政教系的专升本也知道了个大概，教育学方面我尽管没什么基础，但是凭借本科课程中学的哲学、经济学、社会学、管理学和各种流派的思想史那点东西，我融会贯通一下还是可以的。记得那年研究生入学笔试的题目很偏很怪的，有一门课叫《中外近现代教育史》，一张卷子就出了两道题目，一道题 50 分。一道是问杜威 20 世纪初的时候到中国来过一趟，他对中国的教育产生什么样的影响？那件事我多少还了解一点，答得不敢说八九不离十，也能有个七八不离九吧。但还有一道题我就完全抓瞎了，它让简述"欧文在纽兰纳克的教育实验"，请你评述一下，50 分。我的天，什么纽兰纳克，我从来没听说过呀，根本不知道怎么回事。这 50 分怎么办呢，我就凭着过去杂七杂八看过的那些东西，联想起我读政教系学过马克思主义的三个来源，其中有一个是空想社会主义，什么圣西门、傅里叶，接着第三个代表人物是欧文，好像有这个印象。好，既然欧文是个空想社会主义思想家，那么他在教育方面可能会有些什么贡献呢？于是我就拿这么点仅有的了解东拉西扯，从这三大学者讲到有关社会主义思想的一些初步萌芽，大概差不多就是教育跟生产劳动相结合之类的观点吧。虽然这一题答得肯定不靠谱，但也不至于太离谱，所以那张卷子还得了 65 分，居然是那年考这门课唯一及格的。

刘：挺有意思的。这说明一个职业教育学人走上研究之路，其实多多少少也会充满难以确定的偶然因素的。

第二节　机构对比：德国联邦职教所与上海职教所

郭：我研究生入学后，知道华东师大教科所的技术教育研究室完成了国家教委职教司孟广平司长他们委托的一个大项目，是关于职教体系研究的。有一批上海的老中专校长也作为兼职科研人员也参与了，除了原上海电机制造学校的严雪怡校长等，还有原上海市教育局的几位职教处长。这些人实际上都是老中专出身，他们的中专本位意识非常强。我当时的印象是这样的，就是他们认为中国的职业技术教育体系，应该是依靠职业教育和技术教育"两条腿走路"，职业教育的代表其实是技工学校，而技术教育的代表就是中等专业学校，二者可以分别对应当时联合国教科文组织主张的 Vocational education 和 Technical education 两类教育。他们能够获得坚定信念的原因或依据，第一是国际组织的建议（TVE），第二是我国台湾地区也直接采用这一分类概念（技职教育），第三是我们自己当时计划体制下也确实是这样分工的：技工学校培养技术工人，以技能培训为主，毕业后就到工人编制的岗位上去；中专学校当时的目标很明确，是培养技术员的，毕业后就是干部编制，作为专业技术人员做技术管理干部。实际上，过去上海比较多的老中专学制是初中后四年（"小中专"）或者高中后两年（"大中专"），技工学校一般都是初中后三年。后来曾一度把这一块全砍掉了，用现在的话说就是盲目普及普通高中，大家都是初高中一体化的四年一贯制到底，毕业后号称都是高中毕业，但实际上很多连初中的水平都没有。再后来开始恢复中专办学，严雪怡校长他们才又重新出山的，一直到拨乱反正之后的改革开放。

刘：那时候砍掉中专或职教可能全国都是一样，但很强调"教育同生产劳动相结合"。我是 1985 年在苏北射阳县中学高中毕业的。我记得 1982 年入校时，我们县中的东一片还有很大一块农田的，当时听说前些年的学生都是要种农田的，说法是教育同生产劳动相结合，要直接结合。而我在小学时，我们春、秋两个学期都会放十几天"农假"的，同农民一起参加地里的生产劳动，摘过棉花，也浇水抗过旱。

郭：我在上海读高中时也是一样的，学工、学农、学军，好像是很强调教育与生产劳动相结合了，但问题是这些东西能够作为我们毕业后的就业准备吗？如果确实可以的话，那当时还真就没有必要大力发展中等职业教育了吧！反正那时候我心里很明白的，我要是考不上大学，肯定还得回过头去读中专或者技校（当时的高中后二年制"大中专""大技校"），要不然我对自己的就业和职业发展就完全是两眼一抹黑。好在那一年高考我托了扩招的福，让我能先拿到个类似如今"高职"的专科学历，后来又通过边工作边"专升本"拓宽了视野，个人的职业方向才逐步明晰起来。特别是再后来读了这三年的研究生，对我整个的职业生涯应该说是一个很大的转变，我大体上知道要搞教育科研这一行的话，做学问该怎么做了。而我这个研究生，当时因为是破格录取的，所以有一个定向培养的要求，就是先要跟一个单位签订合同，毕业后就直接分配到它那里去工作，我找到的定向单位实际上就是我现在这个研究所，当时叫"上海职业技术教育研究所"。这个所是 1990 年正式成立的一个中德合作项目，是我们国家中央政府跟德国的联邦政府签署的一个高层战略协议，具体地讲是当时的两国总理科尔和李鹏签字的，由联邦德国政府投资帮助中国建立三个专门的职教研究所。

刘：三个所，上海一个，还有两个呢？

郭：三个，首先一个叫作"国家教委、劳动部职业技术教育中心研究所"，就是现在的"教育部职业技术教育中心研究所"。同时还成立了两个地方研究所，一个是在沈阳的辽宁职教研究所，另一个就是我们上海职教研究所。

刘：那个时候牌子上面有"技术"两个字吗？

郭：有啊，上海职业技术教育研究所。德国人是只讲"职业教育"的，而我们当时的国家文件表述都叫"职业技术教育"，包括二级学科定下来也叫"职业技术教育"，所以我们认定双方语言中这两个词是完全对应的。但是德国人在我们所的名称问题上还坚持两条意见：第一，上海市的"市"不要。虽然我们认为它是一个直辖市即省级层面的机构，但德国人还要求你至少要能辐射到中国整个的南方地区，所以希望这个"市"不要加上。第二，教育科学研究所的"科学"两字不要，以示为应用型的研究机构。

刘：原来打算叫"上海市职业技术教育科学研究所"？

郭：对。因为我们以前从中央到地方的教育科研机构都叫"教育科学研究所"，前面加上个"职业技术"就行了，这就是个语言习惯问题。

刘：德国给这个钱相当于给你人员编制的经费？

郭：不是，其实它主要用于两个方面：一是我方购买科研设备和科研人员出国进修考察，二是德方派遣长期专家和短期专家来上海指导"双元制"模式的改革试验，所里的人员经费还是我们上海市政府给的。现在回顾 1989～1990 年那个时段，教育类的中外合作项目其实是不可能立项的，因为教育问题毕竟直接涉及意识形态，而当时正是中西方意识形态尖锐对立的时候，可是，我们这个项目却偏偏立项成功了，而且成为后来我们跟西方国家恢复全面合作的一个突破口。

刘：很有意思的一个突破口。

郭：但为什么当时就这个项目能立项呢？后来我们分析下来觉得，其实德国人并没有把这看作是一个教育问题，他们完全是把职业教育当作一个经济问题来考虑的。这从当时双方项目实施的合作方就可以看出来。因为签协议是我们中央政府跟他们联邦政府对等的，但具体的合作方既不是教育部门，也不是劳动部门。德方是他们的联邦经济与对外合作部（BMWZ），而我们是当时的对外经济贸易委员会，所以这完全是作为一个经贸协议签署下来的，是经济合作项目而不是教育合作项目。因为从德国人的历史观点来看，职业教育本来与国民教育并不相关。德国承认职业教育"双元制"也是国民教育一部分的说法，是从 1969 年颁布了《联邦职业教育法》才开始的。在这以前，他们的职业教育完全是行业企业的事。

刘：之前可能就相当于企业行业的劳动力培训。

郭：完全是这样。只不过他们早就有法规上的要求：企业招学徒，按他们国家的规矩，学徒是必须接受职业学校培训的。但是这个职业学校肯定是部分时间制的，不是全日制的，所以可以说他们的"双元制"里企业是主导，学校教育是为辅的，这样意识形态方面的"注入"就不太多。因此我们这个研究所立项后，德国合作方在我们这里就搞了整整十年，一直在指导我们开展双元制模式的实验。双元制对于我们来讲，当时也觉得不难理解，那就是高中阶段的职业教育，按照我们来说就是中等职业教育。那么他们指导我们中等职业学校的双元制改革试点，我们本着求同存异的原则，基本上他们的那些东西我们大体上还是能够理解的。但是一涉及体系问题，尤其是涉及高等职业教育的问题，跟德国人就没法对话了。因为他们不理解这个东西。确实，高等职业教育这个概念，是我们中国人发明的，是我们原创的。全世界至今为止，能够从法律上承认高等职业教育这个概念的，目前据我了解，第一是中国，第二是瑞士，第三还没找到。

刘：好像你跟马树超所长合著的书里面，特别强调高等职业教育这个概念是中国特色。但是对此我也是有疑问的，我觉得，"高等"后面用的这个"职业"，可以用"技术"这个词替换的话，实际上在西方早就有了，西方有技术学院吧，有工程学院吧。

郭：有，应该说同样都是应用型的教育类别，工程教育、技术教育、职业教育，都是既有区别又有交叉的。但是我们搞文科研究，不像理工科那样可以有比较客观的分类标准，这个东西说到底还是带有一定的主观性，你再怎么去分类，那其实都是人为的。

刘：我在跟其他专家访谈的对话时也涉及，我们人类的知识生产、知识分类是受一定的社会环境作用的，有它必不可少的语境条件。

郭：概念这个东西，反正各国的语言体系不一样，好多东西是可以相通的，也有好多东西又是无法相通的。比如跟德国人交流，你会发现他们习惯性地认为高等教育和职业教育是完全不一样的，是有明显区别的，他们很难接受把高等教育跟职业教育直接连在一起。高等教育，德国人心目当中就是培养社会精英的。

刘：对，这是从威廉·冯·洪堡 1809 年创建柏林大学开始带来的一个传统认识，就是大学，或高等教育，教学与研究是其两大不可分离的使命。

郭：德国人认为职业教育那就是面向普罗大众的，很明确的就是一种普及性的教育，而高等教育在德国人看来就是办大学 university，就是培养少数知识精英或社会精英的。我学了点德语到德国进修后，越来越感受到德国人思考教育问题跟我们中国人有很大的不同。英文 learn 跟 study，很多情况下是可以通用的，中文翻译过来都叫"学习"吧，但是在德文里面这两个词是绝对不能通用的。你要告诉他，说职业教育和高等教育当中有一块交叉的地方，他想破头也想不明白。德国人思考问题，讲好听的叫严谨，讲难听的就是很死板。他们没办法明白高等教育跟职业教育怎么会交叉的？但我们中国人就能想得出来，我觉得这也可能是中国对世界职业教育的一个独特贡献：我们是用高等教育的一部分资源，把它拿出来发展和培养技术技能型的人才，包括培养一线的技术工人。

刘：我从你们自豪于中国创造了"高等职业教育"这种看法里，感到你们做研究的话语风格，是一种偏向于政治或政策的教育话语风格。

郭：可能有吧。但是从内涵上面来看，我们是借助国际上高等教育大众化、普及化的发展趋势，来解释我们自己的中国特色发展道路。不过，这种关于"普及化"与"大众化"的国际流行语言，传统的德国人还是不那么容易接受的。当然进入 21 世纪以后，德国人也在慢慢改变中，因为随着欧盟一体化和高等教育的博洛尼亚进程，整个欧洲的高等教育学制也逐步趋向统一了。

刘：我看过材料，记得德国管职业教育是有一个专门跟教育部平级的部门。

郭：德国因为实行双元制，参与的企业是按照国家标准来办职业教育的。所谓国家标准，就是全国统一的职业培训条例，它是由联邦职业教育研究所（BIBB）具体制定的。德国政府当初投资帮助我们办这个所，就是企图把我们打造成他们联邦职教所这样职能的一个机构。什么意思？就是职业教育领域里面，从大到小的规矩都是你定的。从发展的大政方针到具体的课程标准，都应该是这个研究所说了算。甚至可以说这个研究所，某种意义上讲就是一个立法机构。每一个专业要达到什么课程标准，都是联邦职教所研究开发出来的，而且这个研究成果一出来就是一个国家的法律文件，他们叫作"国家承认的职业培训条例"。所以联邦职教所在职业教育领域里面，它是定法规、定标准的；而各个联邦州的文教部门，相当于我们省教育厅这一级，它是执行部门，是按照联邦职教所定的规矩来做事的。我的前任马树超所长到德国去访问联邦职教所时，没想到受到了德国总统约翰内斯·劳的接见，当时感到简直不可思议，但后来就想明白了：他们联邦职教所的所长就是由联邦总统直接任命的，那总统不就是所长的顶头上司吗？他为什么接见你，是不是因为他把你认错了？是不是以为你上海职教所所长的角色跟他们联邦职教所的所长是一样的，是职教方面的立法官员？我跟马所长开玩笑说，他们大概是把你认作上海市人大常委会主任了吧。

刘：这个国家标准的制定，实际上是办好职业教育的一个核心问题。

郭：我们最缺的就是这个东西，按理说我们作为职教研究所，主要就应该是研究这个东西。但是我们现在没有这个权力和任务，也没有这方面的能力。因为搞这个东西是要花大价钱的，要有财力、物力、人力和精力大量投入的。联邦职教研究所多少人？德国总计近8300万人口，联邦职教所的在职科研人员就超过600个。600多个人，你说人很多吗？全德国设置370多个"国家承认的培训职业"（即双元制的专业），靠600人多吗？不算多吧。联邦职教所里面的科研人员他们干什么？他们并不是像我们这样搞教育学研究的人在那儿写写教育科研论文，他们大批都是行业专家，而且行业专家实际上也只是起一个牵头作用，他需要整合各方面资源，共同来开发这个专业和课程标准。牵头作用的发挥就是牵四个方面力量：一是联邦政府，二是各州政府，三是雇主集团，四是雇员工会。这四个方面等于是一个联席会议：一个老板的代表，一个工人的代表，再加上一个中央的代表和一个地方的代表。

刘：像很有影响力的德国商会属于哪个方面？

郭：这是行业协会，是代表行业利益的社会组织，对企业进行管理协调的。雇主集团也是属于这种性质的一个行业协会。反正联邦职教研究所就是这样一种存在，它在职业教育领域里面主导着国家统一标准的出台。我在德国的时候翻阅过他们的电话黄页本，在学术机构分类里面找了半天找不到这个"研究所"，后来还是在政府行政部门分类里找到了它。

刘：你刚才说"高等职业教育"是一个中国特色的概念，我个人不太赞成。

我个人曾经有过一个思考，我认为在职业教育研究方面，中国人创造了两个概念：一个是黄炎培提出的"大职业教育主义"，它看起来并没有系统的理论分析，但实际上它是有思想深度的；另一个就是所谓的"双师型教师"，但是这概念的提出我认为有它的特定的时代性，就是20世纪末企业办职教被剥离后，技术院校的师傅大多回归了企业，留在院校的少，一下子出现了教师里"能动嘴的比能动手的多"的尴尬局面，这才提出要理论实践一体化的"双师"。

郭：关于"双师型教师"的概念，我倒并不认为就是指理论实践一体化的教师个体。一个人能文能武的"双师素质"固然很好，但这种人到哪行哪业不受欢迎呢？我们老是讲多元智力理论，说我们职校的学生尺有所短寸有所长，那么我们的老师又何尝不是如此呢？你要求老师们个个都要能文能武，做得到吗？就算你今天能做到了，那明天、后天，产业升级了、技术进步了，你还能照样做得到吗？德国为什么没有"双师型教师"的概念？因为他们的双元制是校企双主体，那么双主体就有两支师资队伍：学校的老师是一支，企业的培训师是另一支，这两支队伍就形成了一个"双师结构"。我们的职业院校目前还是单主体，如果只是一味地要求能文能武的双师型教师，就我个人看恐怕并不现实，我觉得重点应该转移到校企双方专兼职相结合的"双师结构"，就是双师型团队的建设上来。

第三节 有幸结缘：参加"上海职教论坛"的情形

刘：你在《江苏教育》职业教育版杂志上主持过一个时间比较长的栏目，叫"名家视线"，我经常看，说得不好听一点，好文章似乎并不多。中国职教科研的力量，我认为仍然是很薄弱的，总体水平太低下了。

郭：很薄弱，太薄弱了。而且我觉得关键还不在于有没有好文章，关键是没人做标准、没人做规矩。

刘：就是核心的东西没有人去做。

郭：最近十几年来国务院出台的三个发展职业教育的《决定》❶ 我都有幸参加了部分起草工作。2014年发布的现代职教体系建设规划，六部委联袂出台的，教育部开的第一次研讨会我也去参加了。

刘：我先插一下，我2016年在苏北某地区调研时，访谈了一位市教育局主管副局长。他说，现代职教体系建设规划的报告，每一句话的表述都提炼得很好，但是落实到下面来，好像没有一句真正能用得上。他说，"社会吸引力不强，行业参与不足，这些问题我主管职教的局长能怎么做呢？"

---

❶ 指《国务院关于大力推进职业教育改革与发展的决定》（2002）、《国务院关于大力发展职业教育的决定》（2005）、《国务院关于加快发展现代职业教育的决定》（2014）三个文件。

郭：问题似乎都看到了，就是没法落实去做，去真正地改变。我就跟你讲参加教育部组织的那次研讨会，我当时一上来就发表了一通"高论"，我说，现代职教体系它首先不是一个学历体系，至少不仅仅是学历体系，因为现在一讲体系，好多学校都很兴奋，好多校长老师都很兴奋，好像看到了学校升格或学生升学有希望了：中职可以升高职了、高职可以升本科了等，好像感觉就是这么一个能往上升的学历体系。其实作为一个完整的职教体系，我觉得应该是多方面的，至少要考虑三大基础性的支撑体系：第一是为学生的就业和生涯发展服务的体系；第二是为老师服务的培养和进修的体系；第三最重要的一个，我认为就是职教科研体系。德国的《联邦职业教育法》一共七章，其中有一章半的篇幅就是关于职业教育科研体系的，包括明确联邦职教研究所等科研机构的设置，以及赋予它们的具体职能和要求等。

刘：如标准之类的设立，应当在职教科研体系里面加以明确。

郭：对，应当都在里面。我们这方面太薄弱，迫切需要建立职业教育的科研体系，没有科研体系作为基础来支撑，这个现代职教体系的建构只能是空中楼阁。但当时不少领导认为目前我们的现代职教体系是从无到有，还是得把学历体系先搭建起来，至于我讲到的那些意见是以后再逐步完善的事了。

刘：这就又回到你前面讲的，20世纪80年代，孟广平司长就已经开始思考职教体系问题了，并不是所谓的"从无到有"。现在有许多教育部门的领导都喜欢讲"从无到有"，以表示是自己干出来的政绩，但其实又有多少东西是真正从无到有的呢。

郭：对呀！

刘：当时孟老、杨老和严老他们怎么来思考职教体系建设问题？

郭：就找一批人，都是职教界方方面面较有代表性的人物，有专家学者，有行政领导，有学校老师，聚在一起开"神仙会"，头脑风暴一下。大家各自扯一扯，扯完了比较一下，相互争论几个来回，把有共识的东西留下来，下一轮再继续扯、继续比、继续争，逐渐深入，逐步聚焦。一开头可能并没有多少共识，每次都是这样，慢慢地朝前推进。没有说谁就是绝对权威，可以定调或拍板说我说了就算、大家跟着我来统一思想照着做的，没有。

刘：实际上头脑风暴时，像你这种与别人不一样的意见往往是最有价值的。大家如果都差不多的意见，就开不成头脑风暴会了。我听说孟广平这人有个特点，你要是老说花架子的东西，他根本就不会再理了，不会跟你再费口舌了。我们终于又绕回到"上海职教论坛"这个组织了。你当时参加时间多吗？你什么时候参加，什么时候退出来，还有对跟三位老先生的交往，有没有什么特别的想法或感受？

郭：没错，孟司长确实是这样的人。2010年，我在《江苏教育》职教版开始主持"名家视线"的时候，为纪念孟老逝世 5 周年，曾经发表过一篇他的遗作，是我根据他生前留下的文稿整理而成的。我在主持人导读中，讲到他临终前三个星期还在病床上对代表我们论坛去探望的秘书处同志嘱咐说，今后我们的职教科研最好不要片面追求大而全，那种规模和声势很大但难以取得多少实质性成果的"重大课题"不妨少搞一些。秘书处告诉他，我们正在准备把他的论文编辑整理出一本书❶时，他明确表示还是不出为好，因为他觉得自己过去的文章大都是论述性的、有感而发的，谈不上是科学研究。后来我自己出个人文集❷时，也把这篇导读收入其中，那里面完整记述了孟老的遗言，大概的意思是说：科学研究，是需要提出科学问题，然后进行研究设计、提出假设、再选择一定的科学方法来论述和实验的严格过程。而发表个人观点的文章，是属于另一个路子的，它反映的是当时的时代背景和社会需要，那么现在的人们可能已经很难理解"当时的"历史条件和具体情况了，当然也就很难理解这些论述有什么意义了；而且人们的认识本身也是发展的，当时的论述也许还有点新意，但现在很可能就没什么价值了。所以讲实在话，对孟老、杨老他们几位老先生，我更多的是一种仰慕。跟他们在一起我是不大敢多说话的，一方面是我在那里面年纪最小，资历也最浅，我完全是借着上海职教所的机构平台，才得以参与这个学术组织的。这个"上海职教论坛"原来就是一个课题组，1994 年最早开始活动的时候我并没有参加。当时杨金土刚从职教司司长的岗位退二线，他同他的前任孟广平都是学者型的官员，爱动脑筋，爱思考职教方面一些大的理论问题。他们跟华东师大教科所合作组织过关于职教体系的基础研究，而那个基础又是一批老中专校长，以严老他们为代表的，实际上是坚定的 TVE 派，跟国际上"技术和职业教育"的概念接轨，技术教育和职业教育是相对分开的。而且，他们历来认为中专教育是属于高中后教育的性质。

刘：嗯。

郭：20 世纪 90 年代还有一些背景。一个是我们跟德国人有些东西思路上老是合不拢，我们一讲到高等职业教育，德国人就说没这个东西，那是你们中国人自己编出来的。没办法，他只能指导我们高中阶段的，所以到我们高职学校，他也只能讲一些他们中职的东西，层次不高。另一方面的背景是当时我们国家正在搞职教立法，那时中华职业教育社那些老先生就提出来，他们认为"职业技术教育"的提法是不对的，是以偏概全。

刘：为什么？

郭：他们说，你只讲"职业技术"，那你把"职业道德"放在什么地方？把"职业指导"放在什么地方？而"职业教育"这个词是先辈创下基业的一个标

---

❶ 孟广平. 我的职业技术教育观 [M]. 上海：上海教育出版社，2005.

❷ 郭扬. 职教学苑草木集 [M]. 上海：华东师范大学出版社，2017.

识，是能涵盖上面所说一切的，所以"职业技术教育"只能是"职业教育"中的一个局部。在这种情况下，严雪怡等一批老专家跟中华职教社主事的老先生们产生了认识上的矛盾，当时有一场较大规模的学术讨论。严老他们认为"职业""技术"两个词是并列结构而不是偏正结构，其实是"职业和技术教育"，是与联合国教科文组织的 TVE（technical and vocational education）概念对接的，所以跟以黄大能先生❶为代表的中华职教社，两派当时曾经有过一次笔战。1996 年《中华人民共和国职业教育法》颁布的时候采纳了中华职教社那一派的意见，确定我们国家这类教育就统一叫"职业教育"。从此以后，"职业技术教育"这个名称在国家正式文件中就基本上不用了。只有在学术界里，作为教育学二级学科还是叫职业技术教育学，另外中国职业技术教育学会也一直没有改名。

刘：二级学科要不这样叫，就显得没有"技术含量"了。

郭：其实从历史发展的角度来看，现在世界各国、各地区，用来讲述现代职业教育的词，其实也是都不一样的。对吧，你看美国就用 CTE（生涯与技术教育），澳大利亚用的是 TAFE（技术与继续教育），德国等欧盟国家一般比较习惯用国际劳工组织的 VET（职业教育与培训），等等。

刘：前不久有一位美国的职业教育研究学者来江苏理工学院讲学，提问环节，我问他美国为何将"职业教育"改成了"生涯与技术教育"。他回答说，以前那个名字叫不响了，现在要换一个名字，给人一种新鲜感。

郭：嗯，他这样说还是有一定道理的。

刘：相比较而言，你是不是跟严老私下联系比较多。

郭：其实都不是很多。因为我是"小不拉子"❷，杨司长和孟司长在我心目当中那是属于太高层的领导了。至于严校长，我一直认定他是我的"师爷"，因为我的导师黄克孝教授早年刚进入职教圈时就是认严校长做"师父"的，从年龄上讲我也差着严老两辈呢。"上海职教论坛"出的第一篇成果《对发展高等职业教育几个重要问题的基本认识》❸我并没参与，我当时在德国进修。第二篇《论高等职业教育的基本特征》❹我参与了，是我们所的老所长成永林和黄克孝（当时已从华东师大调到我们所担任副所长）两位老师带着我加入这个论坛的，并有幸成为核心作者之一。

刘：看到你名字了。

---

❶ 黄炎培之第四子，曾任中华职业教育社第六届理事会副理事长，第七届理事会常务副理事长，第八、九届理事会名誉副理事长。

❷ 上海方言，意思是不起眼的晚辈。

❸ 发表于《教育研究》1995 年第 6 期，署名作者：杨金土、孟广平、严雪怡、成立强、成永林、吕鑫祥、黄克孝、闵光太、唐德杲、费菊、沈纯道、李晓玲、安钢等。

❹ 发表于《教育研究》1999 年第 4 期，署名作者：杨金土、孟广平、严雪怡、吕鑫祥、郭扬、黄克孝、成永林。

郭：嗯，1999 年当时 7 个人里，我是最年轻的一个，我想我自己首先应该定位于给老专家们做好秘书工作吧。可能因为我的现场记录和会后的整理都比较认真，得到了大家的肯定，所以作为主要执笔者之一，在我后来的个人文集中也收录了。然后 21 世纪初的时候"论坛"组织又出过两篇成果，一篇是《对技术、技术型人才和技术教育的再认识》❶，一篇是《对高等技术教育课程设计的若干理论认识》❷，我也是因为当时在德国不来梅大学做访问学者而没能参加。后来"论坛"还承担过一个教育部高教司委托的课题，是关于高职高专教育类型、结构、体系研究的，由严老牵头，我参与完成了《以科学发展观审视职业技术教育体系的若干问题》的总报告❸，在 2004 年论坛十周年纪念活动暨学术报告会上发布了，并以《构建 21 世纪的职业技术教育体系》为题发表了论文❹。

刘：嗯嗯。

郭：所以我其实参与这个"论坛"的活动不是很多，而且参与过程中主要还是学习。每一次参加，我都是老老实实坐在那里边听边记录，甚至都来不及去及时理解和领会老专家们讲的内涵，得等到会后再慢慢地认真仔细边看边整理边消化了，毕竟那时自己功力太浅、底气不足，哪里敢在会上跟老前辈们多嘴。论坛后期，孟司长病重已经来不了上海了，而杨司长当时因参与创办上海思博职业技术学院并无偿出任首任院长，来沪机会还比较多。杨老每次主持论坛都是那么沉稳大气，理论思辨条理非常清晰，而且经常结合他自己在思博的办学实践娓娓道来，既朴素，又深刻。他认为从本质上讲，高等职业教育是在高等教育大众化过程中萌发起来、成长起来的，它的基本功能是培养各行各业的技术型和技能型人才，所以它应该是一种面向大多数人群的、具有特定功能的高等教育类型。所以要以双重需求为导向：一个是社会发展需求，一个是人的发展需求，所以要灵活开放、校企合作。这样，目前我们强调它的类型特点和独立性，就显得特别必要了。因为我们国家教育系统的传统观念和势力实在是太强大了，职业教育如果没有相对独立的体系建制，那么它的发展空间肯定会被挤占的。但是，技术型和技能型人才毕竟是永远不可或缺的，未来某个时期职业技术院校的界限可能会趋

❶ 发表于《中国高等教育》2002 年第 15-16 期、《职业技术教育》2002 年第 22 和 25 期，署名作者：杨金土、孟广平、薛喜民、严雪怡、王式正、李忠尧、成永林、吕鑫祥、黄克孝、马树超、夏建国、董大奎、石伟平、杨若凡。

❷ 发表于《职教论坛》2002 年第 19 期，署名作者：杨金土、孟广平、薛喜民、严雪怡、王式正、李忠尧、成永林、吕鑫祥、黄克孝、马树超、夏建国、董大奎、石伟平、杨若凡。

❸ 见《对职业技术教育若干问题的基本认识——上海职教论坛十年论文集》（上海职教论坛秘书处编，高等教育出版社 2005 年版），署名作者：严雪怡、石伟平、夏建国、杨若凡、黄克孝、郭扬、李晓军、刘晓保。

❹ 发表于《职教论坛》2004 年第 1 期、《职业技术教育》2004 年第 1 期、《中国职业技术教育》2004 年第 2 期，署名作者：黄克孝、石伟平、郭扬、严雪怡。

向模糊，但职业教育的类型概念仍将永久存在。所以他特别强调，在长远的未来，我们需要着力关注和研究的，应该是职业技术教育体系，而不是职业技术院校的体系。可惜，这个论坛到 2004 年以后基本上就断了。杨老后来在思博改任名誉院长，孟老是 2005 年去世的，严老更是年事已高了，再要组织这样的活动就很难了。加上后来各单位的经费也遇到困难，尤其我们所中德合作项目结束（2000 年）并入上海市教科院后甚至连基本经费都没有来源了，不得不自己面向市场去找活干。

刘：哦哦。

郭：不仅仅是经费问题，关键是原先中德合作是无形的资源，学校自然会来跟我们合作，而现在这个东西没有了，所以我们不得不改革，马树超 1999 年调到我们所，实际上就开始转型。就是中德合作十年期满的前一年，马所长领导我们所开始转型，喊出我们所的办所方针"三个导向"：政府导向、发展导向、市场导向。三个导向并举，但实际上三个导向是有先后顺序的，政府导向是第一位的。为什么？因为我们这个机构就是政府办的，没有政府支持就根本没有生存的必要。我父亲就曾经问我说：你那个能叫研究所吗？那不就是行政领导的秘书班子吗？这个算做什么学问？要说搞教育学研究，人家为什么不找华师大？华师大教育学科多强，上师大也不错啊，就你们这个所，能有本事自己去找市场搞教育项目？实际上很多年以后，我才让我爸慢慢改变了对我们所的这种印象。有些事情，真的，在大学里面做学问的人，其实他也不一定做得了的。

第四节 积极赋义：思在行政话语与学术话语之间

刘：你前面说到，在某些方面我们和德国同行没有什么共同语言，这倒类似于多年以来存在的中医与西医之争一样。

郭：对，现代科学有的时候没法解释中医的观点。

刘：但研究部门依靠政府的话，又会有新的问题，你怎么保持研究的独立性呢？

郭：这是很复杂的。一般政府部门领导的工作思维主要就是在有限时间内要解决有限目标，比如说，到 2020 年，我们国家的发展目标是全面建成小康社会；然后，教育的目标是"两基本、一进入"❶；再然后，职业教育的目标就是形成现代职教体系。这些目标，对每一个层级的官员都很明确的。当时 2010 年做中长期规划的时候，讲我们要建成的现代职教体系是什么样呢？是"中高职协调发展"的现代职教体系。我觉得这个表述非常好，协调发展才是一个合理的体系。

❶ 即"基本实现教育现代化，基本建成学习型社会，进入人力资源强国行列"。

结果到 2014 年的国务院决定就改掉了，变成"中职高职衔接"的现代职教体系了。我当时第一感觉就是大大地退步了，"协调发展"怎么窄化成"衔接"了？你衔接了就能协调了吗？但后来我也理解了，说到底协调发展是个终极性的目标，2020 年作为一个阶段目标其实是达不到的。而到 2020 年现在看来只有两年时间，也只能先让它衔接起来，先实现这个阶段的目标。所以我现在理解当时官方的这个提法，"协调发展"虽然是必须的，但确实在目前这个阶段目标里面还进不去。同样，要想在现代职教体系中有像德国那样完善的职教科研机构或科研体系，那时候其实也做不到，就是现在也难做到。还是得从实际出发，只能在有限时间拿出解决有限目标的办法。我知道"衔接"肯定不是一个理想状态的职教体系。中高职协调发展是不是都要衔接了才能发展？讲实在话，各行各业、各个不同的专业工种各有各的要求。就是以前八级工资制的时候，技术工人，也不是所有工种都能到八级工的，有的工种五级、六级就到顶了。

刘：石伟平老师前不久来我们学校做学术报告，他说中国要真正搞好职业教育，要让技术人才真正受到尊重，有必要恢复八级工资制❶。我很怀疑，这个可能吗？

郭：具体怎么做呢，肯定不能再回到计划体制里去。关键是产业、技术的变化太大、太快了，一定要有专门的人来研究这个东西，并在研究基础上来定这个劳动复杂程度和技术熟练程度的标准。我们以前的八级工制度是参照 20 世纪初苏联的工资制度，有一个现成的可以"拿来"，而现在关键是我们没人能做出标准。这个非常麻烦。我们目前职教科研的重心几乎完全不在这个方面。尤其是我们这种性质的教科院所是地方政府直接举办的，首先要更加贴近政府部门的需求。至于面向市场为基层服务，那当然也是一个方面，但那并不是我最主要的任务。

刘：听你讲话，跟我之前想象比较一致的地方，就是你对职教的这种情感投入，还有你的思维从现实出发的那种成熟。

郭：我父亲质疑说我做的那些算不上科学研究，我就跟他举一个典型的例子。上海要不要对农民工子女开放入学？肯定要！但是一旦开放以后，教育的内内外外方方面面会带来什么问题？这些问题会造成什么后果？这个后果有多大？会产生多少影响？这些影响可控不可控？比如户籍、就业怎么办？出现高考移民怎么办？这些东西，大学里单纯搞教育学原理研究的学者，他们恐怕很难做得了，才需要我们这种机构来做，我们现在就在做这事。对农民工子女开放入学，怎么开放？什么时候开放到什么程度？会有什么样的风险？我们怎么样让它可控？这是我们做的事。这就叫政府导向，关键是该怎么做才是最符合实际的选择。所以我常说，你们当大学教授，我非常羡慕，可以"站着说话不腰疼"。如果我只管站在批评家的立

---

❶ 即：按照生产劳动复杂程度和技术熟练程度将企业工人工资分为八个等级。1956 年开始统一实行，1985 年后各企业不再统一要求。

场上，我就永远正确。我可以批评说政府的这个政策完全是错的，那你问我有没有解决这个实际问题的具体方案，我说做具体方案是你政府的事啊，我是学者我管不着的啊。好吧，明天政府把这个政策调整了，甚至就是按我批评的意见，改成一个跟原来完全相反的新政策了，怎么样？我照样可以把这个新的政策从反面再狠批一通，那我还是永远正确，而且我还可以哗众取宠地收获一批盲目崇拜批评家的粉丝。但说实话，其实政府部门的领导他们心里也很明白，社会政策总是具有两面性的，你可以提出批评意见，但我们更需要的是具有操作性的建设性意见。从实际出发，解决实际问题，我觉得正是我们这种应用型科研院所存在的必要。要不然的话真像我父亲讲的，像我们这种研究机构要它干嘛？不就是领导秘书班子就行了嘛。我想可能这就是我们这种地方性的教育类科研院所，跟高校里的那些教授学者不同的地方。

刘：看来"上海职教论坛"研究的重点是相对宏观的问题，如高职的基本问题、高职的基本特征、职教体系的建构。我觉得研究宏观问题的与研究微观问题的要适当分开，不然都搞在一起就没有多少共同语言了。论坛后来的自然解体，可能也有这方面的原因吧。三位老先生都是更关注职教的大方向问题的。

郭：问题是，政府就是管大方向的，新上来的官员和老先生们所谈论的大方向不一致时，我们该站在哪一边？这肯定不是一个简单的问题。《职业教育法》确定时把"技术"一词"盖掉"了，老先生一直是非常耿耿于怀的。因为技术教育不彰显，谈高职培养目标的时候就常常没法谈了。但是另一方面我又觉得，在尊重国家法律的大前提下，对高职教育的内涵仍可从学理上作出理性的正确解释，因为职业教育法的具体条文里面还是包含了老先生们所强调的一些东西的。

刘：主要指培养高素质的技术技能型人才？

郭：那是这样，刚才说了高等职业教育这个概念，是从 20 世纪 80 年代开始产生的，当时叫"职业大学"为多。"上海职教论坛"发表的两篇影响最大的文章分别是 1995 年和 1999 年，在这期间，1996 年颁布了《职业教育法》，1998 年又颁布了《高等教育法》，两部法律都将高等职业教育包含在内的。那么照理说，关于高等职业教育的培养目标，在法律意义上应当是确定了的。1999 年，高职实行"三教统筹"，涵盖地方职业大学（职业技术学院）、高等专科学校及成人高等学校，教育部高教司里面就专门成立了一个高职高专教育处，这三类高校就统称叫"高职高专教育"了。2000 年教育部出了个 2 号文件❶，明确高职高专教育的培养目标是"高等技术应用性专门人才"，我认为它很大程度上是接受了上海职教论坛的研究建议，当时 1999 年我们发表的文章明确提出高职培养目标主要是"技术型人才"。这个文件提的"高等技术应用性专门人才"名称虽然很长，但表述还是相当准确的。

---

❶　即《教育部关于加强高职高专教育人才培养工作的意见》。

刘：我在《上海职教论坛十年论文集》的"大事记"里，看到你们2002到2003年两次确定会议的主题涉及"写作方法"问题，是不是主要考虑如何适应这种国家政策文件上的变化，考虑怎样去变通？

郭：对，这肯定是涉及的。论坛的前两篇重磅文章标题上都叫"高等职业教育"，都没有带"技术"两字。但在这以前，几位老先生各自发表个人文章的时候基本上都是带"技术"的。而后面论坛第三篇文章就是主题鲜明地提"高等技术教育"了，实际上可以看出他们一直想强化这个东西，就是高职教育是属于技术教育，惜乎影响不是很大。

刘：这叫名不至，实不归。

郭：不过后来又有了新的变化。2004年年初，我跟马树超所长到北京去给教育部和财政部做中央财政投资职业教育实训基地建设的方案设计。当时教育部文件把高职的培养目标改为"高技能人才"，部领导解释说职业教育就是培养技能型人才，那么高职比中职高在哪儿？那就是高技能呗！对这个简单化的提法，老先生们的反应非常大。因为按照以往惯常的理解，高技能人才是专指高级工及以上的：就是七、八级工，加上技师、高级技师。那就是很典型的 vocational education 的最高层。高职是培养技术型人才的，怎么培养得出那样的高级工呢，根本不是一条路嘛，所以跟老先生们当初设计的"职业和技术教育"的体系完全矛盾了，所以"反弹"非常厉害。严老为此专门写过文章，对高职培养高技能人才的观点提出质疑，老先生特别坚持，高职应该就是培养"技术型人才"的，至于"高技能人才"，一是我根本就不是培养这类人的，二是我也实在培养不出这类人啊。

刘：严老先生肯定显得忧心忡忡。

郭：是啊。让一个普通高中毕业生读三年高职直接拿到高级工证书，他怎么拿得到？而且这样是不是会陷到劳动部的文件框框里面去了？所以我当面请教了教育部领导，得到的回应是：谁让你按照劳动部的文件去解释，你不会有自己的解释吗？好，这就给了我一个非常好的可能空间。因此，我2006年参与起草教育部16号文件❶时，分工由我负责起草开头的引言部分。在那里头，我就有意识地把高职院校培养的高技能人才做了一个新的定义。我是这么写的：高等职业教育培养的是"高素质技能型专门人才"，后面再出现的时候就简称"高技能人才"，与当时教育部的统一表述完全一致了。但在这个文件里第一次出现的时候，我给它一个完整地表述，就是"高素质技能型专门人才"。在这背后，我是有自己的理论解释的。首先，"高"，并不是高在"技能"上，而是高在"素质"上。技能这东西，高职就肯定会比人家中职高吗？未必！所以有时候技能大赛项目，

---

❶　即《教育部关于全面提高高等职业教育教学质量的若干意见》。

高职生还不一定比得过中职生，因为有些技能，还就是从小学起更有优势。为什么要搞中高职贯通，其实中高职贯通最典型最成功的一个案例，我觉得就是护理专业，有一些技能，像静脉注射，初中生小女孩跟高中生大姑娘同样学这个，那还不是初中生更有优势么。

刘：嗯嗯。

郭：所以说，第一，"高素质"。高是高在"素质"而不是高在"技能"，这个提法也符合以德为先的原则，体现立德树人，贯彻中央关于全面推进素质教育的精神。第二，"技能型"。这是当时教育部确定下来的统一表述：职业教育就是培养技能型人才。当然从广义上讲，这个技能型的范围可以更宽，应该包括我们说的技术型在内。第三，"专门化"。我国高等教育法规定，高等教育是培养"高级专门人才"的，属于专门化教育。职业教育是不是专门化教育？不一定。20 世纪 50~60 年代有一段时间，中专是归高等教育部❶管的，而技工学校历来就是一直归劳动部管的。技工学校是按不同工种培养技术工人的，但工人在那时并不属于专门人才；而当时中专归高教部管，就是明确培养专门人才了。所以严老先生他们那些老中专一直讲他们是属于专门化的高中后教育，培养专门化的人才。他们对中专教育很有感情，同时他们骨子里总有一种感觉：我比技工学校就是应该更高一档。这倒不是因为中专毕业生的干部编制比技校毕业生的工人编制更高一档，而是因为中专在学制上学习时间更长、学习内容更多、学习要求更高。但是到了 21 世纪初，教育部在管理中职的时候把所有中专四年制专业全部改成三年制，跟技校、职高都完全一样了，中专这个名字就完全等同于中职了。

刘：中专情结，对严老这一代职教人来说是性命攸关的事啊！

郭：我当时把"高技能人才"诠释成"高素质技能型专门人才"，后来文件发布了，我觉得全国高职战线都有可能统一认识了，实际上也给基层高职院校校长们解决了一个方向性的大问题。本来我是高职，你让普通高中毕业生到我这儿来读三年拿高级工证书，我做不到啊。但现在好解释了，我的毕业生是"高素质技能型专门人才"，那么要达到劳动部的高技能人才标准就不是对我的硬性要求了，所以这个问题也解决了。当时我自己挺满意，觉得这或许是我对我们国家高职发展的一大贡献吧。但是没过两三年，部里的文件提法又改成"高端技能型人才"了。而且按照当时部领导的解释，这个"高端技能型人才"还不仅是高职的培养目标，并且同时也是中职的终极目标。

刘：这就又回到一个根本性的问题上去了，就是高职高在何处，高职高在什么地方？

郭：然后又没过多久，部里又明确改为培养"技术技能型人才"了。这样，

---

❶　我国 1952 年 11 月增设高等教育部，1958 年 2 月高等教育部并入教育部，1964 年 7 月恢复高等教育部，1966 年 7 月高等教育部又并入教育部。

我觉得终于又可以有比较完美的解释了，因为兜了一个圈子又回来了。培养"技术技能型人才"的提法，实际上非常切合当今国际上据主流的 TVET（technical and vocational education and training）即"职业技术教育与培训"的大概念，上面延伸到高职乃至应用性本科，下面延伸到非学历的培训，前面一个 T 是"技术"，后面一个 T 是"培训"。从国际比较的角度来讲，是与联合国教科文组织强调的 TVET 接轨；而从我们国家历史传承来讲，那就是黄炎培先生的"大职业教育"思想。黄炎培提出的大职业教育主义，他在理论上并没有很严密的论证，他讲得很随便，非常朴素、直白，用的是非常通俗易懂的语言。就讲三句话：第一，只靠学校不行；第二，只靠教育界不行；第三，只靠农工商职业界也不行。如今，要谈构建现代职教体系，还是离不开黄炎培多年前提出的这一宝贵思想。

刘：嗯嗯。我们必须在历史传承中才能更好地前进。

郭：是啊，最近大家都在谈学习十九大的体会，我的认识就是，我国现代意义上的职业教育近百年来的发展，一直到今天中国特色社会主义进入了新时代，终于有人能够准确地回答这个问题了：黄炎培的"大职业教育主义"思想的内涵到底是什么？我们看到党中央用了这样四个字来归纳，就是"产教融合"。这是在 2013 年十八届三中全会发布的《中共中央关于全面深化改革的若干意见》里面首次出现的。

刘：我记得看过的职业教育文献中，好像早有人讲产教融合了。

郭：对，不少专家都跟我讨论过这个问题。但是我坚持认为 2013 年是第一次，为什么？前面国家文件里面出现的不是"产教融合"，而是"产教结合"。"结合"和"融合"是有区别的，我认为字面上可以认为是近义词，但我们分析一个词的内涵，关键要看它的上下文。我看到比较早的"产教结合"，在 1991 年国务院文件里面就出现过。但是 1991 年是个什么背景？它的上下文在讲发展校办产业的事，学校举办产业，这是当时的大背景，其一大目的是为了给学生提供生产实习基地，所以当时的产教结合主要是在工学结合的微观层面上。到 1996 年《职业教育法》第 23 条也提到"产教结合"，但结合它上下文看，它是作为中观层面上的要求，讲办学要结合地方经济实际，要跟企业紧密合作，所以要产教结合，实际上是在讲校企合作的问题。但是 2013 年进入新时代以后，我们讲的"产教融合"，我认为从概念到内涵都变了，它已经不仅是职业教育，也不仅是高等教育，也不仅是教育，而是从整个经济社会的宏观战略高度来考虑这个问题。前十几年我们一直在讲"校企合作、工学结合"八个字，一个办学层面，一个教学层面。2014 年习近平又多加了两个"合"：校企合作前面加了"产教融合"四个字，工学结合后面加了"知行合一"四个字，连起来这四个"合"十六个字，我认为是从宏观到微观指明了我们职业教育的发展方向问题。"产教融合"到底什么内涵？去年 10 月份十九大开完以后，12 月份国务院办公厅就专门发了一个《关于深化产教融合的若干意见》，这里面对产教融合的内涵有比较深刻的解释，我认为其实就这三句话：一是促进经济社会协调发展的重要手段；二是融入经济转型升级的各环节；三是贯穿人才培养的全过程。这里并没有直接讲到教育和职业教育，都是从经济社会发展的宏观角度、从战略性的高度讲的。所以很多地方学校现在把产教融合理解为是校企合作的一种同义词或者代名词，我认为是绝对错误的。产教融合比校企合作的层次要高得多了。

刘：这个是肯定的。

郭：我在很多论坛和讲座上都发表过这样的观点，我个人认为："产教融合"是习近平新时代中国特色社会主义思想在指导现代职业教育体系建设中的一个重大理论创新，也是对近百年来"大职业教育"的发展做出我们今天新时代的正面回应。党中央强调深化产教融合，赋予了"大职业教育"思想全新的诠释和实现新时代高质量新发展的指导意义，实际上就是在回答黄炎培近百年前提出的"大职业教育主义"到底是什么内涵这个问题。他讲的"农、工、商职业界"什么意思？按照今天的理解，可不可以理解为第一、第二、第三产业？他的意思是说单靠教育界不行，单靠产业界也不行，那么只有靠产业界和教育界密切合作，而且是一种深度的融合，才能真正解决问题。这从1917年黄炎培成立中华职业教育社，那一批创始人名单就可以看得出，48个发起人，我们很容易想起的就是这么几个人，黄炎培、蔡元培、梁启超，再加上一个张謇作为产业界的代表。其实，他们这个组织的人员结构上的最大特点，是拥有大量的产业界代表，至少占到一半比例。这是跟当时其他教育社团明显不同的地方。

刘：现在其实没有这种比较有影响的学术组织或教育社团，大多是官方在组织的那种。

郭：是，当初，你要说官方，黄炎培实际某种意义上也代表官方，他毕竟当过江苏教育厅副厅长，其他的发起人里还有的当过国务总理、外交总长什么的呢；而且当时在民国的学制改革等好多方面，黄炎培他们还是很有影响力，甚至实际权力的。但关键是中华职教社这些人员的结构跟其他教育社团很不一样。其他的教育社团，要么就是教育界、文化界的名人，要么就是官场上的实权人物，实业界的也有，但可能那些实业界人士主要是"拉来赞助"的，或者是从他家族企业的捐资助学这个角度来参加社团的。

刘：企业家必须是很有教育情怀的。

郭：这个是属于企业家个人做好人、做善事来支持办教育，而不是他自己作为产业界的代表来参与教育。而在中华职教社这里，不管张謇、宋汉章，还是那些纱厂老板或银行经理，这些人代表的并不是他所在的那个企业，而是当时那一行的社会产业。他们是产业界的代表，不是说穆藕初就代表德大纱厂，聂云台就代表恒丰纱厂，而是这两位就共同代表着当时的整个棉纱纺织行业来直接参与职业教育。当然，还有那些曾经的总理和外长之类的政界人士，广义来说他们也可以算是产业界的人吧。所以实际上，中华职业教育社成立的时候，就已经考虑到了职业教育的跨界性。实际上产教融合的理念已经在这里面初现端倪了，中国特色的职业教育发展实际上也是这个时候开始的。中国特色的职业教育以什么为代表？我想来想去，咱们还是学校教育，跟德国就是不一样。德国职业教育是直接从企业培训发展过来的。而在中国，从黄炎培先生开始，我们就是发展学校教育，用学校教育的形式来发展职业教育，这可能就是一个中国特色；改革开放以来，我们进一步用高等学校教育的形式来举办职业教育，在世界上首创了高等职业教育的概念和内涵，这更加体现我们的中国特色、中国模式、中国道路了。为什么我们到国际上一比较老觉得我们落后，我们职业教育好像什么都不如国外的？尤其跟德国一比较，老是这个不行那个也不行？因为你总拿自己的短处跟别人去比，那当然不行了！那么，有没有考虑过拿自己的长处跟人家去比比呢？

刘：也就是说，原来的中专学校也正是能够体现你所说的中国职业教育特色的？

郭：过去老中专的职能，现在应该是以高职替代了。如今，只有高职高专院校和技术应用型本科院校可以体现出 technical education 的内涵了吧，所以国家文件明确讲培养技术技能人才，我认为是很有积极意义的。现在你要再问我高职教育的培养目标应该怎么表述，我会说是"高素质技术技能专门人才"。强调立德树人的"素质教育"、强调"技术技能"的职业教育、强调"专门化"的高等教育，这三个要素加在一起就是高等职业教育的培养目标。简称"高技能人才"也可以，但是完整的内涵就是我界定的这三个方面。

刘：你们这种研究提供的可以叫"官方知识"吧。就是解释权完全掌握在政府手里，而你们就成了政府解释权的代理人。

郭：我不知道能不能这么说，但我的体会是，对国家政策一定要有全面的、科学的认识，并对社会做出理性的、正面的解读。我觉得这也是我们做学问，至少是我们作为地方政府部门举办的科研机构的责任，我们有必要也有责任来引导这个东西，包括引导舆论、引导大众，要把它往积极意义上面牵引，真正地赋予其正能量。哪怕其中某个具体提法可能是有问题、有争议的，也需努力给它正面的解释。比如说有些教授学者一直在批评说"素质教育"这个概念是错的，因为"素质"这个东西是先天的，怎么能拿来"教育"呢？但问题是，在我们如今的现实生活中，"素质教育"这个词早已经有了它固化的特定含义了，再去追究说"素质"那个词跟"教育"没什么关系，那还有意义吗？你说"素质教育"这个词用错了，以后不要用这个词了，那你说该用什么词来替换？就算你找到某个新词，你认为它是最准确最科学的、应该拿来替代"素质教育"的，但它能得到全国人民的认可，然后大家都来跟着你统一改口吗？所以我个人觉得，在这种语词表述上的纠结实在是没什么必要。

刘：素质教育一词的英文翻译，后来教育主管部门曾统一为"quality - oriented education"，其实就是教育注重质量之意。听你的一席话，我想起以前在电视上看到有人讲过一个西方学者的说法，大意是：我爸爸通过研究发现人类历史上很多问题的争论，都是语词的争论，有90%，然后我进一步发现，另外10%实际上也近乎语词之争。

郭：对，是的。我觉得这也是给我们搞学问的留下这个研究的空间，我们要从正面去解释，要赋予它积极的意义。当然这也对我们这一行提出了更高的要求，要求你得有更加深厚的学术底蕴，才能做到"自圆其说"。我一直认为我们搞科研的，"自圆其说"是最低的要求，但也是最高的境界。所以自从马所长担任教科院副院长，我接替他当了职教所所长以后，还在年过半百的时候到天津大学教育学院去读职业技术教育学的博士课程，打算在肖凤翔教授那儿申请个在职的博士学位，可惜后来因为生了一场大病不得不放弃了。但不久又正赶上我们教科院的博士后科研工作站要重新激活，我倒反而直接变成博士后合作导师了。虽然就我个人能力上讲，这实在有点勉为其难；但从我们研究团队的承前启后来看，却又是责无旁贷的事。说起来还是那一年我做完手术后刚醒来时，躺在病床上胡思乱想，竟然把中山先生的遗嘱"余致力国民革命，凡四十年……"，斗胆篡改成了"余致力职业教育，凡三十年……"❶，真是不好意思，实在见笑了……

刘：哈哈，非常感谢你这一番真诚的谈话，相信会有不少研究职教的同行可以从中得到启发，承前启后，不断提升学术水平的。

郭：我也非常感谢你的这个"口述史研究"，结合学习这四十年的改革开放史，对我国职教尤其是高职的事业发展包括科研的发展进行了一次很有意义的回顾。同时，也帮助我把自己自生病这几年来变得断断续续的一些碎片化学术思考，做了一次比较系统的梳理。学人之间，彼此能够相互交流、深入探讨就好。当然我所说的也只是一家之言，仅供参考吧。

❶ 郭扬. 职教学苑草木集 [C]. 上海：华东师范大学出版社，2017：249-250.